Bürgerliche
und kleinbürgerliche
ökonomische Theorien
über den Sozialismus

nach dem
zweiten Weltkrieg

AKADEMIE DER WISSENSCHAFTEN DER DDR

Schriften des Zentralinstituts für Wirtschaftswissenschaften

Nr. 17

Bürgerliche und kleinbürgerliche ökonomische Theorien über den Sozialismus

nach dem zweiten Weltkrieg

Herausgegeben in deutscher Sprache
von Werner Krause

AKADEMIE-VERLAG · BERLIN
1981

Titel der russischen Originalausgabe:
Буржуазные и мелкобуржуазные экономические теории социализма (критические очерки)
Москва 1978 · Издательство «Наука»

Ins Deutsche übersetzt von Günter Wermusch

Einleitung: Ju. Ja. Ol'sevič
1. Kapitel: S. A. Chavina
2. Kapitel: K. O. W. Müller
3. Kapitel: S. A. Chavina
4. Kapitel: H. Meißner
5. Kapitel: V. D. Sikora
6. Kapitel: E. N. Rudyk
V. P. Uvarov
7. Kapitel: E. N. Rudyk
8. Kapitel: F. Ja. Poljanskij
9. Kapitel: O. I. Anan'in
10. Kapitel: V. N. Žukov
11. Kapitel: N. A. Karagodin
V. A. Jaškin
12. Kapitel: L. S. Sentebov

Erschienen im Akademie-Verlag, DDR - 1080 Berlin, Leipziger Str. 3–4

Lizenznummer: 202 · 100/22/81
Umschlaggestaltung: Nina Striewski
Gesamtherstellung: IV/2/14 VEB Druckerei »Gottfried Wilhelm Leibniz«,
4450 Gräfenhainichen · 5630
Bestellnummer: 753 353 3 (2158/17) · LSV 0305
Printed in GDR
DDR 18,50 M

INHALTSVERZEICHNIS

EINLEITUNG

Der Aufbau des entwickelten Sozialismus in der UdSSR und die Vertiefung der Krise der bürgerlichen und kleinbürgerlichen ökonomischen Konzeptionen vom Sozialismus

Mit den Erfolgen beim Aufbau der neuen Gesellschaft in der UdSSR und den anderen sozialistischen Ländern wird die bürgerliche Propaganda immer aktiver und intensiver in ihrem Bemühen, das Wesen der sozialökonomischen Entwicklung des Sozialismus zu entstellen. Diesem Zweck sollen auch die bürgerlichen und kleinbürgerlichen Sozialismustheorien der Gegenwart dienen. Die Kritik dieser wissenschaftsfeindlichen Theorien gehört zu den zentralen Aufgaben unseres ideologischen Kampfes. Ihr Ziel, die Wahrheit über den Inhalt und die Gestaltung der sozialökonomischen Prozesse des Sozialismus zu verdeutlichen, dient der Sache des Friedens und des gesellschaftlichen Fortschritts. L. I. Breshnew stellte dazu auf dem XXV. Parteitag fest, daß die Probleme des ideologischen Kampfes immer mehr in den Vordergrund rücken und die Wahrheit über den Sozialismus eine mächtige Waffe in diesem Kampf ist.[1] Die wissenschaftliche Widerlegung der antimarxistischen, antileninistischen Sozialismustheorien schwächt die Positionen der reaktionären und konservativen Kräfte, sie hilft, die Einheit und Geschlossenheit der internationalen Arbeiter- und revolutionären Bewegung zu festigen.

In den verschiedenen historischen Etappen des Wettstreits der beiden gegensätzlichen Systeme und der Entwicklung des revolutionären Weltprozesses führt der Marxismus-Leninismus seine Offensive vor allem gegen die ideologisch-politischen Strömungen, die am aggressivsten sind und die den Frieden und Fortschritt am meisten gefährden.

Eine wissenschaftlich fundierte Analyse der gegenwärtigen Aufgaben und Richtungen des ideologischen Kampfes ist in den Materialien des XXV. Parteitages der KPdSU enthalten.

Die Veränderung des internationalen Kräfteverhältnisses zugunsten des Sozialismus und die Entwicklung der dem Kapitalismus innewohnenden Widersprüche haben die ideologisch-politische Krise des Kapitalismus verschärft. Die Schwächung ihrer Positionen zwingt die Gegner des Sozialismus einerseits, sich neu zu orientieren, und andererseits, die Angriffe auf Theorie und Praxis des wissenschaftlichen Sozialismus zu aktivieren. „Die positiven Veränderungen in

[1] Vgl. XXV. Parteitag der KPdSU. Rechenschaftsbericht des Zentralkomitees der KPdSU und die nächsten Aufgaben der Partei in der Innen- und Außenpolitik. Berichterstatter: L. I. Breshnew, Berlin 1976, S. 14.

der Weltpolitik, die Entspannung, schaffen günstige Möglichkeiten für eine weite Verbreitung der Ideen des Sozialismus. Andererseits aber wird die ideologische Auseinandersetzung zwischen den beiden Systemen aktiver und die imperialistische Propaganda raffinierter.

Im Kampf der beiden Weltanschauungen darf es keinen Raum für Neutralismus und Kompromisse geben. Hier bedarf es hoher politischer Wachsamkeit, aktiver, operativer und überzeugender propagandistischer Arbeit und einer rechtzeitigen Abwehr aller feindlichen ideologischen Störversuche."[2]

Die wütendsten Angriffe auf den Sozialismus gehen von den Ideologen des Militär-Industrie-Komplexes in den USA und Westeuropa aus. Sie sind seit langem bemüht, der Entwicklung in der UdSSR eine „Aggressivität" des Sozialismus zu unterstellen, wobei sie ihre Doktrin um einige neue Formen ergänzen. „Die Anhänger des Wettrüstens motivieren ihre Position hauptsächlich mit dem Gerede von einer ‚sowjetischen Gefahr'. Dieses Argument wird auch benutzt, wenn es darum geht, ein höheres Militärbudget durchzupeitschen und dafür die Ausgaben für soziale Zwecke zu beschneiden, neue todbringende Waffen zu entwickeln, wie auch bei den Versuchen, die militärische Aktivität der NATO zu rechtfertigen."[3] Die verlogene Doktrin von der „Aggressivität" der sozialistischen Staaten gehört auch zu den Hauptpunkten des Programms, das die Republikanische Partei der USA auf ihrem Kongreß im August 1976 angenommen hat. Der Kampf gegen diese Richtung der bürgerlichen Ideologie ist deshalb von besonderer Bedeutung. Der Militär-Industrie-Komplex bildet den Kern der reaktionärsten Kräfte im System des staatsmonopolistischen Kapitalismus. Wenn wir die antikommunistischen Konzeptionen seiner Ideologen demaskieren, tragen wir dazu bei, daß er isoliert wird, daß die aggressiven Kräfte des Imperialismus geschwächt werden und alle friedliebenden progressiven Kräfte sich enger zusammenschließen.

Die linksrevisionistische Propaganda reproduziert die antikommunistische Konzeption von der „Aggressivität" der UdSSR auf ihre Art. Die ultralinke Politik ist im Grunde zu einer wesentlichen Reserve des Imperialismus im Kampf gegen den Sozialismus geworden. Der Maoismus in der Volksrepublik China setzt faktisch auf einen dritten Weltkrieg, indem er sich bemüht, die USA und die UdSSR aufeinander zu hetzen, um dann aus einer Weltkatastrophe die blutige Dividende zu ernten. Der wissenschaftliche Sozialismus führt einen prinzipiellen unversöhnlichen Kampf gegen die reaktionäre kleinbürgerliche Ideologie des Linksrevisionismus, der mit seinen Konzeptionen vom „Sozialimperialismus", von einer „Expansion" der UdSSR sein chauvinistisches Wesen verschleiern möchte.

Während der Linksrevisionismus mit seinem verlogenen Gezeter über die „Aggressivität" der UdSSR den führenden Kreisen der Rüstungsindustrie in die

[2] Ebenda, S. 91.
[3] Ebenda, S. 28.

Hände spielt, will er gleichzeitig die Werktätigen mit der Behauptung desorientieren, daß die Friedensstrategie der KPdSU den Imperialismus stärke. „Was die ultralinken Behauptungen anbelangt, die friedliche Koexistenz bedeute geradezu eine ‚Hilfe für den Kapitalismus‘, ein ‚Einfrieren des sozialen und politischen Status quo‘, so antworten wir darauf: Jede Revolution ist vor allem ein gesetzmäßiges Ergebnis der inneren Entwicklung der betreffenden Gesellschaft. Das Leben selbst widerlegt ja die Ammenmärchen vom ‚Einfrieren‘. Es genügt, sich der großen revolutionären Wandlungen zu erinnern, die sich während der letzten Jahre in der Welt vollzogen haben.“[4]

Das veränderte Kräfteverhältnis in der Welt hat die objektive Basis für die ideologisch-politischen Strömungen in der Bourgeoisie erweitert, die mehr oder weniger konsequent für die internationale Entspannung eintreten, um so einerseits die gefährlichsten Übel des eigenen Wirtschaftssystems (Massenarbeitslosigkeit, Inflation, Währungskrise, Energiekrise und dgl.) zu lindern, und andererseits, wirtschaftlich und ideologisch auf eine „Erosion“ des Sozialismus, auf seine bürgerliche Renaissance, hinzuwirken. Die Verfechter dieser Richtung machen sich vor allem zu Fürsprechern der verschiedensten „Freiheiten“ und „demokratischen Institute“ in Wirtschaft, Politik und Ideologie. Und von dieser Position aus interpretieren sie die Probleme der sozialistischen Gesellschaft so, wie es sich gerade anbietet.

Die Vertreter des heutigen Sozialreformismus sowie des Rechtsrevisionismus kommen dieser bürgerlichen Richtung sehr nahe. Sie stellen die „Demokratie“ als das zentrale und angeblich ungelöste Problem des Sozialismus hin und versteigen sich sogar zu der absurden These, daß Massenarbeitslosigkeit, Inflation, Stagnation der Produktion, Repressalien der Polizei und Korruption im politischen System der kapitalistischen Staaten so etwas wie „Nebenerscheinungen der demokratischen Gesellschaft“ seien. In der Organisiertheit und bewußten Disziplin in allen Bereichen der sozialistischen Gesellschaft glauben diese Theoretiker einen „Mangel an Demokratie“ erkennen zu müssen. Auf dem XXV. Parteitag der KPdSU wurde festgestellt, daß Kritiker dieser Art den Sinn der Maßnahmen entstellen, die der Sowjetstaat unternimmt, um Gesetzlichkeit und Recht zu festigen. Alles, was die Festigung der Disziplin und des Verantwortungsbewußtseins der Bürger in ihrem Verhältnis zur Gesellschaft betrifft, wird dort als Verstoß gegen die Demokratie ausgelegt.

L. I. Breshnew gab den bürgerlichen Kritikern der neuen Verfassung der UdSSR zur Antwort: „Wir wollen sie daran erinnern, daß in der von der UNO angenommenen allgemeinen Deklaration der Menschenrechte klipp und klar nachzulesen ist: ‚Jeder Mensch hat Pflichten gegenüber der Gemeinschaft, in der allein die freie und volle Entwicklung seiner Persönlichkeit möglich ist‘. Die Ausübung der Rechte und Freiheiten der Bürger ist notwendig, um die Anerkennung und Achtung der Rechte und Freiheiten der anderen zu gewährleisten und den ge-

[4] Ebenda, S. 42.

rechten Anforderungen der Moral, der öffentlichen Ordnung und der allgemeinen Wohlfahrt in einer demokratischen Gesellschaft zu genügen."[5]

Der Kampf des Marxismus-Leninismus gegen bürgerliche und kleinbürgerliche ökonomische Theorien über den Sozialismus hat eine lange Geschichte, deren Kernfragen auch die beiden chronologischen Vorläufer dieser Untersuchung gewidmet waren.[6] Das vorliegende dritte Buch erfaßt die Hauptrichtungen der antimarxistischen Sozialismuskonzeptionen in der Nachkriegszeit.

Da jedes Kapitel dieses Buches der kritischen Analyse einer konkreten Konzeption oder einer Gruppe von Konzeptionen gewidmet ist, soll in der Einleitung der allgemeine „Mechanismus" in der Nachkriegsentwicklung des ganzen Komplexes antimarxistischer Interpretationen der sozialistischen Wirtschaft erläutert werden.

Auf die zentralen Fragen nach dem Inhalt der Etappen und Richtungen des Kampfes, den der Marxismus-Leninismus gegen die unwissenschaftlichen Auffassungen von der sozialistischen Wirtschaft führt, sind wir bereits in der Einleitung zu dem Buch „Bürgerliche und kleinbürgerliche ökonomische Sozialismuskonzeptionen (1848–1917)" eingegangen.[7] Die vorliegende Einleitung will – ohne den Inhalt der einzelnen Kapitel vorwegzunehmen – die Spezifik der *Hauptetappen und -richtungen* sowie die allgemeine *Problematik* der Kritik der antimarxistischen Sozialismuskonzeptionen nach dem zweiten Weltkrieg, besonders in den letzten zehn Jahren, verdeutlichen. Außerdem sind einige Schlußfolgerungen zur *Methodologie* der Kritik unwissenschaftlicher Sozialismuskonzeptionen erforderlich.

Die heutigen bürgerlichen und kleinbürgerlichen Interpretationen des Sozialismus sind das Resultat der widersprüchlichen, krisenhaften Entwicklung seit Ende des zweiten Weltkrieges. Diese Entwicklung weist zwei Hauptetappen auf: Die erste erstreckt sich bis zum Beginn der sechziger Jahre, die zweite von dort an bis zur Gegenwart.

Der Ausgang des zweiten Weltkrieges hatte das internationale Kräfteverhältnis von Grund auf gewandelt, so daß sich die bürgerlichen Theoretiker genötigt sahen, nach neuen Methoden der Interpretation der sozialistischen Wirtschaft zu suchen. Vor dem zweiten Weltkrieg hatten sich diese „Theoretiker" mit keiner

5 Das Sowjetvolk – Schöpfer seiner neuen Verfassung. Bericht von Leonid Breshnew auf der Tagung des Obersten Sowjets der UdSSR, in: Neues Deutschland vom 6. 10. 1977, S. 4.

6 Bürgerliche und kleinbürgerliche ökonomische Sozialismuskonzeptionen. (1848–1917), Berlin 1976; Bürgerliche und kleinbürgerliche Theorien über den Sozialismus (1917 bis 1945), Berlin 1978.

7 Vgl. Der Kampf des Marxismus-Leninismus gegen bürgerliche und kleinbürgerliche Sozialismustheorien. Einleitung zu dem Buch „Bürgerliche und kleinbürgerliche ökonomische Sozialismuskonzeptionen". (1848–1917), a. a. O.

ihrer Konzeptionen zur Funktionsweise des realen Sozialismus behaupten können. Während der Übergangsperiode vom Kapitalismus zum Sozialismus in der UdSSR, als mit der Industrialisierung und Kollektivierung die Frage „Wer wen" entschieden wurde, herrschte in der bürgerlichen Literatur die absurde Konzeption vor von der „theoretischen und praktischen Unmöglichkeit" eines normalen Wirtschaftens auf der Basis des Volkseigentums an den Produktionsmitteln. Später, als in der UdSSR die Grundlagen des Sozialismus aufgebaut waren, sahen sich die bürgerlichen Ökonomen unter den Verhältnissen einer Krise unerhörten Ausmaßes, die den Kapitalismus erschütterte, gezwungen, die Realität der neuen Ordnung anzuerkennen. Aber auch noch zu dieser Zeit reduzierten sich ihre Doktrinen im wesentlichen darauf, den Sozialismus als geschichtlich und geographisch begrenztes „Experiment", als rein russisches Phänomen darzustellen. So behauptete man, daß sich der Sozialismus wegen seiner „Uneffektivität" mit der Zeit selbst überleben werde. Darüber hinaus wurde die Wirtschaft der UdSSR meist nicht als eine sozialistische Wirtschaft anerkannt. Als Sozialismus waren, der bürgerlichen und reformistischen Literatur zufolge, spekulative Modelle von einer „gemischten", plan- und marktorientierten, auf privatem und staatlichem Eigentum beruhenden Wirtschaft zu verstehen, die einen Gegensatz zum realen Sozialismus in der UdSSR darstellten.

Die harten Prüfungen des zweiten Weltkrieges hatten die unerschütterliche Stabilität des Sozialismus in der UdSSR deutlich gemacht, und im Ergebnis des Krieges bildete sich das sozialistische Weltsystem heraus. Der allseits geschwächte Kapitalismus sah sich mit einem sozialistischen Weltsystem konfrontiert, das von der revolutionären Bewegung in den meisten kapitalistischen und kolonialen Ländern unterstützt wurde. Das völlig neue Kräfteverhältnis, das von der Bourgeoisie kaum erwartet worden war, rief in den herrschenden Klassen eine politisch-moralische Erschütterung hervor, die oft bis zur politischen Hysterie reichte.

Wenn der Antikommunismus schon vor dem zweiten Weltkrieg für die Ideologie und Politik der reaktionären und aggressiven Kreise der Bourgeoisie typisch gewesen war, dann wurde er nach dem Krieg zur absolut vorherrschenden Doktrin aller imperialistischen Staaten. Besonders extreme Formen nahm der Antikommunismus in den USA an, erwies sich doch der Sozialismus für den zur Weltherrschaft drängenden amerikanischen Imperialismus als eine unüberwindbare Schranke.

In dieser Situation aktivierten die Apologeten des Kapitalismus ihre Bemühungen um eine einigermaßen geschlossene Interpretation des Sozialismus, die einem ganz bestimmten sozialen Auftrag genügen sollte, und zwar:

a) die feindselige Politik der herrschenden Kreise in den imperialistischen Staaten gegenüber den sozialistischen Ländern sowie den sich mit diesen Ländern solidarisierenden Kräften zu rechtfertigen;

b) die konkreten Formen der ökonomischen Prozesse im Sozialismus in einer dem Zerrbild der bürgerlichen Ideologie entsprechenden Weise zu beschreiben;

c) bei der Ausarbeitung praxisorientierter Empfehlungen für die imperialistische Politik Hilfe zu leisten.

Dabei bestimmten die praktischen Erfordernisse die Theorie. Der Kongreß der USA gab den Ökonomen den Auftrag, solide Arbeiten vorzulegen, in denen sie den Stand und die Tendenzen der wirtschaftlichen Entwicklung sowie andere Aspekte des gesellschaftlichen Lebens des Sozialismus analysieren sollten. An Universitäten und wissenschaftlichen Institutionen der USA, Großbritanniens, der BRD, Frankreichs und weiterer kapitalistischer Länder wurden „sowjetologische" Zentren eingerichtet, die Tausende von Ökonomen, Soziologen und Politologen beschäftigen. „Sowjetologische" Zeitschriften sowie zahllose voluminöse Abhandlungen werden herausgegeben. Diese ganze Literatur ist durchaus nicht nur theoretischer Art, doch gründet sie sich stets in diesem oder jenem Maße auf die von den führenden „Sowjetologen" entwickelten Konzeptionen.

Eine überzeugende Kritik der bürgerlichen Sozialismuskonzeptionen setzt nicht nur die Kenntnis dieser Konzeptionen selbst voraus, sondern auch die Kenntnis der Art ihres Zustandekommens und ihrer Entwicklung. Jede bürgerliche Interpretation der Wirtschaft des realen Sozialismus ist gleichbedeutend mit einer verfälschenden Darstellung der Koexistenz und des Kampfes der beiden gegensätzlichen Systeme, des Sozialismus und des Kapitalismus. Mit den Veränderungen in diesem entscheidenden Bereich des gegenwärtigen Klassenkampfes wandeln sich auch die bürgerlichen Sozialismuskonzeptionen. Die konkreten Formen und Richtungen dieser Anpassung sind weitgehend von den Veränderungen der politischen Doktrinen der herrschenden Kreise in den bürgerlichen Staaten wie auch von der Entwicklung der bürgerlichen Vulgärökonomie geprägt, die die methodologischen Grundlagen der „sowjetologischen" Wirtschaftskonzeptionen liefert.

In der Struktur jeder bürgerlichen Sozialismuskonzeption treten folgende Merkmale hervor: die sozialpolitische Doktrin, der diese Theorie evident, aber meist in verschleierter Form untergeordnet ist; die methodische Ausgangsbasis in Gestalt der allgemeinen vulgärökonomischen Theorie, die ebenfalls meist keine klar erkennbare Form hat; die eigentliche Konzeption, also das mehr oder weniger klar umrissene theoretische „Modell" vom Sozialismus mit seinen „deskriptiven" und „erklärenden" (das Wesen der Verhältnisse entstellenden) Aspekten und Schlußfolgerungen über Tendenzen und Perspektiven des Sozialismus; die praxisbezogenen Rezepte zur Realisierung der politischen Ausgangsdoktrin.

Natürlich haben die bürgerlichen Sozialismuskonzeptionen einen bestimmten Einfluß auf die Ausarbeitung der politischen Doktrinen wie auch auf die allgemeine Entwicklung der Methodik der bürgerlichen Vulgärökonomie.

Die Analyse dieser Strukturelemente läßt den Mechanismus und die Hauptetappen in der Evolution der heutigen bürgerlichen Sozialismuskonzeptionen erkennen.

Bis Ende der fünfziger Jahre war die Politik der imperialistischen Staaten gegenüber den Ländern des Sozialismus von der Truman-Dulles-Doktrin des „kalten Krieges“ mit ihren verschiedenen Varianten – so von der Forderung nach „Zurückdrängung“ („roll back“) des Kommunismus, nach „Befreiung Osteuropas“ usw. – beherrscht. In der Wirtschaftspolitik dominierte die neokeynesianische Doktrin vom „harmonischen Wachstum“ und die neoliberale Doktrin von der „sozialen Marktwirtschaft“. Die neokeynesianische und die neoliberale Theorie haben trotz einiger wesentlicher Unterschiede eine gemeinsame methodologische Basis: die „neoklassische“ (subjektivistische, mit der Grenznutzentheorie verbundene) Konzeption vom „allgemeinen Marktgleichgewicht“.

Auf dieser politischen und methodologischen Grundlage entstanden auch die ersten „entwickelten“ bürgerlichen Sozialismustheorien: die Theorie von der „Befehlswirtschaft“ und von der „Zentralverwaltungswirtschaft“[8]. Wie schon aus den Bezeichnungen dieser Theorien hervorgeht, befassen sie sich vor allem mit der Leitung der sozialistischen Wirtschaft. Das entspricht auch der Betrachtungsweise der bürgerlichen Vulgärökonomie, deren Gegenstand nicht die grundlegenden Gesetze und Verhältnisse des sozialökonomischen Systems sind, sondern die Gesamtheit seiner äußerlichen Formen. Dabei verfolgen die Theorien von der „Befehlswirtschaft“ und von der „Zentralverwaltungswirtschaft“, die beide das Leitungssystem der sozialistischen Wirtschaft entstellt interpretieren, letztlich den Zweck, den objektiven Inhalt der Klassenverhältnisse des Sozialismus zu verfälschen, sie als Beziehungen zwischen einer „befehlenden Elite“, einer „Bürokratie“ einerseits, und der „rechtlosen Masse“ andererseits darzustellen.

Ausgehend von der Methodologie der „neoklassischen“ und der „neoliberalen“ Richtung der bürgerlichen Vulgärökonomie, der zufolge nur die subjektiven Wertungen der Individuen auf dem Markt die Orientierungen und Stimuli für eine effektive und bilanzierte Entwicklung der Wirtschaft geben können, wollen die Autoren dieser Konzeptionen zwei Thesen begründen. Erstens behaupten sie, daß der Sozialismus nur in einigen engeren Bereichen Erfolge aufweisen könne, indem er begrenzte Ziele bei disproportionaler Konzentration der Mittel auf bestimmte Richtungen zu Lasten anderer anstrebe (Wirtschaftswachstum zu Lasten der Konsumtion, Entwicklung der Industrie zu Lasten der Landwirtschaft und dgl.). Zweitens bemüht man sich nachzuweisen, daß die sozialistische Wirtschaft „allgemein“ weniger effektiv sei als die kapitalistische (weil es an Marktkriterien und „Unternehmergeist“ fehle).

Aus diesen Theorien zog man den Schluß, daß die sozialistische Wirtschaft „innerlich schwach“ sei und der „Konflikt“ zwischen den Massen und der „Befehlsbürokratie“ zunehme. Und hieraus folgten dann die entsprechenden „praktischen“ Empfehlungen: den rüstungspolitischen „Druck“ auf die Länder des Sozialismus zu verstärken, eine „Wirtschaftsblockade“ durchzuführen und konterrevolutionäre Elemente in diesen Ländern zu aktivieren und militärisch zu unterstützen.

[8] Mit diesen Theorien befassen sich die beiden ersten Beiträge des vorliegenden Bandes.

Um diese Theorien glaubhafter zu machen, griffen ihre Autoren in der Argumentation auf bestimmte reale Schwierigkeiten und Widersprüche in der Entwicklung des Sozialismus während der dreißiger Jahre und im ersten Nachkriegsjahrzehnt zurück. So war für die erste Etappe des Sozialismus, als er zwar im wesentlichen aufgebaut war, aber seinen entwickelten, reifen Stand noch nicht erreicht hatte, der Widerspruch zwischen den historisch fortgeschrittensten Formen der gesellschaftlichen Verhältnisse und Produktivkräfte typisch, die im Zuge der Industrialisierung nur in den Schlüsselzweigen einen hohen Stand erreicht hatten, aber noch nicht zu einem in sich geschlossenen Reproduktionssystem der Industrie geworden waren. In der ersten Etappe des Sozialismus in der UdSSR waren sowohl ökonomische (darunter wirtschaftlich-administrative) wie auch außerökonomische Maßnahmen notwendig gewesen, um das ganze System der Produktivkräfte schneller zu entwickeln. Angesichts der bedrohlichen internationalen Lage am Vorabend des zweiten Weltkrieges war dies um so dringlicher. Die Zerstörungen und Opfer des Krieges sowie die erneuten imperialistischen Bedrohungen (wie die atomare Erpressung) verlangten wiederum, die Mittel auf die vorrangigen Aufgaben bei der Wiederherstellung und Entwicklung der industriellen Basis und auf die Landesverteidigung zu konzentrieren, so daß weniger Mittel für den Ausbau der Landwirtschaft, der Leicht- und Lebensmittelindustrie und der Dienstleistungswirtschaft bereitgestellt werden konnten. Die angespannte Versorgungslage machte eine strenge Zentralisierung der Entscheidungen und weitgehend administrative Leitungsmethoden notwendig. Die spezifischen Merkmale der Gestaltung des Sozialismus in einem verwüsteten Land, die internationalen Bedingungen in der Kriegs- und Nachkriegszeit sowie Fehler, die auf den Personenkult zurückzuführen waren, wurden von den bürgerlichen „Sowjetologen" als dem Sozialismus immanente, für alle seine Entwicklungsperioden typische Wesensmerkmale ausgelegt.

Die internationale Situation gegen Ende der fünfziger und zu Beginn der sechziger Jahre widerlegte sowohl die imperialistische Doktrin von der „Zurückdrängung" des Kommunismus wie auch die mit ihr verbundenen „sowjetologischen" Theorien gründlich.

Die Erfolge des Sozialismus im wirtschaftlichen und wissenschaftlich-technischen Wettbewerb mit dem Imperialismus haben die Voraussetzungen dafür geschaffen, daß das Wesen der sozialistischen Produktionsverhältnisse immer umfassender entfaltet werden kann, daß die sozialistischen Formen der Wirtschaftsführung weiter reifen und mit der Natur der sozialistischen Verhältnisse immer besser in Übereinstimmung gebracht werden können.

L. I. Breshnew stellte im Rechenschaftsbericht an den XXV. Parteitag der KPdSU fest: „Die heutige Welt des Sozialismus ist mit ihren Erfolgen und Perspektiven, mit all ihren Problemen ein noch junger, wachsender gesellschaftlicher Organismus, in dem sich noch nicht alles stabilisiert hat, vieles trägt noch den Stempel vergangener geschichtlicher Epochen. Die Welt des Sozialismus ist voller Dynamik, sie vervollkommnet sich unaufhörlich. Ihre Entwicklung verläuft natürlich im Kampf des Neuen mit dem Alten und über die Lösung der inneren Widersprüche."[9]

Parallel zur Herausbildung des entwickelten Sozialismus in der UdSSR und des sozialistischen Weltsystems kam es in der Welt zu einschneidenden Veränderungen. Die Widersprüche der kapitalistischen Akkumulation, die in den fünfziger Jahren angewachsen waren, führten in den kapitalistischen Industrieländern zur krisenhaften Stagnation der Produktion, zu einer Zuspitzung der sozialen Widersprüche und gleichzeitig zu einer Stärkung der Arbeiterbewegung. Unter den Schlägen der nationalen Befreiungsbewegung zerfiel das Kolonialsystem. Die Krise des staatsmonopolistischen Systems der Wirtschaftsregulierung und damit auch der herrschenden Schulen der bürgerlichen Vulgärökonomie hatte sich verschärft.

Die Krise des Kapitalismus war zugleich die Krise der richtungweisenden strategischen Doktrinen, ihrer Begründungen und ihrer „Rezepte" für die politische Praxis. Unter diesen Bedingungen begann man vor allem, nach neuen strategischen Doktrinen rüstungspolitischer und sozialökonomischer Art zu suchen. Anstelle der Doktrin vom „Balancieren am Rande des Krieges" und des „Zurückdrängens des Kommunismus" wurde offiziell die Doktrin von einem „elastischen Reagieren" und „differenzierten Vorgehen" verkündet, aus der später die „Brückenschlag"-Doktrin entstand. Auf diese Weise wollte man die alten Methoden der Erpressung und Aggression gegenüber den sozialistischen Ländern mit der zwangsläufig notwendig gewordenen Herstellung von wirtschaftlichen und anderen Beziehungen mit diesen Ländern verknüpfen. Diese Verknüpfung erforderte neue konzeptionelle „sowjetologische" Motivierungen.

Die weiteren Erfolge des Sozialismus im Wettstreit mit dem Kapitalismus, die Veränderungen im internationalen Kräfteverhältnis, die Niederlage des Imperialismus in Vietnam und weitere progressive Wandlungen schufen die Voraussetzungen für den historischen Erfolg des Bemühens der KPdSU um internationale Entspannung, der seinen Ausdruck in der Konferenz von Helsinki im Jahre 1975 fand. Im Dokument der Konferenz der kommunistischen und Arbeiterparteien Europas, die vom 29. zum 30. Juni 1976 in Berlin stattfand, heißt es: „Die Positionen des Imperialismus, dessen Wesen sich nicht gewandelt hat, sind infolge der Veränderungen im Kräfteverhältnis schwächer geworden. Das findet seinen Ausdruck darin, daß er weder imstande ist, die historischen Errungenschaften des Sozialismus rückgängig zu machen, noch das Voranschreiten der fortschrittlichen Kräfte, der Bewegung für die Befreiung und Unabhängigkeit der Völker aufzuhalten."[10] Diese Wandlungen fanden ihren Ausdruck in der Ideolo-

9 Rechenschaftsbericht des Zentralkomitees der KPdSU an den XXIV. Parteitag der Kommunistischen Partei der Sowjetunion. Referent: L. I. Breshnew, Moskau-Berlin 1971, S. 20.

10 Für Frieden, Sicherheit, Zusammenarbeit und sozialen Fortschritt in Europa. Dokument der Konferenz der kommunistischen und Arbeiterparteien in Europa, in: Neues Deutschland vom 1. 7. 1976, S. 3.

gie, darunter auch in der weiteren Entwicklung der bürgerlichen Sozialismusinterpretationen. Zugleich machte auch ihre methodologische Grundlage, die bürgerliche Vulgärökonomie, wesentliche Veränderungen durch.

Wie weit sich die Konzeption vom „harmonischen Wachstum" und die eng mit ihr verbundene „neoklassische" und „neokeynesianische" Theorie in den Ländern des Kapitals diskreditiert hatten, wurde gerade zu der Zeit offenbar, da die entwickelte sozialistische Gesellschaft in der UdSSR aufgebaut war. Die Ideologen der Bourgeoisie begannen nach neuen Theorien zu suchen, die einerseits die erneute Zuspitzung der Widersprüche der kapitalistischen Gesellschaft „erklären" und andererseits die untauglich gewordenen Argumente für die Vorzüge des Kapitalismus gegenüber dem Sozialismus durch neue ersetzen sollten.

Die Dokumente einer Konferenz, die das Weiße Haus im Jahre 1972 einberufen hatte und an der etwa 2000 Vertreter der staatsmonopolistischen Führungsschicht der USA teilnahmen, liefern den Beleg für die tiefe ideologische Krise des Imperialismus und für das intensive Suchen nach neuen Doktrinen und Konzeptionen.[11] Willis Harman, Direktor des Zentrums für politische Forschungen am Forschungsinstitut von Stanford faßte in seinem Referat „Die Schlüsselprobleme der beiden nächsten Jahrzehnte" das Wesen der dort diskutierten Probleme wie folgt zusammen: „Die gegenwärtige politische, militärische, ökonomische, ökologische und soziale Krise ist Ausdruck der moralischen und geistigen Krise der Zivilisation, und ihre Lösung hängt von der Lösung dieser tiefen Krise ab ... Die ökonomischen Einrichtungen der Gesellschaft sind offenbar in Widerspruch zu den höchsten allgemeinen Werten geraten."[12] Hier wie auch in anderen Vorträgen wurde die Aufgabe gestellt, neue „höchste Werte" zu finden und die gesellschaftlichen Einrichtungen des Kapitalismus entsprechend umzugestalten.

Von den zahlreichen bürgerlichen Konzeptionen ist die von der „Verbesserung der Lebensqualität" am bekanntesten geworden. In einer Situation, die von Massenarbeitslosigkeit und galoppierender Inflation, von der Energie- und Währungskrise sowie von einer zyklischen Stagnation der Produktion geprägt ist, erklären die Vertreter des staatsmonopolistischen Kapitals demagogisch, Probleme wie die Veränderung des Charakters der Arbeit und der Lage der Werktätigen in der Produktion, die Unterordnung der Produktion unter die sozialen und kulturellen Bedürfnisse der Bevölkerung, die Herstellung gesunder Umweltverhältnisse und dgl. lösen zu wollen. Die Konzeption von der „Verbesserung der Lebensqualität" ist, mit anderen Worten, vor allem der Versuch, dem Kapitalismus die Lösung der sozialökonomischen Aufgaben zuzuschreiben, die nur die entwickelte sozialistische Gesellschaft lösen kann und die sie in der Tat auch löst. Aber diese Konzeption hat auch einen verkappten praktischen Zweck. Mit ihr soll angesichts der zunehmenden Widersprüche und der härter werdenden Klassen-

[11] Vgl. The Wall Street Transcript, 10/1972, S. 27421–27532 und 13/1972, S. 27725 bis 27820.

[12] W. Harman, Die Schlüsselprobleme der beiden nächsten Jahrzehnte, in: The Wall Street Transcript, 10/1972, S. 27471.

kämpfe die staatsmonopolistische Wirtschaftsorganisation nicht nur verstärkt, sondern auch durch eine weitgehende soziale Regulierung im Interesse der Monopole ergänzt werden.

Die Spezifik der bürgerlichen Vulgärökonomie wie überhaupt jedes apologetischen Systems besteht darin, daß ihre zentrale Doktrin nicht das Resultat der wissenschaftlichen Analyse von Grundtendenzen, sondern ein empirisch aufgestelltes sozialpolitisches Postulat darstellt, dem dann die ganze Methodologie und das System der theoretischen Argumentation angepaßt wird.[13] Heute nun wird ihre ganze konzeptionelle Struktur auf die Doktrin von der „Verbesserung der Lebensqualität" ausgerichtet. Methodologisch läßt sich diese Umorientierung in drei Begriffen ausdrücken: Soziologisierung, Technologisierung und Vulgärhistorismus.

Die *Soziologisierung* äußert sich darin, daß die wirtschaftenden Subjekte aus der Sicht der subjektiven Beweggründe ihres Handelns und ihrer „Verhaltensweisen" oberflächlich soziologisch differenziert werden, daß man diesen Subjekten außer den Individuen auch soziale Gruppen und Organisationen zurechnet und ihnen subjektiv-individualistische Motivationen beimißt und daß der Staat als wichtiges Subjekt der Wirtschaftstätigkeit ausgegeben wird. Sie zeigt sich ebenfalls in dem Bemühen, jede bürgerliche Nation als einen einheitlichen Wirtschaftsorganismus mit gemeinschaftlichem wirtschaftlichem Handlungsmotiv und gemeinschaftlichem Reagieren auf exogene (technische, ökologische, politische usw.) Veränderungen darzustellen.

Die *Technologisierung* ist in dem Bestreben zu erkennen, den wissenschaftlich-technischen und organisatorischen Fortschritt als den Faktor hinzustellen, der die sozialökonomische Struktur der Gesellschaft, die Lebensweise sowie die Veränderung der Handlungsmotive und Verhaltensweisen der Menschen prägt. Dabei tritt immer deutlicher die Tendenz zur Ökologisierung der Wirtschaftstheorie zutage, mit der alle Tendenzen der gesellschaftlichen Produktion aus den naturgegebenen Existenzbedingungen des Menschen und die Mängel des Kapitalismus aus der Kollision der technischen Entwicklung mit dem Erfordernis, die natürliche Umwelt zu erhalten, erklärt werden sollen.

[13] Wie schon in den beiden chronologischen Vorläufern dieses Bandes dargestellt, waren solche Doktrinen vor der Großen Sozialistischen Oktoberrevolution die „Naturgegebenheit des Kapitalismus" und die „Nichtrealisierbarkeit des Sozialismus" und zwischen dem ersten und zweiten Weltkrieg die Doktrin von der Überlegenheit des „regulierten Kapitalismus" gegenüber dem „uneffektiven Sozialismus". Daß die bürgerlichen ökonomischen Theorien allgemeinen ideologischen Doktrinen untergeordnet sind, wird auch von bürgerlichen Autoren zugegeben. Allerdings stellt die jeweilige Richtung diese Unterordnung nur bei ihren Gegnern fest. So entschleiert der zur „soziologischen" Richtung gehörende Professor der Pariser Universität M. Guilleaume zwei von der „Technokratie" aufgedrängte Mythen: den „neoklassischen" Mythos, nach dem die „reine Konkurrenz" Voraussetzung des Optimums sei, und den „neokeynesianischen" Mythos, nach dem zwischen Wohlstand und Wirtschaftswachstum eine direkte Abhängigkeit bestehe.

Der *Vulgärhistorismus* drückt sich in dem Bemühen aus, die konkreten Motive und Typen des „ökonomischen Verhaltens" der Individuen, Gruppen, Organisationen, des Staates und der Nation nach historischen Etappen abzugrenzen. Die Futurologisierung der bürgerlichen Wirtschaftstheorie ist zukunftsorientierter Vulgärhistorismus.

Für die gegenwärtige Methodologie der bürgerlichen politischen Ökonomie ist die eklektische Verbindung von Varianten des subjektiven und „objektiven" Idealismus mit einem vulgärmaterialistischen „technologischen" Determinismus typisch. Die erwähnten Tendenzen sind Ausdruck des Bestrebens, die Oberflächenprozesse und Widersprüche des Kapitalismus detaillierter, ausführlicher zu beschreiben und zu systematisieren. Aber da die bürgerliche Vulgärökonomie die Produktionsweise, als die bestimmende objektive Kategorie der gesellschaftlichen Entwicklung, von vornherein ignoriert, ist ihr auch die Analyse der eigentlichen Ursachen dieser Prozesse nicht zugänglich.

In der konzeptionellen Neuorientierung der Vulgärökonomie seit den sechziger Jahren drücken sich auch die heutigen Antagonismen des staatsmonopolistischen Kapitalismus aus, der im Wettbewerb mit dem entwickelten Sozialismus eine Niederlage hinnehmen mußte. In der Produktionsfaktoren-Theorie wird heute nicht mehr das Kapital oder gar die Arbeit, sondern das *Wissen* als der bestimmende Faktor hingestellt. Demgemäß wird das theoretische Wissen als spezifische Form „menschlichen Kapitals" zur Hauptform des Eigentums erklärt. Und dieser These wird dann die Interpretation der heutigen sozialökonomischen Struktur der Gesellschaft angepaßt. Zu ihrem Mittelpunkt erklärt man die „neue Mittelklasse", die Intellektuellen. Arbeiter, Kapitalisten und sonstige Schichten werden als sozial neutral oder gar als reaktionäre Masse hingestellt.[14]

Die bürgerlichen Theoretiker berufen sich dabei auf die wissenschaftlich-technische Revolution, auf die ökologische Revolution und auf soziale Wandlungen, um so ein neues System der Apologie des Finanzkapitals und der Finanzoligarchie aufzubauen, nachdem die Konzeptionen von der „Revolution der Manager", der „Demokratisierung des Kapitals" und der „Einkommensrevolution" unhaltbar geworden waren.

Auch die früheren bürgerlichen Vulgärvorstellungen von den Motivationen und Zielen wirtschaftlichen Handelns werden revidiert. Die „neoklassischen" Stimuli und Ziele wie „Minimierung der Erschwernis" und „Maximierung des Nutzens" treten ebenso in den Hintergrund, wie Keynes' „Hang zum Verbrauch" und „Neigung" zum Sparen und Investieren sowie die institutionalistischen Postulate „Egoismus" und „Altruismus". An ihre Stelle setzt man Ziele und Motivationen sozialer, kulturell-ethischer und ökologischer Art, die heute angeblich jedem Individuum, jeder Körperschaft und der ganzen bürgerlichen Gesellschaft innewoh-

14 Vgl. John K. Galbraith, Die moderne Industriegesellschaft, München-Zürich 1968; u. vgl. Daniel Bell, The Coming of Post-Industrial Society. A Venture in Social Forecasting, New York 1973.

nen.[15] Dabei wird behauptet, daß die wissenschaftlich-technische Revolution zur Sättigung der materiellen Bedürfnisse und zum Erlöschen der materiellen Stimuli führen werde. Die fest eingewurzelten Gebrechen des Kapitalismus wie soziale Ungleichheit, die materielle Not breiter Bevölkerungsschichten, Massenarbeitslosigkeit, Struktur- und zyklische Krisen werden in der neuen Zielkonzeption schweigend übergangen. Zweck der demagogischen neuen Aufgabenstellungen ist es, die Unlösbarkeit der traditionellen Probleme des Kapitalismus zu verschleiern.

Den Stein des Anstoßes sahen die bürgerlichen Politökonomen im kapitalistischen Wirtschaftsmechanismus, in dem sich aus ihrer Sicht so „unvereinbare" Erscheinungen wie Inflation und Arbeitslosigkeit, Produktionsrückgang, Einkommensschmälerungen bei den Werktätigen und steigende Profite der Kapitalgesellschaften miteinander verflechten. Besonders augenfällig werden die Gebrechen dieses Mechanismus angesichts der Erfolge der Planwirtschaft in der entwickelten sozialistischen Gesellschaft, die die Möglichkeit der stabilen Aufwärtsentwicklung auf der Grundlage des demokratischen Zentralismus demonstriert. So ist es kein Zufall, daß die bürgerliche Politökonomie von den neoklassischen Markt-Konkurrenz-Theorien und von den keynesianischen Prinzipien des „geregelten Marktes" abrückt und von „Wirtschaftsorganisation", „pluralistischer Planung" und dgl. spricht.

Die neue Etappe in der krisenhaften Evolution der bürgerlichen Sozialismustheorien ist von der Suche nach Doktrinen gekennzeichnet, die das Wesen und die Perspektiven des Sozialismus verfälscht wiedergeben, ohne ihm seine offensichtlichen Erfolge abzusprechen. Von den Erfolgen des Sozialismus beeindruckt, geht die bürgerliche politische Ökonomie heute teilweise von der Position ab (die sie einst als grundlegend betrachtet hatte), daß der Kapitalismus die „natürliche" Organisationsform der industriellen Produktion sei. Mit Konzeptionen von einer pluralistischen sozialökonomischen Entwicklung und von der Konvergenz der gegensätzlichen Gesellschaftssysteme versucht die bürgerliche Politökonomie neue Positionen zu beziehen.

Demgemäß dominieren in der bürgerlichen Sozialismusdarstellung heute nicht mehr die Modelle von der „Befehlswirtschaft" und „Zentralverwaltungswirtschaft", sondern die verschiedenen Varianten der „marktorientierten Evolution des Sozialismus", der „einheitlichen Industriegesellschaft" und die darauf aufbauenden Theorien von einer „pluralistischen Entwicklung" und von der „Konvergenz" von Kapitalismus und Sozialismus.[16]

[15] Vgl. Walt W. Rostow, Stadien wirtschaftlichen Wachstums. Eine Alternative zur marxistischen Entwicklungstheorie, Göttingen 1967. Dennis Meadows, Donella Meadows, Erich Zahn, Peter Milling, Die Grenzen des Wachstums. Bericht des Club of Rome zur Lage der Menschheit, Reinbek bei Hamburg 1973.

[16] Diese Konzeptionen werden im zweiten sowie im dritten und vierten Abschnitt des vorliegenden Buches behandelt.

Ganz allgemein sieht die historisch-methodologische Struktur der bürgerlichen Darstellungen des Kapitalismus und Sozialismus heute wie folgt aus: Mit der Theorie von den „Stadien wirtschaftlichen Wachstums" wird ein verzerrtes Bild der Triebkräfte, geschichtlichen Formen und des Inhalts der sozialökonomischen Entwicklungsetappen sowie der heute im Entstehen begriffenen Weltstruktur geliefert. Die Theorie von der „einheitlichen Industriegesellschaft" entstellt den wirklichen Inhalt der gegenwärtigen Geschichtsetappe, das reale Verhältnis zwischen Kapitalismus und Sozialismus. Dabei werden die sozialen mit technischen Faktoren vermengt, werden die „Industriegesellschaft" und „postindustrielle Gesellschaft" für *die* Systeme ausgegeben, die in allen Ländern von gewissen allgemeinen Impulsen bewegt werden.[17] Die Theorie von den „vergleichbaren Wirtschaftssystemen" gliedert die sozialökonomischen Verhältnisse des Kapitalismus und des Sozialismus in abstrakte, angeblich homogene Elemente auf, die die verschiedensten Kombinationen zulassen.[18] Der konzeptionelle Inhalt des „Pluralismus" besteht darin, daß die allgemeine Basis des Industrialismus vielfältige Wege zur sozialökonomischen Organisation der Gesellschaft eröffnet. Und die Konvergenzlehre postuliert die Perspektive des Übergangs vom industriellen „Pluralismus" zu einem einheitlichen, technisch oder rationalistisch determinierten sozialökonomischen „Optimalmodell", das Elemente des Sozialismus und Kapitalismus in sich vereint.

Die Veränderungen in der politischen und methodologischen Grundlage der bürgerlichen Sozialismustheorien, die sich in den sechziger Jahren vollzogen haben, bedeuten nicht, daß die alten politischen, ökonomischen und „sowjetologischen" Doktrinen und Theorien das Feld geräumt hätten. Diese Theorien machen lediglich eine bestimmte Metamorphose durch und bestehen, auch wenn sie in den Hintergrund getreten sind, neben neuen Konzeptionen weiter fort. Das erklärt sich aus der allgemeinen ideologisch-politischen Verwandtschaft aller bürgerlichen Theorien sowie daraus, daß diese Theorien jeweils die Interessen und Ansprüche spezifischer, miteinander konkurrierender Gruppen der Bourgeoisie zum Ausdruck bringen. Außerdem findet in der bürgerlichen Politökonomie eine „Arbeitsteilung" zwischen den Konzeptionen statt, die sich je nach Wirtschaftskonjunktur und „politischer Wetterlage" unterscheiden: In Zeiten wirtschaftlicher Rückschläge treten apologetische Konzeptionen zugunsten reformistischer Ideen zurück. Die Analyse der miteinander rivalisierenden Richtungen, des Kräfteverhältnisses und der Widersprüche zwischen ihren Repräsentanten bildet die Voraussetzung für eine wissenschaftliche Kritik der bürgerlichen Sozialismus-

[17] Vgl. Raymond Aron, Dix-huit leçons sur la Société industrielle, Paris 1962; vgl. Clark Kerr, John T. Dunlop, Frederick H. Harbinson, Charles A. Myers, Industrialism and Industrial Man, London 1962.

[18] Comparative Economic Systems, New York 1969; Horst Wagenführ, Zukunft in Wort und Zahl. Deutschlands Wirtschaft 1970 bis 2000, Tübingen 1970.

konzeptionen. Das aber verlangt die Frage zu beantworten, worin die objektiven Faktoren und die entsprechenden Kriterien der Herausbildung einzelner Richtungen der bürgerlichen Politökonomie bestehen.

Im „Elend der Philosophie“ schreibt Marx über die bestimmende Rolle, die die Entwicklung der Widersprüche des Kapitalismus für das Begreifen der inneren Struktur und Evolution der bürgerlichen politischen Ökonomie spielt: „... wenn alle Angehörigen der modernen Bourgeoisie das gleiche Interesse haben, insoweit sie eine Klasse gegenüber einer anderen Klasse bilden, so haben sie entgegengesetzte, widerstreitende Interessen, sobald sie selbst einander gegenüberstehen.

Je mehr dieser gegensätzliche Charakter zutage tritt, desto mehr geraten die Ökonomen, die wissenschaftlichen Repräsentanten der bürgerlichen Produktion, mit ihrer eigenen Theorie in Widerspruch, und verschiedene Schulen bilden sich.“[19]

Bei der marxistisch-leninistischen Typisierung der Richtungen in der bürgerlichen Politökonomie wird davon ausgegangen, daß der Faktor, der ihr Entstehen bestimmt, durch die spezifische Form des Verhältnisses der verschiedenen Gruppen der Bourgeoisie und ihrer Ökonomen zum Grundwiderspruch der kapitalistischen Gesellschaft determiniert ist. Deshalb hat Marx seinen Untersuchungen über die verschiedenen Schulen und Strömungen in der bürgerlichen Politökonomie auch den Titel „Theorien über den Mehrwert“ gegeben. In diesem Werk unterscheidet er deutlich zwischen der klassischen und der vulgären bürgerlichen Politökonomie und untergliedert zudem die letztere in verschiedene Schulen: in die der „Epigonen“, der Malthusianer, in die „synkretistische“ Schule und die „historische“ Schule sowie die Schule der „Interessenharmonie“.

Unter den Bedingungen der allgemeinen Krise des Kapitalismus nimmt der Grundwiderspruch zwischen Bourgeoisie und Arbeiterklasse neben der internen kapitalistischen Form auch eine externe Erscheinungsform in Gestalt des Antagonismus zwischen Imperialismus und Sozialismus an. Von hier an wird die Spezifik der einzelnen Richtungen der bürgerlichen Politökonomie allgemein und der bürgerlichen Sozialismustheorien speziell von dem Verhältnis zu beiden Aspekten dieses Antagonismus geprägt. Somit sind es im wesentlichen drei Gruppen von Faktoren, die die Unterschiede zwischen den Richtungen der bürgerlichen Politökonomie bestimmen: die Unterschiede zwischen den sozialpolitischen Doktrinen, denen sie jeweils dienen; die damit verbundenen Unterschiede methodologischer und konzeptionell-theoretischer Art; die Unterschiede in den praxisbezogenen politischen Rezepten.

Die Verflechtung der Interessen von verschiedenen Gruppen des Monopolkapitals und der mittleren Bourgeoisie, der Eklektizismus der bürgerlichen Methodologie und die Veränderlichkeit der praktischen Zielsetzungen machen die Grenzen zwischen den einzelnen Richtungen der bürgerlichen Politökonomie

[19] Karl Marx, Das Elend der Philosophie, in: Karl Marx/Friedrich Engels, Werke (im folgenden MEW), Bd. 4, Berlin 1964, S. 141.

fließend. Aber diese Grenzen sind vorhanden und zeitweise, besonders in Situationen schwerer Krisen, sehr stark ausgeprägt.

Bis Mitte der sechziger Jahre waren die „neoklassische" (sowie die ihr nahestehende „neoliberale") und die keynesianische Schule die Hauptrichtungen in der bürgerlichen politischen Ökonomie und folglich auch bei den bürgerlichen Sozialismusdarstellungen. Jetzt, da sich die Auseinandersetzung zwischen den Richtungen zugespitzt hat, büßt die einst vorherrschende Keynessche Doktrin unter den Angriffen bürgerlicher Kritiker von „links" und „rechts" an Boden ein, und eine institutionalistisch-soziologische (neosoziale) Strömung taucht auf, die den Keynesianismus von den Positionen eines reformistischen Radikalismus aus attackiert. Diese Strömung drückt die obenerwähnten methodologischen Wandlungen – Soziologisierung, Technologisierung und Vulgärhistorismus – am deutlichsten aus. Sie umfaßt ein vielgestaltiges Konglomerat von Konzeptionen, zu denen der amerikanische Institutionalismus, die französische soziologische Richtung, Elemente des linken Keynesianismus und Elemente ökonomischer Auffassungen der „Neuen Linken" gehören. Die Vertreter dieser Richtung erklären, daß sie im Gegensatz zum früheren Institutionalismus den Ausgangspunkt nicht in den einzelnen großen Organisationen (Institutionen) und den Motivationen ihres Handelns sehen, sondern in der ganzen Gesellschaft, im System ihrer Bedürfnisse und Interessen. Im Unterschied zur früheren soziologischen Richtung liegt der Schwerpunkt hier nicht auf der sozialen Verteidigungsstruktur, sondern auf den sozialen Charakteristiken der Organisation von Produktion und Konsumtion.

Auch der Keynesianismus wandelt sich. Die sogenannte „postkeynessche" Theorie will den Keynesianismus von seinen „marktorientierten" neoklassischen Elementen befreien und ihn mit vulgarisierten Formen des Ricardianismus vereinen.

Gleichzeitig ist auch die „neoklassische" Richtung Wandlungen unterworfen. Sie nimmt in zunehmendem Maße Elemente der Soziologie, des Technologismus und des Vulgärhistorismus in sich auf. Deutlich zeichnet sich die Tendenz zum Entstehen einer „sozial-marginalistischen" oder „sozial-liberalen" Theorie ab, die sich von der früheren „neoklassischen" und „neoliberalen" Richtung wesentlich unterscheidet, aber zugleich deren Grundlage wahrt. Auf der erwähnten Konferenz des Weißen Hauses im Jahre 1972 hatten „sozial-liberale" Auffassungen das Übergewicht.

So übte u. a. der bürgerliche Soziologe W. Harman Kritik an den „neosozialen" Rezepten für eine „Reform" des staatsmonopolistischen Mechanismus. Er wies das Programm von J. K. Galbraith und dessen Anhängern (staatliche Planung der Aktivitäten der Kapitalgesellschaften, Nationalisierung der Kleinproduktion usw.) zurück und erklärte: „Ein anderer Weg liegt in der Abschwächung der kollektivistischen Tendenzen und der Renaissance des privaten Sektors. Aber das wird keine Rückkehr zur Vergangenheit sein, sondern ein Schritt vorwärts zu etwas Neuem, was wir noch nicht erprobt haben. Im 19. Jahrhundert ist der „unternehmerische Kapitalismus' typisch gewesen. In den letzten Jahrzehnten ist er dem ‚institutionellen Kapitalismus' gewichen. Die Alternative, die ich sehe, könnte man als ‚humanistischen Kapitalismus' bezeichnen."[20]

Bei der Analyse der Veränderungen in den gegenwärtigen bürgerlichen Sozialismustheorien ist auch das Kräfteverhältnis zwischen den Anhängern und den Gegnern der friedlichen Koexistenz der beiden sozialen Systeme zu beachten. Daß sich die Bourgeoisie in dieser Hinsicht in zwei Flügel spaltet, hat bereits Lenin festgestellt.[21]

Die Zeit, als die bürgerlichen Sozialismuskonzeptionen unter dem Zeichen des „kalten Krieges" standen, liegt noch nicht weit zurück. Ihm hatten die bürgerlichen Sowjetologen ihre Darstellungen der sozialen Struktur, der Ziele und des Wirtschaftsmechanismus der sozialistischen Gesellschaft untergeordnet. Die grundlegende Wandlung im internationalen Kräfteverhältnis zugunsten des Sozialismus führte zu einer bestimmten Neugruppierung der Bourgeoisie, bei der die Entspannung mehr Anhänger gewann.

Der Kampf der „beiden Fraktionen" der Bourgeoisie drückt sich in einer Neuorientierung der bürgerlichen Sozialismuskonzeptionen aus. Die Kritik an diesen Konzeptionen muß sowohl ihrer allgemeinen antikommunistischen Grundlage wie auch den sehr unterschiedlichen politischen Schlußfolgerungen Rechnung tragen, die den immanenten Antagonismus der bürgerlichen Positionen ausdrücken.

Die bürgerlichen ökonomischen Konzeptionen vom Sozialismus bestehen heute aus zwei Grundrichtungen (die jeweils unterschiedliche Varianten und Zwischenströmungen aufweisen). Zur ersten Richtung gehören die Theoretiker, die direkt oder indirekt eine „Politik der Stärke" befürworten. Die theoretisch-methodologische Grundlage dieser Richtung bilden die traditionellen Strömungen der bürgerlichen Vulgärökonomie, denen zufolge nur der Markt, die Konkurrenz (allein oder mit staatlicher Unterstützung), die „demokratische Steuerung" der Wirtschaft, einen raschen technischen Fortschritt und eine effektive Nutzung der Ressourcen zugunsten des Massenverbrauches ermöglicht.

Folgt man den Darstellungen dieser Richtung, dann ist die sozialistische Planwirtschaft undemokratisch, ökonomisch uneffektiv und dazu verurteilt, technisch immer hinter dem „Westen" zurückzubleiben. Zunehmende politische und ökonomische Widersprüche und Konflikte seien demnach unvermeidbar. Der eigentliche Zweck dieser Konzeptionen besteht jedoch darin, das Wettrüsten zu motivieren, womit sie den Militär-Industrie-Komplex der imperialistischen Staaten ideologisch unterstützen. Um diesen Zusammenhang zu verschleiern, verbreitet die bürgerliche Propaganda den Mythos von einer „sowjetischen Bedrohung",

20 W. Harman, Die Schlüsselprobleme der beiden nächsten Jahrzehnte, in: The Wall Street Transcript, 10/1972, S. 27471.

21 Vgl. W. I. Lenin, Über die friedliche Koexistenz, Berlin 1976, S. 157; W. I. Lenin, Politischer Bericht des Zentralkomitees der KPR (B) an den XI. Parteitag, 27. 3. bis 2. 4. 1922, in: Werke, Bd. 33, Berlin 1962, S. 250.

um so den von kleinbürgerlichem Denken beherrschten Bürger in Angst zu versetzen.

Die auf dem XXIV. Parteitag der KPdSU dargelegte Friedensinitiative der UdSSR, die auf dem XXV. Parteitag in dem dort unterbreiteten Friedensprogramm mit seinen konkreten Vorschlägen zur Einstellung des Wettrüstens weiterentwickelt wurde, hat diesen Mythos völlig ad absurdum geführt.

Die Theoretiker des Militär-Industrie-Komplexes sehen im Wettrüsten nicht nur das entscheidende Mittel der Aggressionspolitik, sondern auch eine „Wirtschaftsbremse" für den Sozialismus. Da sie von der „Uneffektivität" der sozialistischen Wirtschaft ausgehen, glauben sie, die Hoffnung nähren zu können, daß die Entwicklung dieser Wirtschaft unterminiert werde, wenn man ihr hohe Rüstungsausgaben von außen aufzwinge. So sollen nach den Plänen der Strategen des Imperialismus den sozialistischen Ländern gewisse Zugeständnisse im Hinblick auf eine „Marktdemokratie" abgerungen werden. Von der Politik der Stärke und des Drucks, so empfehlen die Verfasser dieser Theorien, soll auch in den wirtschaftlichen und wissenschaftlich-technischen Beziehungen zwischen Kapitalismus und Sozialismus ausgegangen werden.

Wie absurd derartige Zielstellungen sind, beweist der wirtschaftliche Fortschritt der sozialistischen Gesellschaft, der es ihr erlaubt, den Wohlstand der Werktätigen ständig zu heben und gleichzeitig die Verteidigungsfähigkeit der Länder des Sozialismus zu stärken.

Die theoretisch-methodologische Grundlage der anderen Strömung bürgerlicher Sozialismuskonzeptionen, die sich zur internationalen Entspannung bekennt, bilden vor allem die Anschauungen der institutionalistisch-soziologischen Richtung in der bürgerlichen politischen Ökonomie (J. K. Galbraith, D. Bell und R. Heilbroner in den USA, F. Perroux in Frankreich, G. Myrdal in Schweden, J. Tinbergen in den Niederlanden, G. Colm in England u. a.).

Für die Ökonomen, die zu dieser Richtung gehören, bilden Planung und Demokratie keinen Gegensatz; sie sehen im Gegenteil im Markt das Instrument, mit dem die Kapitalgesellschaften das Volk beherrschen, und räumen die Möglichkeit einer staatlichen Planung ein, mit der die Gesellschaft die Konzerne kontrollieren sollte. Bei der Wahl des jeweiligen Modells der Wirtschaftsorganisation soll nicht die Effektivität, sondern die Befriedigung der hauptsächlichen sozialen Bedürfnisse das Hauptkriterium sein. In ihren Interpretationen des realen Sozialismus greifen die Theoretiker dieser Richtung nicht grundsätzlich die Planung und staatliche Wirtschaftslenkung an, sondern die Formen und Methoden dieser Planung und Leitung.[22]

Allerdings dient diese Position objektiv nicht dem Auffinden der optimalen

[22] „Die modernen nationalen Gesellschaften unterscheiden sich nicht dadurch, ob sie einen Plan haben, sondern dadurch, in welchem Maße sie die Existenz eines Planes anerkennen, in welcher Form sie ihre Ziele ausdrücken, und durch die Methoden, die sie zur Erreichung der Planziele anwenden". (John K. Galbraith, Economic development in perspective, Cambridge, Mass., 1962, S. 62 – [engl].).

Methoden gesellschaftlichen Wirtschaftens, sondern eher den Bestrebungen, die gegenwärtigen Formen der kapitalistischen Regulierung und Leitung als die optimalen Mittel zur Realisierung der Anforderungen des technischen Fortschritts, als „Imperative der Technologie", hinzustellen, die jeder Variante des „Industriesystems" entsprechen.

Da diese Theoretiker meinen, die Wirtschaftsformen und die Sozialstruktur der Gesellschaft würden unmittelbar von Faktoren technischer, politischer und kulturgeschichtlicher Art statt von den wesentlichen Verhältnissen der ökonomischen Basis bestimmt, kommen sie zu dem Schluß, daß die Veränderungen im sozialistischen und im kapitalistischen Wirtschaftssystem den gleichen Trend aufweisen. Diese Veränderungen würden zu einer allmählichen Erosion des Sozialismus führen und um so intensiver sein, je enger die Beziehungen und der Austausch zwischen den sozialistischen und kapitalistischen Ländern auf dem Gebiet der Wissenschaft und Technik, des Handels, der Kultur usw. seien. Mit dem Wettrüsten und der Politik der Stärke sei für den Westen nichts zu gewinnen, weil damit die „Erosion des Sozialismus" verzögert und seine spezifischen Wesenszüge konserviert würden. Für diese Richtung ist die Politik des „kalten Krieges" auch deshalb unakzeptabel, weil sie die reformistische „Transformation" des Kapitalismus aufhalte.

Trotz ihrer historischen Bedeutung können jedoch außenpolitische und außenwirtschaftliche Prozesse die sozialökonomische Entwicklung des Weltsozialismus von ihrer Generallinie nicht abbringen. Diese wird vielmehr voll und ganz von den inneren Gesetzen der Produktionsweise bestimmt. Doch ist die friedliche Koexistenz der beiden Weltsysteme eine spezifische historische Form des Klassenkampfes, und in der gegenwärtigen Etappe der allgemeinen Krise des Kapitalismus ist sie die Form, die den Kräften des Sozialismus und der Demokratie am meisten entgegenkommt, ist sie die den Interessen der Menschheit am ehesten entsprechende, humanste Form.

L. I. Breshnew stellte am 15. 8. 1973 in Alma-Ata fest: „Wir sind von der Richtigkeit unseres Weges, unserer marxistisch-leninistischen Ideologie überzeugt und zweifeln nicht daran, daß naturgemäß unter den Bedingungen der Entspannung die Erweiterung der Kontakte, der Austausch geistiger Werte und Informationen und die Entwicklung von Beziehungen zwischen der Öffentlichkeit der verschiedenen Länder für die Verbreitung der Wahrheit über den Sozialismus und die Gewinnung immer neuer Anhänger der Ideen des wissenschaftlichen Kommunismus sehr nützlich sind."[23]

Im Mittelpunkt des Kampfes zwischen der wissenschaftlichen marxistisch-leninistischen Theorie des Sozialismus und den antimarxistischen Konzeptionen stehen die Fragen der sozialökonomischen Strategie der KPdSU, des wissenschaftlich-technischen Fortschritts, des Wirtschaftsmechanismus und der Entwicklung des sozialistischen Weltsystems.

[23] L. I. Breshnew, Auf dem Wege Lenins, Bd. 4, Berlin 1975, S. 263.

Die bürgerlichen Sozialismuskonzeptionen der Gegenwart werden weitgehend dazu herangezogen, die auf dem XXIV. und XXV. Parteitag der KPdSU dargelegte sozialökonomische Strategie zu verfälschen. Dabei wendet die „Sowjetologie" im wesentlichen drei Methoden an. Die erste besteht darin, die Mittel der sozialökonomischen Strategie als deren Ziele und die eigentlichen Ziele als Mittel auszugeben. Die zweite Methode läuft darauf hinaus, daß bestimmte, durch äußere Einflüsse (u. a. durch das Wettrüsten, durch wirtschaftliche Restriktionen und dgl.) bedingte Wirtschaftsprozesse in den sozialistischen Ländern als für den Sozialismus typisch hingestellt werden. Und die dritte Methode schließlich besteht darin, Entscheidendes für sekundär, Ständiges für vorübergehend und Notwendiges für zufällig auszugeben.

Mit diesen Entstellungen, die die kausalen Zusammenhänge in der sozialistischen Wirtschaft umkehren, wird unter Verwendung von Fakten und konkreten Tendenzen der sozialistischen Wirtschaft ein Bild konstruiert, das mit dem wirklichen Sozialismus nichts gemein hat, aber den falschen Prämissen der theoretischen Modelle vollauf entspricht. Ein deutliches Beispiel hierfür liefern die bürgerlichen Interpretationen der Zielsetzungen für das neunte und zehnte Planjahrfünft in der UdSSR. So konstatiert man, der XXIV. Parteitag der KPdSU habe eine „neue Wirtschaftsstrategie" unterbreitet, die darin bestehe, daß der Anteil der Massenbedarfsgüter an der Gesamtproduktion und an den Investitionen bei gleichzeitiger Beschleunigung des technischen Fortschritts, bei Steigerung der Arbeitsproduktivität und Verbesserung der Leitung erhöht worden ist. In dieser neuen Strategie glauben die „Sowjetologen" einen Gegensatz zu den Prinzipien der vorrangigen Entwicklung der Schwerindustrie, der Aufrechterhaltung der militärischen Macht und des Systems der zentralen Planung und Leitung zu erkennen, und sie erklärten demzufolge, daß das neue Programm „in sich widersprüchlich" sei. Derartige Konfrontationen sind jedoch Hirngespinste. Die deutliche Hebung des Wohlstands der Werktätigen, entsprechend dem von der KPdSU vorgezeichneten Weg, fußt auf der weiteren Entwicklung der Schwerindustrie. Die Entwicklung der sozialistischen Produktionsdemokratie, der Initiative und des Wettbewerbs beruht auf der Festigung der zentralen Wirtschaftsleitung. Der friedliche Aufbau des Kommunismus in der UdSSR ist nur durch die unerschütterliche Verteidigungskraft der Sowjetunion möglich.

Wenn die bürgerlichen Ökonomen bei der Interpretation des neunten Fünfjahrplans noch auf die Konfrontation der zwar verschiedenen, aber tatsächlich miteinander korrespondierenden Aufgaben gesetzt hatten, dann ist für die Interpretationen des zehnten Fünfjahrplans typisch, daß dessen Ziele entstellt werden. Wie in der „New York Times" zu lesen war, bedeutete der zehnte Fünfjahrplan die „Rückkehr zur traditionellen Betonung der Schwerindustrie ... Moskau hat bis zum Ende des Jahrzehnts auf seine bisherigen Bemühungen um die Reorganisation der Wirtschaft zugunsten der Konsumtion verzichtet". Die Zeitung erklärt, daß der Plan das Schwergewicht auf die Verteidigung und die Energiewirtschaft lege, und kommt zu dem Schluß: „Es ist unbekannt, weshalb

Moskau sich nicht bemüht, den Vorrang der Aufgaben zu ändern und die Produktion von Verbrauchsgütern zu schnellerem Wachstum zwingt, wie es im Plan für 1971–1975 der Fall war."[24] Die These von den „veränderten Prioritäten" glaubt der reaktionäre amerikanische „Sowjetologe" Gregory Grossman nachweisen zu können, der die bestimmende Linie des zehnten Fünfjahrplans, die diesen von den beiden vorangegangenen Fünfjahrplänen unterscheide, im beschleunigten Wachstum der Schwerindustrie und des Rüstungspotentials der UdSSR bei allgemein rückläufigen Wachstumsraten und verringertem Wachstum des Bevölkerungskonsums sieht.[25]

Die bürgerlichen „Kritiker" des zehnten Fünfjahrplans machen sich nicht mehr die Mühe, die wirtschaftliche Lage in der UdSSR mit der im Westen zu vergleichen. Ein solcher Vergleich würde für die „Kritiker" selbst sehr ungünstig ausfallen. Ihre Angriffe beschränken sich darauf, Vergleiche zwischen dem neunten und zehnten Fünfjahrplan zu ziehen und daraus gegensätzliche sozialökonomische Zielsetzungen abzuleiten. Daß eine solche Konfrontation unhaltbar ist, liegt auf der Hand, denn der achte, neunte und zehnte Fünfjahrplan sind durch ein einheitliches Ziel gekennzeichnet. Wie es im Bericht L. I. Breshnews auf dem XXV. Parteitag der KPdSU heißt, „war und bleibt der stetige Aufschwung des materiellen und kulturellen Lebensniveaus der Bevölkerung"[26] das höchste aller grundlegenden Ziele der langfristigen Wirtschaftsstrategie der KPdSU. Die Durchschnittslöhne und -gehälter der Arbeiter und Angestellten sollen mit dem zehnten Planjahrfünft um 16 bis 18 % steigen und 1980 mindestens 170 Rubel im Monat betragen, und die Einkünfte der Kolchosbauern aus der gesellschaftlichen Wirtschaft sollen sich um 24 bis 27 % erhöhen. Die Leistungen, die der Bevölkerung aus den gesellschaftlichen Konsumtionsfonds zugute kommen, steigen um 28 bis 30 %. In den fünf Jahren werden 545 bis 550 Mio m^2 Wohnraum in Nutzung übergehen.[27]

Daß sich die KPdSU der Erhöhung des materiellen und kulturellen Lebensniveaus mit unverminderter Aufmerksamkeit widmet, wird auch durch die scharfe Kritik belegt, die der XXV. Parteitag an Mängeln im Konsumgüter- und Dienstleistungsangebot hinsichtlich Qualität, Sortiment und Menge geübt hat.

Interessant ist in diesem Zusammenhang die Reaktion einiger bürgerlicher Kommentatoren, die auf den Satz hinausläuft: „Auch sie haben Schwierigkeiten". So hieß es in einem Leitartikel der Londoner „Times": „Der Kreml ist mit

[24] The New York Times vom 15. 12. 1975, S. 1.

[25] Vgl. Gregory Grossman, Breznev Era: An Economy at Middle Age, in: Problems of Communism, Bd. XXV, März/April 1976, S. 33.

[26] XXV. Parteitag der KPdSU. Rechenschaftsbericht des Zentralkomitees der KPdSU und die nächsten Aufgaben der Partei in der Innen- und Außenpolitik. Berichterstatter: L. I. Breshnew, Berlin 1976, S. 50.

[27] Vgl. XXV. Parteitag der KPdSU. Die Hauptrichtungen der Entwicklung der Volkswirtschaft der UdSSR von 1976 bis 1980. Berichterstatter: A. N. Kossygin, Berlin 1976, S. 20–21.

der Lage der sowjetischen Wirtschaft wahrscheinlich ebenso unzufrieden, wie der Westen mit der Lage seiner Wirtschaft."[28]

Natürlich haben die Schwierigkeiten, die mit dem ständigen, allseitigen Fortschritt der sozialistischen Wirtschaft verbunden sind, im historischen Inhalt und in den Formen mit den Schwierigkeiten des heutigen Kapitalismus, seiner Arbeitslosigkeit, Inflation und Verschlechterung der Lebenslage der Bevölkerung nichts gemein. Das metaphysische Suchen nach Widersprüchen zwischen den Aufgaben der sowjetischen Fünfjahrpläne zeugt von dem völligen Unverständnis bürgerlicher Kreise für die dialektische Verbindung von Kontinuität und Neuem, von der die Entwicklung der sozialistischen Planung gekennzeichnet ist, ja für die ganze Vorwärtsbewegung der entwickelten sozialistischen Gesellschaft überhaupt. Einerseits verfolgte der zehnte Fünfjahrplan das Ziel, mehrere wirtschaftliche Großvorhaben, die schon auf dem XXIV. Parteitag der KPdSU als Aufgaben gestellt worden waren, zu Ende zu bringen. So stellte A. N. Kossygin auf dem XXV. Parteitag fest: „Was das zehnte Planjahrfünft betrifft, so besteht seine Besonderheit darin, daß wir gerade in diesen Jahren alles nur Mögliche tun müssen, damit in der Volkswirtschaft der Übergang zur vorrangigen Nutzung der Intensivierungs- und Qualitätsfaktoren für das Wachstum der gesellschaftlichen Produktion abgeschlossen wird."[29]

Andererseits ist der zehnte Fünfjahrplan Teil des von der Partei erarbeiteten Perspektivplans für den Zeitraum von 1976 bis 1990. Er soll die Ausgangsbasis für die Lösung der im Programm der Partei und von den letzten Parteitagen gestellten sozialökonomischen Hauptaufgaben in diesem Zeitraum legen. Wie L. I. Breshnew hervorhob, betrifft dies vor allem *„die weitere Hebung des Wohlstands der Sowjetmenschen, die Verbesserung ihrer Arbeits- und Lebensbedingungen, einen beträchtlichen Fortschritt des Gesundheits- und Bildungswesens und der Kultur – alles, was zur Formung des neuen Menschen, zur allseitigen Entwicklung der Persönlichkeit und zur Vervollkommnung der sozialistischen Lebensweise beiträgt"*.[30]

Um diese Aufgaben lösen zu können, muß die sozialistische Produktion auf der Basis der neuesten Ergebnisse der wissenschaftlich-technischen Revolution umgerüstet werden. Die Rekonstruktion der Produktionsbasis durch Beschleunigung des technischen Fortschritts bildet das entscheidende Element im System der Maßnahmen zur Erhöhung der Effektivität und Qualität.

Die Behauptungen bürgerlicher „Experten", daß die Zielstellungen der sowjetischen Pläne von willkürlichen Entscheidungen politischer Art diktiert werden und von konjunkturellen Gegebenheiten abhängen, sind somit nichts anderes

[28] The Times vom 28. 2. 1976, S. 13.

[29] XXV. Parteitag der KPdSU. Die Hauptrichtungen der Entwicklung der Volkswirtschaft der UdSSR von 1976 bis 1980. Berichterstatter: A. N. Kossygin, Berlin 1976, S. 38.

[30] XXV. Parteitag der KPdSU. Rechenschaftsbericht des Zentralkomitees der KPdSU und die nächsten Aufgaben der Partei in der Innen- und Außenpolitik. Berichterstatter: L. I. Breshnew, Berlin 1976, S. 50.

als die Frucht von Unkenntnis und tendenziöser Entstellung der Tatsachen. Die Konkretisierung der Planaufgaben und der Wege zu ihrer Lösung wird von der Veränderung mannigfaltiger Umstände bestimmt, speziell von Faktoren sozialer, wirtschaftlicher, wissenschaftlich-technischer, natürlicher und demographischer Art sowie von den internationalen Bedingungen.

So wurden bei der Ausarbeitung der Strategie für das zehnte Planjahrfünft und für die Perspektive bis 1990 solche Momente berücksichtigt wie die weltweite Entfaltung der wissenschaftlich-technischen Revolution, die relative Verknappung des Arbeitskräfteaufkommens und der natürlichen Ressourcen, die Umweltschutzproblematik, die Instabilität der Klimabedingungen, die sich auf die Landwirtschaft auswirkt, die mit dem wachsenden Reichtum der entwickelten sozialistischen Gesellschaft steigenden Anforderungen an die Qualität der Waren und Leistungen, die neue Stufe der Zusammenarbeit mit den anderen sozialistischen Staaten sowie mit den Entwicklungsländern und die qualitativ neuen Bedingungen des ökonomischen und wissenschaftlich-technischen Wettstreits mit den kapitalistischen Industrieländern.

Ausgehend von dem hohen Entwicklungsstand der Sowjetgesellschaft und die langfristigen Tendenzen in diesen Bereichen verallgemeinernd, hat die Partei den Weg, der zum Hauptziel des zehnten Fünfjahrplans führt, in knappster Form zusammengefaßt: Erhöhung der Effektivität und der Qualität.

Eine Hauptthese des gegenwärtigen Antikommunismus läuft darauf hinaus, daß die zentrale Wirtschaftslenkung im Sozialismus nicht in der Lage sei, einen ebenso raschen und weitreichenden wissenschaftlich-technischen Fortschritt zu gewährleisten wie die staatlich regulierte Konkurrenz auf dem kapitalistischen Markt.

Unter Berufung darauf, daß das Tempo des wissenschaftlich-technischen Fortschritts von der „Vielfalt seiner Zentren“ abhänge, kommen bürgerliche Ökonomen und Revisionisten zu dem Schluß, daß ein zentralisiertes System für die dynamische Verbreitung technischer Neuerungen ungeeignet sei, weil die Beziehungen zwischen den Betrieben nur über das Zentrum und erst nach der Bestätigung der Pläne zustandekommen, während der kapitalistische Markt wegen der Direktkontakte der Unternehmen eine hohe „Funktionsgeschwindigkeit“ aufweise.

Diese „Argumentation“ beruht darauf, daß man gewisse unreife Elemente der planmäßigen Steuerung des wissenschaftlich-technischen Fortschritts blind verabsolutiert und die Direktbeziehungen der Firmen ebenso blind mit der Marktanarchie identifiziert.

Die zentrale, planmäßige Leitung der Volkswirtschaft gestattet, Wissenschaftszentren sowie Zentren der Forschung und Produktion aufzubauen, die neue Technik entwickeln und in der Lage sind, im wissenschaftlich-technischen Wettstreit mit dem Kapitalismus neue Siege zu erringen. Wie die Praxis vieler Gebiete der sowjetischen Technik, die Spitzenpositionen in der Welt einnehmen, (Kosmosforschung, Kernenergetik, Flugzeugtechnik, Hüttenwesen, verschiedene Bereiche des Werkzeugmaschinenbaus, des Gerätebaus und der Landtechnik) zeigt, hat das sozialistische Wirtschaftssystem hier beträchtliche und bei weitem noch nicht völlig erschlossene Vorzüge gegenüber dem Kapitalismus aufzuweisen. Und wenn sich kapitalistische Industrieländer darum bemühen, sowjetische Erfahrungen auf dem Gebiet der Grundlagenforschung und der Überleitung ihrer Ergebnisse in die Praxis zu übernehmen, dann ist das kein Zufall.

Die Forschungs- und Entwicklungspläne und die Pläne für die Überleitung der neuen Technik bilden in der UdSSR einen wichtigen Teil der Volkswirtschaftspläne und stützen sich auf das Prinzip der einheitlichen Technikpolitik. Dabei negiert der Planungsmechanismus keinesfalls Direktbeziehungen zwischen den Betrieben und Vereinigungen auf dem Gebiet der Produktion und des wissenschaftlich-technischen Fortschritts, sondern setzt sie vielmehr voraus. Hinsichtlich des Tempos der Verbreitung von Neuerungen muß das sowjetische Wirtschaftssystem seine Vorzüge, die u. a. darin bestehen, daß es keine kommerzielle „Verschleierung" gibt, der Informationsaustausch zentralisiert und die Anwendung fortgeschrittener Erfahrungen vorgeschrieben ist, noch vollkommener realisieren und demonstrieren. Das Planungssystem verfügt sowohl über richtungweisende Hebel als auch über ein elastisches System der Erfassung des ökonomischen Nutzeffekts der neuen Technik und die Möglichkeit, ihre Einführung materiell zu stimulieren.

Entgegen den bürgerlichen und revisionistischen Hirngespinsten von der „Uneffektivität" sozialistischer Wirtschaftsmethoden haben die sowjetische Planung und Leitung bezüglich des Wachstums der Arbeitsproduktivität auf lange Sicht ihre unbestreitbare Überlegenheit gegenüber dem Kapitalismus bewiesen, und sie werden der Sowjetwirtschaft die höchste Effektivität in der Welt bringen.

Im Kapitalismus ist die Profitjagd der soziale Hauptinhalt des Strebens nach höherer Effektivität. Die Kehrseite der hohen Produktionseffektivität, die der Kapitalismus in den USA und anderen Ländern erreicht hat, bilden hohe Arbeitslosenziffern, steigende Arbeitsintensität, die Zerstörung der Umwelt, die massenweise Produktion von schädlichen Waren, während die Erzeugung von sozial wichtigen Waren und Leistungen gedrosselt wird. Effektivität der Produktion und Raubbau an Mensch und Natur sind im Kapitalismus nicht voneinander zu trennen.

Zu einem weitverbreiteten Dogma der „Sowjetologie" ist die Behauptung geworden, daß ein plangebundener Wirtschaftsmechanismus „unelastisch" sei, weil ihm „Grenzen" ideologischer und politischer Art gesetzt seien. So erklärt der amerikanische „Sowjetologe" A. Block in einem Bericht an den Kongreß, daß das „Sowjetregime extrem konservativ und nicht geneigt ist, seine Einrichtungen zu verändern, auch wenn diese uneffektiv sind"[31].

Die auf dem XXV. Parteitag bestätigten Aufgaben für das zehnte Planjahrfünft, die von den bisherigen Erfolgen der sozialistischen Planwirtschaft aus-

[31] A. Block, Soviet Economic Prospects for The Seventies, Washington 1973, S. 176.

gehen, tragen auch den noch vorhandenen Mängeln, den ungenutzten Möglichkeiten in der Volkswirtschaft Rechnung. So wurde auf dem Parteitag auf die ungenügenden Wachstumsraten des technischen Fortschritts, auf die mangelhafte Qualität von Erzeugnissen und die mangelnde Entwicklung der über die Industriezweige hinausgehenden Spezialisierung der Produktion, auf die Zersplitterung der Investitionen sowie auf Verstöße gegen die Plan- und Arbeitsdisziplin aufmerksam gemacht. In der Behebung dieser und anderer Mängel liegt eine bedeutende Reserve für die schnellere Erhöhung der Effektivität und Qualität.[32]

Diese Mängel konnten deshalb entstehen und sich häufen, weil der Wirtschaftsmechanismus verschiedentlich hinter den Anforderungen der Praxis zurückgeblieben war. So heißt es im Rechenschaftsbericht an den XXV. Parteitag der KPdSU: „. . . wenn wir erkannt haben, daß der Rahmen des vorhandenen Wirtschaftsmechanismus für die sich ständig entwickelnde Volkswirtschaft zu eng geworden ist, so muß man ihn entschieden erweitern. Das ist die unmittelbare Pflicht des Ministerrates, des Staatlichen Plankomitees und der zentralen Wirtschaftsorgane."[33]

Die Hauptlinien, nach denen der Wirtschaftsmechanismus mit den Aufgaben in Übereinstimmung gebracht werden soll, die mit der Errichtung des Kommunismus entstehen, wurden bereits auf dem XXV. Parteitag der KPdSU herausgearbeitet. Schon während des neunten Planjahrfünfts ist hier vieles getan worden. Dennoch mußte auf dem XXV. Parteitag festgestellt werden: „Die Vervollkommnung der Planung, die Neugestaltung des Wirtschaftsmechanismus, der Kurs auf die Intensivierung der Produktion wurden langsamer verwirklicht, als beschlossen worden war."[34] Der Parteitag wies die noch vorhandenen Mängel des Wirtschaftsmechanismus nach und legte Maßnahmen zu ihrer sofortigen Behebung fest.

Die großartigen Erfolge der sowjetischen Volkswirtschaft und zugleich die Kompromißlosigkeit, Offenheit und Prinzipienfestigkeit mit der der XXV. Parteitag die Mängel und Versäumnisse in der Wirtschaft analysiert hatte, riefen selbst bei den „solidesten" bürgerlichen Presseorganen Verwirrung hervor. So mußte die „Financial Times" einräumen: „L. I. Breshnews kritische Feststellungen zu einigen Aspekten der sowjetischen Wirtschaft waren angesichts des unbestreitbaren Fortschritts auf einigen Gebieten in den letzten fünf Jahren schärfer als viele erwartet hatten."[35]

[32] Vgl. XXV. Parteitag der KPdSU. Rechenschaftsbericht des Zentralkomitees der KPdSU und die nächsten Aufgaben der Partei in der Innen- und Außenpolitik. Berichterstatter L. I. Breshnew, a. a. O., S. 56–57; Hauptrichtungen der Entwicklung der Volkswirtschaft der UdSSR von 1976 bis 1980. Berichterstatter: A. N. Kossygin, a. a. O., S. 16.

[33] XXV. Parteitag der KPdSU. Rechenschaftsbericht des Zentralkomitees der KPdSU und die nächsten Aufgaben der Partei in der Innen- und Außenpolitik. Berichterstatter: L. I. Breshnew, a. a. O., S. 75.

[34] Ebenda, S. 48. [35] Financial Times vom 26. 2. 1976, S. 6.

Unter Bedingungen, wo der Kapitalismus die Folgen der jüngsten zyklischen Krise seiner Wirtschaft noch nicht überwunden hatte, konnten sich viele bürgerliche Kommentatoren des XXV. Parteitages der KPdSU schon nicht mehr entschließen, den Planungsmechanismus der sozialistischen Wirtschaft bedingungslos abzulehnen. Indessen ist ein beträchtlicher Teil der bürgerlichen „Sowjetologen" noch immer in den verknöcherten Dogmen der „neoklassischen" politischen Ökonomie befangen, die in den Gesetzen des spontanwirkenden Marktes die einzig mögliche Grundlage rationellen Wirtschaftens sehen. Von diesen absurden Positionen aus glaubt auch der amerikanische „Sowjetologe" G. Grossman, die Dokumente des XXV. Parteitages attackieren zu können, indem er jegliche Perspektivplanung (einschließlich der Fünfjahrplanung) für gänzlich ungeeignet erklärt, weil es unmöglich sei, künftige Veränderungen in der Technik, in den Naturverhältnissen usw. vorauszusehen und weil das Ausmaß der Arbeiten zur Festlegung und Bilanzierung der Kennziffern für ein Jahrfünft viel zu groß sei. Den zehnten Fünfjahrplan interpretierte dieser Reaktionär als Prognose wirtschaftlicher Tendenzen und als propagandistisches Dokument. „Es erhebt sich die schwerwiegende Frage: Gibt es überhaupt sowjetische Fünfjahrpläne?",[36] meint Grossman. Dieses Beispiel belegt, daß es noch immer „Sowjetologen" gibt, die den amerikanischen Leser mit den gleichen Kunstgriffen desorientieren, deren sie sich schon in den dreißiger Jahren bedient hatten. Die auf dem Volkseigentum beruhenden sozialistischen Pläne sind staatliches Gesetz. Natürlich lassen sich nicht alle Aspekte der Volkswirtschaft gleichermaßen von der Direktivplanung erfassen. Klimaschwankungen, wesentliche Veränderungen in der internationalen wirtschaftlichen und politischen Situation, große wissenschaftlich-technische Entdeckungen u. a. können Elemente der Unsicherheit in den Plan hineintragen. Zudem sind auch Planungsfehler möglich, die vor allem daraus resultieren, daß bestimmte langfristige Tendenzen auf dem Gebiet der Ressourcen, der Technik und der Bedürfnisse ungenügend erkannt worden sind. Der Fünfjahrplan trägt diesen Unsicherheitselementen Rechnung, indem er bei verschiedenen Kennziffern eine Toleranzspanne zwischen Höchst- und Mindestgröße der Aufgaben einräumt.

Hinsichtlich der Ausmaße der Planungsarbeit ist festzustellen, daß sich mit der Komplizierung der Volkswirtschaftsstruktur auch die Planungstechnik verbessert: Der Anwendungsbereich der elektronischen Datenverarbeitung wird immer größer, die Anzahl der zentral vorgegebenen Kennziffern wird reduziert, um sie auf die entscheidenden Größen zu konzentrieren, und die Organisation der Planung wird vervollkommnet.

Eine andere Linie der bürgerlichen Attacken auf den sowjetischen Wirtschaftsmechanismus besteht darin, die im zehnten Fünfjahrplan gestellten Aufgaben zur besseren Befriedigung der Bedürfnisse der Werktätigen und zur Erhöhung der

[36] Gregory Grossman, Breznev Era: An Economy at Middle Age, in: Problems of Communism, Bd. XXV., März/April 1976, S. 25.

Effektivität und Qualität als unvereinbar mit dem System der zentralen Planung und Leitung der Volkswirtschaft auszugeben. So schreiben die Verfasser eines Aufsatzes in der „Times“ zu Recht, daß die im zehnten Fünfjahrplan vorgesehene raschere Produktivitätssteigerung „bedeutende Wandlungen im Vorgehen, in den Methoden und in der Struktur“ notwendig mache (was sie aus unerfindlichen Gründen als eigene Entdeckung ausgeben). Aber statt nun die Maßnahmen wiederzugeben, die der XXV. Parteitag in dieser Richtung dargelegt hat, will man den Leser glauben machen, daß die erforderlichen Änderungen „undurchführbar“ seien, weil sie „stets auf den Widerstand bedeutender Schichten des Apparates stoßen“[37].

Die Schwierigkeiten, die beim Aufbau des Kommunismus zu bewältigen sind, um dem Neuen den Weg zu bahnen und Altes, Überholtes aus dem Weg zu schaffen, werden von den bürgerlichen Kritikern bewußt aufgebauscht. In den Dokumenten der Partei wird darauf verwiesen, daß mit dem weiteren wirtschaftlichen Aufbau Hemmnisse überwunden werden müssen. Und auch der XXV. Parteitag hat ein weiteres Mal die unbestreitbaren, für bürgerliche Ideologen aber nicht begreifbare Tatsachen demonstriert, daß die KPdSU und ihre Führungsorgane die Träger der fortschrittlichsten Tendenzen in der sozialistischen Gesellschaft sind, daß die Partei die Kraft ist, die diesen Tendenzen unter Überwindung aller Hindernisse zum Sieg verhilft.

Ein Beispiel dafür, wie wenig man das Primat der Volksinteressen im Sozialismus und den Ausdruck dieser Interessen in der Politik der KPdSU und der Sowjetregierung begreift, liefert ein „Eingeständnis“ des französischen „Echo“: „Zweifellos bemüht sich die Sowjetunion im Verlauf von etwa 10 Jahren, den Konsum zu erhöhen. Aber nach wie vor gesteht sie den zentralen Organen das Recht zu, endgültig über den Bedarf zu entscheiden . . . , so daß der Fortschritt der Konsumgüterindustrie verlangsamt und die autoritären Maßnahmen gestärkt werden, die man, so paradox es auch klingen mag, der Konsumenten wegen trifft.“[38]

Wie falsch derartige Behauptungen sind, läßt sich am besten anhand der kapitalistischen Wirtschaftspraxis belegen, wo der spontanwirkende Markt Instrument der inflationistischen Ausplünderung des Volkes durch die Monopole ist, wo dem Käufer Waren und Leistungen aufgedrängt werden, die zu einem erheblichen Teil nutzlos oder gar schädlich sind, während viele elementare Bedürfnisse des Menschen (Wohnraum, ärztliche Betreuung, Bildung, Kultur usw.) nicht befriedigt werden.

Im sozialistischen Plan aber werden die realen Interessen und Bedürfnisse der Werktätigen und die objektiven Relationen im Grad der Befriedigung der einzelnen Bedürfnisse nicht willkürlich festgesetzt, sondern nach allgemeinen Plandiskussionen unter den Werktätigen und entsprechenden Korrekturen direkt er-

[37] The Times vom 28. 2. 1976, S. 13.
[38] Echo vom 3. 3. 1976.

faßt. Der XXV. Parteitag hat Maßnahmen für eine bessere und direktere Anpassung aller Bereiche der Produktion an den Bedarf ausgearbeitet.

Nachdem Grossman konstatiert hat, daß der zehnte Fünfjahrplan „das Schwergewicht auf die Arbeitsproduktivität und die Effektivität der Leitung legt", prophezeit er düster: „Aber man darf wohl in dieser Hinsicht Zweifel an dem Optimismus der Verfasser des Planes hegen, vor allem deshalb, weil offenbar nichts auf eine größere Wirtschaftsreform hindeutet."[39]

Grossman ignoriert so die tiefgreifenden qualitativen Wandlungen, die entsprechend den Beschlüssen des XXIV. und XXV. Parteitages im sowjetischen Wirtschaftsmechanismus durchgeführt werden. Und das ist auch ganz natürlich, weil Grossman Wandlungen, die die sozialökonomischen Grundlagen festigen anstatt sie ins Wanken zu bringen, einfach unbegreiflich und unannehmbar bleiben müssen. So schreibt er: „Soweit es um die Methoden geht, mit denen die Sowjetführung hofft, derart große Erfolge in der Effektivität erreichen zu können, ist klar, daß die Wirtschaft im wesentlichen dem gleichen fest eingerichteten Weg folgen und die Tendenzen der letzten fünf Jahre fortsetzen wird."[40]

Aus dieser theoretisch absurden Haltung des bürgerlichen Ökonomen folgt nun ein Schluß, der ein Musterbeispiel für die Logik der „sowjetologischen" Pseudowissenschaft abgibt: „Es fällt schwer zu begreifen, wie ein großer Sprung in der Qualität und Modernität der Erzeugnisse stattfinden soll, wenn die verhärteten ökonomischen Institute und Methoden, die so eng mit der unbefriedigenden Praxis der Vergangenheit verbunden waren, gefestigt und verstärkt werden."[41]

In Wirklichkeit aber werden gerade die ökonomischen Strukturen gefestigt und verstärkt, denen die Sowjetunion ihre allgemein anerkannten Erfolge in der Volkswirtschaft verdankt. Dagegen sind gerade die konkreten Formen und Methoden der Wirtschaftsführung, die mit den auf dem XXV. Parteitag nachgewiesenen Mängeln in Zusammenhang stehen, Gegenstand von Reorganisationen. Doch führen diese nicht zu der von den „Sowjetologen" so gepriesenen „Liberalisierung", sondern zu einer weiteren Festigung der Prinzipien des demokratischen Zentralismus in der Leitung der Volkswirtschaft und zur Ausrichtung des Wirtschaftsmechanismus auf die rasche Steigerung der Effektivität und Qualität.

Zweckentsprechend wird das System der Plankennziffern reorganisiert: In den Vordergrund treten die Kennziffern, die die Endergebnisse der Tätigkeit der Produktionskollektive, der zentralen Leitungen und der ganzen Volkswirtschaft ausweisen, sowie die Kennziffern für die Effektivität des Arbeits- und Materialaufwands. Das Mißverhältnis zwischen den Plänen Neue Technik und den Produktionsplänen wird behoben. Um die großen Probleme auf dem Gebiet der sozialen Entwicklung, des wissenschaftlich-technischen Fortschritts sowie der Zweig-

[39] Gregory Grossman, Breznev Era: An Economy at Middle Age, in: Problems of Communism, Bd. XXV. März/April 1976, S. 31.

[40] Ebenda.

[41] Ebenda.

und Territorialstruktur der Wirtschaft zu lösen, wendet sich die Planung in zunehmendem Maße langfristigen Komplexprogrammen zu, die sowohl innerhalb des Fünfjahrplans als auch für die längerfristige Planperspektive miteinander verflochten sind. Im zehnten Planjahrfünft wird die Bildung leistungsfähiger Wirtschaftsvereinigungen und der Übergang zu einem neuen zwei- und dreistufigen Zweigleitungssystem abgeschlossen. Das alles gestattet, die Vorzüge der sozialistischen Großproduktion noch besser zu nutzen und den Bedürfnissen der Gesellschaft unterzuordnen.

Mit der wirtschaftlichen Konzentration werden zugleich Maßnahmen getroffen, die sozialistische Produktionsdemokratie weiterzuentwickeln und die Werktätigen noch mehr in die Leitung der Produktion einzubeziehen. Das drückt sich aus in der stärkeren Wahrnehmung der Rechte, die den Partei-, Gewerkschafts- und anderen Organisationen der Werktätigen hinsichtlich der Kontrolle über die Tätigkeit der Betriebsverwaltungen und der Zentralbehörden zustehen, in der Entfaltung des sozialistischen Wettbewerbs, in der Aufstellung von Gegenplänen sowie in der stärkeren Einflußnahme der Ortssowjets auf alle Seiten der Wirtschaftstätigkeit, besonders im Dienstleistungsbereich.

Die Tatsachen widerlegen die Behauptungen verschiedener „Sowjetologen", die Beschlüsse des XXIV. und des XXV. Parteitages der KPdSU bedeuteten eine Schwächung der Rolle der ökonomischen Hebel, speziell des Gewinns und der materiellen Stimulierung, zugunsten der „administrativen" Hebel.[42] Im neunten Planjahrfünft wurden etwa 500 Mrd. Rubel Gewinn erwirtschaftet. Das waren 50 Prozent mehr als im achten Planjahrfünft. Über 100 Mrd. Rubel wurden davon für Fonds zur materiellen Stimulierung bereitgestellt. Im zehnten Planjahrfünft werden diese Fonds weiter anwachsen. Die neue Organisationsstruktur, deren Grundlage die großen Wirtschaftsvereinigungen bilden, wird es ermöglichen, die ökonomischen Hebel noch besser auszunutzen, um den wirtschaftlichen und wissenschaftlich-technischen Fortschritt zu beschleunigen. Diesem Zweck wird auch das neue System stabiler, langfristiger Direktbeziehungen zwischen den Vereinigungen dienen, mit dem die Interessen der Anwender und Verbraucher der Erzeugnisse besser gewahrt werden. In dieser Richtung wird auch die Arbeit der Finanz- und Preisbildungsorgane vervollkommnet.

L. I. Breshnew stellte auf dem XXV. Parteitag der KPdSU fest: „Besser als alle unsere Kritiker kennen wir unsere eigenen Mängel und sehen die Schwierigkeiten. Und wir überwinden sie erfolgreich. Wir sehen und kennen die Wege, die zur weiteren Entwicklung und Vervollkommnung unserer Gesellschaft führen."[43]

42 Vgl. XXV. Parteitag der KPdSU. Die Hauptrichtungen der Entwicklung der Volkswirtschaft der UdSSR von 1976 bis 1980. Berichterstatter: A. N. Kossygin, a. a. O., S. 32.

43 XXV. Parteitag der KPdSU. Rechenschaftsbericht des Zentralkomitees der KPdSU und die nächsten Aufgaben der Partei in der Innen- und Außenpolitik. Berichterstatter: L. I. Breshnew, a. a. O., S. 107.

Viel Raum wird in den bürgerlichen Sozialismustheorien von heute den internationalen Wirtschaftsbeziehungen im sozialistischen Weltsystem gewidmet. Die Entwicklung der bürgerlichen Auffassungen zu den internationalen Problemen des Sozialismus verlief nach dem zweiten Weltkrieg auf dem gleichen Weg wie die der bürgerlichen Konzeptionen von der sozialistischen Wirtschaft. Als in den kapitalistischen Ländern die Truman-Dulles-Doktrin vom „Zurückdrängen des Kommunismus", von der „Befreiung" der Länder des Sozialismus und dgl. herrschten, wurde das sozialistische Weltsystem als monolithe, zentralisierte Vereinigung „kommunistischer Führungseliten" dargestellt, die im Gegensatz zu den Volksmassen stünden.

Diese absurde Darstellung der sozialpolitischen Struktur des sozialistischen Weltsystems wurde durch eine ebenso absurde Konzeption von den Wirtschaftsbeziehungen ergänzt. Die Hauptelemente dieser Konzeption waren die Thesen:

a) vom „totalitären", „befehlsgebundenen" Charakter der internationalen Wirtschaftsbeziehungen im sozialistischen Weltsystem;

b) von der „Ausbeutung" der sozialistischen Länder durch die Sowjetunion;

c) von der autarken und uneffektiven Wirtschaftsstruktur jedes dieser Länder. Unschwer läßt sich hier die „sowjetologische" Konzeption von der „Befehlswirtschaft" wiedererkennen.

Aus dieser sozialökonomischen Konzeption ergaben sich dann auch die politischen Rezepte:

a) Der Westen müsse zu allen sozialistischen Ländern eine geschlossene Haltung einnehmen;

b) die Politik müsse in jeder Weise darauf orientiert sein, den „Konflikt" zwischen den Volksmassen der sozialistischen Länder und den „Regimes", besonders dem „Sowjetregime", zu schüren;

c) auf das „kommunistische Regime" müsse maximaler Druck von außen (atomare Erpressung, lokale Kriege, Wirtschaftsblockade) ausgeübt werden, um seine „inneren Schwierigkeiten" zu vergrößern.

Der Bankrott dieser Zielsetzungen, der Ende der fünfziger, Anfang der sechziger Jahre offen zutage trat, sowie bestimmte Prozesse im sozialistischen Weltsystem positiver Art, aber auch negative Vorgänge (spalterische Aktivitäten kleinbürgerlich-chauvinistischer Gruppen) führten zu einer Neuorientierung und zu einer neuen strategischen Doktrin der herrschenden Kreise des Monopolkapitals (sie wurde zunächst als Doktrin des „differenzierten Vorgehens" formuliert und ist später als Johnson-Doktrin des „Brückenschlags" bekannt geworden). Diese Doktrinen setzten nach wie vor auf die Unterminierung des sozialistischen Weltsystems, orientierten aber gleichzeitig auf zentrifugale, nationalistische Tendenzen in einzelnen Ländern.

Die theoretische Argumentation dieser Doktrinen drückte sich darin aus, daß die These vom „monolithen System der Führungseliten" durch die These von „Konflikten innerhalb der Führungselite" und zwischen den nationalen Gruppen verdrängt wurde, die mit Konflikten zwischen den Volksmassen und der „Elite“ einhergehen.

Das Wirtschaftssystem der meisten sozialistischen Länder in den sechziger Jahren wurde in der bürgerlichen und revisionistischen Literatur als in verschiedenen Stufen des Übergangs von der „Befehlswirtschaft“ zum „Marktsozialismus“ befindlich dargestellt. Diese Veränderung in der Wirtschaft würde in der Politik zu einer Schwächung der Führungsrolle von Partei und Staat in der Gesellschaft, zu Dezentralisierung und „Liberalisierung“ führen. Hieraus leitete man dann ab, daß der Westen gegenüber den Ländern des Ostens eine differenzierte Politik betreiben müsse, die von militärischen Konflikten bis zu Hilfeleistungen reichen sollte. Dabei sollte den Ländern Hilfe gewährt werden, die „Liberalisierungen“ garantierten.

Nach dem Bankrott der „Brückenschlag“-Doktrin an der Wende von den sechziger zu den siebziger Jahren kam es in den herrschenden Kreisen der Bourgeoisie zu einer Spaltung. Wenn sich bis dahin der relativ gemäßigte Flügel der Bourgeoisie von den herrschenden Kreisen im wesentlichen distanziert hatte, so erfaßte die Spaltung in zwei Flügel diesmal die herrschenden Kreise selbst. Dabei mußten die Vertreter aller Richtungen der bürgerlichen Politik und Ideologie dem Entspannungsprozeß Rechnung tragen. Doch sind die Doktrinen und Konzeptionen des aggressiven Flügels der Bourgeoisie objektiv gegen die Entspannung gerichtet. Deshalb ist der Entspannungsprozeß von der Konfrontation der beiden strategischen Hauptdoktrinen (und demgemäß der beiden Grundrichtungen in der bürgerlichen Interpretation des sozialistischen Weltsystems) begleitet.

Die für die Fortsetzung des aggressiven Kurses eintretenden Kreise glauben, unter den neuen Gegebenheiten „alte Ware in neuer Verpackung“ verkaufen zu können. Ihr Grundsatz ist: „Ohne Veränderung keine Entspannung“. Die „Liberalisierung“, die der Imperialismus den sozialistischen Ländern gewaltsam aufzudrängen nicht vermocht hatte, soll jetzt im Austausch gegen die Entspannung „gewonnen“ werden. Die „Hauptveränderung“, die man als „Gegenleistung für die Entspannung“ verlangt, ist „der Verzicht auf die sowjetische Vorherrschaft in Osteuropa“, mit anderen Worten, die Isolierung der UdSSR von den anderen Ländern der sozialistischen Gemeinschaft. Das theoretische Fundament dieser Position bildet die absurde Lehre vom „Sowjetimperialismus“, die außer von den Theoretikern des Militär-Industrie-Komplexes auch von einigen ultralinken Gruppen verfochten wird.

Zugleich erkennen immer größere Kreise der bürgerlichen Administration die Perspektivlosigkeit der aggressiven Strategie. Sie geben zu, daß die Entspannung notwendig ist, wollen sie jedoch dazu ausnutzen, mit friedlichen Mitteln die „Erosion“ des sozialistischen Weltsystems zu erreichen. Diese Tendenz fand ihren Ausdruck in der Formel „den status quo anerkennen, um ihn zu verändern“.

Die Doktrin der Entspannung durch Anerkennung des status quo weist zwei Varianten in der theoretischen Begründung auf. Die erste beruht auf der Theorie von der Konvergenz der beiden Weltsysteme. Nach dieser Variante würden die internationale Entspannung und die allseitige Zusammenarbeit jedes sozialistischen Landes mit den westlichen Ländern von selbst, ohne „Druck" dazu führen, daß sich die inneren Verhältnisse und die internationalen Beziehungen der Länder des Sozialismus immer mehr den kapitalistischen Verhältnissen annähern, so daß es schließlich zu einer Integration der beiden gegensätzlichen Systeme komme. Die andere Variante fußt auf der These von einem „zunehmenden Pluralismus" in der sozialökonomischen Entwicklung der einzelnen sozialistischen Länder. Nach dieser These ist eine Konvergenz von Kapitalismus und Sozialismus nicht zu erwarten, doch werde die Entspannung dazu beitragen, daß die sozialökonomische Differenzierung zwischen den Ländern des sozialistischen Weltsystems zunimmt, womit die Unterschiede zwischen diesen Ländern ebenso groß werden, wie zwischen ihnen und den westlichen Ländern.

Im Bereich der internationalen Beziehungen würden die sozialen Faktoren schwächer werden und nationale Faktoren in den Vordergrund treten. Diese Auffassung vom sozialistischen Weltsystem vertritt vor allem die Theorie vom „Nationalkommunismus".

Die Konferenz über Sicherheit und Zusammenarbeit in Europa, die am 1. August 1975 in Helsinki zu Ende ging, hat die erste Entspannungsetappe stabilisiert und zugleich den Weg für eine neue Etappe geebnet. Die Konferenz war Ausdruck des Sieges der progressiven, friedliebenden Kräfte und offenbarte zugleich, daß die herrschende Bourgeoisie einer Reihe von Ländern den Doktrinen des relativ gemäßigten Flügels den Vorrang einräumt. Was die theoretischen Konzeptionen betrifft, so hatte die Konferenz zur Folge, daß im Westen die Konzeptionen von der „schleichenden", „inneren Erosion" des sozialistischen Weltsystems, die angeblich die Entspannungsprozesse vorantreiben können, die stärkste Entwicklung und Verbreitung erfahren.

Andererseits zeugt die in den USA offiziell propagierte Doktrin von den „Menschenrechten" von den Bemühungen, zu dem bankrotten Kurs des „differenzierten Drucks" zurückzukehren und überholte theoretische Anschauungen wiederzubeleben.

Eine marxistische Kritik der bürgerlichen Konzeptionen vom sozialistischen Weltsystem muß beachten, daß die internationale Entspannung die Richtungen in den entsprechenden bürgerlichen Auffassungen stärker voneinander abgegrenzt hat. Diese Abgrenzung ist von der gegenwärtigen Krise der bürgerlichen Ideologie im allgemeinen und von der speziellen gegenwärtigen Etappe der Vertiefung der Krise der bürgerlichen Politökonomie nicht zu trennen.

Die Abgrenzung der Positionen in den bürgerlichen Auffassungen vom sozialistischen Weltsystem hat sich in den letzten Jahren derart ausgeprägt, daß sie Gegenstand von Untersuchungen in der bürgerlichen Literatur geworden ist. Ein Beispiel hierfür liefert eine von S. A. Garret, Mitarbeiter des Instituts für Außenpolitische Forschungen in Monterey (Kalifornien, USA), im September 1973 veröffentlichte Abhandlung.[44] Garret unterscheidet in der Haltung des Westens zu den sozialistischen Ländern drei „Lehrmeinungen“:

1. die „nicht differenzierenden Antikommunisten“, die behaupten, daß „alle kommunistischen Regimes in ihrer unversöhnlichen Feindschaft zum Westen und in ihren Verpflichtungen eines ständigen Programms der direkten oder verschleierten Durchdringung der nichtkommunistischen Gesellschaften einander gleichen“;

2. die Verfechter der „demokratischen Einmischung“ verhalten sich zu den „Regimes“ der sozialistischen Länder „ebenso feindselig, wie die nicht differenzierenden Antikommunisten“, doch glauben sie im Unterschied zu diesen, daß die westlichen Länder als Gegenleistung für die Wirtschaftshilfe, die sie den „Nationalkommunisten“ in ihrem Kampf um „Unabhängigkeit von der UdSSR“ gewähren, „mehr politische und bürgerliche Freiheiten“ verlangen könnten;

3. die „Anhänger der allseitigen Zusammenarbeit“ glauben, daß Feindschaft oder Druck des Westens „Systeme des Ostens“ nur festige, während Handel, Tourismus und Kulturaustausch die Massen beeinflussen und ihren „Druck auf die Herrschenden“ zugunsten einer Liberalisierung der Politik verstärken.

Garret stellt noch eine vierte Position heraus, die er für weitaus realistischer hält:

4. Die Verfechter des „strategischen Pragmatismus“ stellen zum Unterschied von den drei anderen Gruppen nicht die Veränderung des „inneren Regimes“ in den Vordergrund. Diese Aufgabe halten sie für unrealistisch. Sie wollen den „unabhängigen Kurs“ jedes einzelnen Landes fördern, d. h. den Kurs auf die Spaltung des sozialistischen Systems. Die „strategischen Pragmatiker“ vertreten die These, daß für die sozialistischen Länder heute die nationalen Interessen und die nationalen Besonderheiten das Bestimmende seien.[45]

Garrets Einteilung erfaßt einige reale Unterschiede in den Positionen der bürgerlichen und reformistischen Theoretiker, gibt sie jedoch oberflächlich und in einigen Aspekten entstellt wieder. Vor allem aber übergeht er die objektiven Wurzeln der Meinungsverschiedenheiten zwischen diesen Gruppen. Die objektive Grundlage für das Entstehen eigenständiger Richtungen in den antimarxistischen Theorien vom sozialistischen Weltsystem bilden die widersprüchlichen ökonomischen und politischen Interessen der verschiedenen bürgerlichen und kleinbürgerlichen Schichten. Die Verbindung von gemeinsamen und widersprüchlichen Interessen zwischen den verschiedenen Gruppierungen der Bourgeoisie erklärt auch die Gemeinsamkeiten und Abweichungen zwischen den konzeptionellen Richtungen.

Die wichtigste theoretische Frage, um die es im Kampf zwischen der marxistisch-leninistischen Auffassung vom sozialistischen Weltsystem einerseits und

[44] S. A. Garret, On Dealing with National Communism, in: The Western Political Quarterly. Bd. XXVI, 3/1973, D. 529–549.

[45] Ebenda, S. 531–532.

allen bürgerlichen und revisionistischen Positionen andererseits geht, ist die Frage nach dem Wesen des sozialistischen Weltsystems. Der wissenschaftlichen Auffassung von diesem Wesen, nach der es sich um einen völlig neuen Typ von internationalen Beziehungen, nämlich um Beziehungen einer internationalen Gemeinschaft handelt, halten die Antimarxisten die These von der „Traditionalität" jeglicher internationaler Beziehungen entgegen. Sie betrachten deshalb das neue Weltsystem als eine Staatengruppierung, die aus dem zeitlichen Zusammentreffen geschichtlicher Umstände unter militärpolitischem Druck entstanden sei und schließlich „stückweise" in die kapitalistische Weltwirtschaft wieder eingegliedert werde.

L. I. Breshnew hat die marxistisch-leninistischen Auffassungen zum Inhalt der Beziehungen zwischen den sozialistischen Ländern wie folgt umrissen: „Die sozialistische Gemeinschaft ist ein Bündnis völlig neuen Typs. Es basiert nicht nur auf der Gemeinsamkeit der staatlichen Interessen einer Gruppe von Ländern, sondern stellt eine brüderliche Familie von Völkern dar, die von marxistisch-leninistischen Parteien geführt werden, die durch eine gemeinsame Weltanschauung, gemeinsame hohe Ziele sowie Beziehungen der kameradschaftlichen Solidarität und gegenseitiger Hilfe fest miteinander verbunden sind. Sie ist ein Bündnis, das sich auf die unvergängliche Einheit der Positionen und Aktionen stützt, die jedem seiner Teilnehmer für die Lösung der nationalen Aufgaben zusätzliche Kraft verleiht sowie ihr gemeinsames Gewicht und den gemeinsamen Einfluß auf internationale Angelegenheiten um ein vielfaches erhöht."[46]

Die wissenschaftliche Klärung des Verhältnisses zwischen der Allgemeingültigkeit und Spezifik, der Einheit und Selbständigkeit der Elemente des sozialistischen Weltsystems bildet eine wesentliche Voraussetzung für die gründliche Widerlegung der bürgerlichen Interpretationen dieses Systems. Da die bürgerlichen und revisionistischen Theoretiker die Spezifik und Eigenständigkeit der wirtschaftlichen und politischen Stellung der einzelnen Länder im sozialistischen Weltsystem verabsolutieren und verfälscht wiedergeben, glauben sie, in diesen Merkmalen den Hauptfaktor ihrer Beziehungen und in der Einheit etwas Sekundäres, einen Vektor der spezifischen und eigenen Interessen, sehen zu müssen. Tatsächlich aber werden mit der fortschreitenden Entwicklung das sozialökonomisch Gemeinsame, die einheitlichen Interessen der Werktätigen aller sozialistischen Länder immer mehr zum bestimmenden Faktor. Die Spezifik und Eigenständigkeit der einzelnen Länder sind zwar für das Verständnis des sozialistischen Weltsystems sehr wesentlich und sind fest verwurzelt, doch wird ihre Bedeutung in der historischen Perspektive abnehmen.

Im sozialistischen Weltsystem bildet das wahrhaft Internationalistische keinen Gegensatz zum wahrhaft Nationalen. Hier geht es im Grunde um zwei Aspekte einer Betrachtungsweise einheitlichen Inhalts. Die internationalistische Betrachtungsweise drückt die sich festigende Einheit der grundlegenden sozialöko-

[46] L. I. Breshnew, Auf dem Wege Lenins, Bd. 5, Berlin 1977, S. 459.

nomischen Interessen der Arbeiterklasse und der Werktätigen aller sozialistischen Länder aus. Diese Betrachtungsweise verlangt, von den allgemeinen Positionen aus auch den spezifischen Interessen jedes Landes Rechnung zu tragen. Die nationale Betrachtungsweise beschränkt sich ebenfalls nicht nur auf die Interessen des jeweiligen Landes, sondern sie berücksichtigt auch die gemeinsamen Aufgaben aller sozialistischen Länder, da sie die Garantie dafür liefern, daß den nationalen Interessen entsprochen werden kann. Ohne den spezifischen und eigenen Interessen der einzelnen Länder Rechnung zu tragen, wäre der sozialistische Internationalismus kein Internationalismus. Tendenzen jener anderen Art sind typisch für den bürgerlichen „Supranationalismus", eine spezifische Form, der sich der staatsmonopolistische Kapitalismus bedient. Und von solchen „supranationalen" Positionen aus glaubt nun die bürgerliche Ideologie, den sozialistischen Internationalismus interpretieren zu können.

Die (neben der internationalistischen Betrachtungsweise) in der gegenwärtigen historischen Etappe objektiv notwendige nationale Betrachtungsweise der internationalen Probleme des sozialistischen Weltsystems wird von den bürgerlichen und revisionistischen „Kritikern" in „Nationalismus" umgefälscht, indem man das spezifische, eigenständige Moment der nationalen Interessen verabsolutiert und den objektiven Inhalt dieser Eigenständigkeit entstellt.

Das Allgemeine und das Spezifische, das international Einheitliche und das national Besondere bilden im sozialistischen Weltsystem eine sich ergänzende Einheit und zugleich einen Widerspruch. Dabei befindet sich diese Einheit wie auch der Widerspruch in ständiger Bewegung und Veränderung.

Hierbei ist der objektive Widerspruch zwischen der Einheit und Eigenständigkeit innerhalb der sozialistischen internationalen Beziehungen von dem Widerspruch zwischen den sozialistischen internationalen Beziehungen überhaupt und dem Auftreten von hegemonistischem Zentralismus und nationalistischer Absonderung zu unterscheiden, die im Prinzip antisozialistisch sind. Diese Erscheinungen sind vom Klassenstandpunkt aus als Einfluß bürgerlicher, besonders kleinbürgerlicher Schichten zu werten, die sich in einigen sozialistischen Ländern noch erhalten haben.

Antisozialistische Tendenzen sowie nationalistische und hegemoniale Stimmungen werden aktiviert, wenn in der Politik eines sozialistischen Landes Fehler unterlaufen (die vor allem auf mangelnde Erfahrung zurückzuführen sind), die sich darin ausdrücken, daß gegen die für die jeweilige Periode notwendige Verbindung von Allgemeinem und Besonderen, Internationalem und Nationalem in der Zusammenarbeit der sozialistischen Länder verstoßen wird. Da man in den Kreisen der bürgerlichen „Kritiker" auf Fehler dieser Art, besonders aber auf die Aktivitäten antisozialistischer Kräfte spekuliert, glaubt man die innere Geschlossenheit des Weltsozialismus ignorieren und seine nichtantagonistischen Widersprüche als Kampf antagonistischer Kräfte hinstellen zu können.

Tatsächlich aber sind die dem sozialistischen Weltsystem immanenten Widersprüche nichts anderes als Widersprüche in seiner Dynamik und Entwicklung, die sich objektiv nicht zu einem antagonistischen Konflikt ausweiten können, weil es in diesem System keine herrschenden Klassen und sozialen Gruppen mit unversöhnlichen Haltungen und Interessen gibt. Die sozialistische Staatengemeinschaft bedingt die Einheitlichkeit der grundlegenden nationalen Interessen der ihr angehörenden Länder.

Zu antagonistischen Konflikten kann es nur dann kommen, wenn in einem Land antisozialistische Kräfte zur Macht drängen, die im nationalen und internationalen Bereich die sozialökonomischen Gemeinsamkeiten des betreffenden Landes mit dem sozialistischen Staatenbund verletzen. Im Gegensatz zu den bürgerlichen Behauptungen wurzeln derartige Konflikte nicht im „traditionellen Nationalismus", sondern in den Aktivitäten antisozialistischer Kräfte in dem betreffenden Land, die von der internationalen Reaktion in jeder Weise unterstützt werden.

Der Widerspruch zwischen der internationalistischen Einheit und der relativen Eigenständigkeit der sozialistischen Länder ist der allgemeinste Widerspruch im System der internationalen Wirtschaftsbeziehungen des sozialistischen Weltsystems. Er ist zugleich Ausdruck weiterer nichtantagonistischer Widersprüche des Sozialismus: des Widerspruchs zwischen den gesellschaftlichen Bedürfnissen und dem erreichten Entwicklungsstand der Produktivkräfte, zwischen dem Fortschritt der Produktivkräfte und den konkreten Formen der Produktionsverhältnisse usw. Indem die Länder des sozialistischen Weltsystems die wirtschaftlichen, sozialökonomischen und organisatorischen Probleme der Zusammenarbeit lösen, entwickeln sie die Bedingungen für ihre Einheit und schaffen zugleich neue, bessere Bewegungsformen der diesem System immanenten nichtantagonistischen Widersprüche.

Von vielen bürgerlichen Ökonomen, besonders von Revisionisten, wird ein Gegensatz zwischen den internationalen Beziehungen im sozialistischen Weltsystem und den nationalen Verhältnissen konstruiert.

Aus dieser Konfrontation wird dann der Schluß gezogen, daß sich die sozialistischen Länder in ihrer wirtschaftlichen Zusammenarbeit von anderen Gesetzen und Prinzipien leiten lassen als in der binnenwirtschaftlichen Politik.

Tatsächlich aber ist die gemeinsame Basis des Sozialismus als Weltsystem dadurch gegeben, daß die entscheidenden Produktionsmittel in jedem Land sozialistisches Eigentum sind, und die staatliche, selbständige Form des sozialistischen Eigentums an den Produktionsmitteln bedingt eine besondere Form der Verbindung der selbständigen nationalen Elemente mit gemeinsamer Basis.

Die Einheit und Verselbständigung der nationalen Elemente der Basis drückt sich im Wirken der ökonomischen Gesetze aus. Im Bereich der Zusammenarbeit der sozialistischen Länder kommen die gleichen Gesetze zur Geltung wie innerhalb jedes einzelnen Landes. Die Internationalität dieser Gesetze kommt indirekt zustande: über die Zusammenarbeit der selbständigen sozialistischen Länder und die Koordinierung wirtschaftlicher Maßnahmen. Andererseits wird das Wirken der ökonomischen Gesetze des Sozialismus im Bereich der internationalen Zusammenarbeit modifiziert. Die spezifische Wirkungsweise der ökonomischen Gesetze des Sozialismus in der internationalen Zusammenarbeit ist für die Gegner des wissenschaftlichen Sozialismus Anlaß, ihren allgemeingültigen sozialistischen Inhalt zu leugnen.

Das Wesen des neuen Weltsystems, seine Gesetze und Widersprüche ändern sich in den Prozessen der sozialistischen internationalen Integration. Aus den mit der Einheit und Selbständigkeit der sozialistischen Staaten verbundenen Verhältnissen ergeben sich auch zwei Seiten des Integrationsprozesses. Einerseits entwickelt sich dieser Prozeß als Annäherung, wechselseitige Angleichung, in Form der sich wechselseitig bedingenden Optimierung der nationalen Wirtschaftsstrukturen. Andererseits besteht er darin, daß allmählich die Voraussetzungen für die internationale produktionstechnische und wirtschaftsorganisatorische Einheit der sozialistischen Wirtschaft vorbereitet werden. Mit der komplexen Entwicklung der Wirtschaft jedes Landes werden allmählich die Voraussetzungen in der Produktion und Organisation für eine planmäßige technisch-organisatorische Verschmelzung der nationalen Produktionskomplexe geschaffen, womit die Effektivität jeder einzelnen Wirtschaft steigen wird. Dabei bleibt die Selbständigkeit jedes Staates als Eigentümer der Produktionsmittel und des nationalen Produkts nicht nur völlig erhalten, sondern sie wird auch weiter gefestigt, weil die Produktionspotenzen jedes Landes größer werden und der Wohlstand seiner Bevölkerung wächst.

Bürgerliche Ökonomen sind bemüht, den Charakter der sozialistischen Integration als „optimierte Autarkie" zu diffamieren. Doch schließt Autarkie Optimierung aus, während sich die Notwendigkeit, Komplexität mit Integration zu verbinden, gerade aus der Forderung nach Optimierung ergibt, allerdings nicht nach statischer, sondern nach dynamischer Optimierung, die den wissenschaftlich-technischen Fortschritt und die Diversifizierung und Komplizierung der Produktion voraussetzt. Entsprechend seinem objektiven sozialistischen Wesen entwickelt sich das neue Weltsystem nicht spontan, sondern planmäßig, als bewußt und gemeinsam gesteuerter vielschichtiger Organismus. Die entscheidende Rolle in diesem Prozeß spielen die kommunistischen und Arbeiterparteien der sozialistischen Länder. Durch die marxistisch-leninistische Ideologie miteinander verbunden und mit der wissenschaftlichen Theorie des Sozialismus ausgerüstet, nehmen sich diese Parteien gemeinsam der herangereiften Aufgaben in der Zusammenarbeit auf produktionstechnischem, sozialökonomischem, politischem Gebiet und in anderen Bereichen an. Um diese Aufgaben zu lösen, wird unter der Führung der Bruderparteien der entsprechende Mechanismus gestaltet und vervollkommnet, der alle Formen und Ebenen der gleichberechtigten und freiwilligen Zusammenarbeit umfaßt.

Die politisch-ideologische Einheit des Vortrupps der Arbeiterklasse und aller Werktätigen der sozialistischen Länder – der kommunistischen und Arbeiterparteien – bildet die Hauptvoraussetzung für die erfolgreiche Entwicklung des sozialistischen Weltsystems. Diese Einheit zu sprengen und das Prinzip der Führung durch die Partei zu diskreditieren ist das Hauptziel der bürgerlichen und revisionistischen Konzeptionen vom sozialistischen Weltsystem.

Die Struktur der vorliegenden Monographie baut auf der Analyse der Tendenzen des ideologischen Kampfes auf, wie sie im Programm der KPdSU und in den Dokumenten des XXIV. und XXV. Parteitages der KPdSU enthalten ist.

Die im ersten Abschnitt enthaltenen Darstellungen befassen sich mit den Konzeptionen von der „Befehlswirtschaft“ und der „Zentralverwaltungswirtschaft“. Sie waren bereits vor den anderen Auffassungen entstanden, gaben zu Beginn der Nachkriegszeit den Ton an und werden heute von den reaktionärsten Kreisen der Bourgeoisie vertreten.

Der zweite Abschnitt befaßt sich mit der Kritik der bürgerlichen Konzeptionen von der „marktorientierten Evolution“ des Sozialismus, mit der Kritik der Auffassungen, nach denen der Sozialismus eine Variante der „Industriegesellschaft“ ist, mit den Theorien der „Konvergenz“ von Kapitalismus und Sozialismus. Diese Konzeptionen haben seit den sechziger Jahren weite Verbreitung gefunden und sind Ausdruck des Bankrotts der früheren Theorien und einer bestimmten krisenhaften Veränderung in den methodologischen Positionen der bürgerlichen Ideologen, die aus dem Aufbau des entwickelten Sozialismus in der UdSSR resultierte.

Diese Konzeptionen bilden weitgehend auch die Grundlage der sozialdemokratischen Sozialismustheorien, mit denen sich der dritte Abschnitt befaßt. Hier werden die ökonomischen Aspekte der rechtssozialistischen Theorien vom „demokratischen Sozialismus“ allgemein und der Auffassungen von der Planung speziell untersucht.

Sehr inhomogen ist die Bewegung der „Neuen Linken“ (die allgemein eine kleinbürgerliche Grundlage aufweist).

Im vierten Abschnitt werden die Sozialismusauffassungen der heutigen Vertreter des rechten und „linken“ Revisionismus kritisch analysiert.

Der fünfte Abschnitt schließlich ist der Analyse der nichtmarxistischen Sozialismusauffassungen in den Entwicklungsländern Asiens und Afrikas gewidmet. Die Vielschichtigkeit der Prozesse in diesen Ländern sowie die instabilen sozialökonomischen Orientierungen einer Reihe von Kräften und Gruppierungen, die sich verändernden Relationen zwischen den theoretischen Konzeptionen und dem praktischen politischen Handeln lassen heute noch keine ausführliche Einschätzung der einzelnen Konzeptionen und ihrer Entwicklung zu.

Der Leser wird unschwer feststellen, daß das vorliegende Buch nicht alle heutigen Tendenzen der nichtmarxistischen Sozialismusauffassungen wiedergibt. Es erhebt auch nicht den Anspruch, die Entwicklung dieser Theorien in den einzelnen Ländern chronologisch darzustellen, sondern will die zentralen Konzeptionen deutlich machen, deren sich die ideologischen Gegner des Sozialismus seit Ende des zweiten Weltkrieges bedienen, sowie die krisenhaften Veränderungen in diesen Konzeptionen (die „Wende“) darstellen, die sich in den sechziger Jahren unter dem Einfluß des Aufbaus des entwickelten Sozialismus in der UdSSR und der Verschiebungen im internationalen Kräfteverhältnis vollzogen hat.

Das Buch soll helfen, die strategischen Aufgaben des ideologischen Kampfes zu lösen, die in den Dokumenten des XXIV. und XXV. Parteitages der KPdSU gestellt sind.

Die in den beiden vorangegangenen Bänden und in diesem enthaltene Analyse zur Geschichte des Kampfes des Marxismus-Leninismus gegen bürgerliche und kleinbürgerliche Sozialismuskonzeptionen sowie zur Entwicklung dieser Konzeptionen von der Mitte des vorigen Jahrhunderts bis heute läßt einige allgemeine methodologische Schlußfolgerungen zu.

Die Ausgangsbasis für die marxistisch-leninistische Kritik der bürgerlichen Sozialismuskonzeptionen bildet der Grundgedanke von der prinzipiellen Unversöhnlichkeit und Gegensätzlichkeit der proletarischen Ideologie einerseits und der bürgerlichen und kleinbürgerlichen Ideologie andererseits. Wie Lenin ausführte, gibt es seit dem Erscheinen der Werke von Marx nur *eine* wissenschaftliche politische Ökonomie: die *marxistische*. Zwischen der wissenschaftlichen marxistischen politischen Ökonomie und der bürgerlichen und kleinbürgerlichen Vulgärökonomie kann es keine Kompromisse und „gegenseitige Bereicherung" geben. Zugleich ist die marxistisch-leninistische politische Ökonomie des Sozialismus eine Wissenschaft, die sich mit dem ökonomischen, politischen und ideologischen Kampf um den Aufbau des Sozialismus und Kommunismus entwickelt und bereichert.

Für die marxistisch-leninistische Methodologie bei der Kritik der bürgerlichen Theorien ist das Primat der politischen Betrachtungsweise charakteristisch. Die Kritik geht stets davon aus, daß der ökonomische, politische und ideologische Kampf der Arbeiterklasse einen Zusammenhang bildet, und ordnet die ökonomischen und ideologischen Aufgaben den politischen Aufgaben unter, da letztere stets die Grundinteressen der Arbeiterklasse ausdrücken. Die politischen Aufgaben, die die Kommunistische Partei jeweils zu lösen hat, prägen auch die Hauptrichtungen, die Auswahl der Problemobjekte und die Art und Weise der Kritik.

Die marxistisch-leninistische Kritik trägt streng wissenschaftlichen Charakter. Die Werke von Marx, Engels und Lenin sowie die Dokumente der KPdSU und der internationalen Arbeiterbewegung lehren, daß sich der Kritiker in dem objektiven Prozeß oder der objektiven Erscheinung, um die der ideologische Kampf geführt wird, gründlich auskennen muß. Nur so ist er in der Lage, in den bürgerlichen Schriften die Elemente der wahrheitsgetreuen Beschreibung, der Analyse von Oberflächenerscheinungen und -prozessen von der apologetischen allgemeinen Theorie, von der reaktionären Tendenz ihres Autors zu unterscheiden. Nur so kann er die bürgerlich-apologetische Entstellung des Sozialismus an der Wirklichkeit messen.

Die marxistisch-leninistische Kritik trägt sowohl der Einheitlichkeit als auch den Unterschieden und den Widersprüchen zwischen der allgemeinen Ideologie,

Theorie und dem Programm vieler bürgerlicher und besonders kleinbürgerlicher Theoretiker, der Inkonsequenz ihrer Schlußfolgerungen, dem Eklektizismus ihrer Darstellungen und Argumentationen Rechnung. Lenin hat in seinen Werken die innere Widersprüchlichkeit der bürgerlichen politökonomischen Vorstellungen, angefangen von der Methodologie, von der sie ausgehen (Vulgärmaterialismus, objektiver und subjektiver Idealismus, religiöse Vorurteile, Agnostizismus), bis zu den Rezepten für die Praxis nachgewiesen.

Die Werke der Klassiker des Marxismus-Leninismus und die Dokumente der Partei lehren uns, in den verschiedenen Richtungen des Antimarxismus nicht nur das Allgemeine zu sehen, sondern auch die objektiven Unterschiede zwischen den verschiedenen Gruppen der Bourgeoisie und des Kleinbürgertums. Sie weisen uns darauf hin, bei der Kritik der antimarxistischen Theoretiker differenziert vorzugehen und uns dabei den Kampf zwischen ihnen zunutze zu machen.

Den Kern der wissenschaftlichen Kritik bildet die Konfrontation der bürgerlichen Theorien mit der Praxis, mit der revolutionären Erfahrung, mit den objektiven Prozessen und Widersprüchen der Entwicklung der gesellschaftlichen Produktion. Auf dieser Grundlage ist auch die Oberflächlichkeit, logische Widersprüchlichkeit und theoretische Unhaltbarkeit der bürgerlichen Auffassungen nachzuweisen und die Überlegenheit der marxistisch-leninistischen Theorie gegenüber der bürgerlichen Pseudowissenschaft zu demonstrieren.

Die marxistisch-leninistische Kritik ist systemgebunden, wobei dieses System zwei Hauptaspekte aufweist. Erstens lehren uns die Werke von Marx, Engels und Lenin, den Kampf nicht mit einzelnen, isolierten Richtungen zu führen, sondern mit dem ganzen System der bürgerlichen und kleinbürgerlichen Sozialismustheorien. Zweitens gilt es, nicht nur einzelne Thesen, sondern das ganze System der antimarxistischen Auffassungen über aktuelle ökonomische Probleme zu kritisieren. Wenn sich die marxistische Kritik jeweils auf einzelne Richtungen und Konzeptionen konzentriert, so läßt sie doch nie den allgemeinen Zusammenhang der antimarxistischen Richtungen und Auffassungen außer acht.

Für die marxistisch-leninistische Kritik ist die historische Betrachtungsweise charakteristisch, das Eingehen auf die Entwicklung der kritisierten Richtungen und Konzeptionen, auf ihren Zusammenhang mit der jeweiligen Epoche, mit dem Kräfteverhältnis zwischen den Klassen, mit den volkswirtschaftlichen Problemen und dem Kampf im internationalen Maßstab. Lenin hat stets den Klassencharakter (mehr noch den sozialen Charakter) der kritisierten Konzeptionen nachgewiesen, um sie dann nicht nur aus der Sicht ihres Verhältnisses zur wissenschaftlichen Wahrheit des Marxismus, sondern auch vom Standpunkt ihres Verhältnisses zum allgemeinen sozialen Fortschritt, zum revolutionären Weltprozeß einzuschätzen.

Der XXV. Parteitag der KPdSU hat die Wurzeln und Formen der zunehmenden politisch-ideologischen Krise des Kapitalismus dargelegt, auf die Dringlichkeit des Kampfes gegen die gesamte bürgerliche Ideologie und die reaktionäre Ideologie der rüstungsmonopolistischen Gruppierungen sowie auf die unversöhnliche

Haltung der Kommunisten gegenüber dem Reformismus verwiesen, das antimarxistische Wesen des Maoismus bloßgelegt, auf die Aktualität des Kampfes gegen den Rechts- und Linksrevisionismus und die Gefährlichkeit jedes Zugeständnisses an den Opportunismus aufmerksam gemacht. Mit der Realisierung der hier gesetzten Ziele wird der Marxismus-Leninismus im gegenwärtigen ideologischen Kampf weiter in der Offensive bleiben.

1. ABSCHNITT

1. KAPITEL

Die Theorie von der „Befehlswirtschaft“

Die Konzeption von der Befehlswirtschaft nimmt im gegenwärtigen Arsenal der antikommunistischen Ideologie einen bedeutenden Platz ein. Sie geht auf die bereits in den dreißiger Jahren in der bürgerlichen Wirtschaftsliteratur weit verbreitete Theorie von der „logischen und praktischen Undurchführbarkeit des Sozialismus“ zurück. Die Schöpfer der letztgenannten Theorie, Ludwig von Mises, Max Weber u. a., hatten die sozialistische Wirtschaft als einen rein weisungsgebundenen, künstlich geschaffenen Organismus hingestellt, der auf militärischen Prinzipien beruhe. L. v. Mises hatte behauptet, daß bei einem zentralgelenkten Wirtschaftsprozeß die Beziehungen zwischen den einzelnen Zweigen, Verbänden und Betrieben ausschließlich durch Befehle der zentralen Organe zustande kämen.[1]

Diese Thesen wurden später in der Konzeption von der „Zentralverwaltungswirtschaft“ weiterentwickelt. Ihr Autor war das Haupt der westdeutschen Neoliberalen Walter Eucken.[2] Als „Zentralverwaltungswirtschaft“ bezeichnete er den Typ von zwei wirtschaftsorganisatorischen „Idealtypen“, in dem die Wirtschaft zentral geleitet wird.

Obgleich Eucken in jeder real existenten Wirtschaftsordnung eine Kombination der zwei Organisationstypen – der „zentralgeleiteten Wirtschaft“ und der „freien Verkehrswirtschaft“ – sah, warnte er davor, das abstrakte Modell der „Zentralverwaltungswirtschaft“ mit der realen sozialistischen Wirtschaft zu verwechseln, während bürgerliche Ideologen der Gegenwart der größeren „Konsequenz“ wegen die sozialistische Wirtschaft zu einer direkten Verkörperung der „Idealkonstruktion“ erklären. So konstruiert der „Sowjetologe“ Karl C. Thalheim (BRD) ein Modell der „Zentralverwaltungswirtschaft sowjetischen Typs“ und hält die „Zentralverwaltungswirtschaft“ für das theoretische Modell des sowjetischen Wirtschaftssystems.[3] Doch begnügte sich die Sowjetologie nicht damit, das von ihren Vorläufern entworfene Modell der „Zentralverwaltungswirtschaft“ auf die Wirtschaft der UdSSR und der anderen sozialistischen Länder anzuwenden. Sie konstruierte deshalb das Modell der „Befehlswirtschaft“. Der amerikanische Ökonom Alexander Eckstein schreibt dazu, die „sowjetologischen“ For-

[1] Vgl. Ludwig von Mises, Socialism, second edition, London 1951, S. 519.

[2] Vgl. Bürgerliche und kleinbürgerliche ökonomische Theorien über den Sozialismus (1917–1945), Berlin 1978, 5. Kapitel.

[3] Vgl. Karl C. Thalheim, Grundzüge des sowjetischen Wirtschaftssystems, Köln 1962, S. 49.

schungen hätten zweifellos die entscheidende Rolle bei der Herauskristallisierung der Theorie von der „Befehlswirtschaft" gespielt.[4]

So ist die Theorie von der „Befehlswirtschaft" in ihrer heutigen Form in Übereinstimmung mit der bürgerlichen politischen Ökonomie und der „Sowjetologie" entstanden, die den Anspruch erhebt, die „Wissenschaft" von der sozialistischen Gesellschaft zu sein. Nicht von ungefähr sind die Anhänger der Theorie von der „Befehlswirtschaft" entweder „Sowjetologen", die zur allgemeinen Wirtschaftstheorie tendieren (wie der amerikanische Ökonom Gregory Grossman) oder aber Theoretiker, die einen Hang zur „Sowjetologie" haben (wie der Ökonom K. Paul Hensel, BRD). Der Begriff „Befehlswirtschaft" war zum erstenmal 1949 in dem Buch „Marktwirtschaft und Sowjetwirtschaft"[5] des Ökonomen Adolf Weber, BRD (eines Vertreters der „neoklassischen" Schule), aufgetaucht.

Das Modell von der „Befehlswirtschaft" geht über die Grenzen der „Sowjetologie" hinaus und findet sich auch in Schriften zur allgemeinen Theorie der politischen Ökonomie und Soziologie. Ein Verfechter dieses Modells, der amerikanische Ökonom und Soziologe Benjamin Ward, hat sogar das Modell von einer „Befehlsgesellschaft" als besondere Form der sozial-hierarchischen Organisation konstruiert.[6]

Die „Idealmodelle" von der „Befehlswirtschaft" und „Marktwirtschaft" („Verkehrswirtschaft") und ihre angebliche Verwirklichung in realen nationalen Wirtschaften sind Gegenstand eines speziellen Bereichs der bürgerlichen politischen Ökonomie der Gegenwart, der „Wissenschaft vom Vergleich der Wirtschaftssysteme" („Komparative Ökonomie"). Die Autoren der Schriften zum „Vergleich der Wirtschaftssysteme" wissen sogar davon zu künden, daß an der Wende von den sechziger zu den siebziger Jahren ein neuer Teilbereich der komparativen Ökonomie, die „vergleichende Untersuchung der kommunistischen Wirtschaftssysteme", entstanden sei, zu deren Gegenstand das „sowjetische Modell der Befehlswirtschaft in den verschiedenen Zeiten und Ländern"[7] erklärt wird.

Im Unterschied zu den Anhängern der „neoklassischen ökonomischen Theorie des Sozialismus", die bemüht sind, die typischen Besonderheiten des sozialistischen Wirtschaftsmechanismus zu verwischen, heben die Autoren der Theorie von der „Befehlswirtschaft" die Spezifik des Funktionsmechanismus der sozialistischen Wirtschaft hervor. Während sie bestimmte Züge dieses Mechanismus verabsolutieren und verfälschen, und andere, nicht minder wesentliche, verschweigen, räumen sie doch richtig ein, daß die tiefgreifenden Besonderheiten des Sozialismus eine Analyse seiner Wirtschaft aus der Sicht der „neoklassischen markt-

[4] Vgl. Alexander Eckstein, Introduction zu: Comparison of Economic Systems, in: University of California Press, 1971, S. 3.

[5] Adolf Weber, Marktwirtschaft und Sowjetwirtschaft, München 1949, S. 173.

[6] Vgl. Benjamin Ward, The Socialist Economy, New York 1967, S. 103.

[7] Gregory Grossman, Continuities and Change in Centrally Planned Economics, in: Perspectives in Economics, New York 1971, S. 248.

wirtschaftlichen Theorie" unmöglich machen. So drückt der amerikanische „Sowjetologe" Robert W. Campbell sein Bedauern darüber aus, daß die institutionellen Besonderheiten der sowjetischen Wirtschaft die logischen Grundlagen des neoklassischen Modells außer Kraft setzen.[8]

Sein Kollege O. Zinam schreibt, daß die Bemühungen, die neoklassischen Thesen des Konkurrenzgleichgewichts anzuwenden, bei einer kollektivistischen Wirtschaft auf fast unüberwindliche theoretische Schwierigkeiten stoßen.[9]

Indessen ist die Feststellung, daß die neoklassischen Rezepte auf den Sozialismus unanwendbar sind, so gut wie alles, was vom Realismus der Theoretiker der „Befehlswirtschaft" übrig bleibt. Bei der konkreten Analyse der Unterschiede zwischen den beiden Systemen gehen sie von den realen Grundmerkmalen ab, um im wesentlichen formale Momente verzerrt und einseitig wiederzugeben und auf dieser Grundlage fiktive Schemata aufzustellen.

Das Modell von der „Befehlswirtschaft" stellt die sozialistische Volkswirtschaft als streng hierarchisches System dar, in dem die wirtschaftlichen Entscheidungen und ihre Realisierung ausschließlich auf Befehlen der oberen Stufen der Hierarchie an die unteren Stufen beruhen. Auf dem Befehlsweg werde auch die Tätigkeit der Betriebe koordiniert.

Die dem Sozialismus angedichtete „Befehlswirtschaft" wird von den bürgerlichen Ideologen mit einer Kriegswirtschaft gleichgesetzt. So behauptet der bekannte französische Soziologe und Ökonom Raymond Aron, daß „der Staat in der Planwirtschaft nach der Methode des militärischen Kommandos befiehlt, bei der die Unterschiede zwischen den die allgemeinen Regeln der Konkurrenz fixierenden Gesetzen und den besonderen Befehlen, die den Individuen gegeben werden, verschwinden"[10]. Und der niederländische Ökonom Willem Keizer schreibt, daß in einer sozialistischen Planwirtschaft die „grundlegende Verhaltensregel die getreue Ausführung von erhaltenen Befehlen wäre, die Wirtschaft wäre auf militärischer Basis organisiert"[11].

Von hier ist es nicht mehr weit bis zu der Behauptung, daß die staatsmonopolistische Kriegswirtschaft mit der sozialistischen Volkswirtschaftsplanung wesensgleich sei. Peter Knirsch, der die „Zentralverwaltungswirtschaft" als „idealtypische Extremform" der zentralen Leitung des Wirtschaftsprozesses interpretiert, meint, daß die Bezeichnungen „Befehlswirtschaft" oder „Kommandowirtschaft" „in der wissenschaftlichen Diskussion . . . meist auf die Formen der kriegswirtschaftlichen und sowjetischen Planung bezogen (werden)"[12].

Die meisten Theoretiker der „Befehlswirtschaft" kommen sowohl wegen der

8 W. Campbell, zitiert nach: O. Zinam, The Economics of Command Economy, in: Comparative Economic Systems, New York 1969, S. 22.

9 Vgl. ebenda, S. 19.

10 Raymond Aron, 18 Lectures on Industrial Society, London 1968, S. 97.

11 Willem Keizer, The Soviet Quest for Economic Rationality, Rotterdam 1971, S. 185.

12 Peter Knirsch, Strukturen und Formen zentraler Wirtschaftsplanung, Berlin (West) 1969, S. 37–38.

fehlerhaften Methodologie des Systemvergleichs wie auch wegen der apologetischen Tendenz ihrer Konzeptionen zu dem absurden Schluß, daß der Sozialismus mit dem staatsmonopolistischen Kapitalismus gleichzusetzen sei. Sie trennen den Mechanismus der Wirtschaftsleitung von der Form des Eigentums an den Produktionsmitteln und identifizieren jeden staatlichen Eingriff in die Wirtschaft mit einer planmäßigen Wirtschaftsführung. Auf diese Weise werden die grundlegenden sozialökonomischen und politischen Unterschiede zwischen den beiden gegensätzlichen Wirtschaftsthemen verschleiert.

Das Modell von der „Befehlswirtschaft“ geht davon aus, daß in dem von einem Zentrum gesteuerten, hierarchisch organisierten System die horizontalen Beziehungen zwischen den Wirtschaftseinheiten auf ein Mindestmaß beschränkt, die vertikalen administrativen Beziehungen zwischen dem Leitungszentrum und den Betrieben aber maximal ausgebaut seien. Der italienische bürgerliche Theoretiker Francesco Vito schreibt, daß das zentralistische Modell „erstens eine Entscheidungsebene, zweitens eine hierarchische Struktur und überwiegend vertikale Beziehungen zwischen dem Zentrum und den Betrieben, drittens die Kommunikation von oben nach unten in Form von Befehlen“[13] voraussetze.

Wenn hier die Rolle der horizontalen Beziehungen derart herabgesetzt wird, dann ist dies darauf zurückzuführen, daß man die relative ökonomische Selbständigkeit der Betriebe völlig ignoriert. Eine derartige Interpretation demonstriert nur, wie absurd es ist, reale sozialökonomische Systeme aus der Sicht formaler, von den Klassenkräften angeblich unabhängiger Organisationsprinzipien analysieren zu wollen, die diese Prinzipien anwenden. Die sozialistische Planung der Volkswirtschaft schließt die wirtschaftliche Initiative der vielen Wirtschaftseinheiten (der Betriebe und Vereinigungen) nicht aus, sondern setzt sie voraus. Die zentralen Leitungsformen wirken im realen Wirtschaftsprozeß mit den dezentralen Formen zusammen und bedingen sie. Das gleiche gilt für das Verhältnis zwischen den vertikalen und horizontalen Beziehungen.

Folgt man den primitiven „komparativistischen“ Schemata, dann stellt jedes Element horizontaler Beziehungen ein Abweichen vom „idealen Befehlsmodell“ dar, das die Stabilität und Effektivität des Systems mindert. Tatsächlich aber erhöht das aktive schöpferische Zusammenwirken der sozialistischen Betriebe die Stabilität und Effektivität der zentralen Plandirektiven. Erstens aktivieren die horizontalen Beziehungen den „Stoffwechsel“, ohne den die Direktiven von oben nicht wirken könnten. Zweitens können sich die zentralen Organe auf die Festlegung der Hauptrichtungen und Proportionen der planmäßigen wirtschaftlichen Entwicklung konzentrieren, wenn über die vielen Einzelfragen an Ort und Stelle entschieden wird.

Außerdem reduzieren sich die vertikalen Beziehungen – natürlich in der realen sozialistischen Wirtschaft und nicht in erdachten Schemata – durchaus nicht

[13] Francesco Vito, Decentralization in a Collectivist Planned Economy, in: Comparative Economic Systems, a. a. O., S. 60.

auf rein administrative Beziehungen zwischen dem Zentrum und den ihm unterstellten Wirtschaftseinheiten. Sie bilden die direkte Form der wirtschaftlichen Beziehungen zwischen diesen Einheiten und der gesamten Gesellschaft. Da unter den Bedingungen des Volkseigentums an den Produktionsmitteln die Produktion auf Kosten der Gesellschaft betrieben wird, sind diese Beziehungen weitgehend äquivalentfrei, unentgeltlicher Art, womit sie jedoch nicht aufhören, Teil des sozialistischen Systems der Wirtschaftsbeziehungen zu sein. Da das gesellschaftliche Eigentum an den Produktionsmitteln alle Betriebe zu einem einheitlichen Wirtschaftsorganismus vereint, ist es auch möglich und notwendig, die volkswirtschaftlichen Hauptproportionen planmäßig und ohne Vermittlung des Marktmechanismus festzulegen. Doch werden innerhalb der Beziehungen mit dem Zentrum von jedem Betrieb, jeder Vereinigung und jedem Territorialkomplex eigene Planvorschläge eingebracht und begründet. Diese Vorschläge gehen teils den zentralen Direktiventwürfen voraus und dienen als deren Grundlage, teils nehmen sie den Charakter von Gegenplänen, also von einer Antwort auf den Erstentwurf der zentralen Aufgaben an, die dann entsprechend korrigiert werden. Diese realen Prozesse haben mit den primitiven „Befehls"-Schemata nichts gemein.

Die horizontalen Beziehungen zwischen den wirtschaftenden Grundeinheiten haben die Form von Äquivalenzbeziehungen, was sie jedoch nicht zu „nurökonomischen" Einheiten im Sozialismus macht. Zu den horizontalen Beziehungen gehören der Ware-Geld-Verkehr zwischen den Liefer- und Anwenderbetrieben, die Beziehungen zwischen den Betrieben der zweiglichen territorialen Produktionsvereinigungen und zwschen diesen Vereinigungen sowie in und zwischen den Wirtschaftsregionen. Das alles belegt sehr deutlich, daß die aus dem Dogma von der „Befehlswirtschaft" folgende Interpretation, nach der die sozialistische Wirtschaft absolut von vertikalen administrativen Beziehungen beherrscht werde, irreal ist.

Die Darstellung der planmäßigen Direktbeziehungen als „Befehle" beruht auf dem für die bürgerliche politische Ökonomie typischen Postulat, daß die spontanen Ware-Geld-Beziehungen ewig und die einzig mögliche Form wirklicher Wirtschaftsbeziehungen seien.

Für den bürgerlichen Ökonomen gibt es ohne Spontaneität weder Wirtschaftsbeziehungen noch Gesetze, die diese Beziehungen regeln. Da er sie als Beziehungen der Auswahl knapper Ressourcen für die Erreichung der jeweiligen Ziele mittels des blindwirkenden Marktes betrachtet, setzt er Wirtschaftsbeziehungen mit Warenbeziehungen gleich. Beziehungen, die nicht warengebunden sind, wertet er nicht als wirtschaftliche, sondern als rein administrative Beziehungen.

In Wirklichkeit stellt die für den Sozialismus spezifische, planmäßige Direktform der ökonomischen Beziehung keine willkürliche, administrierende Form dar. Diese Beziehung ist durch die Verhältnisse des gesellschaftlichen Eigentums an den Produktionsmitteln und den unmittelbar gesellschaftlichen Charakter der Arbeit objektiv bedingt. Sie äußert sich in der Bewegung der Produktionsfaktoren: in der Ausstattung der Betriebe und Vereinigungen mit Grund- und Umlaufmitteln, in der Finanzierung der Investitionen sowie in der Aneignung des von den

Betrieben erzeugten Produkts durch die Gesellschaft. Die Direktbeziehung ist, wie bereits erwähnt, eine nicht warengebundene, äquivalentfreie Beziehung. Aber auch sie ist eine objektive ökonomische Beziehung. Sie realisiert planmäßig das Wirken der objektiven ökonomischen Gesetze des Sozialismus.

Zugleich zeigt die sozialistische Praxis, daß für die Leitung der Volkswirtschaft auch administrative Formen objektiv notwendig sind, wenn sie den ökonomischen Funktionen des sozialistischen Staates die organisatorische Gestalt verleihen, die durch Aktivitäten der Staatsmacht realisiert werden müssen. In diesem Sinne repräsentiert die zentrale Planung die Einheit von Form und Inhalt: von administrativen und ökonomischen Leitungsmethoden. In dem Maße, wie diese Einheit verwirklicht wird, sind die administrativen Methoden ein notwendiges Element des Wirtschaftssystems. Nur wenn sie zum Selbstzweck werden, wenn sie sich von den objektiven ökonomischen Bedingungen und den Anforderungen der Gesellschaft lösen, werden sie zu einer inhaltlosen Form, die in Widerspruch zu den ökonomischen Methoden der Wirtschaftsführung gerät, deren Effektivität und die Handlungsfreiheit beeinträchtigt.

Eine Hauptthese der bürgerlichen Theorie von der „Befehlswirtschaft" besteht darin, daß ökonomische Interessen und materielle Stimuli kein unabdingbares Element des Funktionsmechanismus der „Zentralmodelle" seien, ja ihre Stabilität beeinträchtigen. Benjamin Wards Modell der „Befehlswirtschaft" baut auf der Trennung der Anerkennungen und Sanktionen von der laufenden Effektivität der Wirtschaftseinheiten auf.[14] Ward geht davon aus, daß es für das System der „Befehlswirtschaft" typisch sei, die Probleme der Stimulierung der an der Wirtschaft Beteiligten zu ignorieren.[15] Und der amerikanische Ökonom Morris Bornstein meint, daß im Sozialismus der Befehl die Stelle der Stimuli einnehme.[16]

Daß die „Befehlswirtschaft" als theoretisches Modell der sozialistischen Wirtschaft völlig untauglich ist, wird auch daran deutlich, daß die Realisierung der ökonomischen Gesetze des Sozialismus objektiv verlangt, den ökonomischen Interessen Rechnung zu tragen sowie materielle Stimuli zu schaffen und tagtäglich anzuwenden, die den einzelnen und das Kollektiv anspornen, die gesellschaftliche Wirtschaft funktionsfähig zu halten und zu vervollkommnen.

Die Interessen der Wirtschaftsorganisationen (Betriebe und Vereinigungen) und ihrer Kollektive, die wahrgenommen werden, indem diesen Einheiten weitgehende wirtschaftliche Selbständigkeit eingeräumt wird, bilden entscheidende Hebel des zentralen Planes, so daß die Interessen der ganzen Gesellschaft befriedigt werden. Das objektive Erfordernis, die individuellen Interessen der Mitglieder der sozialistischen Gesellschaft zu realisieren, zwingt diese, für eine bestimmte

[14] Vgl. Benjamin Ward, The Socialist Economy, a. a. O., S. 105.

[15] Vgl. Benjamin Ward, in: Comparison of Economic Systems, University of California Press, 1971, S. 120.

[16] Vgl. Morris Bornstein, An Integration, in: Comparison of Economic Systems, University of California Press, 1971, S. 341.

Struktur des Produkts zu sorgen und es überwiegend für die ständig zunehmenden Bedürfnisse der Mitglieder der Gesellschaft bereitzustellen. Zugleich stimulieren die richtig erkannten und realisierten individuellen Interessen das Wachstum der Arbeitsproduktivität und erweitern die Möglichkeiten, die Bedürfnisse der Produktion und der nichtproduzierenden Bereiche der ganzen Gesellschaft zu befriedigen.

Während die Verfechter der „Befehlswirtschaft" dem realen Sozialismus frei erfundene Schemata zuordnen, sind sie zugleich bemüht, gewisse Fehler und Schwierigkeiten in der Entwicklung der sowjetischen Wirtschaft, die entweder der Vergangenheit angehören und überwunden sind oder an deren Beseitigung gearbeitet wird, als Prinzipien des Sozialismus auszugeben. In den Beschlüssen des Septemberplenums des ZK der KPdSU (1965) und in den Dokumenten des XXIV. Parteitages wurde festgestellt, daß infolge verschiedener objektiver und subjektiver Ursachen in dieser Zeit die administrative Reglementierung der Wirtschaftseinheiten zu starke Ausmaße angenommen hatte. So stellte A. N. Kossygin auf dem XXIV. Parteitag der KPdSU fest, daß „einzelne Ministerien die neuen Methoden der Leitung der Produktion noch immer ungenügend anwenden. Nicht selten werden die aus der wirtschaftlichen Rechnungsführung erwachsenden Rechte der Betriebe geschmälert, die ökonomischen Methoden durch Administrieren ersetzt."[17]

Seit dem XXIV. Parteitag ist viel getan worden, um die Bedingungen für die sozialistische Wirtschaftsführung zu vervollkommnen. Auf dem XXV. Parteitag der KPdSU hat L. I. Breshnew erneut darauf verwiesen, daß diese Bemühungen weitergeführt werden müssen, da die Vervollkommnung der Planung, die Reorganisation des Wirtschaftsmechanismus und die Intensivierung der Produktion hinter dem geplanten Tempo zurückgeblieben waren.

Mit der weiteren Erneuerung des Systems der Planung und Stimulierung wird künftig die Initiative der Wirtschaftsorganisationen noch mehr aktiviert werden, wird die Rolle der ökonomischen Leitungsmethoden zunehmen, und werden die administrativen Reglementierungsformen den Erfordernissen der Wirtschaft besser angepaßt. Um dies zu erreichen, wird sowohl die Wirksamkeit des Systems der ökonomischen Hebel verbessert als auch die Planung vervollkommnet und die wissenschaftliche Begründung der Volkswirtschaftspläne erhöht werden müssen.

Bürgerliche Theoretiker reduzieren die Leitung des Wirtschaftsprozesses im Sozialismus beharrlich auf die administrative und politische Reglementierung. So urteilt der französische Ökonom Peter Kende wie folgt: In einer Befehlswirtschaft vom sowjetischen Typ fehlt es an einem Organ, das die mit den Funktionen des Unternehmers in der kapitalistischen Wirtschaft vergleichbaren Funktionen wahrnimmt, so daß es anstelle von ökonomischen nur politische Sanktionen gibt.[18]

[17] Direktiven zum Fünfjahrplan für die Entwicklung der Volkswirtschaft der UdSSR in den Jahren 1971–1975, Referat von A. N. Kossygin, Moskau-Berlin 1971, S. 54.
[18] Vgl. Peter Kende, in: Economic Journal, Nr. 304, 1966, S. 884.

Als Grundlage für derartige Behauptungen dient den bürgerlichen Theoretikern eine völlig pervertierte Auslegung der realen Veränderungen, die sich im Verhältnis zwischen Politik und Ökonomie vollzogen haben. Es liegt auf der Hand, daß in dem Maße, wie der sozialistische Staat zum Eigentümer der entscheidenden Produktionsmittel wird, die Bedeutung der politischen, der Überbauformen der staatlichen Wirtschaftsleitung, vor allem der Wirtschaftspolitik zunimmt. Doch kann die Wirtschaftspolitik nur dann eine aktivierende Rolle spielen, wenn sie der konkreten wirtschaftlichen und politischen Situation Rechnung trägt, wenn dem Wirken der objektiven ökonomischen Gesetze des Sozialismus entsprechend Raum gegeben wird.

Die Theorie der „Befehlswirtschaft" stützt sich auf eine metaphysische, rein formale Konfrontation von Plan und Markt. Und so kommt man zu der Fragestellung, daß Planung verlange, die wirtschaftlichen Verhältnisse zu naturalisieren, die Ware-Geld-Beziehungen einzuschränken und abzuschaffen. Der kanadische Ökonom Richard L. Carson, Verfasser eines der zahllosen Bücher über den Vergleich der Wirtschaftssysteme, faßt die „Befehlswirtschaft" als „Antithese zum Markt und zu den horizontalen Beziehungen" auf.[19] Die gleiche Haltung nimmt Morris Bornstein ein, wenn er schreibt, daß die Alternative „Befehls- oder Tauschprinzip die Verteilung der Ressourcen in physischen Einheiten auf der Grundlage administrativer Befehle mit der Verteilung auf der Grundlage der Geldströme und Marktpreise konfrontiert"[20].

Die Alternative „Plan oder Markt" ist unter zwei Voraussetzungen theoretisch motiviert:

a) wenn es sich um die beiden gegensätzlichen Wirtschaftssysteme, also das kapitalistische und das sozialistische System handelt, die von zwei gegensätzlichen Prinzipien der Wirtschaftsregulierung beherrscht werden;

b) wenn unter Markt nur der blindwirkende Markt verstanden wird.

Doch wird diese Alternative gegenstandslos, sobald es um die bewußte, planmäßige Ausnutzung der Ware-Geld-Beziehungen im Sozialismus geht. Hier bilden die Ware-Geld-Beziehungen keinen Gegensatz zum Plan, schwächen sie dessen Positionen nicht, sondern sind sie Mittel zur Realisierung des Planes, wobei sie im Vergleich zu den spontanwirkenden Ware-Geld-Beziehungen, die tatsächlich im Widerspruch zum Plan stehen, in ihrem Inhalt und ihren Wirkungsformen grundlegende Wandlungen erfahren.

Die Verfechter der Konzeption von der „Naturalplanung" leiten die Ware-Geld-Beziehungen, die bestimmenden Gesetze und die sie ausdrückenden Kategorien nicht aus der Erarbeitung der Volkswirtschaftspläne, d. h. nicht aus der Ermittlung der wesentlichen Proportionen der Reproduktion, her. Damit wird das Wesen des komplizierten Prozesses der planmäßigen Proportionierung entstellt.

[19] Richard L. Carson, Comparative Economic Systems, New York 1973, S. 343.

[20] Morris Bornstein, An Integration: Comparison of Economic Systems, University of California Press, 1971, S. 346.

In der entwickelten sozialistischen Wirtschaft wirken die nichtäquivalenten Direktbeziehungen mit den indirekten Ware-Geld-Beziehungen im einheitlichen Reproduktions- und Zirkulationsprozeß des Produkts zusammen. Sie gehören beide zu dem vielfältigen Kennziffernsystem des Volkswirtschaftsplanes. So setzt sich die volkswirtschaftliche Proportionalität aus der Einheit von stofflichen und wertmäßigen Proportionen zusammen.

Aus dem konstruierten Gegensatz zwischen Plan und Markt glaubt die Sowjetologie einen Gegensatz zwischen den direkten und indirekten Regulierungsformen herleiten zu können.[21] Doch ist die Alternative „direkte oder indirekte Formen der Regulierung der Proportionen" wissenschaftlich ebenso unhaltbar wie die Alternative „Plan oder Markt". Für den Staat, den Eigentümer der Produktionsmittel, wäre es völlig sinnlos, jeder Auflage, die er seinen Betrieben erteilt, die Form von verschleierten, den Produzenten auf Umwegen zugehenden Aufgaben zu verleihen. Aber ebenso sinnlos wäre es, Direktauflagen für Parameter zu erteilen, die sich effektiver mittels der Preis- und Kreditpolitik und dgl. realisieren lassen. Deshalb bedient sich die Direktivplanung der sozialistischen Wirtschaft sowohl direkter, als auch indirekter Formen der Regulierung der Proportionalität, wie Gewinn, Preis, Fondsabgabe usw.

In ihrem Bemühen, die schon im 19. Jahrhundert von Max Weber aufgestellte These, daß das Wirtschaftsleben im Sozialismus unvermeidlich in Bürokratie versinken müsse zu erhärten, glaubt die „Sowjetologie", der sozialistischen Wirtschaft eine wachsende Bürokratisierung andichten zu müssen. Carson schreibt, daß es zwar in allen Wirtschaftssystemen Bürokratie gebe, doch nehme sie in der „Befehlswirtschaft", wo eine vielgliedrige Befehlskette die Direktiven des zentralen Planungsorgans den Firmen übermittle, die stabilsten Positionen ein.[22] Ausgehend von dieser These, stellen viele Theoretiker der „Befehlswirtschaft" den Sozialismus als eine Ordnung hin, in der eine „neue Klasse", die Bürokratie, herrsche.

Die Bürokratie ist noch nie eine Klasse gewesen und kann es auch nicht sein. Bürokratie entfaltet sich dort, wo die herrschenden Klassen einen Teil ihrer Funktionen bestimmten kastenmäßigen Spezialistengruppen übertragen, die im Lohnverhältnis stehen. Im Sozialismus können derartige Kasten nicht entstehen. Was die Sozialstruktur des entwickelten Sozialismus auszeichnet, ist nicht die Stabilisierung dieser oder jener sozialen Schichten, sondern die Auflösung der Grenzen zwischen den Klassen, zwischen den geistig und körperlich Tätigen, zwischen den Werktätigen in der Produktion und in der Verwaltung.

Das Volkseigentum an den Produktionsmitteln, das Eigentum der ganzen Gesellschaft ist, bildet die ökonomische Grundlage der sozialistischen Wirtschaftsdemokratie, der weitreichenden Einbeziehung aller Mitglieder der Gesellschaft in die Leitung der Produktion.

[21] Vgl. Richard L. Carson, in: Comparative Economic Systems, a. a. O., S. 352.
[22] Vgl. Ebenda, S. 331.

Die neue Verfassung der UdSSR enthält auch Festlegungen darüber, wie die sozialistische politische und wirtschaftliche Demokratie weiter entfaltet und Erscheinungsformen von Bürokratie bekämpft werden müssen. In Artikel 8 sind die Pflichten und Rechte der Arbeitskollektive, der Grundeinheiten des wirtschaftlichen und politischen Organismus der sozialistischen Gesellschaft, verankert. Außerdem wird die Möglichkeit bürokratischer Erscheinungsformen auch durch das steigende kulturelle und geistige Niveau der Mitglieder der Gesellschaft eingeengt.

Einen Hauptpfeiler ihrer Konstruktionen sehen die Theoretiker der „Befehlswirtschaft" in der Ersetzung der „Souveränität des Verbrauchers durch die Souveränität der Planer" und dem daraus abgeleiteten „Vorrang der kollektiven Konsumtion gegenüber der individuellen Konsumtion"[23].

Die liberal-individualistische Konzeption von der „Souveränität des Verbrauchers" geht davon aus, daß sich die Bedürfnisse der Verbraucher nur über die freie Konkurrenz maximal befriedigen lassen. Doch kann diese These nicht besser widerlegt werden als von der kapitalistischen Praxis selbst. Die Monopole sind durch ihre Vorherrschaft auf dem Markt in der Lage, den Geschmack und die Nachfrage der Verbraucher zu manipulieren. Auch die staatsmonopolistische Regulierung sowie die Einkommens- und Preispolitik wirken sich auf die kaufkräftige Nachfrage und die Konsumtion aus. Zudem kann der Markt zwar den laufenden Bedarf mehr oder weniger gut deutlich machen, doch ist er nicht in der Lage, den perspektivischen Bedürfnissen Rechnung zu tragen. So sieht sich der bürgerliche Staat gezwungen, diesen Bedürfnissen, die einerseits der Sicherung der allgemeinen Voraussetzungen der kapitalistischen Reproduktion angesichts der fortschreitenden wissenschaftlich-technischen Revolution und andererseits der Militarisierung der Wirtschaft geschuldet sind, nachzukommen.

Wenn die sozialistische Gesellschaft die wesentlichen Proportionen der Reproduktion festlegt, geht sie von der allseitigen Analyse der gesellschaftlichen Bedürfnisse, also auch der Käufernachfrage aus. Die planmäßige Gestaltung einer rationellen Verbrauchsstruktur nach wissenschaftlichen Normen ist nicht mit einer Zwangsregelung der individuellen Konsumtion gleichzusetzen. Die individuellen Bedürfnisse und die individuelle Konsumtion sind nicht Gegenstand der direktiven Planung. Die sozialistische Gesellschaft wirkt mittels planmäßiger Preis- und Einkommenspolitik, über die Gestaltung einer progressiven Produktionsstruktur auf Struktur und Dynamik der Bedürfnisse und der Konsumtion ein. Sie ermittelt von einem Zentrum aus den Gesamtfonds der individuellen Konsumtion, die Gesamtnachfrage, die Nachfrage nach Warengruppen sowie die der Klassen und sozialen Gruppen.

Die Forderung nach völliger Vergesellschaftung der individuellen Konsumtion, die der sozialistischen Gesellschaft von bürgerlichen Theoretikern angedichtet

[23] Willem Keizer, The Soviet Quest for Economic Rationality, a. a. O., S. 62; Richard L. Carson, Comparative Economic Systems, a. a. O., S. 268.

wird, entstammt den kleinbürgerlichen Konzeptionen vom „Kasernenkommunismus". Auch die frei erfundene Behauptung, die Sowjetführung räume der kollektiven Konsumtion den Vorrang ein, hat mit der Wirklichkeit nichts gemein.

In der UdSSR sollen die Ausgaben aus den gesellschaftlichen Konsumtionsfonds im Jahre 1980 mindestens 115 Mrd. Rubel betragen. Das macht etwa ein Drittel des individuellen Konsumtionsfonds aus.[24] In allen Etappen des Sozialismus bleibt der individuelle Arbeitslohn die Hauptquelle für die Befriedigung der persönlichen Bedürfnisse.

Die sozialistische Vergesellschaftung der Konsumtion wird dem Verbraucher nie zum Nachteil gereichen. Im Gegenteil, sie verfolgt das Ziel, allen Mitgliedern der Gesellschaft, unabhängig von der materiellen Situation und den Einkommensunterschieden, gleiche Möglichkeiten für die Befriedigung vieler sozialer und kultureller Bedürfnisse zu garantieren und zur Angleichung des Lebens- und Konsumtionsniveaus beizutragen.

Das Wachstumstempo der gesellschaftlichen Konsumtionsfonds entspricht im Vergleich zum Arbeitslohn bei weitem nicht immer dem Tempo der Ausweitung der kollektiven Konsumtionsformen. Zwei Drittel der Größe des gesellschaftlichen Konsumtionsfonds (Sozialversicherung und -versorgung, Gesundheitswesen und Körperkultur, bezahlter Urlaub und dgl.) bedeuten eine Vergrößerung der individuellen Konsumtion. Im Jahre 1976 waren über 50 Prozent aller Zahlungen und Vergünstigungen, die der Bevölkerung zugute kamen, Geldleistungen.

Die Relation zwischen den verschiedenen Konsumtionsformen wird im Sozialismus nicht von ideologischen Dogmen bestimmt, sondern davon, wie die verfügbaren Ressourcen effektiv genutzt werden können, um den Wohlstand aller Mitglieder der Gesellschaft zu erhöhen. Dabei kann es je nach der Größe dieser oder jener Ressourcen, nach der Veränderung der Bedürfnisse und anderer sozialer Bedingungen sowohl zu einer Erweiterung der individuellen Konsumtion zu Lasten der kollektiven Formen (z. B. bei Transportmitteln) als auch zu umgekehrten Erscheinungsformen (z. B. bei Ausgaben für die Erziehung der Kinder) kommen.

Manche „Sowjetologen" sehen sich gezwungen einzuräumen, daß sich die real existierende sozialistische Wirtschaft nicht in das Prokrustesbett des Modells der „Befehlswirtschaft" einzwängen läßt, und kommen zu dem Schluß, daß die „reine" oder „absolute Befehlswirtschaft" ein „erdachtes Modell, einen Idealtyp" darstelle, den es in der Wirklichkeit nicht gäbe.[25] So schreibt Willem Keizer: „Die reine Befehlswirtschaft ist kaum anwendbar, weil die Irrealität ihrer Postulate

24 Vgl. XXV. Parteitag der KPdSU. Die Hauptrichtungen der Entwicklung der Volkswirtschaft der UdSSR von 1976 bis 1980. Berichterstatter: A. N. Kossygin, Berlin 1976, S. 20.

25 O. Zinam, The Economics of Command Economy, in: Comparative Economic Systems, New York 1969, S. 17; Comparison of Economic Systems, University of California Press, 1971, S. 18.

den menschlichen Faktor betreffend offenkundig ist."[26] Er hebt hervor, daß die Nutzung der materiellen Interessen, die freie Konsumwahl und andere Merkmale der sozialistischen Wirtschaft die „Sowjetologie" zwingen, von der „reinen Befehlswirtschaft" abzugehen. Mehrere bürgerliche Ökonomen greifen auch Gregory Grossman, der zu den Vätern des Modells der „Befehlswirtschaft" gehört, deshalb an, weil er die sozialistische Wirtschaft mit diesem Modell identifiziert. Alexander Eckstein bezeichnet Grossmans Schrift als deutliches Beispiel für eine falsche Messung der realen Wirtschaft am Idealmodell.[27]

Um ihre Schemata glaubwürdiger zu machen, sehen sich viele bürgerliche Theoretiker genötigt, die realen ökonomischen Systeme als eine Mischung von „Befehls"- und „Marktwirtschaft" zu betrachten, die in den verschiedensten Kombinationen auftrete. Auch Grossman resümiert schließlich: „Obgleich man abstrakte Modelle von Wirtschaftssystemen aufstellen kann, die jeweils nur einen der drei sozialen Mechanismen (traditioneller, Befehls- und Marktmechanismus – d. Verf.) enthalten, sind in den heutigen Systemen . . . alle drei in unterschiedlichen Proportionen gegeben. Doch überwiegt jeweils einer von diesen Mechanismen. Demgemäß sprechen wir von traditioneller Wirtschaft, Marktwirtschaft und Befehlswirtschaft."[28]

Allerdings liefert auch diese, den Tatsachen scheinbar entgegenkommende Interpretation des Wirtschaftsmechanismus der sozialistischen Gesellschaft ein sehr verzerrtes Bild der Realität. Die Ursache hierfür ist darin zu sehen, daß die sozialistische Wirtschaft nicht als organisches Ganzes, als einheitlicher geplanter Mechanismus begriffen wird, der sowohl mit direkten als auch indirekten Methoden gelenkt wird.

Die Vorzüge des auf den Sozialismus bezogenen Modells der „Befehlswirtschaft" sehen seine Autoren in der Möglichkeit höherer Wachstumsraten von Produktion und Akkumulation sowie in dem Vermögen, die Arbeitskräfte und Investitionen zur gegebenen Zeit auf die entscheidenden Bereiche der Volkswirtschaft zu konzentrieren und die Volkswirtschaftsstruktur rasch zu reorganisieren. Zugleich aber glauben sie, diese zwangsläufigen Zugeständnisse mit der Behauptung abwerten zu können, daß die hohen Wachstumsraten der Produktion im Sozialismus von einer allzu uneffektiven Nutzung der Ressourcen begleitet seien.

Dabei wird die als „Befehlsprinzip" interpretierte zentrale Volkswirtschaftsplanung als ein typisches Instrument der extensiven wirtschaftlichen Entwicklungsphase dargestellt. Der Eintritt der sowjetischen Wirtschaft in die neue Etappe der entwickelten sozialistischen Gesellschaft und die Betonung der intensiven Faktoren des wirtschaftlichen Fortschritts werden dabei als Bedingungen hingestellt, unter denen die sozialistische Planung ihre Vorzüge aufgebe. So heben die amerikanischen Ökonomen Robert C. Stuart und Paul R. Gregory die Vorzüge des

[26] Willem Keizer, The Soviet Quest for Economic Rationality, a. a. O., S. 58.

[27] Vgl. Alexander Eckstein, Introduction, in: Comparison of Economic Systems, University of California Press, 1971, S. 19.

[28] Gregory Grossman, Economic Systems, New Jersey 1967, S. 15–16.

sowjetischen Wirtschaftsmodells auf dem Gebiet des Wirtschaftswachstums in den früheren Stadien des Wirtschaftswachstums hervor, um gleichzeitig zu verkünden, daß in dem Maße, wie die Möglichkeiten des extensiven Wachstums versiegen, „die universellen Faktoren der wirtschaftlichen Entwicklung dominieren werden“[29].

Diese eigenartige Mischung der befehlswirtschaftlichen Konzeption mit der Theorie von der „Industriegesellschaft“ entspricht weder der heutigen Situation noch der Geschichte der sozialistischen Wirtschaft. In den ersten Entwicklungsetappen der sowjetischen Wirtschaft hatten die extensiven Faktoren eine bedeutende Rolle beim Aufbau der gesellschaftlichen Produktion gespielt. Aber schon zu dieser Zeit überwog die intensive Reproduktion, da die Volkswirtschaft von Grund auf technisch rekonstruiert wurde und die technische Ausrüstung je Arbeitsplatz hohe Wachstumsraten aufwies. Hauptquelle des Nationaleinkommens war das Wachstum der gesellschaftlichen Arbeitsproduktivität.

Die Gestaltung der entwickelten sozialistischen Gesellschaft und die Intensivierung der gesellschaftlichen Produktion, die gegenwärtig die Entwicklung der sowjetischen Wirtschaft bestimmt, bedeuten durchaus nicht, daß die führende Rolle der zentralen staatlichen Planung von der Regulierung durch den Markt abgelöst wird. Im Gegenteil. Die effektivere Nutzung der materiellen, finanziellen und Arbeitskräfteressourcen wird dadurch gewährleistet, daß die Formen und Methoden der Volkswirtschaftsleitung vervollkommnet und vor allem das System der Planung und Leitung verbessert wird.

Viele Verfechter der Konzeption von der „Befehlswirtschaft“ stellen die Ware-Geld-Kategorien in der realen sozialistischen Wirtschaft als rein äußerliche Formen dar, die nicht die wirklichen Verhältnisse der Warenproduktion und -zirkulation ausdrücken. Der westdeutsche Ökonom G. Halm, der die sowjetische Wirtschaft ebenfalls als „Befehlswirtschaft“ begreift, behauptet, daß der Preis hier nur ein rechnerisches Instrument sei.[30] Die „Sowjetologie“ macht den Preis von der relativen Knappheit der Verbrauchsgüter und Produktionsressourcen abhängig und behauptet, daß sich auf der Grundlage der Arbeitswerttheorie kein rationales Preissystem aufbauen lasse. Sie meint, daß der auf dem gesellschaftlich notwendigen Aufwand beruhende Preis nicht das Kriterium für die Effektivität der Investitionen sowie für die Verteilung und Verwendung der Ressourcen sein könne.

In der Tat ist der Preis in der sozialistischen Planwirtschaft nicht das einzige und auch nicht das Hauptkriterium der Produktionseffektivität, aber nicht deshalb, weil er, wie behauptet wird, im Sozialismus willkürlich festgelegt wird, sondern weil nicht die Profitmaximierung das Ziel der sozialistischen Produktion ist. Wenn die Gesellschaft, ausgehend von den ökonomischen Gesetzen des Sozia-

29 Vgl. Robert C. Stuart/Paul R. Gregory, The Convergence of Economic Systems, in: Jahrbuch der Wirtschaft Osteuropas, München-Wien 1971, Bd. 2, S. 435.

30 Vgl. George N. Halm, Wirtschaftssysteme, Berlin (West) 1960, S. 22.

lismus, die volkswirtschaftlichen Proportionen planmäßig festlegt und die bestmöglichen Lösungen ermittelt, muß sie allen Kriterien des volkswirtschaftlichen Optimums Rechnung tragen. Seine Funktionen – Effektivitätskriterium, gesellschaftliches Maß der individuellen Aufwendungen, Instrument der wirtschaftlichen Rechnungsführung, Form der Verteilung und Umverteilung des Nationaleinkommens – übt der Preis um so besser aus, je umfassender er die realen Produktionsbedingungen, also den gesellschaftlichen Arbeitsaufwand je Erzeugnis ausdrückt.

Die bürgerlichen Ideologen, die in der „Befehlswirtschaft" das theoretische Modell der „sozialistischen Wirtschaft sowjetischen Typs" sehen, behaupten, daß diese Wirtschaft keine Möglichkeit habe, zwischen mehreren Varianten von Investitionslösungen zu wählen und unfähig sei, neue Erzeugnisse in die Produktion aufzunehmen und neue Fertigungsverfahren einzuführen.[31]

Diese Behauptungen werden vom gesamten Entwicklungsverlauf der sozialistischen Wirtschaft, von den Erfolgen der Volkswirtschaft der UdSSR und der anderen sozialistischen Länder widerlegt. Die sozialistische Wirtschaft zeichnet sich durch eine große Dynamik aus. Während des neunten Planjahrfünfts nahmen allein in der Industrie rund 2000 neue Großbetriebe die Produktion auf und wurden 20000 neue Typen von Maschinen, Ausrüstungen und Geräten in die Fertigung übernommen. Zugleich wurden über 9300 Positionen von Maschinen und Geräten veralteter Konstruktion aus der Produktion genommen.[32]

Vergeblich müht sich die Theorie der „Befehlswirtschaft", zwei einander ausschließende Thesen unter einen Hut zu bringen. Einerseits sprechen ihre Autoren der „reinen", „absoluten Befehlswirtschaft" die Existenzmöglichkeit ab und erklären sie zum abstrakten Modell, andererseits postulieren sie, daß diese Wirtschaft nur in der „reinen" Form effektiv funktionieren könne. So behauptet Grossman: „Wenn die Dezentralisierung nur partiell ist, kann sie nicht zu einem effektiven Marktmechanismus führen und dabei gegen das Befehlsprinzip verstoßen."[33]

Besonders deutlich tritt diese innere Widersprüchlichkeit und Inkonsequenz der Theorie der „Befehlswirtschaft" in der These von der „Selbstauflösung der Befehlswirtschaft" zutage. Der schon erwähnte Benjamin Ward meint, daß „der Handel mit seiner zersetzenden Wirkung auf die Befehlsbeziehungen Bestandteil des sowjetischen Wirtschaftsprozesses ist. Deshalb ist der sowjetische Planungstyp mit der Aufrechterhaltung der ‚Befehlsgesellschaft' unvereinbar".[34] Oberflächlich gesehen, wäre an dieser These gar nicht so viel auszusetzen. Die sowjetische Planung ist mit dem primitiven Autoritätsschema der „Befehlsgesellschaft" in der Tat unvereinbar. Aber Ward meint etwas anderes, nämlich daß die Vervoll-

[31] Vgl. Richard L. Carson, Comparative Economic Systems, a. a. O., S. 345.

[32] Vgl. Narodnoe chozjajstvo SSSR za 60 let. Jubilejnyj statističeskij sbornik, Moskau 1977, S. 148, 149.

[33] Gregory Grossman, Economic Systems, a. a. O., S. 95.

[34] Benjamin Ward, The Socialist Economy, a. a. O., S. 136.

kommnung der sozialistischen Planung zwangsläufig zur Negation ihres Direktivcharakters und danach zur Erosion ihrer objektiven Grundlage, des staatlichen Eigentums (Volkseigentums) an den Produktionsmitteln, führen müsse. Noch unverhohlener gibt R. Carson diesen Hoffnungen Ausdruck. Er schreibt, daß das „Befehlssystem" mit der komplizierter werdenden Volkswirtschaft gezwungen sei, sich bei Investitionsentscheidungen immer mehr am Markt und am Preis zu orientieren. Die „Befehlswirtschaft" schaffe damit allmählich die Voraussetzungen für ihren eigenen Untergang.[35]

Die These von der „Selbstauflösung der Befehlswirtschaft" trägt vor allem ideologisches Gepräge. Sie soll nachweisen, daß sich die als „Befehlswirtschaft" dargestellte sozialistische Planwirtschaft nicht selbst erhalten und entwickeln könne und letztlich der Marktwirtschaft weichen müsse. Die Praxis des Aufbaus der entwickelten sozialistischen Gesellschaft in der UdSSR und der Entwicklung des Sozialismus in anderen Ländern belegt, wie absurd es ist, die Vervollkommnung der sozialistischen Wirtschaftsführung unter dem Aspekt der „Selbstauflösung der Befehlswirtschaft" wie auch als marktorientierte Evolution der sozialistischen Wirtschaft zu interpretieren.

[35] Vgl. Richard L. Carson, Comparative Economic Systems, a. a. O., S. 311.

2. KAPITEL

Die bürgerliche Theorie der „Zentralverwaltungswirtschaft sowjetischen Typs" nach dem zweiten Weltkrieg

Um ihre reaktionären apologetischen Ziele zu realisieren, bauen die bürgerlichen Ökonomen ihre Konzeptionen nach wie vor auf die bereits vor dem zweiten Weltkrieg entwickelte Theorie der „Zentralverwaltungswirtschaft" auf. Dem Begriff „Zentralverwaltungswirtschaft" werden heute alle Wirtschaftssysteme untergeordnet, in denen der arbeitsteilig organisierte gesellschaftliche Reproduktionsprozeß zentral gelenkt wird. Dabei ist nach dieser Theorie der soziale, der Klassencharakter der „Zentrale" ebenso ohne Belang wie die Art der Weisungen, die sie der Wirtschaft erteilt, und wie die in dem jeweiligen Wirtschaftssystem herrschenden Verhältnisse des Eigentums an den Produktionsmitteln. Bei dieser formalen Klassifikation erscheint die sozialistische Planwirtschaft nur als eine Variante, als Sonderfall der „Zentralverwaltungswirtschaft". Dem gleichen Wirtschaftstyp rechnen die Vertreter dieser Theorie auch die Wirtschaften der frühgeschichtlichen orientalischen Despotien, die kapitalistischen Wirtschaften in Kriegszeiten sowie unter faschistischen und halbfaschistischen Diktaturen zu.

Die in den Schriften von Walter Eucken[1] erstmalig formulierte Theorie der „Zentralverwaltungswirtschaft" ist in der BRD hauptsächlich von K. Paul Hensel und Karl C. Thalheim weiterentwickelt worden.

In den sechziger Jahren rückte die Konzeption von der angeblichen Transformation der „Zentralverwaltungswirtschaft" in eine „sozialistische Marktwirtschaft" in den Vordergrund. Zu ihrer Begründung wurden zusätzliche Argumentationskomplexe formuliert: eine „Krisentheorie" (durch Karl C. Thalheim) und eine Theorie des „Systemzwangs zum wirtschaftspolitischen Experiment" (durch K. Paul Hensel). Diese Modifikationen verfolgten den Zweck, die ursprüngliche Konzeption den veränderten Bedingungen des Kampfes zwischen Kapitalismus und Sozialismus anzupassen. Auf Euckens Grundthesen aufbauend, in denen die „Zentralverwaltungswirtschaft" als eine idealtypische Wirtschaftsordnung deklariert wird, bemühte sich Hensel, die Rationalitätskriterien dieser Wirtschaftsordnung unter dem Aspekt der Gewinnmaximierung zu formulieren.[2]

Hensels Betrachtungen zur „Zentralverwaltungswirtschaft" gründen sich

[1] Vgl. Walter Eucken, Grundsätze der Wirtschaftspolitik, Bern 1952. Die entsprechende kritische Analyse ist im 5. Kapitel des Bandes Bürgerliche und kleinbürgerliche ökonomische Theorien über den Sozialismus, Berlin 1978, S. 112–126, zu finden.

[2] Vgl. K. Paul Hensel, Einführung in die Theorie der Zentralverwaltungswirtschaft, Stuttgart 1959.

darauf, daß er formale Vergleiche zwischen zentral und dezentral geplanten Wirtschaftssystemen zieht. Allerdings bezieht er sich dabei nicht auf reale sozialökonomische Systeme, wie sie in diesen oder jenen Ländern gegeben sind, sondern auf gewisse „Idealmodelle“.

So unterstellt Hensel, indem er immer wieder auf den Modellcharakter seiner Analyse verweist, der „Zentralverwaltungswirtschaft“ eine völlig zentralisierte Verwaltung, die Vorbestimmung des ganzen Reproduktionsprozesses von einem Zentrum aus, den Abschluß der gesamten Planung vor Beginn des Wirtschaftsprozesses und die Eigenverantwortlichkeit der Wirtschaftseinheiten für die Planerfüllung. Hensel räumt ein, daß diese oder jene „modellierten“ Bedingungen in der realen Wirtschaft nicht oder nur annähernd erfüllt werden. Bei diesen Abweichungen der Realität von den Idealmodellen wird – der Theorie von den „Idealtypen“ zufolge – die Effektivität des Systems erheblich beeinträchtigt. Außerdem unterstellt Hensel der „Zentralverwaltungswirtschaft“ Ungenauigkeiten, die zu „schwerwiegenden Fehlentscheidungen“ führen können. Diese Unterstellung resultiert aus der typischen bürgerlichen Illusion, daß die spontanen Methoden gegenüber den bewußten Methoden im Vorteil seien.

In Wirklichkeit gibt es in den wissenschaftlich begründeten, von allen Mitgliedern der Gesellschaft erörterten und akzeptierten Zielen der sozialistischen Wirtschaftspraxis keine Ungenauigkeiten. Die tägliche Praxis des sozialistischen Aufbaus liefert hierfür den eindeutigen Beweis. Die höchstmögliche Befriedigung der Bedürfnisse der Mitglieder der sozialistischen Gesellschaft durch allseitige Entwicklung und Vervollkommnung der Produktion ist das Leitmotiv der gesamten Tätigkeit des sozialistischen Staates auf wirtschaftlichem Gebiet. Dabei legt der Staat, ausgehend von dem verfügbaren Arbeitskräftepotential und den materiellen Mitteln, von verschiedenen sozialen Momenten sowie von den internationalen Gegebenheiten in den verschiedenen Etappen des sozialistischen Aufbaus, die Bedingungen und Aufgaben der sozialistischen Produktion, die sich aus ihrem in allen Etappen gleichbleibenden Hauptziel ergeben, konkreter fest. Natürlich kann es bei zentraler Planung auch gelegentlich Fehlentscheidungen geben. Doch betreffen sie nie die Ziele der Produktion, sondern diese oder jene Mittel zu deren Realisierung. Daß solche Fehler lokal begrenzt bleiben und die sozialistische Gesellschaft alle Möglichkeiten hat, sie aufzudecken und wirksam zu beheben, hat die über ein halbes Jahrhundert währende Praxis bei der Verwirklichung des ökonomischen Grundgesetzes des Sozialismus bewiesen. Dabei lassen sich die Fehler, die bei der Auswahl der Methoden für die Erreichung der Ziele der sozialistischen Produktion unterlaufen, in keiner Weise an den Verlusten und Fehlern sowie an der Vergeudung gesellschaftlicher Ressourcen messen, die für eine auf Profitmaximierung orientierte anarchische Wirtschaft typisch sind.

Hinsichtlich der Planbarkeit der Naturalstruktur des gesellschaftlichen Gesamtprodukts, die Hensel als Umrechnung der „Güter erster Ordnung“ (Konsumgüter) in solche „zweiter und entfernter Ordnung“ (Produktionsmittel) bezeichnet, sowie in bezug auf die Sichtbarmachung der Knappheitsverhältnisse an diesen Gütern räumt er der „Zentralverwaltungswirtschaft" Vorteile ein. Und er folgert daraus, daß das „Problem der Unübersehbarkeit des arbeitsteiligen Wirtschaftsprozesses volkswirtschaftlichen Ausmaßes" durch die zentrale Planung gelöst werden kann.

Somit sieht sich Hensel unter dem Eindruck der allzu offenkundigen Tatsachen gezwungen, die Vorteile der zentralen Planung hinsichtlich der Erfassung der Produktionsproportionen wenigstens teilweise zuzugeben. So sieht er einen Vorteil der zentralen Lenkung darin, daß „hier die Anpassung der Teilpläne aneinander bereits während der Planung erfolgen und dadurch gewisse Anpassungsverluste, die bei dezentraler Lenkung eintreten, vermieden werden können"[3].

Wenn Hensel der zentral gelenkten Wirtschaft Vorteile bei der Planausarbeitung zugesteht, so hegt er zugleich Zweifel daran, daß die Planaufgaben effektiv realisierbar seien und das „Rationalitätsprinzip" im Sozialismus durchgesetzt werden könne. Das Haupthindernis für die Durchsetzung des „Rationalitätsprinzips" sieht er in der Schwierigkeit, das sogenannte Subordinationsproblem zu lösen. Der Grundgedanke dieses konstruierten Problems liegt bei Hensel darin, daß die „Absichten sämtlicher an der Planverwirklichung beteiligter Personen den Absichten der einen politischen Führung zu subordinieren (sind)"[4]. Die Tatsache, daß die „Absichten" der die sozialistische Gesellschaft lenkenden Organe der konzentrierte, zusammengefaßte Ausdruck der objektiven Interessen und Bedürfnisse aller Mitglieder und Schichten der sozialistischen Gesellschaft ist, läßt sich in dem primitiven Schema dieses bürgerlichen Theoretikers, nach dem die Verwaltung von einem Zentrum aus so dargestellt wird, als werde den Planausführenden der Wille des Zentrums aufgezwungen, nicht unterbringen. Nach Hensels Auffassung ist die politische Führung innerhalb der „Zentralverwaltungswirtschaft" vor die Schwierigkeit gestellt, dieses Subordinationsproblem durch alle wirtschaftsleitenden Instanzen hindurch, bis hin zu den unmittelbar produzierenden Werktätigen, zu lösen. Von der Durchsetzung dieses Prinzips macht er die wirtschaftliche und politische Stabilität der sozialistischen Gesellschaft überhaupt abhängig. So schreibt er: „Ein Wirtschaftssystem zentraler Planung ist wegen der notwendigen Zentralisierung wirtschaftlicher Willensbildung chronisch labil. Stabilität eines solchen Systems ist nur gewährleistet, wenn alle in Wirtschaft, Gesellschaft und Staat möglichen Formen von Macht in den Händen der politischen Führung konzentriert sind. Je weniger dies gelingt, um so größer ist die Gefahr konkurrierender Willensbildung."[5]

Hier paßt sich die einfältige Interpretation aller gesellschaftlichen Prozesse als Kampf bestimmter sozialer Gruppen um die autoritäre Macht voll und ganz in die Belange des Antikommunismus ein, zu dessen Hauptzielen gehört, die Labilität der sozialistischen Gesellschafts- und Wirtschaftsorganisation nachzuweisen. Als

[3] Ebenda, S. 209.

[4] Ebenda, S. 211.

[5] Fritz Blaich/Ingomar Bog/Gernot Gutmann/K. Paul Hensel, Wirtschaftssysteme zwischen Zwangsläufigkeit und Entscheidung, Stuttgart 1971, S. 11.

Beispiel für die „innere Labilität" des Sozialismus kann Hensel lediglich auf die gescheiterten konterrevolutionären Diversionen in einigen sozialistischen Ländern verweisen. Dabei erwähnt er mit keinem Wort das am weitesten fortgeschrittene Land dieses Systems, die Sowjetunion, wo doch angesichts des riesigen Territoriums und der kolossalen Ausmaße der Wirtschaft der Aufbau der „Wirtschaftshierarchie" die größten Schwierigkeiten aufweisen müßte. In Wirklichkeit hat die Verwirklichung des demokratischen Zentralismus als Prinzip der sozialistischen Leitung und Planung mit diesem sinnlosen Schema knechtender Subordination nichts gemein. Nur ein bürgerlicher Theoretiker, der die sozialistische Praxis nicht zur Kenntnis nehmen will, kann das vielgestaltige Zusammenwirken der verschiedenen Elemente der sozialistischen Wirtschaft bei der Aufstellung und Verwirklichung der Pläne als primitiven „Befehlsdurchlauf von oben nach unten" betrachten. Im Bericht des ZK der SED an den IX. Parteitag der SED heißt es: „Auch in den vor uns liegenden Jahren werden wir stets davon ausgehen, daß Leitung, Planung und ökonomische Stimulierung eine untrennbare Einheit mit der Initiative der Arbeiterklasse, der Genossenschaftsbauern und aller anderen Werktätigen bilden müssen.

... Das planmäßige organisierte Zusammenwirken Tausender von Kollektiven in den Betrieben und Einrichtungen der Volkswirtschaft gehört zu den größten Vorzügen des Sozialismus."[6] Eben diesen klar erkennbaren Vorzug wollen die Schöpfer der wirklichkeitsfremden Schemata der „Zentralverwaltungswirtschaft" nicht wahrhaben.

Natürlich muß die Plankoordinierung in vertikaler und horizontaler Hinsicht ständig weiterentwickelt werden, und in allen sozialistischen Ländern wird ständig daran gearbeitet. So sind in der UdSSR bedeutsame Maßnahmen zur Vervollkommnung der Planung getroffen worden (Verbesserung des Kennziffernsystems auf allen Planungsebenen, Verstärkung der Rolle der Pläne der einzelnen Wirtschaftszweige, Verbesserung der Planungsmethodik). Zur weiteren Vervollkommnung der sozialistischen Planung gehören u. a. die Ausarbeitung von Komplexprogrammen für verschiedene Bereiche der Volkswirtschaft und des gesellschaftlichen Lebens, die Anwendung von mathematisch-ökonomischen Modellen in der Volkswirtschaftsplanung, Probleme der Planung des technischen Fortschritts und der Verbindung der Perspektivplanung mit der ökonomischen Stimulierung.

Weitere Einwände, die K. Paul Hensel bezüglich der Wahrung des „Rationalitätsprinzips" bei der Planrealisierung erhebt, betreffen Aspekte der Homogenität des sozialistischen Planungssystems. So konstruiert er einen Gegensatz zwischen der zentralen Planaufstellung und der Planrealisierung in den Betrieben. Die Abstimmung zwischen beiden Ebenen sei zeitaufwendig und umständlich und

6 Bericht des Zentralkomitees der Sozialistischen Einheitspartei Deutschlands an den IX. Parteitag der SED. Berichterstatter: Genosse Erich Honecker, Berlin 1976, S. 84.

für die ökonomische Effektivität des Systems von Nachteil. Auch in der Beurteilung dieses Aspekts der sozialistischen Planung offenbart Hensel wenig Kenntnisse über die sozialistische Wirklichkeit. Planaufstellung und Planrealisierung sind durchaus keine voneinander isolierten Prozesse. Die entscheidende Rolle bei der Erarbeitung der Planentwürfe spielen die unmittelbaren Produzenten, ganz zu schweigen davon, daß der Plan ohne das zielbewußte Handeln der Betriebe, Produktionsvereinigungen und Kombinate nicht erfüllt werden kann. Ganz offenkundig übersieht Hensel, daß zu den wesentlichen Elementen des Systems der sozialistischen Leitung und Planung die wirtschaftliche Rechnungsführung gehört, deren Zweck gerade darin besteht, das Prinzip der ökonomischen Rationalität auf betrieblicher Ebene verwirklichen zu helfen. Die Praxis des sozialistischen Aufbaus zeigt, daß sich die Vergesellschaftung der Produktion im gesamtstaatlichen Maßstab mit einer relativen Selbständigkeit der einzelnen Produktionseinheiten vereinbaren läßt.

Die wirklichkeitsfremden Vorstellungen von einer strengen, einseitigen Unterordnung der verschiedenen Ebenen der sozialistischen Wirtschaft verbinden sich in Hensels Konzeption mit einer verfälschten Darstellung der Rolle und Funktion des Menschen in der sozialistischen Gesellschaft. Für Hensel ist nur im Idealmodell von der „Marktwirtschaft“ und in dem ihm nahekommenden Wirtschaften der kapitalistischen Länder dem wirtschaftenden Individuum höchstmögliche Handlungsfreiheit garantiert. Dagegen sei in der „Zentralverwaltungswirtschaft“ und in dem mit ihr vergleichbaren „Sozialismus sowjetischen Typs“ die Initiative auf die Leistungssteigerung eingeengt, unter sozialistischen Bedingungen habe der Mensch nur die eine Aufgabe – eine hohe Arbeitsproduktivität anzustreben. Der prinzipielle Gegensatz zwischen Kapitalismus und Sozialismus besteht aber gerade darin, daß im Sozialismus der Mensch Schöpfer der materiellen Werte und Eigentümer der Produktionsmittel zugleich ist. Das bedingt auch seine immer aktiver werdende Rolle bei der Lösung der entscheidenden Produktionsaufgaben. Unter kapitalistischen Produktionsverhältnissen hat die ausgebeutete Mehrheit der Bevölkerung passiv den Willen des Kapitals und seiner Diener auszuführen. Und was den kapitalistischen Unternehmer betrifft, so ist seine scheinbar so „uneingeschränkte Handlungsfreiheit“ erstens durch die wirtschaftliche Anarchie und zweitens durch die egoistischen Ziele seines Handelns stark eingeengt.

Ein weiteres Hindernis für die praktische Realisierbarkeit des Rationalitätsprinzips im Sozialismus sieht Hensel darin, daß der wirtschaftende Mensch keine Möglichkeit zu ständiger effektiver Kontrolle über die Wirtschaft habe. Diese Kontrolle wirke „meist nur sporadisch und langsam, und ihre Wirkung ist nicht durchweg gewährleistet“[7]. Hierin sieht Hensel einen der wichtigsten Aspekte, auf den er später zurückkommt, um seine Darlegungen über den „Zwang zum wirtschaftspolitischen Experiment innerhalb der Zentralverwaltungswirtschaft“ zu

[7] K. Paul Hensel, Einführung in die Theorie der Zentralverwaltungswirtschaft, a. a. O., S. 212.

begründen. Der Beweis dafür, wie unhaltbar Hensels Thesen über die angebliche Unfähigkeit der Gesellschaft, ihre Wirtschaft zu kontrollieren, sind, wird von der Praxis des wissenschaftlichen Sozialismus selbst geliefert: von den grandiosen wirtschaftlichen Aufgaben, die sich die sozialistischen Länder in all den Jahren ihres Bestehens bewußt gestellt und gelöst haben.

Die Elemente der Erfahrung, auf die sich Hensel stützt, sind eher Erfahrungen der bürgerlichen Gesellschaft, die in der Tat nicht imstande ist, ihre Wirtschaft unter Kontrolle zu halten. Hensel überträgt diese Mängel völlig unmotiviert auf die sozialistische Gesellschaft.

Der Aufgabe, die Konzeption von der „Zentralverwaltungswirtschaft" den neuen Bedingungen des Kampfes zwischen den beiden Weltsystemen weiter anzupassen, unterzogen sich auch andere bürgerliche Theoretiker.

Zu den Neuerungen, die der Theorie der „Zentralverwaltungswirtschaft" in der Nachkriegszeit hinzugefügt wurden, gehört die von Karl C. Thalheim stammende Unterscheidung zwischen der „Zentralverwaltungswirtschaft" auf der Basis des Privateigentums an den Produktionsmitteln (womit beispielsweise die Wirtschaft des faschistischen Deutschlands gemeint war) und der „Zentralverwaltungswirtschaft sowjetischen Typs", die Thalheim zufolge später auch auf die anderen sozialistischen Länder übertragen worden sei. In dieser Gegenüberstellung von zwei Varianten der „Zentralverwaltungswirtschaft" erreicht die Absurdität der bürgerlichen Methodologie, die die Wirtschaftstypen formal nach Zentralisations- und Dezentralisationsmerkmalen unterscheidet, den Höhepunkt. Der unwissenschaftliche Terminus „Zentralverwaltungswirtschaft sowjetischen Typs" läßt erkennen, daß die Theorie der „Zentralverwaltungswirtschaft" eine noch deutlichere antisowjetische Richtung erhalten hat. Zugleich sollte damit der Boden für kritische Einschätzungen der faschistischen Wirtschaftspraxis eingeengt werden. Thalheim rückt den reaktionären, apologetischen Gehalt dieser Konzeption bewußt in den Vordergrund. Seine Anhänger setzen dann den logischen Schlußpunkt unter diese These, indem sie die „Zentralverwaltungswirtschaft" mit gesellschaftlichem Eigentum an den Produktionsmitteln als „gefährlichsten" Wirtschaftstyp hinstellen.

Die „Zentralverwaltungswirtschaft sowjetischen Typs" ist nach Thalheim durch folgende Grundelemente gekennzeichnet[8]:

1. Thalheim wertet die zentrale Planung und Leitung der Volkswirtschaft einfach deshalb als Mangel, weil nicht der kapitalistische Marktmechanismus und die auf dem Markt zustande kommenden Preise die Regulierungsfunktion ausüben. Er wirft also der „Zentralverwaltungswirtschaft sowjetischen Typs" vor, daß sie mit dem Kapitalismus nichts gemein hat.

2. Der grundlegenden sozialökonomischen Umwälzung, die in der Beseitigung des Privateigentums an den Produktionsmitteln besteht, verleiht Thalheim eine

[8] Karl C. Thalheim, Die Wirtschaft der Sowjetzone in Krise und Umbau, Berlin (West) 1964, S. 211.

unverhohlen antikommunistische Stoßrichtung, indem er sie nur als Merkmal der „Wirtschaft sowjetischen Typs“ ausgibt. Die Begründer des wissenschaftlichen Sozialismus haben die Notwendigkeit der Abschaffung des Privateigentums an den Produktionsmitteln schon vor über 100 Jahren nachgewiesen. Alle Länder, die entschlossen den sozialistischen Weg eingeschlagen haben, folgen dieser allgemeinen Gesetzmäßigkeit der gesellschaftlichen Entwicklung. Dabei wurde das Privateigentum an den Produktionsmitteln in den einzelnen sozialistischen Ländern in unterschiedlicher Art und Weise abgeschafft. So wurde beispielsweise in der DDR ein erheblicher Teil der Produktionsmittel (besonders in der Leichtindustrie) in einem längeren Prozeß über die Bildung von halbstaatlichen Betrieben in gesellschaftliches Eigentum überführt.

Thalheim verfolgt mit seinen Darstellungen den Zweck, die Volkswirtschaftsplanung von der Vergesellschaftung der Produktionsmittel zu trennen und nachzuweisen, daß es in der Realität auch Modelle geben könne, die Planmäßigkeit mit Privateigentum oder Marktwirtschaft mit gesellschaftlichem Eigentum verbinden.

3. Zum Wesenszug der „Zentralverwaltungswirtschaft sowjetischen Typs“ erklärt Thalheim weiter „das Streben nach Maximierung des Wirtschaftswachstums als wichtigstes Ziel der zentralen Planung, und zwar unter einseitiger Ausrichtung dieser Wachstumspolitik auf die Schwerindustrie“. Mit dieser Behauptung versucht Thalheim, die sozialistische Planwirtschaft gleich in doppelter Weise zu diffamieren: zunächst in der Form, daß er dem Sozialismus eine Wachstumspolitik um ihrer selbst willen unterschiebt, zum anderen, indem er die Wachstumspolitik einseitig auf die Produktion von Produktionsmitteln und auf die Rüstungsindustrie ausgerichtet wissen will.

Das Ziel des sozialistischen Wirtschaftens ist eindeutig im ökonomischen Grundgesetz des Sozialismus fixiert. Das Wirtschaftswachstum ist der immer besseren Befriedigung der Bedürfnisse der Menschen untergeordnet. So stellte Erich Honecker bereits auf dem VIII. Parteitag fest: „Für unsere Gesellschaft ist die Wirtschaft Mittel zum Zweck, Mittel zur immer besseren Befriedigung der wachsenden materiellen und kulturellen Bedürfnisse des werktätigen Volkes.“[9]

Aber warum unterstellt Thalheim den sozialistischen Ländern anstelle der Sorge um den Wohlstand aller Mitglieder der Gesellschaft blinden Ökonomismus? Er muß es tun, um die Vorzüge der sozialistischen Planwirtschaft gegenüber der kapitalistischen Wirtschaft, in der die Ausweitung der Produktion von Profitjagd diktiert wird, zu verwischen. In den sozialistischen Ländern werden die Proportionen des Produktionswachstums vom Gesetz der planmäßigen proportionalen Entwicklung der Volkswirtschaft und von den Aufgaben bestimmt, die die ständige Festigung der materiell-technischen Basis, die Erhöhung des Wohlstands und die allseitige Entfaltung der Mitglieder der sozialistischen Gesellschaft stellen.

[9] Bericht des Zentralkomitees an den VIII. Parteitag der Sozialistischen Einheitspartei Deutschlands, Berichterstatter: Genosse Erich Honecker, Berlin 1971, S. 39.

Ungenauigkeiten, die bei der Planung der Proportionen unterlaufen, sind auf Mängel bei der Ausnutzung der ökonomischen Gesetze des Sozialismus, besonders des Gesetzes der planmäßigen proportionalen Entwicklung der Volkswirtschaft, zurückzuführen und dem sozialistischen System in keiner Weise immanent.

Die Partei der Arbeiterklasse stellt ganz bewußt die hohe Qualität der Pläne in den Vordergrund. „Sie beeinflußt, wie wir wissen, maßgeblich die Arbeitsfreude sowie das politische Klima in den Betrieben und das Vertrauen der Werktätigen zur sozialistischen Planwirtschaft.“ [10]

Thalheim erstreckt seine Darstellung von der „Zentralverwaltungswirtschaft sowjetischen Typs“ auch auf das Wirtschaftssystem der DDR.[11] So spricht er im Vorwort zu J. Hoffmanns Buch „Zentralverwaltungswirtschaft am Beispiel der DDR“ [12] von einer „. . . in der Sowjetunion entwickelten Zentralverwaltungswirtschaft sowjetischen Typs, die Schritt für Schritt auf Mitteldeutschland (die DDR – K. M.) übertragen wurde“.[13]

Mit der Diffamierung der sozialistischen Wirtschaft als einer von außen aufgezwungenen „Zentralverwaltungswirtschaft sowjetischen Typs“ wird der Zweck verfolgt, die RGW-Staaten als Satelliten der Sowjetunion hinzustellen. Nach Thalheims Logik sollten sich diese Länder um ihrer eigenen Entwicklung willen von dem „sowjetischen Modell“ abwenden, was durchaus nicht Rückkehr zum Kapitalismus bedeuten müsse; denn es gäbe auch andere Modelle. Die mehr oder weniger deutliche Werbung für diese Modelle und ihre Konfrontation mit den allgemeinen Gesetzmäßigkeiten des wissenschaftlichen Sozialismus bilden so etwas wie eine „Reserve“ der bürgerlichen Theoretiker, wenn der offenen Apologie des Kapitalismus der Erfolg versagt bleibt.

Die Herausbildung der sozialistischen Gesellschaftsordnung in den verschiedenen Ländern, die den allgemeinen Gesetzmäßigkeiten der sozialökonomischen Entwicklung bei gleichzeitiger Beachtung der Besonderheiten jedes Landes folgte, hat mit dieser Art von Theorien absolut nichts gemein. Es ist natürlich, daß, dem Geist des proletarischen Internationalismus entsprechend, auf die historischen Erfahrungen der Sowjetunion zurückgegriffen wurde. Um den Wert dieser Erfahrungen und deren Eignung für andere Länder in Zweifel zu stellen, wird eine Theorie der „Krise der Zentralverwaltungswirtschaft sowjetischen Typs“ in Umlauf gesetzt. Erste Ansätze dieser Theorie finden sich in einer 1962 erschienenen Arbeit Thalheims mit dem Titel „Grundzüge des sowjetischen Wirtschaftssystems“. Ausführlicher ist er zwei Jahre später in seiner Schrift „Die Wirtschaft der Sowjetzone in Krise und Umbau“ auf diese Frage eingegangen.[14]

[10] Ebenda, S. 55.

[11] Karl C. Thalheim, Die Wirtschaft der Sowjetzone in Krise und Umbau, a. a. O., S. 11.

[12] Vgl. Karl C. Thalheim, Vorwort zu: Joachim Hoffmann, Zentralverwaltungswirtschaft am Beispiel der DDR, 2. Auflage, Frankfurt a. M.-Berlin (West)-München 1969.

[13] Ebenda, S. 5.

[14] Vgl. Karl C. Thalheim, Die Wirtschaft der Sowjetzone in Krise und Umbau, a. a. O.

Um den „Nachweis“ solcher Krisen in der „Zentralverwaltungswirtschaft sowjetischen Typs“ zu erbringen, liefert Thalheim zunächst eine völlig verzerrte und unbestimmte Darstellung des Begriffs „Wirtschaftskrise“. So schreibt er, die Wirtschaftsgeschichte zeige, „daß Krisen keineswegs immer nur konjunkturelle Krisen sind. Der Begriff der Krise muß dann allerdings weiter gefaßt werden; er wird hier verstanden im Sinne schwerer Gleichgewichtsstörungen im Wirtschaftsablauf.“ [15]

Somit ordnet Thalheim jede tiefgreifende Zerrüttung des Wirtschaftslebens, gleich zu welcher Zeit und durch welche Faktoren bedingt, seinem Krisenbegriff unter. Diesem Begriff sind nach Thalheim beispielsweise auch Hungersnöte infolge von Mißernten, die Zerrüttung des wirtschaftlichen Lebens durch Kriege, Seuchen und dgl. zuzurechnen. Unter „Wirtschaftskrise“ werden jedoch selbst in der bürgerlichen politischen Ökonomie festumrissene ökonomische Phänomene verstanden, die mit periodischen Erschütterungen verbunden sind, die durch den besonderen Charakter der Wirtschaftsweise bewirkt werden.

Thalheim muß selbst eingestehen, daß es erstens „Konjunkturschwankungen im engeren Sinne und damit auch Krisen spezifisch konjunktureller Natur in einer zentral geplanten Wirtschaft nicht geben kann (und) der Konjunkturzyklus offenbar die spezifische Erscheinung einer marktwirtschaftlichen Ordnung (ist)“ und daß zweitens „wirtschaftliche Gleichgewichtsstörungen in der Zentralverwaltungswirtschaft sowjetischen Typs nicht zur Arbeitslosigkeit zu führen brauchen“ [16]. Als typische Fälle einer Krisensituation in der „Zentralverwaltungswirtschaft sowjetischen Typs“ nennt Thalheim die Nichterfüllung wesentlicher Planaufgaben und das Auftreten ernster, länger dauernder Versorgungsstörungen. Die Interpretation dieser unterstellten Erscheinungen reduziert sich bei Thalheim auf gehaltlose deklarative Behauptungen derart, daß „Unzulänglichkeiten der Planungsmethodik“ sowie „ungenügende Information der Planungsstellen über die Bedarfsstruktur“ und „geringe Beweglichkeit und Elastizität des Planungssystems“ [17] zu ökonomischen Krisenerscheinungen führen.

Das Auftreten von Planungsmängeln ist von den marxistischen Ökonomen nie betritten worden. Doch haben Planungsmängel absolut nichts mit dem Begriff „Wirtschaftskrise“ zu tun. Erscheinungsformen von Wirtschaftskrisen sind, wie dies die gesamte Geschichte des Kapitalismus belegt, allgemeine Produktionseinschränkungen, Massenarbeitslosigkeit und ein erheblicher Rückgang des Lebensniveaus der Werktätigen, der Verderb und die bewußte Vernichtung riesiger Warenmengen, der Ruin vieler Unternehmen und die anhaltende Nichtauslastung der Produktionskapazitäten.

Zugleich mit der Theorie der „Krisen in der Zentralverwaltungswirtschaft sowjetischen Typs“ kommen auch Doktrinen auf, die den sozialistischen Län-

[15] Ebenda, S. 26.
[16] Ebenda, S. 27.
[17] Ebenda, S. 43.

dern den Ausweg aus den „Krisensituationen" weisen sollen. Diese Rolle wird der Konzeption vom Übergang der „Zentralverwaltungswirtschaft" zur „sozialistischen Marktwirtschaft" beigemessen. Als Anlaß für die Deklarationen von einem sich entfaltenden Übergang der sozialistischen Planwirtschaft zum „Marktsozialismus" dienten die Maßnahmen zur Einführung neuer Bedingungen der Wirtschaftsführung in den sozialistischen Ländern. In den sechziger Jahren war mit diesen Maßnahmen die sozialistische Leitung und Planung der Wirtschaft weiter vervollkommnet worden. Ausgehend von einer einseitigen und falschen Interpretation der Entwicklung der Formen der Wirtschaftsführung in den sozialistischen Ländern, glaubten bürgerliche Theoretiker, sie als Übergang zur „sozialistischen Marktwirtschaft" hinstellen zu müssen.

Die ersten nennenswerten Schriften bürgerlicher Autoren zur Transformation der „Zentralverwaltungswirtschaft sowjetischen Typs" in die „sozialistische Marktwirtschaft" wurden in der ersten Hälfte der sechziger Jahre von Karl C. Thalheim[18] und Peter Dietrich Propp verfaßt[19].

Um die Prozesse der Vervollkommnung des sozialistischen Wirtschaftsmechanismus zu verfälschen und in das „notwendige" Licht zu rücken, behaupteten die bürgerlichen Autoren, daß es einen Unterschied gebe zwischen systemerhaltenden und systemverändernden Wirtschaftsreformen. Mit der Transformation der „Zentralverwaltungswirtschaft" in die „sozialistische Marktwirtschaft" meinte man systemverändernde Reformen. Hierbei soll es Hensel zufolge um „eine grundsätzliche Änderung der sozialistischen Wirtschaftsordnung"[20] gehen. Reformen, die sich dieses Ziel nicht stellen, werden von manchen Sozialismusinterpreten bürgerlichen Schlags als zum Mißerfolg verurteilte Halbheiten hingestellt[21].

Die provokatorischen Behauptungen von einer angeblichen Wende der sozialistischen Planwirtschaft zum „Marktsozialismus" werden mit Verleumdungen der Vorzüge des sozialistischen Wirtschaftssystems verknüpft. So glaubte Karl C. Thalheim, das Auftreten grundlegender Effizienzschwächen während der sechziger Jahre in den sozialistischen Ländern nachweisen zu können, so zum Beispiel eine Verlangsamung des Wirtschaftswachstums, eine Verringerung des Nutzeffekts der Investitionen, nachlassende Konkurrenzfähigkeit der sozialistischen Länder auf dem Weltmarkt u. a. negative Entwicklungstendenzen.[22] Die These

[18] Ebenda. Bezeichnend ist, daß diese Schrift als 1. Band einer Reihe des revanchistischen sogenannten Forschungsbeirates für Fragen der Wiedervereinigung Deutschlands herausgegeben wurde.

[19] Peter-Dietrich Propp, Zur Transformation einer Zentralverwaltungswirtschaft sowjetischen Typs in eine Marktwirtschaft, Berlin (West) 1964.

[20] K. Paul Hensel, Zur theoretischen Begründung der Wirtschaftsreformen in Osteuropa, in: Sozialwissenschaftliche Untersuchungen, Berlin (West) 1969, S. 319.

[21] Vgl. Hamburger Jahrbuch für Wirtschafts- und Gesellschaftspolitik, Tübingen 1970, S. 114.

[22] Vgl. Karl C. Thalheim, Östliche Wirtschaftssysteme und ihre Wandlungen, in: Beihefte der Konjunkturpolitik, Nr. 17, Berlin (West) 1970, S. 11ff.

von den grundsätzlichen Schwächen der Wirtschaft der sozialistischen Länder beruht auf der Aufblähung und verfälschenden Interpretation bestimmter Widersprüche und Schwierigkeiten, die in der damaligen wirtschaftlichen Entwicklungsetappe der sozialistischen Länder bestanden. Sie rührten besonders aus dem Übergang von der vorwiegend extensiven zur intensiv erweiterten gesellschaftlichen Reproduktion her. Die bei der Lösung dieser Aufgabe entstandenen Hemmnisse als organische Mängel des Sozialismus hinzustellen, ist der Gipfel der Voreingenommenheit und Blindheit. Nebenbei bemerkt hatten sich die sozialistischen Länder auch während dieses Jahrzehnts schneller und gleichmäßiger entwickelt als die kapitalistischen.

Um neue Argumente gegen den realen Sozialismus zu finden, rücken die Theoretiker der „Zentralverwaltungswirtschaft" von ihrer ursprünglichen These ab, nach der eine Wirtschaft um so effektiver sei, je näher sie dem „Idealtyp" komme, je konsequenter also im Fall der Planwirtschaft das Prinzip der direkten zentralen Weisungen befolgt werde. Statt dessen wird behauptet, daß die konsequente Befolgung der Grundsätze der „Zentralverwaltungswirtschaft" Mißerfolge zeige und die Rückkehr zu marktwirtschaftlichen Methoden ratsam erscheinen lasse. Entgegen jeder Logik wird also den sozialistischen Ländern empfohlen, auf Mittel zurückzugreifen, die dem vormonopolistischen Kapitalismus mit seiner Marktregulierung entsprochen hatten. Aus der Sicht des heutigen Kapitalismus, der von zunehmender staatsmonopolistischer Regulierung gekennzeichnet ist, gehört diese Etappe längst der Vergangenheit an.[23]

Die These von der Transformation der „Zentralverwaltungswirtschaft" in eine „sozialistische Marktwirtschaft" dient in der bürgerlichen politischen Ökonomie unter anderem auch zur theoretischen Motivierung der Konvergenztheorie.[24] Sie wird von den Konvergenztheoretikern benutzt, um den Nachweis zu erbringen, daß Elemente der den Sozialismus kennzeichnenden Planwirtschaft mit Elementen der dem Kapitalismus entlehnten Marktwirtschaft „verschmelzen".

Um die These von der Transformation der „Zentralverwaltungswirtschaft" in eine „sozialistische Marktwirtschaft" richtig beurteilen zu können, sollte man auch den Charakter der Wirtschaftsreformen beachten, die während der sechziger Jahre in den sozialistischen Ländern stattgefunden haben. Bei der Diskussion der neuen Bedingungen der Wirtschaftsführung in der Presse der sozialistischen Länder hat kein marxistischer Theoretiker die Frage nach der Ablösung der Planwirtschaft durch eine Marktwirtschaft gestellt. So stand bei der Erörterung der Aufgaben der Wirtschaftsreform in der UdSSR stets die Vervollkommnung der Volkswirtschaftsplanung, der Leitung und der ökonomischen Stimulierung im Mittelpunkt. Dabei ging es darum, auf der Basis des erreichten Entwicklungsstandes der Produktivkräfte die Vorzüge des Sozialismus noch besser zu nutzen

23 Vgl. Harry Nick, Gesellschaft und Betrieb im Sozialismus, Berlin 1970, S. 116ff.

24 Vgl. A. Schick, Konvergenz von Zentralverwaltungswirtschaft und Marktwirtschaft. Eine Erörterung am Beispiel der Bundesrepublik, Jugoslawiens und der DDR, in: Aussprache 1971, 21. Jg., S. 29ff.

und die Effektivität der gesellschaftlichen Produktion in der gegebenen Etappe des Aufbaus des Kommunismus noch schneller zu steigern. Bei der Wirtschaftsreform in der DDR ging es im wesentlichen um die gleichen Prozesse: um die Anwendung der sozialistischen Prinzipien in der Wirtschaft unter den konkreten Gegebenheiten dieses Landes. Nur Theoretikern, die unfähig sind, die Grenzen zu überwinden, deren Ausdruck die Kategorien der heutigen bürgerlichen Ökonomie sind, kann die Anwendung von ökonomischen Hebeln und Stimuli für die Vervollkommnung der wissenschaftlichen Leitung der gesellschaftlichen Wirtschaft (auf der Grundlage der immer besseren Erkenntnis der Gesetzmäßigkeiten des sozialistischen Reproduktionsprozesses) als Übernahme von kapitalistischen Methoden erscheinen.

Was die effektivere Ausnutzung der Ware-Geld-Beziehungen im Sozialismus betrifft, so ist dies in der Tat eine (wenn auch nicht die einzige) Aufgabe der wirtschaftlichen Maßnahmen in den sozialistischen Ländern. Die Notwendigkeit, die Ware-Geld-Beziehungen und die Wertkategorien im Sozialismus anzuwenden, wird durch die gesamte Praxis des wirtschaftlichen Aufbaus bestätigt, auch unter den Verhältnissen des entwickelten Sozialismus in der UdSSR. Das produzierte, für die Verteilung und Verwendung bestimmte gesellschaftliche Produkt und das Nationaleinkommen der sozialistischen Gesellschaft muß der Bedürfnisstruktur der Endverbraucher immer mehr angepaßt werden. Eine teilweise Nichtübereinstimmung zwischen der Struktur von Produktion und Konsumtion wird vor allem durch die detaillierte Analyse des sozialistischen Marktes mehr und mehr abgebaut. Daher gewinnen Methoden einer wissenschaftlichen Bedürfnisanalyse für den Wohlstand der Werktätigen und die sozialistische Lebensweise immer größere Bedeutung. Zugleich läßt sich der sozialistische Markt, die Zirkulationsphase des gesellschaftlichen Reproduktionsprozesses, immer besser und wirksamer in die wissenschaftliche Planung einordnen. Die „sozialistische Marktwirtschaft" ist also nicht mehr als eine Fiktion bürgerlicher Sozialismuskritiker der Gegenwart.

Wie bereits erwähnt, zwingen die Erfolge, die mit der planmäßigen wirtschaftlichen Entwicklung in den sozialistischen Ländern erzielt wurden und werden, die bürgerlichen Sozialismuskritiker zu Korrekturen und Erweiterungen der Theorie der „Zentralverwaltungswirtschaft". Hierzu gehört auch die von K. Paul Hensel propagierte These von einem „Zwang zum wirtschaftspolitischen Experiment in zentral gelenkten Wirtschaften".[25]

Soweit es um die Möglichkeit geht, in der gesellschaftlichen Wirtschaft diese oder jene Formen der Planung und der materiellen Stimulierung sowie den Einsatz von bestimmten Erzeugnissen in Betrieben, Zweigen und Konsumtionsbereichen zu erproben, wird wohl jeder unvoreingenommene Ökonom darin einen

[25] Vgl. K. Paul Hensel, Der Zwang zum wirtschaftspolitischen Experiment in zentralgelenkten Wirtschaften, in: Jahrbücher für Nationalökonomie und Statistik, Bd. 184, Stuttgart 1970, S. 349ff.

Vorzug der sozialistischen Wirtschaft erblicken. Ganz anders aber sieht dieses Problem für die bürgerlichen Sozialismustheoretiker aus. Der „Zwang zum Experiment" bedeutet in ihrem Verständnis, daß die sozialistische Gesellschaft bei der Lösung aller Probleme sozialer und wirtschaftlicher Art zunächst mehrere Mißerfolge hinnehmen müsse und erst dann die mehr oder weniger richtige Lösung finden könne. Dabei sollen sich diese mißlungenen „Experimente" aus unerfindlichen Gründen stets auf das ganze Land erstrecken.

Hensel schreibt: „Tatsächlich ist die Wirtschaftspolitik in allen sowjetischen Ländern charakterisiert durch außerordentlich häufige Kurswechsel . . . , bei denen die soeben eingeführte Reform nach wenigen Jahren durch eine neue Reform abgelöst wird. Die Geschichte der Wirtschaftspolitik in diesen Ländern ist eine Geschichte der Experimente. Es scheint, als ob in den Wirtschaftssystemen zentraler Planung mit Staatseigentum an den Produktionsmitteln, staatlich gesetzten Leistungsanreizen und staatlichen Kontrollen der Leistungen und der Interessen ein Systemzwang zum Experiment bestünde."[26]

Die wirtschaftspolitischen Experimente in den „zentral gelenkten Systemen sowjetischen Typs" werden Hensel zufolge in folgenden Richtungen betrieben[27]: Dezentralisierung und Zentralisierung der Kompetenzen; Übertragung von Entscheidungsbefugnissen auf Regional- und Zweigorgane; Preisreformen einschließlich Veränderungen des Preistyps; Reformen des Plankennziffernsystems.

Die sozialistische Gesellschaft ist, ihrem inneren Wesen gemäß, in der Tat daran interessiert, die Planung und Leitung der Volkswirtschaft ständig zu verbessern. Doch hat dieser Prozeß der ständigen Vervollkommnung, wie er sich in allen sozialistischen Ländern vollzieht, mit jener primitiven „trial-and-error-"-Methode, wie sie der sozialistischen Gesellschaft von den bürgerlichen Theoretikern unterstellt wird, nichts gemein. Um ihre unhaltbaren Vorstellungen zu belegen, scheuen sich die bürgerlichen Theoretiker auch nicht, den „mißlungenen Experimenten" solche Formen und Methoden der Wirtschaftsführung zuzurechnen, die inzwischen abgelöst wurden, seinerzeit aber eine sehr positive Rolle gespielt hatter.

Die periodische – unter bestimmten Bedingungen auch beschleunigte – Ablösung wirtschaftlicher, organisatorischer und anderer Formen ist in einer sozialistischen Wirtschaft völlig normal und gesetzmäßig. Alle sozialistischen Länder haben mit dem Übergang zur planmäßigen Organisation des gesellschaftlichen Reproduktionsprozesses große wirtschaftliche Fortschritte erzielen können – ein Phänomen, das in der ganzen bisherigen Wirtschaftsgeschichte nicht seinesgleichen findet. Damit werden auch höhere Anforderungen an die Wirtschaftsorgane der sozialistischen Gesellschaft bezüglich der Formen und Methoden der Leitung und Planung gestellt. So ging es in der DDR während der Zweijahresplanperiode (1948–1950) und des ersten Planjahrfünfts (1950–1955) in erster Linie darum,

26 Ebenda, S. 349.
27 Vgl. ebenda, S. 354.

den dringendsten Bedarf der Bevölkerung an Konsumgütern und den Bedarf der Wirtschaft an Rohstoffen und Ausrüstungen zu befriedigen. Unter diesen Bedingungen mußte die Planung quantitativer Größen die entscheidende Rolle in der zentralen Wirtschaftsplanung spielen.

Die ökonomische Hauptaufgabe in ihrer Einheit von Wirtschafts- und Sozialpolitik stellt heute weit höhere Anforderungen an die sozialistische Planung und Leitung der Wirtschaft. Die Intensivierung des gesellschaftlichen Reproduktionsprozesses verlangt mehr als je zuvor, Formen zu entwickeln und praxiswirksam zu machen, die die bestmögliche Ausnutzung der ökonomischen Gesetze, die Berücksichtigung ihrer Wirkungsbedingungen und die Prognose der ökonomischen Verhältnisse aus der Sicht der zunehmenden ökonomischen Integration der sozialistischen Länder, aus der Sicht des Umweltschutzes u. a. gewährleisten.

Der Hauptinhalt der Maßnahmen der sozialistischen Staaten auf wirtschaftlichem Gebiet besteht folglich darin, die Reife und Effektivität der sozialistischen Wirtschaftsführung zu erhöhen. Unzureichende Formen der Wirtschaftsführung und -planung waren natürlich für die frühen Entwicklungsstadien des Sozialismus eher typisch, als es an Erfahrungen und Fachleuten mangelte und die wissenschaftlichen Vorstellungen über die Methoden der Leitung von Wirtschaft und Gesellschaft noch unentwickelt waren. Deshalb befindet sich Hensel in krassem Widerspruch zu den Realitäten, wenn er Schwächen und Mängel in der Wirtschaftsführung zu einem Gesetz erheben will, das sich mit zunehmender Reife des Sozialismus immer deutlicher abzeichne.

Ebenso frei erfunden wie der „Zwang zum Experiment“ ist Hensels Vorstellung von der Unfähigkeit der zentralen Planung, die immer vielfältiger werdenden Prozesse der modernen Produktion zu erfassen. „Um . . . die ökonomische Rationalität der Lenkung des Gesamtprozesses vermittels der Planung zu gewährleisten – mit anderen Worten gesagt: um den notwendigen gesamtwirtschaftlichen Rechnungszusammenhang herstellen zu können –, müssen . . . so viele güterwirtschaftliche Planbilanzen ausgearbeitet und aufeinander abgestimmt werden, wie es Güterarten gibt, also viele Millionen . . . Es ist leicht erkennbar, daß diese Hauptbedingung ökonomischer Rationalität eines Systems zentraler Planung . . . praktisch nicht erfüllbar ist. Tatsächlich werden in den sowjetischen Ländern nur einige Hundert oder Tausend, nicht aber Hunderttausend oder Millionen Planbilanzen ausgearbeitet.“[28]

Hier kritisiert Hensel eigentlich nur das von ihm erdachte System und nicht den realen Sozialismus, der entgegen den bürgerlichen Hirngespinsten seine Planwirtschaft erfolgreich entwickelt und vervollkommnet. Die sozialistische zentrale Planung legt die Hauptrelationen und -proportionen des gesellschaftlichen Reproduktionsprozesses und die damit verbundenen Ausmaße der Produktion einiger besonders wichtiger Erzeugnispositionen fest und überläßt es den

[28] Ebenda, S. 354–355.

Zweigeinheiten und Betrieben, über die Produktion der weitaus meisten Erzeugnisse und Erzeugnisvarianten selbst zu entscheiden.

Die Forderung, daß von einem Zentrum aus alle konkreten Produktionskennziffern festgelegt und dabei Millionen Warenbilanzen aufgestellt werden sollen, ist nicht nur unpraktikabel, sondern auch vom theoretischen und ideologischen Standpunkt mit den Prinzipien des Sozialismus unvereinbar. Der Sozialismus unterdrückt die wirtschaftliche Initiative der Produktionseinheiten, der Arbeitskollektive und des einzelnen nicht, sondern er fördert sie in jeder Weise. Wollte man ihr schöpferisches Streben durch Reglementierung ersetzen und damit die gesellschaftliche Arbeit von Millionen Menschen in gedankenloses Befolgen von Anweisungen verwandeln, so würde man der sozialistischen Gesellschaft nur schaden. Eine übertriebene Zentralisierung der wirtschaftlichen Entscheidungen würde nicht nur zu negativen sozialen Konsequenzen führen, sondern auch zu sinkender Effektivität der gesellschaftlichen Arbeit.

Nun kann Hensel natürlich nicht ignorieren, daß die sozialistische Planung überzeugende wirtschaftliche Ergebnisse gezeigt hat, obwohl die sozialistischen Länder bei der Gestaltung des Planungsmechanismus nie den Empfehlungen bürgerlicher Theoretiker gefolgt sind. Um zu erklären, wie es der sozialistischen Wirtschaft gelingt, das „Problem der Unübersehbarkeit des arbeitsteiligen Wirtschaftsprozesses" zu lösen, bringt Hensel die These von den „Hilfsverfahren der Koordination der Pläne und Hergänge" vor. Die „Nichterfüllbarkeit der theoretischen Bedingungen ökonomischer Rationalität" führe bei zentraler Planung „zu einem Bruch der immanenten Logik des Systems der Wirtschaftsrechnung". Die „Hilfsverfahren", die die Löcher im Plan stopfen, die dadurch entstanden, daß die Bilanzen die Produktion nur in aggregierter Form wiedergeben, sieht Hensel darin, daß die betrieblichen Pläne und das Vertragssystem in den Prozeß der Entfaltung des volkswirtschaftlichen Plansystems einbezogen werden.[29]

Indessen sind die Pläne der sozialistischen Betriebe und das System der Wirtschaftsverträge keineswegs dazu geschaffen, die von den bürgerlichen Sozialismus-Kritikern erfundenen Schwierigkeiten zu überdecken. Sie sind organischer Bestandteil des Systems der sozialistischen Wirtschaftsführung, das die zentralen Entscheidungen schöpferisch mit der Aktivität aller Wirtschaftseinheiten verbindet. Das Vertragssystem schlüsselt die planmäßigen Beziehungen zwischen den Wirtschaftseinheiten auf und fördert damit die Stabilität des Reproduktionsprozesses. Anstatt über eine frei erfundene „Befehlswirtschaft" zu meditieren, hätte Hensel besser das komplexe System der sozialistischen Wirtschaftslenkung unvoreingenommen analysieren sollen. Aber anstelle einer sachlichen Polemik finden wir bei Hensel nur einen ausgesprochen voreingenommenen, antisozialistischen Standpunkt. Das trifft auch auf seine Interpretation der sozialistischen Betriebspläne zu, die ganz unverkennbar den Zweck verfolgt, die These von der angeblichen Unmöglichkeit rationeller Wirtschaftsrechnung im Sozialismus

[29] Vgl. ebenda, S. 355.

zu untermauern. So schreibt Hensel: „Die Einbeziehung der Betriebspläne in den Prozeß der zentralen Planung ist an sich sicherlich ein durchaus brauchbares Hilfsmittel der Plankoordination und der Entfaltung eines gesamtwirtschaftlichen Plansystems ... Die Betriebe aber – und hierin zeigt sich der Bruch des Systems der Wirtschaftsrechnung – können den Gesamtprozeß nicht übersehen, sie können die gesamtwirtschaftlichen naturalen Knappheitsgrade nicht erkennen und müssen sich deshalb bei ihren Entscheidungen an den staatlich festgelegten Preisen orientieren, die höchstens zufällig richtig sein können." Und weiter: „Es ist keine Gewähr gegeben, daß durch Verknüpfung der Betriebspläne mit den zentralen Plänen ein gesamtwirtschaftliches System von Plänen entsteht, in dem alle ökonomischen Größen und Hergänge zureichend koordiniert sind."[30]

Hensel macht also der Planung in den Betrieben die gleichen unmotivierten Vorwürfe wie der zentralen Planung. Weder mit den Plänen, wie sie die Betriebe aufstellen, noch mit der zentralen Planung lassen sich, wie er behauptet, die Bedürfnisse der Gesellschaft und des einzelnen an den verschiedenen Waren bestimmen. So kommt es dahin, daß der blindwirkende Markt und die Profitjagd die Wirtschaft richtiger orientieren als ihre planmäßige Lenkung im wissenschaftlich ermittelten Interesse der Gesellschaft und ihrer Mitglieder: Das ist die Quintessenz der Weisheiten dieser bürgerlichen Theoretiker, denen Vernunft und die Einsicht in die Grundinteressen aller von Ausbeutung freien Menschen fremd sind.

Ein zweites Hauptargument, mit dem Hensel den „Zwang zum wirtschaftspolitischen Experiment" in der sozialistischen Wirtschaft glaubt nachweisen zu können, besteht darin, daß er der sozialistischen Gesellschaft einen Interessenkonflikt zwischen der Gesellschaft und ihren Mitgliedern andichtet. Die bürgerlichen Hirngespinste von der Unvereinbarkeit der gesellschaftlichen und individuellen Interessen im Sozialismus richten sich letztlich gegen die führende Rolle der kommunistischen Parteien in der sozialistischen Wirtschaftsführung und Planung.

Die Praxis beweist, daß sich in dem Maße, wie die sozialistische Gesellschaft reifer wird, ein immer vielfältiger werdendes dialektisches Wechselverhältnis zwischen den gesellschaftlichen Interessen einerseits und den kollektiven und individuellen Interessen andererseits herausbildet, wobei die gesellschaftlichen Interessen das Primat haben. Das schließt Widersprüche zwischen den gesellschaftlichen und den individuellen Interessen wie auch zwischen den Interessen einzelner Schichten und Kollektive nicht aus. Doch sind derartige Widersprüche ihrem Wesen nach nichtantagonistisch, und die Gesellschaft findet in jeder Etappe Wege und Formen zu ihrer Lösung. Hensel aber konstruiert für die sozialistische Gesellschaftsordnung einen unlösbaren Konflikt zwischen den Interessen der Produzenten und den Interessen der Leitungsorgane. „Die politische Führung ist

[30] Ebenda, S. 356.

von ihren Interessen her bemüht, bei gegebenen Einkommen die Leistungsnormen zu erhöhen; die wirtschaftenden Menschen sind bei gegebenen Einkommen daran interessiert, die Leistungsnormen nicht zu erhöhen, sondern sie gleich bleiben zu lassen oder sie gar zu mindern."[31]

Hier demonstriert Hensel sein Unvermögen, den sozialen wie auch den wirtschaftsorganisatorischen Aspekt des Problems, das er interpretieren will, zu begreifen. Zunächst erhebt sich die Frage, wohin das mit der Erhöhung der Leistungsnormen gewonnene Mehrprodukt geht, das die Führung angeblich in ihrem „egoistischen Interesse" erwirkt. In einer Gesellschaft, in der es keine auf Ausbeutung beruhenden Einkommen gibt, werden mit dem Produktionszuwachs entweder die Fonds für die Verteilung nach der Arbeitsleistung oder die gesellschaftlichen Konsumtionsfonds vergrößert oder aber die Produktion erweitert.

An der Korrektur der Leistungsnormen sind sowohl die Normensachbearbeiter als auch die Gewerkschaftsorganisationen und die Arbeitsbrigaden selbst beteiligt. Soweit es Mängel in dieser Arbeit gibt, wären hier die noch häufig anzutreffenden überholten, zu niedrigen Normen zu erwähnen. An ihrer Korrektur sind die unmittelbaren Produzenten selbst interessiert. Denn überholte, zu niedrige Normen wirken sich auf die Ergebnisse des Betriebes im sozialistischen Wettbewerb und folglich auf die Höhe der Prämien und anderer Formen für die Stimulierung der Produktionskollektive aus. Daß die Werktätigen häufig selbst die Initiatoren von Normenkorrekturen sind, verschweigt Hensel geflissentlich.

Eine weitere „Konfliktsituation" besteht Hensel zufolge darin, daß die Menschen, die für die Erfüllung des Planes verantwortlich sind, an niedrigen Auflagen, und die Kräfte, die die Auflagen erteilen, an hohen Planziffern interessiert sind.[32] Hier offenbart Hensel eine extrem primitive Auffassung von Widersprüchen in der sozialistischen Planung wie von jedem Lebensprozeß, die er glaubt, in sein von der Praxis weit entferntes Schema einzwängen zu können. Es gibt sicherlich einzelne Fälle, wo man bestrebt war, die Pläne möglichst niedrig anzusetzen, um sich ein „ruhiges Leben" zu sichern. Andererseits aber ist es zu einer weitverbreiteten Praxis geworden, daß Betriebskollektive Gegenpläne anbieten, um die erteilten Auflagen zu erhöhen. Aber all dies findet vor dem Hintergrund der allgemeinen Interessiertheit der Mitglieder der sozialistischen Gesellschaft an der Entwicklung ihrer gesellschaftlichen Produktion statt. Der Plan wird nach einer breiten Diskussion der Planentwürfe fixiert, und seine Erfüllung ist ein schöpferischer Prozeß, an dem die ganze berufstätige Bevölkerung des betreffenden sozialistischen Landes beteiligt ist.

Nachdem nun Hensel glaubt, nachgewiesen zu haben, daß das Betriebskollektiv einschließlich der Leitung daran interessiert ist, die Produktionsauflagen niedrig zu halten, formuliert er die Hauptursache dieser Erscheinung: das Fehlen eines effektiven Systems der Kontrolle über Leistung, Qualität, Einkommens-

[31] Ebenda, S. 357.
[32] Ebenda, S. 358.

verteilung u. a. So schreibt er: „Nun ist die Wirksamkeit jeder Art von Kontrollen abhängig von den Interessenlagen der Kontrolleure selber ... Die Kontrollorganisationen sind vielfach Lenkungs- und Kontrollinstanzen zugleich ... Aus diesen ihren eigenen Interessen heraus tendieren die Kontrolleure dazu ..., die in den betrieblichen Plänen festzulegenden Leistungsanforderungen nicht zu hoch und die Kostenpläne nicht zu niedrig anzusetzen. Denn nur dann werden sie nach oben hin Planerfüllungen oder Planübererfüllungen melden können, was ihnen ermöglicht, Prämien zu kassieren und im Ansehen bei den politischen Instanzen zu steigen, ihre Aufstiegschancen zu verbessern usw."[33] „Der Interessenkonflikt von dem hier die Rede ist", schreibt Hensel weiter, „besteht also zwischen den einzelnen Arbeitern bis hinauf zu den obersten Funktionären in der wirtschaftlichen Lenkungshierarchie auf der einen Seite – und dem Führungsgremium der Partei auf der anderen Seite".[34] Hier stellt sich sofort die Frage, wie denn dann das hohe Ansehen der Parteiführung in den sozialistischen Ländern zu erklären ist, wenn sie in einem derart offensichtlichen Konflikt mit der Gesellschaft stehen würde. Darauf kann es nur eine Antwort geben: Die Stabilität der Parteiführung beruht gerade darauf, daß sie keine anderen Interessen hat als die des ganzen Volkes.

Im Rechenschaftsbericht des ZK der SED an den IX. Parteitag heißt es: „Bei allem, was wir für die Erhöhung von Umfang, Effektivität und Qualität der Produktion tun, bei allem, was wir für die Stärkung der materiell-technischen Basis unserer Volkswirtschaft unternehmen – stets lassen wir uns davon leiten:

Die Bedürfnisse der Menschen, das Wohl des Volkes und seine grundlegenden Interessen an der weiteren Stärkung der sozialistischen Deutschen Demokratischen Republik sind erstes und oberstes Gebot unseres Handelns."[35]

Wie hilflos nehmen sich doch angesichts der Interessenidentität der kommunistischen Parteien und der Bevölkerung in den sozialistischen Ländern die Behauptungen Hensels vom „Zwang" der politischen Führung zu immer neuen wirtschaftlichen Experimenten aus, bei denen sich jedesmal herausstellte, daß „die Kontrolleure der Tendenz der Unwirtschaftlichkeit nicht entgegenwirken, sondern daß diese ihre eigenen Interessen mit denen der Kontrollobjekte identifizieren. Sobald der Prozeß der Identifikation von Interessen der Akteure und Kontrolleure zu weit fortgeschritten ist, muß die politische Führung vorhandene Kontrollorganisationen auflösen und neue Organisationen schaffen; ein Prozeß, der sich in erstaunlich kurzen Abständen wiederholt."[36]

Eine noch tendenziösere Auslegung der Prozesse, die sich bei der Vervoll-

[33] Ebenda, S. 358–359.
[34] Ebenda, S. 359.
[35] Bericht des Zentralkomitees der Sozialistischen Einheitspartei Deutschlands an den IX. Parteitag der SED. Berichterstatter: Genosse Erich Honecker, a. a. O., S. 43.
[36] Vgl. K. Paul Hensel, Der Zwang zum wirtschaftspolitischen Experiment in zentralgelenkten Wirtschaften, in: Jahrbücher für Nationalökonomie und Statistik, Bd. 184, a. a. O., S. 359.

kommnung des Wirtschaftsmechanismus in den sozialistischen Ländern vollziehen, ist kaum vorstellbar.

Seit Beginn der siebziger Jahre hat sich eine deutliche Belebung in der bürgerlichen Literatur über die „Zentralverwaltungswirtschaft“ und die damit verbundenen Probleme vollzogen. Dabei zeichnen sich neuerdings einige Nuancierungen innerhalb der Theorie der „Zentralverwaltungswirtschaft“ ab, die als Anpassungsversuche dieser bürgerlichen Konzeption an die veränderten Bedingungen des ideologischen Kampfes zu werten sind.

Kennzeichnend ist hier die Wende von der globalen Beurteilung aller sozialistischen Länder als „Zentralverwaltungswirtschaften sowjetischen Typs“ zu einer differenzierten Betrachtungsweise, die von dem Ziel getragen ist, das sozialistische Lager zu spalten. So stellte beispielsweise der BRD-Theoretiker Peter-Christian Ludz die reformpolitischen Maßnahmen in der Wirtschaft der DDR als konservativ-bürokratisch hin, die nach seiner Ansicht einen deutlichen Gegensatz zu der als „national-liberal“ und progressiv deklarierten Reformpolitik in der ČSSR bilden.[37] Auffällig ist auch, daß angesehene Verfechter der Theorie der „Zentralverwaltungswirtschaft“ stärker dazu tendieren, Elemente der Industriegesellschaftstheorie und rechtsrevisionistischer Konzeptionen zu übernehmen, um damit den wissenschaftlichen Sozialismus wirksamer bekämpfen zu können. So hat Karl C. Thalheim in einer seiner letzten Schriften die wirtschaftlichen Probleme der DDR als „Probleme der Entwicklung einer modernen Industriewirtschaft und Industriegesellschaft“ bewertet.[38] Hieraus wurde dann die Empfehlung abgeleitet, im Geiste der „westlichen Industriegesellschaften“ von der imperativen zur indikativen Volkswirtschaftsplanung überzugehen. „An die Stelle der imperativen, direkten Planung sollten eine makroökonomische Orientierungsplanung treten, mit der grundlegende gesellschaftliche und politische Ziele aufgestellt werden sollten.“[39]

Anleihen bei rechtsrevisionistischen Doktrinen stellen wir sowohl bei Thalheim und Hensel als auch bei ihren Jüngern fest. Diese neuen Tendenzen in der Theorie der „Zentralverwaltungswirtschaft“ werden wahrscheinlich weiter zunehmen, so daß die marxistisch-leninistischen Theoretiker vor der Aufgabe stehen, die diesbezüglichen kritischen Wertungen weiter auszubauen.

37 Peter-Christian Ludz, Die Entwicklung der DDR, in: Das 198. Jahrzehnt, Hamburg 1970, S. 214.

38 Bruno Gleitze/Karl C. Thalheim/Hannsjörg Buck/Wolfgang Förster, Das ökonomische System der DDR nach dem Anfang der siebziger Jahre, Berlin (West) 1971, S. 75. (Wirtschaft und Gesellschaft in Mitteldeutschland, Bd. 9.)

39 Karl C. Thalheim, Östliche Wirtschaftssysteme und ihre Wandlungen, in: Beihefte der Konjunkturpolitik, Nr. 17, Berlin (West) 1970, S. 23.

2. ABSCHNITT

3. KAPITEL

Kritik der gegenwärtigen bürgerlichen und reformistischen Modelle des „Marktmechanismus"

Die Theorie vom „Marktsozialismus" ist in den zwanziger bis vierziger Jahren von den Vertretern der sogenannten „neuen sozialistischen Schule" entwickelt worden. Diese nach ihren Autoren als Lange-Lerner-Modell[1] bezeichnete Konzeption hatte anfangs wenig Verbreitung gefunden und war in den fünfziger Jahren schon als der Geschichte angehörig angesehen worden. Zu Beginn der sechziger Jahre wurde sie von bürgerlichen und revisionistischen Ideologen wiederentdeckt, um dann Ende der sechziger und Anfang der siebziger Jahre größere Verbreitung zu erfahren.

Für die Renaissance und weite Verbreitung der Theorie vom „Marktsozialismus" gibt es mehrere Ursachen, die hauptsächlich im Zusammenhang mit den realen Entwicklungsprozessen des Sozialismus und Kapitalismus und dem Kampf zwischen diesen beiden Systemen zu sehen sind. So war die Verbreitung dieser Theorie vor allem eine spezifische Reaktion auf die Errichtung des entwickelten Sozialismus in der UdSSR und die Herausbildung der sozialistischen Ordnung in einer Reihe von Ländern Osteuropas. Dabei glaubte ein Teil der bürgerlichen Theoretiker, in der Gestaltung der entwickelten sozialistischen Wirtschaft eine Tendenz zur Marktwirtschaft zu erkennen; andere wiederum wiesen diese Auffassung mit Recht zurück, um zugleich dem angeblich in die Sackgasse geratenen „autoritären Sozialismus" die effektivere „westliche" Variante entgegenzuhalten. Den Anlaß für die Wiederbelebung der Hoffnungen bürgerlicher Ideologen auf eine marktorientierte Erneuerung der sozialistischen Wirtschaften bildete eine falsche Auffassung von den Maßnahmen zur Einführung neuer Bedingungen der Wirtschaftsführung in diesen Ländern.

Ein weiteres Motiv für das Aktivwerden der Verfechter des „Marktsozialismus" bildeten die strukturellen Veränderungen in der kapitalistischen Wirtschaft. Die unter den Verhältnissen der wissenschaftlich-technischen Revolution zunehmende kapitalistische Vergesellschaftung der Produktion und die Entwicklung des staatsmonopolistischen Kapitalismus bringen die Regulierung der Proportionen der Reproduktion immer mehr in Widerspruch zum Marktmechanismus. Damit kommt es zu weiteren Modifizierungen der Funktionsweise der ka-

[1] Eine eingehende Analyse dieses Modells ist in dem Buch „Bürgerliche und kleinbürgerliche ökonomische Theorien über den Sozialismus" (1917–1945), Berlin 1978, Kapitel 2, zu finden.

pitalistischen Wirtschaft, wobei die Marktformen mit der privatmonopolistischen und staatsmonopolistischen Wirtschaftsregulierung kombiniert werden.

Die Reaktion auf diese Prozesse, die eine Zunahme des monopolistischen Drucks und eine Bürokratisierung des Wirtschaftslebens mit sich bringen und die die Situation großer Schichten der nichtmonopolistischen Bourgeoisie verschlechtern, sind kleinbürgerliche Wunschträume von einer Rückkehr zu uneingeschränkter, „vollkommener" Konkurrenz, in der man die „demokratischste" Form der Ressourcenverteilung, die Voraussetzung für wirtschaftliche Freiheit und sozialen Fortschritt zu sehen glaubt. Um der größeren Popularität willen wird diesen utopischen Vorstellungen verschiedentlich eine sozialistische Färbung verliehen.

Soweit Theoretiker des „Marktsozialismus" wenigstens formell einräumen, daß eine Wirtschaft bei gesellschaftlichem Eigentum an den Produktionsmitteln effektiv fungieren kann, gehören sie dem linken Flügel des bürgerlichen ökonomischen Denkens an, bilden sie deren reformistische Strömung. Die bürgerlichen Varianten der Theorie von der „Marktwirtschaft" sind mit den Konzeptionen des rechten Flügels der Sozialdemokratie eng verknüpft.

Die sozialdemokratischen Varianten des „Marktsozialismus" drücken vor allem die Interessen der Mittelschichten der heutigen kapitalistischen Gesellschaft aus, die Interessen der bürgerlichen Intelligenz und des Teils der Kleinunternehmer, der zur Idealisierung der freien Konkurrenz neigt. In den reformistischen und revisionistischen Modellen des „Marktsozialismus" widerspiegelt sich der Einfluß, den die bürgerliche und kleinbürgerliche Ideologie auf die Arbeiterbewegung gewonnen hat.

Methodologisch stützen sich die Theorien vom „Marktsozialismus" auf das Dogma von einer möglichen Koexistenz vieler Wirtschaftssysteme, die solche Elemente wie die Eigentumsformen, die Distributionsmethoden, die Formen der Regulierung von Produktion und Verkauf auf verschiedene Weise kombinieren, also beispielsweise das Privateigentum mit dem Planungsmechanismus und umgekehrt das gesellschaftliche Eigentum mit dem Marktmechanismus. So schreibt der amerikanische Ökonom Frederic Pryor: „Viele solide Ökonomen haben sich von dem Gedanken losgesagt, daß es nur wenige verschiedene Typen von ökonomischen Systemen gibt, unter denen jedes Land wählen kann. Sie meinen, daß es ein breites Spektrum von Systemelementen gibt, die sich kombinieren lassen, um ein funktionsfähiges Wirtschaftssystem zu erhalten."[2]

Die Hauptmethode zur Analyse derartiger Kombinationen sehen die bürgerlichen Theoretiker in der „hohen Abstraktion", mit der sich die Wirtschaftsformen abstrahierend von so „sekundären" Momenten wie Klasseninhalt, Ziel der Wirtschaft usw. untersuchen und kombinieren ließen.

Das Modell vom „reinen Marktsozialismus" gehört zu den unrealistischen

[2] Frederic Pryor, Property and Industrial Organization in Communist and Capitalist Nations, Indiana University Press 1973, S. 276.

Abstraktionen, die für eine wissenschaftliche Analyse untauglich sind. Das fängt damit an, daß die „uneingeschränkte Konkurrenz“ nur das theoretische Ideal eines längst überholten und den Realitäten des monopolistischen wie auch des vormonopolistischen Kapitalismus fernstehenden Liberalismus ist. Noch frappanter ist sein unüberbrückbarer Widerspruch zu der realen Funktionsweise einer wirklich gesellschaftlichen, sozialistischen Wirtschaft, was selbst bürgerliche Autoren einräumen müssen. Frederic Pryor schreibt, daß die Analyse der Wirtschaftssysteme auf sehr hoher Stufe betrieben werde. „Ein Marktsystem mit vollständiger Konkurrenz, in dem die Koordinierung mittels der wundertätigen ‚unsichtbaren Hand‘ erfolgt . . . , hat es in der Reinform nie gegeben.“[3]

Die Trennung des Wirtschaftsmechanismus von seinen sozialökonomischen Wirkungsbedingungen ist zu einem unlösbaren methodologischen Prinzip der bürgerlichen politischen Ökonomie geworden. Aus der These, daß die Schlüsselpositionen in der modernen Gesellschaft ihre Selbständigkeit aufgegeben hätten, wird der Schluß gezogen, daß sich dieser oder jener Wirtschaftsmechanismus heute unter beliebigen Eigentumsverhältnissen konstruieren lasse. So meinen die österreichischen Ökonomen Wilhelm Weber und Christian Seidl, es sei wichtig, sich bei der Untersuchung der „reinen Typen“ vor Augen zu halten, „daß das vorherrschende Lenkungsprinzip *von der Eigentumsordnung* unabhängig ist“[4]. Die gleiche Auffassung vertreten u. a. die amerikanischen Ökonomen Alexander Eckstein, Abram Bergson und Frederic Pryor.[5]

Die angebliche „Unabhängigkeit“ des Wirtschaftsmechanismus von der sozialökonomischen Ordnung bildet den Ausgangspunkt für eine in der bürgerlichen Wirtschaftswissenschaft weit verbreitete Kombination von zwei Formen der Ressourcenverteilung mit der gesellschaftlichen und privaten Eigentumsform. Eine von den auf diese Weise gewonnenen vier Strukturkombinationen bildet schließlich die „reine sozialistische Marktwirtschaft“, in der das sozialistische Eigentum an den Produktionsmitteln mit dem Mechanismus des freien Marktes verbunden wird.

Das Prinzip der Kombination des „autonomen“ Marktmechanismus mit gegensätzlichen sozialökonomischen Strukturen ist schon vom Grundansatz her völlig absurd. Die Herrschaft einer historisch bestimmten Form des Eigentums an den Produktionsmitteln stellt ganz bestimmte Anforderungen an die Form der Ressourcenverteilung. Die spontanwirkende Verteilung der Ressourcen über den Markt ist der Wirtschaftsmechanismus, der dem Kapitalismus der freien Konkurrenz entspricht.

Mit dem Eintritt des Kapitalismus in das imperialistische Stadium wird dieser Mechanismus modifiziert. Die freie Konkurrenz geht in das Monopol über, ord-

[3] Ebenda, S. 349.

[4] Wilhelm Weber/Christian Seidl, Die Konvergenzthese und ihre Problematik, in: Jahrbuch der Wirtschaft Osteuropas, Bd. 2, München-Wien 1971, S. 210.

[5] Vgl. Comparison of Economic Systems. Theoretical and Methodological Approaches, in: University of California Press 1971.

net sich ihm unter und erwacht in den Formen der monopolistischen Konkurrenz zu neuem Leben. Der zunehmende staatsmonopolistische Charakter des Kapitalismus und die Ausweitung des staatlichen Sektors der kapitalistischen Wirtschaft führen zu neuen strukturellen Veränderungen in diesem Mechanismus, zu dessen Element dabei die staatsmonopolistische Wirtschaftsregulierung wird. Allerdings ist das alles noch kein Grund, die Sache so hinzustellen, als sei der heutige Kapitalismus eine Annäherung an die zentrale Planwirtschaft unter den Verhältnissen des Privateigentums. Die Herrschaft des Privateigentums schränkt nicht nur die Ausmaße der bewußten Wirtschaftsregulierung ein, sie verwandelt diese Regulierung in ihr Gegenteil, in ein Element, das letztlich diesem Wirtschaftssystem feindlich gegenübersteht, es erschüttert und die ihm innewohnenden Antagonismen zuspitzt.

Der Sozialismus gestaltet in seiner reifen Entwicklungsphase die ihm entsprechende materiell-technische Basis und seinen spezifischen Wirtschaftsmechanismus, dessen Grundlage die planmäßige Wirtschaftsführung darstellt.

Der Herrschaft des staatlichen Eigentums (Volkseigentums) an den Produktionsmitteln im Sozialismus entspricht die zentrale Festlegung der Proportionen der Reproduktion. Die Ware-Geld-Kategorien nehmen dabei eine grundsätzlich neue, eine planmäßige Bewegungsform an und sind zwar wichtige, jedoch nur ergänzende ökonomische Formen innerhalb des Volkswirtschaftsplanes.

Daß die freie Marktkonkurrenz schon für den heutigen Kapitalismus untauglich geworden ist, wird auch von bürgerlichen Wissenschaftlern wie John K. Galbraith, Alec Nove u. a. vermerkt. Der britische „Sowjetologe“ Alec Nove schreibt, daß die großen Kapitalgesellschaften eben deshalb existieren, weil die freie Konkurrenz das Profitmaximum bei den heutigen Ausmaßen der Produktion und der Betriebe nicht mehr garantieren könne. Um so weniger könne sie unter sozialistischen Verhältnissen das wirtschaftliche Optimum sichern.[6] Die amerikanischen Ökonomen Robert C. Stuart und Paul R. Gregory warnen vor Versuchen, das reine Modell der vollkommenen Konkurrenz restaurieren zu wollen, da es für die Ressourcenverteilung in einem reifen Wirtschaftssystem ungeeignet sei.[7]

Um das Modell vom „reinen Marktsozialismus“ der Wirklichkeit näherzubringen und seine so augenfällige Untauglichkeit für die sozialistische Reproduktion zu verschleiern, konstruieren die bürgerlichen Theoretiker „gemischte“ Wirtschaftsmodelle, die verschiedene Mechanismen für die Koordinierung der Wirtschaftstätigkeit mit der Ressourcenverteilung miteinander kombinieren. So schreibt Frederic Pryor, daß „unterschiedliche Koordinierungsmechanismen

[6] Vgl. Alec Nove, The USSR: The Reform that Never Was, in: Reforms in the Soviet and Eastern European Economics, Massachusets 1972, S. 230; Alec Nove, Knappheit, Allokation und Macht, in: Macht und ökonomisches Gesetz, Erster Halbband, Berlin (West) 1973, S. 70.

[7] Vgl. Robert C. Stuart/Paul R. Gregory, The Convergence of Economic Systems. An Analysis of Structural and Industrial Characteristics, in: Jahrbuch der Wirtschaft Osteuropas, Bd. 2, München-Wien 1971, S. 440.

nicht nur in verschiedenen Zweigen, sondern auch in einem Zweig koexistieren können"[8].

Die Hauptrichtung bei den gegenwärtigen Modifizierungen der Theorie der „Marktwirtschaft" bilden Bemühungen, den Marktmechanismus durch die zentrale Regulierung in kapitalistischen Formen wie Wirtschaftsprogrammierung, indikative Planung und dgl. zu ergänzen. Viele bürgerliche Ökonomen, die unter Planung entwickelte Formen der staatsmonopolistischen Regulierung verstehen, neigen dazu, von der traditionellen bürgerlichen Alternative „Plan oder Markt" abzugehen. Das trifft nicht nur auf die heutigen Verfechter des „Marktsozialismus" zu, sondern auch auf die Vertreter der Theorien von der „Industriegesellschaft" und „postindustriellen Gesellschaft" sowie der Konvergenztheorie.

So behauptet der französische Vertreter der Theorie von der „Industriegesellschaft" Raymond Aron, daß die „gemischte Wirtschaft", die Plan und Markt miteinander kombiniere, ein eigenständiges Wirtschaftssystem sei. Die Kombination von Markt und Plan ist nach Aron „kein Zwischenstadium zwischen reinem Liberalismus und völliger Planung, aber möglicherweise eine Form, der eine langwährende Existenz beschieden ist".[9] Aron beruft sich dabei auf die sowjetische Wirtschaft, die er ebenfalls zur gemischten Wirtschaft erklärt, weil sie Ware-Geld-Formen anwendet.

Die industriell fortgeschrittenen kapitalistischen Länder werden den bürgerlichen Theoretikern zufolge ebenfalls in diese Kategorie eingeordnet, weil hier der Markt von der staatsmonopolistischen Regulierung ergänzt werde. Zu einem dieser abstrakten Modelle „gemischter" Wirtschaften wird die „indikative Steuerung" erhoben, in der man die Zentralisierung der Informationen mit der Dezentralisierung des Eigentums kombiniert. „Hierbei gibt die Zentrale auf der Basis der Informationen der Betriebe die Orientierungsziffern vor, während es den Betrieben in gewissem Maße überlassen bleibt, diese Orientierungsziffern als Grundlage ihres künftigen Handelns zu akzeptieren oder abzulehnen."[10] Bürgerliche und revisionistische Ideologen propagieren die in Frankreich und Japan praktizierte indikative Planung als effektivste Form zentralen Einwirkens auf die Wirtschaft, die den individuellen Interessen und dem Schutz der persönlichen Freiheit am ehesten entspreche.

Der Generalsekretär der Französischen Kommunistischen Partei, Georges Marchais, stellte in seinem Bericht an den XXI. Parteitag der FKP fest: „Das, was heute in Frankreich als Planung bezeichnet wird, ist nichts anderes als der Versuch, die Entwicklung der Wirtschaft völlig den Interessen der kapitalistischen Großkonzerne unterzuordnen. Zu einer wirklichen Planung, die den Anforderun-

[8] Frederic Pryor, Property and Industrial Organization in Communist and Capitalist Nations, a. a. O., S. 354.

[9] Raymond Aron, Die industrielle Gesellschaft, Frankfurt a. M.-Hamburg 1964. Zitiert nach dem engl. Titel: 18 Lectures on Industrial Society, London 1968, S. 221f.

[10] Frederic Pryor, Property and Industrial Organization in Communist and Capitalist Nations, a. a. O., S. 352.

gen unserer Epoche entspricht, ist der Kapitalismus nicht imstande, weil die Produktion gesellschaftlich ist, Eigentum und Wirtschaftsleitung aber privat sind."[11]

Nur die sozialistische Volkswirtschaft, die auf dem gesellschaftlichen Eigentum an den Produktionsmitteln beruht, wird sowohl in ihren Ausmaßen wie auch in ihren Zielen zu einer wirklich nationalen Wirtschaft, indem sie die organische Einheit von gesellschaftlichen und individuellen Interessen realisiert.

Aus den Bemühungen bürgerlicher Theoretiker, die Grenzen der Alternative „Plan oder Markt" zu sprengen, ist eine neue Variante des Marktsozialismus hervorgegangen: das Modell einer „gemischten sozialistischen Wirtschaft". Der niederländische Ökonom Willem Keizer spricht von der theoretischen und praktischen Möglichkeit des Nebeneinanderbestehens mehrerer Typen sozialistischer Wirtschaften. Bei ihm ist das „optimale Mischsystem", das den spontanen Markt mit der zentralen makroökonomischen Investitionspolitik kombiniert, eine „Variante des Marktsozialismus"[12].

Dem Bemühen, die heutige Wirtschaft der UdSSR in der Kategorie „gemischte Wirtschaft" unterzubringen, liegt eine vulgär-mechanistische Interpretation der Einheit von Plan und Ware-Geld-Beziehungen als Vermengung von zwei völlig unterschiedlichen Prinzipien der Lenkung und Koordinierung der Wirtschaftstätigkeit zugrunde. Doch bilden im entwickelten Sozialismus die Ware-Geld-Formen keinen Gegensatz und auch keine äußerliche „Ergänzung" zur zentralen Planung, sondern eine Form, mit der die Wirtschaftsprozesse planmäßig verwirklicht werden. Die führende Rolle in den planmäßigen Prozessen spielt die nichtäquivalente Bewegung der Produktionsfaktoren. Und da die aus dem gesellschaftlichen Eigentum an den Produktionsmitteln erwachsende Form der Direktbeziehungen zwischen den Produzenten mit planmäßigen Ware-Geld-Beziehungen verflochten ist, verwirklicht sie sich auch in wertmäßigen Formen.

In den bürgerlichen Modellen der „gemischten sozialistischen Wirtschaft" wird die zentrale Volkswirtschaftsplanung oft als Imitation der spontanen Marktprozesse dargestellt. Dabei wird der Wirtschaftszentrale lediglich die Funktion zugewiesen, ausgehend von den betrieblichen Informationen über Bedarf und Produktionskosten die Preise für die Produktionsfaktoren und Waren festzulegen. Im Gefolge der Iterationen, also einer Reihe von stufenweisen Annäherungen, die die markttypische Herstellung der Proportionalität über die Disproportionalität simulieren, soll dann die optimale Produktionsstruktur zustandekommen.

Eine derartige Interpretation des Plans läuft letztlich darauf hinaus, auf die zentrale Planung und Leitung der Volkswirtschaft überhaupt zu verzichten. Eine Konstruktion, nach der die sozialistische Wirtschaft lediglich eine Imita-

11 Georges Marchais, Der Kampf der französischen Kommunisten für demokratische Wandlungen, für den Sozialismus, in: Kommunist, 4/1975, S. 108 (russ.)

12 Willem Keizer, Soviet Quest for Economic Rationality, Rotterdam University Press 1971, S. 244–245.

tion der freien Konkurrenz ist, macht das neue Prinzip und die Vorzüge der zentralen Volkswirtschaftsleitung zu einem Absurdum. Selbst unter den Verhältnissen des Monopolkapitalismus geht die von den Monopolen und vom bürgerlichen Staat verfolgte langfristige Wachstumspolitik von den langfristigen Vorteilen aus, die man aus der Nutzung von nichtmarktgebundenen Kriterien zieht.[13] Das hat auch der bekannte bürgerliche Ökonom John K. Galbraith nachgewiesen.

Der britische „Sowjetologe" Alec Nove spricht davon, daß es unmöglich sei, bei weitreichenden Entscheidungen von Preiskriterien auszugehen. Der schwächste Punkt der „iterativen Steuerung" liegt Nove zufolge darin, daß „keine reale Wirtschaft nur mit Preisinformationen operieren kann. Das Modell ist auch ungeeignet, externe Effekte, Motivation, die Organisation des Entscheidungsprozesses sowie auch Unsicherheit und Risikoverhalten in Rechnung zu stellen."[14]

Im Sozialismus geben die Marktkriterien Preis, Produktionskosten und Gewinn den ökonomischen Nutzeffekt der Entwicklung der Volkswirtschaft und ihrer Zweige nicht völlig wieder. Sie sind nur in Verbindung mit anderen Kennziffern geeignet, die Effektivität der Produktion auszuweisen. Die Arbeitskräfte und materiellen Ressourcen der sozialistischen Gesellschaft werden entsprechend den gesellschaftlichen Bedürfnissen und auf der Grundlage der planmäßigen Ausnutzung des gesamten Systems der ökonomischen Gesetze und Kategorien und der betreffenden Effektivitätskennziffern der Produktion zentral verteilt.

Das Modell der iterativen Steuerung, das der amerikanische Ökonom E. Neuberger konstruiert hat, geht von einer „Verteilung der Entscheidungsbefugnisse zwischen dem Zentrum und den Betrieben aus, bei der das Zentrum den Umfang der Investitionen und deren Verteilung auf die Zweige festlegt und dabei dem Konsumgütermarkt ungehinderte Entfaltungsmöglichkeiten bietet, sofern ihnen nicht durch den Investitionsbereich Grenzen gesetzt sind"[15]. Das Zusammenwirken der beiden Planungsebenen, der Makro- und Mikroökonomik, erfolgt in diesem Modell ebenfalls auf iterativem Wege. Wenn das Modell den Kapitalfluß und die Konkurrenz zwischen den Zweigen auch einschränkt, so verabsolutiert es doch die ökonomische Verselbständigung der Wirtschaftseinheiten innerhalb des Landes. Eine völlige Verselbständigung der Betriebe und Betriebsvereinigungen und die Konkurrenz zwischen ihnen innerhalb der Zweige machen es unmöglich, die entscheidenden wertmäßigen und natural-stofflichen Proportionen planmäßig aufrechtzuerhalten, das sozialistische System der Verteilung nach der Arbeitsleistung würde untergraben.

In der Konzeption der „gemischten sozialistischen Wirtschaft" sind Plan und Markt so kombiniert, daß die Hauptrolle bei der Wirtschaftsregulierung indirek-

[13] Vgl. dazu: K. B. Kozlova/R. M. Entov, Teorija ceny, Moskau 1972, S. 227, 236.

[14] Alec Nove, Knappheit, Allokation und Macht. In: Macht und ökonomisches Gesetz, Erster Halbband, a. a. O., S. 69.

[15] Frederic Pryor, Property and Industrial Organization in Communist and Capitalist Nations, a. a. O., S. 352.

ten Hebeln zufällt. Ein Beispiel für ein derartiges Modell liefert die von dem italienischen Professor Francesco Vito beschriebene „Planwirtschaft mit eingebautem Marktmechanismus". Hier sollen die zentralen Planungsorgane lediglich für die allgemeine Richtung der wirtschaftlichen Entwicklung zuständig sein. Über Umfang und Struktur der Produktion in den Zweigen und Betrieben, über die Formen und Methoden der Vergütung und über andere Fragen von Produktion und Absatz entscheidet der Zweig, die Vereinigung und der Betrieb selbst. Aber eine derartige Verteilung der Zuständigkeiten ist in der realen sozialistischen Wirtschaft schon gegeben. Worin glaubt nun der bürgerliche Professor den Unterschied und Vorzug seines Systems im Vergleich zur sozialistischen Praxis sehen zu müssen? Er sieht ihn darin, daß die Pläne auf den verschiedenen Ebenen unabhängig voneinander abgefaßt werden und die Verbindung zwischen den verschiedenen Einheiten indirekt, also über den Markt hergestellt wird.[16]

Diese Neuerung verfolgt ganz offensichtlich das Ziel, die sozialistische Wirtschaft dem Kapitalismus anzunähern, wo sich die Planmäßigkeit in den einzelnen Unternehmen und Kapitalgesellschaften mit der Marktanarchie in den Beziehungen zwischen ihnen verbindet, wobei die Vorteile der unternehmensinternen Planung weitgehend wieder aufgehoben werden.

Eine Spielart der Theorie der „gemischten sozialistischen Wirtschaft" stellt die Konzeption des „Marktsyndikalismus" dar, die in den letzten Jahren vor allem mit der Verbreitung kleinbürgerlicher antietatistischer Auffassungen propagiert worden ist.

Der Marktsyndikalismus ist Benjamin Ward zufolge eine besondere Form „des Marktsozialismus, bei der die Fabriken von den Arbeitern verwaltet werden"[17]. Hier wird die Gewinnmaximierung als Ziel des Betriebes propagiert und die Nationalisierung der Produktionsmittel mit der Aufteilung des Gewinns auf die Beschäftigten verbunden.[18]

Der Neoanarchosyndikalismus ist bemüht, von der Praxis, von den Erfahrungen der revolutionären Arbeiterbewegung längst widerlegte Ideen zu neuem Leben zu erwecken und sie den Bedingungen des heutigen Kapitalismus anzupassen. Die wegen der Kritik am staatsmonopolistischen Kapitalismus und an der Bürokratisierung des Wirtschaftslebens zu Popularität gekommenen Verfechter des Neoanarchosyndikalismus legen als positives Programm Marktmodelle vor, die in den Schriften der amerikanischen bürgerlichen Ökonomen Benjamin Ward und Evsey D. Domar sowie des kleinbürgerlichen Ökonomen Jaroslaw Vanek am weitesten ausgearbeitet worden sind.

Wie alle Varianten des „Marktsozialismus" stellen diese Modelle nichts anderes dar als hypothetische, abstrakte Konstruktionen. Nicht von ungefähr hat Benjamin Ward sein marktsyndikalistisches Modell nach dem sagenumwobenen

[16] Vgl. Francesco Vito, Decentralization in a Collectivist Planned Economy, in: Comparative Economic Systems, New York 1969, S. 60.

[17] Benjamin Ward, The Socialist Economy, New York 1967, S. 260.

[18] Vgl. ebdenda, S. 215.

Land „Illyrien“ benannt. Auch Jaroslaw Vanek gibt die Abstraktheit und den mangelnden Realismus zu, der die syndikalistische Theorie überhaupt und ihre auf dem Modell der „perfekten Konkurrenz“ beruhende Variante speziell kennzeichnet.[19]

Die Hauptrolle im System der ökonomischen Interessen spielen den marktsyndikalistischen Modellen zufolge die Gruppeninteressen der Betriebskollektive, über die letztlich die individuellen materiellen Interessen realisiert werden sollen. Benjamin Ward räumt ein, daß das private materielle Interesse in diesem Schema die Haupttriebkraft der Wirtschaftstätigkeit bildet, und kommt zu dem Schluß: „Das ist die Hauptvoraussetzung des Kapitalismus des laissez faire, aber sie wirkt in Illyrien anders, weil die Arbeiter zugleich die Verwalter sind. Sie sind sowohl am Gewinn als auch am Lohn interessiert.“[20]

Die Interpretation des kollektiven ökonomischen Interesses als arithmetische Summe der individuellen Interessen der Beschäftigten des Betriebes entstellt das Wesen und die Struktur der Interessen der sozialistischen Gesellschaft. Das Primat im System dieser Interessen hat das gesellschaftliche Interesse, das darauf gerichtet ist, den produktionsseitigen und sonstigen Bedürfnissen der ganzen Gesellschaft und besonders den Anforderungen der gesellschaftlichen Entwicklung zu genügen. In der Befriedigung dieser Bedürfnisse liegt der Schlüssel für die Hebung des materiellen und kulturellen Lebensniveaus, also für die bestmögliche Befriedigung der individuellen Bedürfnisse. Die Interessen der Produktionskollektive sind eine spezifische Form des ökonomischen Interesses im Sozialismus, die sich nicht auf die arithmetische Summe der individuellen Interessen reduzieren läßt.

Das theoretische Fundament des Marktsyndikalismus bildet die neoklassische Produktions- und Distributionstheorie. Nach den vulgärapologetischen Thesen dieser Theorie entstehen die Einkommen der Produzenten im Prozeß der primären oder funktionellen Verteilung des erzeugten Produkts zwischen den Produktionsfaktoren (Kapital und Arbeit). In den syndikalistischen Modellen erscheint der Staat als Eigentümer des Produktionsfaktors Kapital. Deborah Milenkovitch (USA) schreibt in einer Analyse dieser Modelle, daß das Problem der Einkommensverteilung in Abhängigkeit davon gelöst werde, welche Produktionsfaktoren Eigentum der Individuen und Gruppen und welche Eigentum der ganzen Gesellschaft seien. Effektiver Eigentümer sei derjenige, der das mit diesem oder jenem Produktionsfaktor erzeugte Einkommen erhält.[21]

Die unmittelbare gesellschaftliche Aneignung des erzeugten Produkts ist das Hauptelement der gesellschaftlichen Eigentumsverhältnisse, die ökonomische Realisierungsform der gesamtgesellschaftlichen Aneignung der Produktionsmittel.

19 Jaroslav Vanek, Decentralization Under Worker's Management. A Theoretical Appraisal, in: The American Economic Review, 5/1969, S. 1007.

20 Benjamin Ward, The Socialist Economy, a. a. O., S. 183.

21 Vgl. Deborah D. Milenkovitch, Plan and Market in Yugoslav Economic Thought, New Haven-London 1971, S. 250–251.

Als Eigentümer der Produktionsmittel gehört der sozialistischen Gesellschaft das ganze gesellschaftliche Produkt, aus dem sie dann die Fonds für den Ersatz der verbrauchten Produktionsmittel, für die individuelle und die gesellschaftliche Konsumtion und den Akkumulationsfonds bildet. Die Verfechter des Marktsyndikalismus verwechseln die Prozesse der Primärverteilung des Produkts mit seiner Aneignung, sie reduzieren die Realisierung des gesellschaftlichen Eigentums auf die Aneignung nur des Teils vom Produkt durch die Gesellschaft, der dem gesellschaftlichen Kapital „zuzurechnen" ist.

Entsprechend dieser Konzeption sichert das staatliche Eigentum an den Produktionsmitteln, daß die Gesellschaft in Form von festen Abgaben (Kapitalzins- oder -steuer) am Gewinn der Betriebe beteiligt wird. Der verbleibende Gewinn wird nach Abzug des Akkumulationsfonds (den jeder Betrieb selbständig festlegt) auf die Beschäftigten des Betriebes proportional zur aufgewandten Arbeit verteilt. Unabhängig davon, wie man ein solches System von Verhältnissen auch deklarieren mag, bildet hier die gruppenspezifische Aneignung der Produktionsmittel und des erzeugten Produkts die grundlegende Aneignungsform. Die Stelle der direkten ökonomischen Verbindung zwischen der Gesellschaft und den Struktureinheiten der Wirtschaft nehmen hier Pachtverhältnisse zwischen dem Staat, der die Produktionsmittel vermietet und Pachtzins erhebt, und den Betrieben als Pächter ein.

Die gruppenspezifische Aneignung trägt nur dann sozialistischen Charakter, wenn sie die vorherrschende gesamtgesellschaftliche Aneignung ergänzt. Lenin hat die anarchosyndikalistische Forderung, die Fabriken und Werke den dort beschäftigten Arbeitern zu übereignen, als gröbste Entstellung der Grundlagen des Sozialismus bezeichnet.[22]

In den Modellen des Marktsyndikalismus produzieren die Betriebe auf eigene Rechnung: Sie legen den Akkumulationsfonds und die Löhne (einschließlich des Anteils am Gewinn) selbst fest. Auch die Verluste hat der Betrieb selbst zu tragen; bei Mißerfolgen kann es deshalb infolge von Arbeitskräftefluktuation zur Selbstauflösung des Betriebes kommen. Derlei anarchische, aus sozialismusfremden Elementen komponierte Schemata berauben die sozialistische Wirtschaft bewußt ihrer Hauptvorzüge. Eine relative ökonomische Verselbständigung der sozialistischen Betriebe ist nur dann gerechtfertigt, wenn sie an das Volkseigentum an den Produktionsmitteln gebunden ist und nicht der Konkurrenz zwischen den Betrieben, sondern der Zusammenarbeit zwischen ihnen und anderen Wirtschaftseinheiten dient. Dabei kann von einer „Selbstauflösung" von in „Konkurs" gegangenen Betrieben nicht die Rede sein. Über die Schließung oder Auflösung veralteter und nicht mehr benötigter Wirtschaftseinheiten entscheiden nur staatliche Organe, die von der Gesellschaft dazu ermächtigt sind.

Die „reine" Theorie des Marktsyndikalismus unterstellt, daß in allen Produk-

22 Vgl. W. I. Lenin, Über den Demokratismus und den sozialistischen Charakter der Sowjetmacht, in: Werke, Zweiter Ergänzungsband, Berlin 1971, S. 77–78.

tionseinheiten des jeweiligen Zweiges gleiche technische und wirtschaftliche Bedingungen gegeben sind. Zugleich räumen ihre Verfechter ein, daß dies in der Praxis nicht realisierbar sei.[23] Um aus diesem Zwiespalt herauszukommen, wird empfohlen, die höheren Einkommen der technisch besser ausgerüsteten Betriebe über eine Kapitalsteuer abzuschöpfen.

Doch können Abschöpfungstarife, so elastisch sie auch sein mögen, angesichts der sich ständig verändernden technischen Ausstattung der Produktion Ungleichheiten nicht verhindern. Die Unterschiede im technischen Niveau der Betriebe würden die Ungleichheiten in den ökonomischen Bedingungen der einzelnen Betriebe und folglich in den Einkommen der Mitglieder der verschiedenen Kollektive ständig vergrößern. Der Marktsyndikalismus würde also im Laufe der Entwicklung immer mehr einer schlecht organisierten Genossenschaft bürgerlichen Typs gleichen, die sich selbst im Vergleich zum staatsmonopolistischen Kapitalismus bei der Lösung der Probleme, die sich aus der Finanzierung, dem Aufbau progressiver Zweige und der Qualifizierung der Werktätigen ergeben, immer hilfloser ausnehmen.

Mit der Verkündung des Primats der ökonomischen Gruppen- und Einzelinteressen und der Forderung nach Aufteilung des Gewinns auf die Werktätigen nähert sich der Marktsyndikalismus dem genossenschaftlichen Sozialismus. Evsey Domar setzt beide überhaupt gleich. Dabei hebt er hervor, daß sich die Grenze zwischen armen und reichen Genossenschaften vertiefen und verfestigen werde, weil die „armen" Genossenschaften in znnehmendem Maße am Einsatz von lebendiger Arbeit und die „reichen" an der Ökonomie von lebendiger Arbeit und ihrer Ersetzung durch Maschinen interessiert seien.[24]

Wie die Autoren der Modelle des Marktsozialismus selbst zugeben, verlangt die vorherrschende gruppenspezifische Aneignung der Produktionsmittel und des erzeugten Produkts, daß die im Kapitalismus entstandene Trennung von Kapitaleigentum und Kapitalverwertung in modifizierter Form erhalten bleibt,[25] d. h., daß die volkseigenen Produktionsmittel auf einzelne Produzentenkollektive aufgesplittert werden. Ebenso wie die anderen Varianten des „Marktsozialismus" geht auch das marktsyndikalistische Modell davon aus, daß vor allem der spontanwirkende Markt die Proportionen regele. Wie Jaroslaw Vanek schreibt, unterstellt seine Theorie der Arbeiterselbstverwaltung „die neoklassische Welt der perfekten und uneingeschränkten Konkurrenz"[26]. Domars Modell versetzt die sozialistischen Genossenschaftsbetriebe in „die Welt der Konkurrenz . . . , in der zu

[23] Vgl. Jaroslav Vanek, Decentralization Under Worker's Management. A Theoretical Appraisal, in: The American Economic Review, 5/1969, S. 1007.

[24] Vgl. Evsey D. Domar, The Soviet Collective Farm as a Producer Cooperative, in: The American Economic Review, 4/1966, S. 741.

[25] Vgl. Benjamin Ward, The Socialist Economy, a. a. O., S. 212.

[26] Jaroslav Vanek, Decentralization Under Worker's Management. A Theoretical Appraisal, in: The American Economic Review, 5/1969, S. 1006.

Marktpreisen frei verkauft und gekauft wird"[27]. Domar behauptet, daß sich der demokratische Charakter der Produktionsgenossenschaft nur unter diesen Bedingungen realisieren lasse.[28] In dieser Formulierung kommt der methodologische Hauptmangel der syndikalistischen Sozialismusvorstellungen zum Vorschein: der Anspruch darauf, unabhängig vom Stand der Technik, von den Produktionsausmaßen und den Bedürfnissen der Gesellschaft für alle Zeiten gültig zu sein.

Bei vergleichbarem Mechanismus der Wirtschaftsführung ergeben sich die Unterschiede zwischen kapitalistischen und sozialistischen Betrieben den Konzeptionen des „genossenschaftlichen Sozialismus" zufolge aus den Verschiedenheiten der Zielfunktionen: Die Produktionsgenossenschaft maximiert in Domars Modell das Einkommen je Leistungseinheit und nicht je Kapitaleinheit.

Ganz abgesehen von diesen oder jenen Besonderheiten der Zielfunktion, eine automatische Regulierung der Produktion über Preis und Gewinn kann zu keiner optimalen Struktur von Produktion und Konsumtion führen. Dieser Mechanismus setzt voraus, daß die erforderliche Proportionalität nur als Moment zwischen sich wechselseitig zur Entfaltung verhelfenden Abweichungen hergestellt wird. iDie Wirkungsweise dieses Mechanismus schließt eine zyklische Wirtschaftsentwicklung, ein Auf und Ab der Konjunktur ein. Bei spontaner Marktregulierung st es absolut ausgeschlossen, die ökonomischen Interessen der sozialistischen Gesellschaft und vor allem das allgemeine gesellschaftliche Interesse, das die Bedürfnisse der wirtschaftlichen und sozialen Entwicklung in der langfristigen Perspektive ausdrückt, zu realisieren.

Die Autoren der Marktmodelle räumen selbst ein, daß der Markt die völlige Nutzung der gesellschaftlichen Ressourcen, die Realisierung großer wissenschaftlicher und technischer Erkenntnisse, den Ausbau der Infrastruktur und die Lösung solcher sozialer Aufgaben wie Vollbeschäftigung und Befriedigung einer Reihe von gesellschaftlichen Bedürfnissen nicht garantieren kann. So schreibt Benjamin Ward, daß man sich in „Illyrien" bezüglich der Vollbeschäftigung nicht auf den Marktmechanismus verlassen könne.[29]

Wenn es darum geht, Mängel des Marktmechanismus zu beheben, soll der Plan zu „Hilfe" gerufen werden, der das System von Zielen zu konkretisieren habe, das auf politischem Wege ermittelt werde und das, wie Benjamin Ward es ausdrückt, das erwünschte Niveau des nationalen Produkts und des Produktionsanteils für die Konsumtion fixiere. „Die Führung und die Planer", schreibt Ward, „planen und kontrollieren die allgemeinen Richtungen der Wirtschaftstätigkeit, wobei sie sich hauptsächlich indirekter Instrumente bedienen; doch legen sie nicht den Akkumulationsanteil fest, das ist Aufgabe der direkten Kon-

[27] Vgl. dazu den Beitrag von M. Šestakova, in: Kritika buržuaznych koncepcij ėkonomiki socializma, Moskau 1974, S. 126–129.

[28] Vgl. Evsey D. Domar, The Soviet Collective Farm as a Producer Cooperative, in: The American Economic Review, 4/1966, S. 734.

[29] Vgl. Benjamin Ward, The Socialist Economy, a. a. O., S. 223.

trolle!"[30] In den Konzeptionen des Marktsyndikalismus geht die zentrale Planung also im wesentlichen nicht über die Wirtschaftsregulierung im staatsmonopolistischen Kapitalismus hinaus. So stellt auch Benjamin Ward fest, daß sich bei ihm die sozialistische Planung nicht wesentlich von der „Planung der wirtschaftlichen Entwicklung anderswo"[31] (also in den kapitalistischen Ländern – d. Verf.) unterscheide.

Das theoretische Fundament für diese Art von Planungsmethoden bilden in den Konzeptionen des „Marktsozialismus" die keynesianische und neokeynesianischen Theorien des Wirtschaftswachstums mit ihrem traditionellen Instrumentarium. So wird empfohlen, für die Sicherung des geplanten Investitionsvolumens mit Zinssätzen, indirekten Steuern der Bevölkerung und Einkommensteuern der Betriebe zu manipulieren. Aber auch diese Maßnahmen werden nur für den Fall als notwendig erachtet, wenn über den Marktmechanismus keine akzeptable Größe und Struktur der Investitionen zustandegekommen ist. Sobald diese Größe gesichert ist, wird jede zentrale Regulierung für „überflüssig" erachtet.[32]

Die amerikanischen Ökonomen Paul R. Gregory und Robert C. Stuart charakterisieren das Marktsystem in den Modellen des Marktsyndikalismus wie folgt: „Die Firmen und Verbraucher treffen ohne Vermittlung der zentralen Planungsorgane auf dem Markt aufeinander, wo der Preis für den Knappheitsgrad der Konsumgüter, Leistungen und Produktionsmittel frei bestimmt wird. Verbraucher und Produzenten treffen ihre Entscheidungen auf der Basis der Knappheitspreise. Die Rolle des Staates wird auf ein Minimum reduziert. Ihm obliegt die Kontrolle über den Geldumlauf und den Fiskus, er fixiert die aggregierten Größen und lenkt den gesellschaftlichen Wirtschaftssektor."[33]

Die Vorzüge ihrer Wirtschaftsprogrammierung gegenüber der direkten Volkswirtschaftsplanung sehen die Autoren der syndikalistischen Modelle erstens darin, daß sie sich des Marktes „mit seinem System der Verhältnisbewertungen der Güter, das bei der Wahl von Alternativen sehr nützlich sein kann",[34] bedient. Ein zweiter Vorzug wird darin gesehen, daß das Hauptmittel für die Einwirkung des Staates auf die Betriebe nicht die direkte Festlegung der Ausmaße und Proportionen der Produktion, sondern die Preiskontrolle sei.[35]

Die sozialistische Wirtschaftspraxis hat bewiesen, daß Preis, Gewinn, Rentabilitätsrate und andere Ware-Geld-Formen weder Hauptkriterien bei der Festlegung der Ziele der wirtschaftlichen und sozialen Entwicklung der sozialistischen Gesellschaft noch die Grundorientierung in der Arbeit der Betriebe sein können. Diese Ziele und die ihnen entsprechenden Proportionen der Produktion werden

[30] Ebenda, S. 260.
[31] Ebenda, S. 236.
[32] Vgl. ebenda, S. 238–241.
[33] Paul R. Gregory/Robert C. Stuart, Soviet Economic Structure and Performance, New York 1974, S. 331.
[34] Benjamin Ward, The Socialist Economy, a. a. O., S. 273.
[35] Vgl. ebenda, S. 256.

in den Volkswirtschaftsplänen, ausgehend von der Wirkungsweise aller objektiven Gesetze des Sozialismus, unter den jeweiligen historischen Bedingungen fixiert. Die Ermittlung des Systems der gesellschaftlichen Bedürfnisse verlangt eine gründliche Analyse der Tendenzen des wissenschaftlich-technischen Fortschritts, der Entwicklung der Produktion, der Struktur und Dynamik des Bedarfs sowie die Ausarbeitung wissenschaftlicher Verbrauchsnormen. Dabei sind die Wertformen Instrument für die Messung des Aufwands an gesellschaftlicher Arbeit, über den die verschiedenen Bedürfnisse befriedigt werden, doch bestimmen sie weder die Hierarchie der Bedürfnisse noch die Rangfolge ihrer Befriedigung (die Bedürfnisskala).

Die Preiskontrolle kann nie die Hauptform der staatlichen Lenkung der Betriebe sein. Es gibt einen objektiven Widerspruch zwischen dem in den Preisen ausgedrückten Wert und dem Gebrauchswert, der im Sozialismus unmittelbares Ziel der Produktion und nicht Bedingung für die Erzielung von Mehrwert ist. Dabei betrachtet die wissenschaftliche sozialistische Planung die maximal detaillierte Festlegung des Produktionssortiments „von oben" durchaus nicht als Allheilmittel. Dieses Sortiment kann auf den verschiedenen Planungsebenen in unterschiedlichem Grad konkretisiert werden. Inwieweit die Sortimentsplanung zu konkretisieren ist, hängt von der Art der Erzeugnisse und ihrem Verwendungszweck ab. So ist es nicht nötig, den Betrieben das konkrete Sortiment von Massenbedarfsgütern zentral vorzugeben. Die Betriebe legen es, ausgehend von den Ergebnissen der Bedarfsforschung und den Vertragsbeziehungen mit den Handelseinrichtungen, selbst fest. Den Betrieben, die viele Erzeugnisse für Produktionszwecke herstellen, brauchen nur aggregierte Sortimentsgruppen zentral vorgegeben zu werden. Mit der weiteren Entwicklung der Industrievereinigungen und der Produktionsspezialisierung wird die Funktionsteilung zwischen den verschiedenen Planungsebenen noch mehr dem Optimum angenähert werden können.

Eine wesentliche Rolle spielt hierbei die Reorganisation der Struktur der gesellschaftlichen Produktion, mit der die großen Produktions- und Wirtschaftskomplexe zur strukturellen Grundeinheit der Volkswirtschaft werden und sich neue Möglichkeiten für die Bedarfsprognose, für die Herstellung langfristiger Vertragsbeziehungen u. a. eröffnen.[36]

Die Versuche der Theoretiker des „Marktsozialismus", ihr Modell mit den gegebenen Realitäten zu verbinden, laufen im wesentlichen auf die „optimale Kombination" der Marktwirtschaft mit Elementen der zentralen Planung hinaus. Dabei werden die Kombinationen in der Regel mechanistisch betrachtet: Markt und Plan bestehen nebeneinander, unterstützen sich gegenseitig, ohne dabei ihr Wesen zu ändern. Die BRD-„Sowjetologin" Hannelore Hamel schreibt: „Die morphologische Kombination von dezentraler Planung und wirtschaftspolitischer Steuerung der arbeitsteiligen Gesamtprozesse mit sozialistischem Eigentum an

[36] Vgl. J. V. Subockij, Razvitie ob-edinenij v promyšlennosti, Moskau 1977, S. 155–156.

den Produktionsmitteln bildet ... das ‚Grundmodell der sozialistischen Marktwirtschaft'."[37]

Nicht von ungefähr wird das „marktsozialistische" Modell häufig auch als „dezentralisierter Sozialismus" bezeichnet. Der amerikanische Professor Lloyd G. Reynolds, der behauptet, daß es viele Sozialismusmodelle gebe, sieht eines dieser Modelle in einer „dezentralisierten sozialistischen Wirtschaft, die Elemente der zentralen Lenkung und des freien Unternehmertums, das die Marktsignale aufnimmt, in sich vereint"[38].

Der BRD-„Sowjetologe" Jiři Kosta schreibt: „Die zunehmende Zahl, Komplexität, Frequenz sowie Variabilität ökonomischer Prozesse als Folge von Veränderungen der Bedürfnisstrukturen sowie der Produktionstechnologien einer modernen Volkswirtschaft erfordert angemessene Lenkungsmethoden und -institutionen ... Unter diesem Aspekt, der als informations- und (im technisch-organisatorischen Sinn) entscheidungsrelevant bezeichnet werden könnte, scheinen dezentrale, marktähnliche Steuerungsformen ädäquater zu sein als die herkömmlichen zentralen Planungsmethoden der RGW-Länder Osteuropas."[39]

Die „dezentrale Planung" weist nach Ansicht bürgerlicher und revisionistischer Ideologen zwei Vorzüge auf. Erstens biete sie die Möglichkeit, die individuellen und regionalen Bedürfnisse genauer zu ermitteln und deshalb besser zu befriedigen; zweitens werde es möglich, daß sich Fehlentscheidungen gegenseitig aufheben.

Die Vorstellung von der Überlegenheit der „dezentralen Planung" geht von dem absurden Postulat aus, daß die zentrale Planung sowohl jegliche Selbständigkeit der wirtschaftlichen Grundeinheiten als auch die Übertragung von zentralen Weisungen über Zwischenglieder, die diese Weisungen konkretisieren, ausschließe. Diese Auffassungen entstellen das Wesen der sozialistischen Volkswirtschaftsplanung, die auch unter den schwierigsten Bedingungen wie Kriegswirtschaft, grundlegende Umwälzung der Proportionen und dgl. nie darauf aus war, Nichterfaßbares zu erfassen und die Entscheidung über eine Reihe von Fragen den Zwischengliedern und unteren Wirtschaftseinheiten überließ. Und es liegt auf der Hand, daß sich mit der weiteren Entwicklung der Wirtschaft, der Beseitigung größerer Engpässe, der Erhöhung der Qualifikation der Kader, der weiteren Ausprägung von reifen, selbstbewußten Wirtschaftskollektiven die Kompetenz der unteren und mittleren Ebenen erweitert, was die führende Stellung des ökonomischen Zentrums nicht beeinträchtigt, sondern festigt, da es so die Möglichkeit erhält, sich auf die großen Grundprobleme der Entwicklung der sozialistischen Wirtschaft zu konzentrieren.

37 Hannelore Hamel, Die Experimente der sozialistischen Marktwirtschaften, in: Ludwig Bress/Karl Paul Hensel u. a., Wirtschaftssysteme des Sozialismus im Experiment. Plan oder Markt, Frankfurt a. M. 1972, S. 183.

38 Lloyd G. Reynolds, The Three Worlds of Economics, New Haven-London 1971, S. 288.

39 Jiři Kosta/Jan Meyer/Sibylle Weber, Warenproduktion im Sozialismus. Überlegungen zur Theorie von Marx und zur Praxis in Osteuropa, Frankfurt a. M. 1973, S. 129.

L. I. Breshnew stellte auf dem XXV. Parteitag der KPdSU fest: „Wir müssen die beiden Grundelemente des demokratischen Zentralismus gleichzeitig stärken. Einerseits gilt es, den Zentralismus zu entwickeln und somit den Tendenzen von Ressortgeist und lokaler Engstirnigkeit Hindernisse in den Weg zu legen. Andererseits aber heißt es, die demokratischen Grundsätze, die örtliche Initiative zu entwickeln, die oberen Leitungsebenen von unwesentlichen Aufgaben zu befreien, Operativität und Flexibilität bei der Entscheidungsfindung zu gewährleisten."[40]

Unhaltbar ist auch der Versuch der Verfechter des „Marktsozialismus", aus der zentralen Planung und Leitung eine Bürokratisierung der Wirtschaft abzuleiten. So schreibt der Schwede Assar Lindbeck:

„Die Wahl zwischen Dezentralisation und Zentralisation hat einen Bezug zum Problem der Wahl zwischen Märkten und Bürokratie. Ein offenkundiges Bindeglied zwischen diesen beiden Problemen liegt natürlich in der Tatsache, daß ein Marktsystem mit relativ weitreichender Dezentralisation harmoniert, während in einem Nicht-Marktsystem die Entscheidungen durch irgendeine zentrale Autorität koordiniert werden müssen."[41]

Alec Nove, der sich in seinen neueren Arbeiten gegen die Alternative „Plan oder Markt", „Macht oder ökonomisches Gesetz"[42] wendet, greift zugleich auch die „Neuen Linken" an, wenn er schreibt: „In einer modernen integrierten Wirtschaft sollten die unteren von den oberen Ebenen nur dann gelenkt werden, wenn ihre Tätigkeit nicht auf gewissen objektiven, wenn auch unvollkommenen markttypischen Kriterien beruht."[43] Nove beurteilt die Planer als eine Gattung von Beschäftigten, die durch ihre Rolle und Funktionen zu Bürokraten werden.

Zunächst sei festgestellt, daß die These vom „unlösbaren Zusammenhang" von Zentralisation und Bürokratie falsch, eine einseitige Verallgemeinerung bestimmter Fakten, ist. Noch vorhandene Erscheinungsformen von Bürokratie stehen im Widerspruch zum Wesen des entwickelten Sozialismus. Auf diese Tatsache ist auch auf dem XXV. Parteitag der KPdSU verwiesen worden. Auf ihre Überwindung ist ein System von Maßnahmen zur Entwicklung der wirtschaftlichen und politischen Demokratie gerichtet, das in der neuen Verfassung der UdSSR verankert wurde.

Die objektive Tendenz zur Zentralisierung der Wirtschaftsleitung ergibt sich bereits aus dem Entwicklungsstand der modernen Produktivkräfte, aus dem Konzentrationsniveau der Produktion. Die wissenschaftlich-technische Revolution

[40] XXV. Parteitag der KPdSU. Rechenschaftsbericht des Zentralkomitees der KPdSU und die nächsten Aufgaben der Partei in der Innen- und Außenpolitik. Berichterstatter: L. I. Breshnew, Berlin 1976, S. 74.

[41] Assar Lindbeck, Die politische Ökonomie der Neuen Linken, Göttingen 1973, S. 47.

[42] Alec Nove, Knappheit, Allokation und Macht, in: Macht und ökonomisches Gesetz, Erster Halbband, a. a. O., S. 72.

[43] Alec Nove, Market Socialism and its Critics, in: Soviet Studies, Oxford 1/1972, S. 136–137.

bewirkt Wandlungen in der gesellschaftlichen Arbeitsteilung, die sich in einer Spezialisierung der Leitungsfunktionen, in der Zunahme des ingenieur-technischen und Verwaltungspersonals äußern. In den kapitalistischen Industrieländern realisieren sich diese Wandlungen innerhalb des Systems der staatsmonopolistischen Wirtschaftsregulierung in widersprüchlichen Formen. Die zentrale Lenkung des staatlichen Sektors ermöglicht eine höhere Effektivität der betrieblichen Arbeit als im dezentralisierten Sektor der kapitalistischen Wirtschaft,[44] aber die Früchte davon eignet sich die Monopolbourgeoisie auf verschiedenen Wegen an.

Die ihr adäquate Form erhält die Zentralisierung der Wirtschaftsleitung im Sozialismus auf der Grundlage des staatlichen Eigentums (Volkseigentums) an den Produktionsmitteln. Die aus der gesamtgesellschaftlichen Aneignung der Produktionsmittel und der Abschaffung der Ausbeutung hervorgehende sozialistische Demokratie in der Wirtschaft ermöglicht, noch vorhandene Erscheinungsformen von Bürokratie zu beseitigen und schließt eine Bürokratisierung der Wirtschaft aus. Die Werktätigen beteiligen sich sowohl über die gewählten Machtorgane als auch unmittelbar in der Produktion aktiv an der Leitung der Wirtschaft.

Dagegen können die Dezentralisierung der Wirtschaft und der Markt keine wirkliche Demokratie garantieren. Eine Dezentralisierung der Wirtschaft ist nicht in der Lage, in der Produktion und in der Arbeit die Bedingungen zu bieten, unter denen die ökonomische Gleichheit aller Mitglieder der Gesellschaft möglich wird. Was die „Souveränität des Verbrauchers" betrifft, so belegen die Tatsachen, die in der bürgerlichen Literatur immer wieder angeführt werden, daß der Markt ein sehr willfähriger Apparat für die anonyme Manipulierung des Verbrauchers ist, um ihm Handlungsweisen aufzuzwingen, die dem Monopolkapital und seiner Bürokratie zum Vorteil gereichen.

Um die Mängel des Marktmechanismus zu vertuschen, meinen manche bürgerliche Theoretiker, den Markt nicht als spezifische Gesamtheit der Beziehungen in der Zirkulationssphäre hinstellen zu müssen, sondern als „rein technisches" Mittel für die Koordinierung des Wirkens der Wirtschaftseinheiten. Peter Wiles meint, daß der Markt als Form des Warenaustausches nicht notwendig sei. Elektronische Datenverarbeitungsmaschinen könnten seine Funktion ebensogut wahrnehmen. „Deshalb kann der Markt entweder zwischenmenschliche Beziehungen ausdrücken oder elektronisch sein",[45] schreibt er. Der amerikanische „Sowjetologe" Harry Schwartz wertet das von Fred Taylor Ende der zwanziger Jahre entworfene Modell des „Marktsozialismus" als Beispiel dafür, daß sich die „Technik der Marktkoordinierung in der sozialistischen Wirtschaft anwenden läßt und nicht nur die Eigenschaft einer auf dem Privateigentum beruhenden Wirtschaft

[44] Vgl. Gosudarstvennaja sobstvennost' i antimonopolističeskaja bor'ba v stranach razvitogo kapitalizma, Moskau 1973, Kap. 3, Abschn. 1 und 2.

[45] Peter J. D. Wiles, The Political Economy of Communism, Oxford 1962, S. 189.

ist“[46]. Hierfür wird das Modell eines „elektronischen Marktes“ vorgeschlagen, eine modernisierte Variante des sogenannten mathematischen Sozialismus, der bereits auf die Modelle von Vilfredo Pareto und Enrico Barone zurückgeht. Diese Modelle wollten ein System von Gleichungen bieten, die unter Imitierung des Marktes dem zentralen Planungsorgan gestatten, die dem volkswirtschaftlichen Optimum entsprechenden Preise und Produktionsgrößen zu ermitteln.

Verfechter des „elektronischen Marktes“ wie der britische „Sowjetologe“ Peter Wiles behaupten, daß das zentrale Planungsorgan mit wirtschaftsmathematischen Methoden zur Modellierung der Marktprozesse auf der Grundlage der von den Betrieben gelieferten Informationen jedem Betrieb alle erforderlichen Parameter bis zum kleinsten Detail vorgeben könne.

Im Modell des „elektronischen“ Marktes geht somit die absolute Zentralisierung der Leitung mit der Dezentralisierung des Informationsprozesses einher. Auf diese Weise soll der Mechanismus der Marktkonkurrenz imitiert werden. Peter Wiles bezeichnete dieses Modell als „perfekte Kalkulationen“, die die Stelle der „vollkommenen Konkurrenz“ einnehmen sollen, andere Autoren führen die Begriffe „Planimetrie“ und „Computerutopie“ an.[47] Viele bürgerliche Ökonomen (Bergson, Neuberger, Nove u. a.) greifen die Konzeption des „elektronischen Marktes“ an und bezeichnen sie als reine Hirngespinste.[48] Hier muß man Karl C. Thalheim zustimmen, wenn er schreibt, daß der Markt nicht nur aus Tausenden oder Millionen von Gleichungen bestehe, bei denen die Produktionsgrößen und Preise die Unbekannten sind. Marktsozialismus bedeute Konkurrenz, einschließlich Preiskonkurrenz wie in jeder Marktwirtschaft. Natürlich gebe es unterschiedliche Formen der Konkurrenz, doch stehe eine Marktwirtschaft ohne Konkurrenz im Gegensatz zur Logik.[49]

Allerdings unterschlagen die bürgerlichen Kritiker des Modells des „elektronischen Marktes“ den Hauptmangel, nämlich das Ansinnen, einander ausschließende Prinzipien zu vereinen: die absolute Zentralisierung der Leitung, die Abschaffung der realen Verhältnisse der Warenzirkulation einerseits mit dem System der Ziele und Entscheidungen, das auf der Beibehaltung der Gesetze und Kriterien der Marktkonkurrenz beruht, andererseits. So findet die Zentralisierung der Wirtschaft in diesem Modell nicht die ihr entsprechende Realisierungsform.

Die Ideologen des Antikommunismus glauben, sich die abstrakten Modelle des „Marktsozialismus“ zunutze machen zu können, um die wirtschaftlichen Erfolge des realen Sozialismus abzuwerten. Die konstruierten Vergleiche zwischen den Abstraktionen und der Realität sollen die These von der „Mannigfaltigkeit der Sozialismusmodelle“ festigen und die Wirtschaft der sozialistischen Länder Euro-

[46] Harry Schwartz, An Introduction to the Soviet Economy, Ohio 1968, S. 53.

[47] Vgl. Lloyd G. Reynolds, The Three Worlds of Economics, a. a. O., S. 161.

[48] Vgl. ebenda sowie Alec Nove, Knappheit, Allokation und Macht, in: Macht und ökonomisches Gesetz, Erster Halbband, a. a. O., S. 70.

[49] Vgl. Karl C. Thalheim, Is There a Congruence? in: Reforms in the Soviet and Eastern European Economics, 1972, S. 148.

pas als auf den „Marktsozialismus" zugehende Wirtschaft erscheinen lassen. Auch die Verfechter der Industriegesellschaftstheorie und des Neoliberalismus glauben, die in der Wirtschaft der sozialistischen Länder vor sich gehenden Prozesse als Realisierung des „marktwirtschaftlichen" Modells interpretieren zu können.

Die Theoretiker des „Industrialismus" erklären den Übergang zur „sozialistischen Marktwirtschaft" zum Hauptmerkmal der entwickelten sozialistischen Gesellschaft. Der amerikanische Sowjetologe Morris Bornstein charakterisiert den Anfang der sechziger Jahre, also die Periode der Herausbildung der entwickelten sozialistischen Wirtschaft in der UdSSR, als Bewegung vom zentralen Wirtschaftssystem, das für die extensive Phase der wirtschaftlichen Entwicklung typisch gewesen sei, zu einem weniger zentralisierten System der intensiven Phase. Für diese seien „gemischte" Wirtschaftsmodelle typisch, die die zentrale makroökonomische Planung mit der Stützung auf die Marktkräfte bei mikroökonomischen Entscheidungen kombinieren.[50] Ein anderer „Sowjetologe", Jiři Kosta, schreibt: „Die Reformbewegungen haben in *organisations-technischer* Hinsicht eine *Dezentralisierung* der Entscheidungen herbeigeführt, die einen langfristigen Trend zu einer stärkeren Anwendung marktähnlicher Informations- und Entscheidungsprozesse mit sich bringt." Und weiter: „Parametrische Indikatoren wie Preise und Gewinn scheinen für die Planerfüllung eines komplexer werdenden Wirtschaftsorganismus geeigneter zu sein als administrative Direktion und detaillierte Kennziffern."[51] Somit wird eine indikative Planung, die sich auf den selbstregelnden Marktmechanismus stützt, zu der dem reifen Sozialismus adäquaten Form erklärt. Dagegen sei die zentrale Direktivplanung, die als strenge Reglementierung aller Details der Reproduktion von einem Zentrum aus interpretiert wird, eine bereits zurückliegende Etappe in der Entwicklung des Sozialismus.

In Wirklichkeit wird der Wirtschaftsmechanismus im Stadium des reifen Sozialismus nicht durch Verzicht auf Planmäßigkeit vervollkommnet, sondern dadurch, daß das wissenschaftliche Niveau und die Bilanzierung der Volkswirtschaftspläne erhöht und die Ausnutzung der ökonomischen Hebel im Rahmen der zentralen richtungweisenden Festlegung der Grundproportionen der Reproduktion verbessert wird. Völlig unhaltbar sind auch die Bemühungen der „Sowjetologen", die Maßnahmen zur Durchsetzung neuer Bedingungen der Wirtschaftsführung als Verzicht auf die zentrale Planung des laufenden Wirtschaftsprozesses bei Weiterbestehen der Perspektivplanung hinzustellen.[52]

[50] Vgl. Morris Bornstein, East European Economic Reforms and the Convergence of Economic Systems, in: Jahrbuch der Wirtschaft Osteuropas, Bd. 2, München-Wien 1971, S. 258.

[51] Jiři Kosta, Organisations-technische und sozio-ökonomische Aspekte sozialistischer Wirtschaftssysteme, in: Probleme des Industrialismus in Ost und West, München-Wien 1973, S. 105.

[52] Vgl. Hannelore Hamel, Die Experimente der sozialistischen Marktwirtschaften, in: Ludwig Bress/Karl Paul Hensel u. a., Wirtschaftssysteme des Sozialismus im Experiment. Plan oder Markt, a. a. O., S. 201.

In der Tat werden mit den komplizierten Aufgaben, vor denen die entwickelte sozialistische Wirtschaft steht, die langfristigen Perspektivpläne wesentlicher. Deshalb werden in den sozialistischen Ländern die Methoden der Perspektivplanung ständig verbessert. Zugleich aber wird auch die laufende Planung und die Koordinierung der laufenden Pläne weiter qualifiziert sowie das wissenschaftliche Niveau der operativen Leitung der Volkswirtschaft erhöht. Das einheitliche System der Volkswirtschaftsplanung, an dessen weiterer Entwicklung gearbeitet wird, schließt die langfristigen, mittelfristigen und laufenden Pläne ein und sichert die Kontinuität und Komplexität der Planung.

Natürlich werden in jedem sozialistischen Land die besten Methoden für die Verbindung der Direktiven der zentralen Organe mit der Erweiterung der ökonomischen Selbständigkeit der wirtschaftlichen Grundeinheiten, ausgehend von den jeweiligen konkreten Besonderheiten, festgelegt. Spezifische Merkmale des Wirtschaftsmechanismus können sich aus der Größe des Landes, seiner Wirtschaftszweigstruktur und der Außenwirtschaftsintensität sowie aus bestimmten wirtschaftlichen Traditionen ergeben. Doch lassen die mannigfaltigen konkreten Erfahrungen der Wirtschaftsleitung in den einzelnen sozialistischen Ländern, die zahlreichen Neuerungen und Experimente auf diesem Gebiet erkennen, daß sich die Gestaltung und Modernisierung des spezifischen Wirtschaftsmechanismus der entwickelten sozialistischen Gesellschaft, eines Mechanismus, der die Marktspontaneität mit ihren Tendenzen zur Restauration des Kapitalismus ausschließt, im wesentlichen gleicht.

Die „marktsozialistischen" Modelle werden auch von verschiedenen nichtmarxistischen Autoren angegriffen. Dabei werden die Kritiken von verschiedenen Standpunkten aus und in verschiedenen Richtungen geführt. Die Verfechter der „Zentralverwaltungswirtschaft" und der „Befehlswirtschaft" meinen, daß ein effektives Wirken des Marktmechanismus mit jeglichen Elementen zentraler Einwirkung auf den Reproduktionsprozeß unvereinbar sei. Sie kritisieren die Theorie des „Marktsozialismus" vom Standpunkt der Alternative „Plan oder Markt" aus, wobei sie die Unhaltbarkeit der Modelle einer „gemischten sozialistischen Wirtschaft" darin sehen, daß diese beanspruchen, den „Mittelweg" gefunden zu haben, der irgendwo zwischen den beiden extremen „Idealtypen", also der „Zentralverwaltungswirtschaft" und der „freien Marktwirtschaft", liege.

Viele „Sowjetologen" (wie zum Beispiel A. Bergson, J. Prybyla und G. Schroeder) verweisen zu Recht darauf, daß das neue System der Leitung und ökonomischen Stimulierung in den sozialistischen Ländern, speziell in der UdSSR, nicht als Übergang zum Marktsozialismus zu betrachten ist.[53] Der amerikanische Ökonom Jan S. Prybyla schreibt in diesem Sinne, daß die Preisinstrumente unter den neuen Bedingungen der Wirtschaftsführung energischer für die Zwecke des zentralen Planes eingesetzt werden. „Sie werden auch besser kalkuliert im

[53] Vgl. Gertraude E. Schroeder, Soviet Economic 'Reforms': A Study in Contradictions, in: Soviet Studies, Juli 1968, S. 20.

kostenerfassenden Sinne, unterscheiden sich aber konzeptionell und funktionell von den die gleichen Bezeichnungen tragenden Instrumenten, derer sich die Marktsysteme bedienen."[54]

Der australische „Sowjetologe" Jozef Wilczinski stellt in einem, den neuen Bedingungen der Wirtschaftsführung in den sozialistischen Ländern gewidmeten Buch fest: „Es wäre falsch zu folgern, daß die Reformen mit der Zentralisierung völlig Schluß gemacht hätten. Die sogenannten volkswirtschaftlichen Grundproportionen, also die langfristigen Makroproportionen, werden noch immer zentral festgelegt."[55]

Die Vertreter der institutionell-sozialen Richtung greifen den „Marktsozialismus" deshalb an, weil dessen Mechanismus dem heutigen Entwicklungsstand der Arbeitsteilung und Produktion nicht mehr entspricht. Alec Nove kritisiert das Modell des „reinen Marktsozialismus", weil es von der Planung abrückt und sich dem freien Markt zuwendet, und stellt dem ein „Zweisektorenmodell" der sozialistischen Wirtschaft gegenüber. In einem Sektor, der sich auf die Produktion und den Absatz der Produktionsmittel erstreckt, sei Nove zufolge ein zentrales Informations- und Entscheidungssystem erforderlich, während im Konsumgüterbereich der Markt vorherrsche.

Somit stellt das Modell von Nove nichts anderes dar als eine weitere Variante der „gemischten sozialistischen Wirtschaft", den Versuch, die zwei Prinzipien der Wirtschaftsregulierung nicht vertikal – wie in den Modellen der „iterativen Lenkung" –, sondern horizontal nach der wirtschaftlichen Zweckbestimmung der Erzeugnisse miteinander zu vereinen. Doch schließt das einheitliche sozialistische Wirtschaftssystem jede mechanische Verbindung dieser gegensätzlichen Prinzipien aus, wenngleich es verschiedene Stufen der Sortimentsplanung in den einzelnen Bereichen der gesellschaftlichen Produktion einschließt.

Auch viele rechtssozialistische Theoretiker sehen sich zu dem Eingeständnis gezwungen, daß der spontan wirkende Markt nicht einmal mehr den Produktivkräften und der ökonomischen Struktur des heutigen Kapitalismus entspricht, so daß er mit staatlichen Regulierungen koordiniert werden müsse. So meint der sozialdemokratische Wirtschaftstheoretiker Dietmar Keese (BRD), die Konzentrationsbewegung in der BRD und die zunehmende Zahl der Bußgeldverfahren des Bundeskartellamtes haben die Meinung bestärkt, daß man „die Entwicklung der Wirtschaftsstrukturen, der Eigentumsverteilung, der Wachstumsrate und der Umweltbedingungen nicht mehr diesem stark eingeschränkten am Profit orientierten Mechanismus überlassen darf"[56].

Während viele bürgerliche Ideologen verschiedene Varianten des „Marktsozia-

[54] Jan S. Prybyla, Soviet Economic Reforms in Industry, in: Weltwirtschaftliches Archiv, Bd. 107, Tübingen, 2/1971, S. 274.

[55] Jozef Wilczinski, Socialist Economic Development and Reforms, London 1972, S. 68.

[56] Dietmar Keese, Systemverändernde Reformen, in: Probleme des Industrialismus in Ost und West, München-Wien 1973, S. 88–89.

lismus“ miteinander konfrontieren, greifen die Vertreter des „linken“ Revisionismus diese Theorie aus der Sicht eines Modells vom „Sozialismus ohne Markt“ an. In diesem Modell figuriert die Alternative „Plan oder Markt“ in ihrer ursprünglichen Form.

So fallen die „linken“ Theoretiker in ihrer Kritik am „marktsozialistischen“ Modell in das andere Extrem. Aus der Sicht der Theorie vom „Sozialismus ohne Markt“ ist jede sozialistische Wirtschaft, in der es noch Ware-Geld-Beziehungen gibt, auch dann dem „Marktsozialismus“ zuzurechnen, wenn sie im Rahmen eines Planes wirken und diesem untergeordnet sind. Diese ultrarevolutionären Auffassungen wenden sich zwar den Worten nach gegen jegliche Marktmodelle, doch verfolgen sie nur den Zweck, den realen Sozialismus abzuwerten und ihm eine reaktionär-utopische Alternative entgegenzustellen.

4. KAPITEL

Die sozialistische Wirtschaft in der Darstellung der „Konvergenztheorie"

Die Theorie von der „Konvergenz der sozialen Systeme" ist in jeder Hinsicht Ausdruck der Krise der bürgerlichen politischen Ökonomie und ein Beleg dafür, daß heute weder die offene Apologie des Kapitalismus noch direkte Angriffe gegen den Sozialismus auf den gewünschten Erfolg rechnen können. Die hohen wirtschaftlichen Wachstumsraten in allen sozialistischen Ländern haben bewiesen, daß der rasche und kontinuierliche wirtschaftliche Fortschritt eine objektive Gesetzmäßigkeit der sozialistischen Planwirtschaft ist. Die Brechung des Atommonopols der USA und die Erfolge der Sowjetunion in der Erschließung des Kosmos belegen, daß der Sozialismus auch in Wissenschaft und Technik nicht zurücksteht.

Die antiimperialistische Befreiungsbewegung in der „dritten Welt" hat die wirtschaftlichen Möglichkeiten und die ideologischen Vormachtansprüche der entwickelten kapitalistischen Mächte noch mehr eingeengt. All diese Prozesse haben in der Nachkriegszeit die bürgerliche Weltanschauung und besonders die bürgerlichen Vorstellungen von der Zukunft der Menschheit stark erschüttert. Immer weniger überhörbar werden die Stimmen jener bürgerlichen Theoretiker, die die Frage nach dem Ausgang des wirtschaftlichen Wettstreits der beiden Systeme offenlassen.

Angesichts dieser Krisensituation der bürgerlichen Gesellschaft verlangen die einst so „selbstverständlichen" Thesen ihrer Apologeten wie die über die angebliche Unerschütterlichkeit des Kapitalismus, seine unbeschränkte Anpassungsfähigkeit an neue Bedingungen sowie die allgemeine Attraktivität seiner materiellen Stimuli und geistigen Werte immer raffiniertere Argumentationen.

Die bürgerlichen Politiker und Ideologen sind zu der Erkenntnis gelangt, daß der Antikommunismus durch ein positives Zukunftsbild der nichtkommunistischen Gesellschaft ergänzt werden muß. So wurden seit Ende der fünfziger Jahre viele Versuche unternommen, um mit tendenziöser Darstellung bestimmter Prozesse der wissenschaftlich-technischen Revolution das Bild einer „modernen Industriegesellschaft" zu entwerfen, das die vorgeblich positiven Seiten des heutigen Kapitalismus mit den Möglichkeiten des gegenwärtigen Stadiums des wissenschaftlich-technischen Fortschritts verknüpft. Diese Doktrin auszuarbeiten und ihr wenigstens den Schein der Übereinstimmung mit den realen Bedingungen der Koexistenz und des Kampfes der beiden Systeme zu geben, fiel der „Konvergenztheorie" zu.

Der Begriff „Konvergenz“ bedeutet so viel wie gegenseitige Annäherung, Zusammenstreben, Übereinstimmung. Ursprünglich wurde er nur im naturwissenschaftlichen Bereich verwendet. Heute gebrauchen ihn bürgerliche Ökonomen und Soziologen, um die scheinbare Annäherung der beiden sozialökonomischen Systeme der Gegenwart – des Kapitalismus und des Sozialismus – auszudrücken. Da beide Systeme die gleichen technischen, ökonomischen und sozialen Probleme zu lösen hätten, wie sie die wissenschaftlich-technische Revolution mit sich bringt (Einfluß auf die materiellen Existenzbedingungen des Menschen, auf die materiellen und geistigen Werte), kommt man zu dem Schluß, daß sie sich immer ähnlicher werden, daß ihre künftigen Entwicklungslinien zueinander tendieren. Es geht also nicht darum, gegenwärtig vorhandene Ähnlichkeiten oder gemeinsame Merkmale festzustellen, die es natürlich gibt. Aus der an sich noch gar nichts besagenden Tatsache, daß Gemeinsamkeiten vorhanden sind, werden weitreichende Schlüsse gezogen: Erstens nehmen die gemeinsamen Merkmale angeblich zu, während sich die Unterschiede verringern, und zweitens wird unterstellt, daß die äußeren Merkmale bestimmter Erscheinungen den gleichen Inhalt haben. In Wirklichkeit liefern die tatsächlichen Gegebenheiten unserer Zeit keinerlei Anlaß für derartige Schlußfolgerungen.

Die „moderne Industriegesellschaft“, die aus dem Annäherungsprozeß der beiden sozialökonomischen Systeme hervorgehen soll, ist nach der konvergenztheoretischen Hypothese weder kapitalistisch noch sozialistisch. Sie soll gewissermaßen die Vorzüge beider Systeme in sich vereinen und zugleich ihre Nachteile ausschließen. Dabei wird in allen Varianten dieser Theorie mehr oder weniger offen unterstellt, daß der Kapitalismus zu der neuen Ordnung die Hauptvorzüge beisteuere, während vom Sozialismus nur gewisse Merkmale wirken, die bezwecken sollen, die sozialen Antagonismen und die wirtschaftliche Anarchie abzuschwächen. In dieser Weise dem neuen Kräfteverhältnis Rechnung tragend, meinen die Verfechter der „Konvergenz“, den Sozialismus weniger direkt als mittels der These von seiner allmählichen Annäherung an eine rein äußerlich neutrale, im wesentlichen aber kapitalistische Ordnung, die aus den „Imperativen der modernen Industrie“ hervorgehe, diskreditieren zu können.

Die Konvergenztheorie stellt also die Frage nach den Möglichkeiten der künftigen Entwicklung des sozialistischen Systems sowie nach den Beziehungen zwischen den beiden Systemen im Prozeß ihrer künftigen gesellschaftlichen Entwicklung, doch beantwortet sie diese Frage zugunsten des Kapitalismus. Hierin liegt auch die Spezifik der Konvergenztheorie als neue Form der Apologie des Kapitalismus und zugleich ihre inhaltliche Identität mit früheren gröberen Formen der Apologetik.

Eine der ersten konvergenztheoretischen Schriften stammt von dem französischen Soziologen Raymond Aron und erschien im Jahre 1957 unter dem Titel „Die Entwicklung der Industriegesellschaft und der sozialen Stratifikation“. Später veröffentlichte er „18 Vorlesungen über die Industriegesellschaft“, in denen er das sozialistische und das kapitalistische System als zwei Arten der „Industriegesellschaft" behandelt und die Frage nach der Annäherung beider Systeme positiv beantwortet.

Im Jahre 1958 erschien eine Arbeit des amerikanischen Ökonomen Walter S. Buckingham mit dem Titel „Theoretische ökonomische Systeme. Eine vergleichende Analyse"[1]. Dort heißt es schon ganz eindeutig: „Eine der Hauptschlußfolgerungen dieser Untersuchung besteht darin, daß die realen, die funktionierenden ökonomischen Systeme einander immer ähnlicher werden anstatt voneinander abzuweichen."[2] Der letzte Teil von Buckinghams Buch trägt die Überschrift „Einem einheitlichen Wirtschaftssystem entgegen". Weiter ausgebaut wurde dann die Konvergenztheorie in den Schriften der amerikanischen bürgerlichen Theoretiker Pitirim A. Sorokin und Peter F. Drucker. Die ökonomischen Aspekte der Konvergenztheorie sind vor allem von dem niederländischen Ökonomen Jan Tinbergen ausgearbeitet worden.[3] Den Vertretern dieser Theorie kommen zwei Umstände entgegen:

a) die konvergenztheoretischen Thesen werden aus einer vorgefaßten Interpretation verschiedener tatsächlich gegebener Momente der gegenwärtigen industriellen Entwicklung und ihres Einflusses auf alle Seiten des gesellschaftlichen Lebens abgeleitet;

b) die Interpretation dieser Fakten wird den Interessen und Erwartungen der Schichten und Gruppen angepaßt, für deren ideologische Beeinflussung diese Theorie bestimmt ist. So sind große Teile der Mittelschichten mit ihrer objektiv bedingten Neigung, gegensätzliche Tendenzen miteinander zu „versöhnen", Konservatismus mit kritischem Geist für vereinbar zu halten, die besten Verfechter jeder Art von „Konvergenz".

Auf Grund des hohen Vergesellschaftungsgrades der Produktion und ähnlicher Tendenzen in der Entwicklung der Wissenschaft gibt es viele äußerlich gleiche Formen im wirtschaftlichen und sozialen Leben, in der Leitung der Gesellschaft, im Familienleben usw. Welche Mittelglieder sind aber erforderlich, um den Bogen von gewissen Fakten bis zur theoretischen Konzeption zu spannen?

Die Argumentationsweise der Konvergenztheoretiker beruht vor allem auf ökonomischen Vergleichen. Dabei wird gewöhnlich ein Vergleich zwischen den USA und der UdSSR, den beiden industriell am weitesten fortgeschrittenen und damit repräsentativen Ländern des Kapitalismus und Sozialismus angestellt. Solche Vergleiche bestätigen, daß es gegenwärtig zwischen dem am weitesten entwickelten kapitalistischen und dem am weitesten entwickelten sozialistischen Land eine gewisse Ähnlichkeit in den Formen der wissenschaftlich-technischen Entwicklung, in der Technologie und im Entwicklungsgrad von Industrie und

[1] Walter S. Buckingham, Theoretical Economic Systems. A comparative analysis, New York 1958.

[2] Ebenda, S. 26.

[3] Jan Tinbergen, Kommt es zu einer Annäherung zwischen den kommunistischen und den freiheitlichen Wirtschaftsordnungen?, in: Hamburger Jahrbuch für Wirtschafts- und Gesellschaftspolitik, Tübingen 1963.

Landwirtschaft gibt. Die Konvergenztheoretiker machen nun einen ganz unangemessenen logischen „Sprung“ und behaupten, daß folglich auch alle anderen Probleme, die in irgendeinem Zusammenhang mit der technischen und ökonomischen Entwicklung der Gesellschaft stehen, in der UdSSR und in den USA die gleichen seien und auf gleiche Weise gelöst werden müssen. Daraus wird dann mittels eines weiteren theoretischen Kurzschlusses abgeleitet, daß die wirtschaftliche und technische Entwicklung in den beiden Gesellschaftssystemen künftig ineinander übergehe.

Jan Tinbergen stellt sich diesen Prozeß wie folgt vor: Der Sozialismus habe frühere Gleichmachungstendenzen überwunden, und die materiellen Leistungsanreize erhielten immer größere Bedeutung. Die Planung werde stark dezentralisiert, die Ausbildung der leitenden Wirtschaftskader bezüglich der modernsten Technik werde ständig verbessert. Im Kapitalismus werde die Notwendigkeit der Planung ebenfalls immer deutlicher erkannt. Der öffentliche Sektor der Wirtschaft nehme immer größeren Umfang an. Durch Steuerpolitik und ähnliches sei die Bewegungsfreiheit der Unternehmer eingeschränkt. Das Resultat müsse also eine Gesellschaft sein, die gewissermaßen die besten Züge beider Ordnungen in sich vereine.

Auch John K. Galbraith spricht von „konvergierenden Tendenzen der Industriegesellschaften“ und kommt zu dem Schluß: „Die Entwicklung wird schließlich zu einer ungefähr gleichen Form der Planung und Organisation führen“[4]. Und er folgert schließlich: „Es gibt in der Gegenwart kaum eine interessantere Erscheinung, als daß die einstmals kapitalistische und die einstmals kommunistische Firma einander als Oligarchien der Beteiligten immer ähnlicher werden.“[5] Die einzig reale Grundlage für diese These bildet die Vergrößerung der Wirtschaftseinheiten, die sowohl im Kapitalismus als auch im Sozialismus festzustellen ist. Aber während im Kapitalismus diese Vergrößerung in der Form vor sich geht, daß sich die privaten und staatskapitalistischen Monopole andere Unternehmen zwecks Profitmaximierung einverleiben, handelt es sich im Sozialismus um die Bildung von Produktionsvereinigungen zwecks größerer ökonomischer Effektivität. Die grundlegenden Unterschiede zwischen den Wirtschaftseinheiten im Kapitalismus und im Sozialismus werden dabei immer deutlicher.

Um diese grundlegenden Unterschiede zu verwischen, abstrahiert die Konvergenztheorie von der Grundfrage, die bei der Betrachtung jeder Gesellschaftsordnung und der für sie typischen Wirtschaftseinheiten zu klären ist: von der Frage nach dem Eigentum an den Produktionsmitteln. Die Konvergenztheorie geht von der Unterstellung aus, daß bei der Charakteristik der Gesellschaft heute nicht mehr das Eigentum, sondern die Produktionsleitung die entscheidende Rolle spiele. Die an den Kapitalgesellschaften beteiligten Aktionäre realisierten zwar ihr Kapitaleigentum in Form der Dividende, doch hätten sie keinerlei

[4] John K. Galbraith, Die moderne Industriegesellschaft. München-Zürich 1968, S. 429.
[5] Ebenda, S. 430.

Einfluß auf unternehmerische Entscheidungen (bezüglich des Produktionsprogramms, der Investitionen usw.). Die Produktion werde völlig von den Managern beherrscht, die damit auch den entsprechenden Einfluß auf die Gesellschaft ausüben. Aus diesen Darstellungen wird dann gefolgert, daß heute die Verfügungsgewalt über die Großunternehmen im Kapitalismus wie im Sozialismus hochqualifizierten besoldeten Angestellten übertragen worden sei, die in beiden Systemen immer mehr die entscheidende Macht ausübten.

Diese Gedankengänge gehen auf James Burnham zurück, der schon im Jahre 1941 in seinem Buch „Die Revolution der Manager" die Grundkonzeption dafür entworfen hatte.[6] Die Konvergenztheoretiker erweitern nun diese Thesen auf das sozialistische System und benutzen sie als Argument für die Annäherung der beiden Systeme.

Dabei werden, wie es häufig in der bürgerlichen Apologetik geschieht, Tatsachen mit Unwahrheiten vermengt, um zu den vorgefaßten Schlüssen zu kommen. Wahr ist, daß die Zeit der „Einzelunternehmer" im Kapitalismus der Vergangenheit angehört und nur große Aktiengesellschaften rationell wirtschaften können. Das Aktienkapital stellt heute die vorherrschende Form des Kapitals und die wichtigste Finanzierungsform der Produktion dar, wobei der Aktienbesitz keine Garantie für den entscheidenden Einfluß der Aktionäre auf die Unternehmensbelange ist. Aber zwischen diesen Realitäten und der These, daß die Kapitalistenklasse die beherrschende Stellung in Produktion und Gesellschaft einbüßt, liegt eine Kluft, die die bürgerlichen Apologeten nicht anders überbrücken können als mit wahrheitsverfälschenden Behauptungen. Das Aktienkapital ist zum weit überwiegenden Teil bei der Finanzoligarchie konzentriert. Mit verschiedenen monopolistischen Organisationsformen sind die Eigentümer der Aktienkontrollpakete in der Lage, sich ganze Industriezweige sowie die Versorgungs- und Absatzsphäre zu unterwerfen. Die unmittelbaren Leiter der Produktion, die Manager, handeln ausschließlich im Interesse der Kapitalinhaber. Kein Manager kann sich in seinen Entscheidungen über Löhne und Preise, über das Produktionssortiment, über die Produktionsausmaße usw. von den Interessen der Arbeiter oder Verbraucher leiten lassen.

Bei eventuellen Meinungsverschiedenheiten zwischen Managern und Unternehmern stellt sich sehr bald heraus, wer das entscheidende Wort spricht. Hinzu kommt, daß die jüngere Generation der herrschenden Finanzdynastien gewöhnlich an den Hochschulen Kenntnisse in Betriebswirtschaft, Leitungstheorie und -technik sowie in Soziologie erwirbt, um dann selbst einen Posten in der Unternehmensleitung zu bekleiden. Außerdem steigt die Oberschicht der Manager durch den Erwerb von Aktien in die Kapitalistenklasse auf. Das Monopoleigentum bildet nach wie vor die Grundlage des sagenhaften Reichtums der bürgerlichen Elite und verleiht ihr die entsprechende gesellschaftliche Macht.

Die Grundlagen der Herrschaft der Kapitalistenklasse werden auch nicht durch

[6] James Burnham, The Managerial Revolution, New York 1941.

die Existenz von kapitalistischem Staatseigentum erschüttert. Die herrschende Klasse schafft sich ihren Staat und verändert ihn entsprechend den politischen und wirtschaftlichen Notwendigkeiten, wobei natürlich den historischen und nationalen Traditionen, der internationalen Lage usw. Rechnung getragen wird. Wenn es die Monopolbourgeoisie heute für zweckmäßig erachtet, bestimmte Unternehmen durch ihren Staat verwalten zu lassen, dann tut sie dies nicht, um die Ausmaße der kapitalistischen Aneignung zu schmälern, sondern um diese Aneignung vor drohenden Erschütterungen zu bewahren. Das Kapital als Eigentum, als Anspruch auf den Hauptteil des erzeugten Mehrwerts, ist heute in der Tat von der Kapitalfunktion, von der Erzielung dieses Mehrwerts im Produktionsprozeß, getrennt. Mit anderen Worten: Der Produktionsprozeß mit all seinen objektiv notwendigen Organisations- und Leitungsfunktionen bedarf der Tätigkeit des Kapitalisten, des personifizierten Kapitals, nicht mehr.

Doch ist die Trennung der Kapitalfunktion vom Kapitaleigentum, die der bürgerliche Ökonom als seine eigene welterschütternde Entdeckung hinstellt, schon vor 100 Jahren von Karl Marx nachgewiesen worden. So schrieb er: „Die kapitalistische Produktion selbst hat es dahin gebracht, daß die Arbeit der Oberleitung, ganz getrennt vom Kapitaleigentum, auf der Straße herumläuft. Es ist daher nutzlos geworden, daß diese Arbeit der Oberleitung vom Kapitalisten ausgeübt werde.“[7] Bei der Analyse der Aktiengesellschaften widerlegte Marx schon seinerzeit all die Argumente, die die bürgerlichen Ökonomen heute vorbringen, um zu belegen, daß das Kapital sein privatkapitalistisches Wesen aufgegeben habe: „Die Aktienunternehmungen überhaupt – entwickelt mit dem Kreditwesen – haben die Tendenz, diese Verwaltungsarbeit als Funktion mehr und mehr zu trennen von dem Besitz des Kapitals, sei es eignes oder geborgtes.“[8]

Auch Behauptungen, daß die Leitungsfunktion im Sozialismus gegenüber den Eigentumsverhältnissen die Oberhand gewinnt, sind gegenstandslos. In der sozialistischen Gesellschaft vollzieht sich die Tätigkeit der Betriebsleiter in keiner Weise unabhängig von den Eigentumsverhältnissen. Das gesellschaftliche Eigentum an den Produktionsmitteln bildet die Grundlage für das gesamte System der Planwirtschaft und macht jede private Reichtumskonzentration durch Aneignung fremder Arbeit unmöglich. Für die Entscheidungen eines Betriebsleiters gelten ganz andere Motive als unter kapitalistischen Verhältnissen. Sie schließen grundsätzliche Interessengegensätze zwischen dem Leiter und dem Betriebskollektiv aus.

Natürlich ist damit die Möglichkeit von Konflikten nicht beseitigt. Solche Konflikte entstehen aber nicht auf der Ebene des Gegensatzes von Kapital und Arbeit, von Lohn und Profit. Sie gehören in den Bereich partieller Abweichungen von der optimalen Verbindung der gesellschaftlichen, örtlichen und individuellen Interessen in den einzelnen Teilsystemen der sozialistischen Wirtschaft. Neben den ma-

[7] Karl Marx, Das Kapital, Dritter Band, in: MEW, Bd. 25, Berlin 1976, S. 400.
[8] Ebenda, S. 401.

teriellen Bedingungen sind es auch das sozialistische Bewußtsein der Werktätigen, die Aktivität der Partei- und Gewerkschaftsorganisationen sowie die Grundsätze der sozialistischen Demokratie, die partielle Differenzen dieser Art beilegen helfen. Die objektiven sozialistischen Bedingungen finden zudem ihren juristischen Ausdruck im sozialistischen Arbeitsrecht, in Gesetzen auf dem Gebiet des Gesundheitswesens und des Gesundheitsschutzes, in der Gesetzgebung zum Schutz der Jugendlichen und zur Förderung der Frauen sowie in den Kontrollorganen der Arbeiter- und Bauerninspektion.

Alle diese Bedingungen sind ebenso die Konsequenz der herrschenden Eigentumsverhältnisse an den Produktionsmitteln, wie die ihnen völlig entgegengesetzten Arbeitsbedingungen in den heutigen kapitalistischen Unternehmen. Deshalb sind die bürgerlichen Hoffnungen auf das Entstehen einer „neuen Klasse" von Technokraten, die der Bourgeoisie und dem Proletariat die Herrschaft entreißen könne, bestenfalls eine Illusion und im ungünstigsten Fall eine bewußte Irreführung des Publikums. Angesichts dieser offensichtlichen Tatsachen können keinerlei wirklich vorhandene oder frei erfundene Ähnlichkeiten zwischen dem heutigen Kapitalismus und dem entwickelten Sozialismus auf dem Gebiet der Technik, der Leitungsformen, der Arbeit und des Alltagslebens als Argument für die Beseitigung oder Nivellierung ihrer grundsätzlichen Unterschiede dienen. Wenn die Konvergenztheoretiker angesichts der zunehmenden ökonomischen Funktionen des bürgerlichen Staates diesen Staat als „klassenindifferent" oder „systemneutral" bezeichnen, während sie zugleich angesichts der Wirtschaftsreformen in den sozialistischen Ländern von einer zunehmenden Verselbständigung der Wirtschaft gegenüber dem Staat sprechen, dann beruhen all diese Parallelen auf der Gleichsetzung zweitrangiger, oberflächlicher Formen mit dem eigentlichen Wesen der Erscheinungen. So erklärt Galbraith unter Berufung auf Maßnahmen zur monopolistischen Regulierung der Produktion in den USA und auf die Dezentralisierung bestimmter ökonomischer Funktionen in sozialistischen Ländern, daß die sozialistischen Betriebe eine ähnliche Stellung einnehmen wie kapitalistische Unternehmen.

Wenn man jedoch die diesen Schlußfolgerungen zugrunde liegenden Fakten näher betrachtet, stellt sich heraus, daß die formalen Ähnlichkeitsmomente erstens aufgebauscht sind und zweitens einen ganz und gar nicht vergleichbaren Inhalt aufweisen. Die Entwicklung der Produktivkräfte im Verlauf der wissenschaftlich-technischen Revolution stellt den Kapitalismus vor eine Reihe von kaum lösbaren Problemen. Die gesellschaftliche Arbeitsteilung nimmt unerhörte Ausmaße an. Das Produktionsvolumen der kapitalistischen Unternehmen wird immer größer und tendiert zu einer räumlichen und zeitlichen Verflechtung aller Wirtschaftsprozesse. Es wirkt eine objektive Tendenz zur Internationalisierung aller wirtschaftlichen Vorgänge. Neue Industrien entstehen und immer größere Kapitalmengen werden erforderlich, um die Verwertungsbedingungen des Kapitals zu sichern. Das individuelle Kapital ist immer weniger in der Lage, diesen Erfordernissen zu genügen. Auch das Gesellschaftskapital in der Gestalt von Trusts,

Konzernen und in anderen Formen kapitalistischer Monopolorganisationen ist bereits überfordert.

Der gesellschaftliche Charakter der neuen Produktivkräfte macht es immer weniger möglich, die dem kapitalistischen System immanente Art der Verteilung der gesellschaftlichen Gesamtarbeit durch den spontanen und anarchisch wirkenden Preis- und Profitmechanismus und durch die monopolistische Konkurrenz erfolgreich anzuwenden. Gesamtgesellschaftliche Leitung und Lenkung der Produktionsentwicklung und des Wirtschaftswachstums, zentrale Entscheidungen über Strukturfragen und volkswirtschaftliche Regelung des Einsatzes der Investitionsmittel werden immer mehr erforderlich. Diese Entwicklung drängt bereits über die Grenzen der kapitalistischen Ordnung hinaus, denn die volkswirtschaftliche Regelung und Steuerung dieser Prozesse widerspricht im Prinzip dem Charakter und der Funktionsweise des Privatkapitals (auch in seiner monopolistischen Form). Schon Friedrich Engels schrieb: „In den Trusts schlägt die freie Konkurrenz um ins Monopol, kapituliert die planlose Produktion der kapitalistischen Gesellschaft vor der planmäßigen Produktion der hereinbrechenden sozialistischen Gesellschaft. Allerdings noch zu Nutz und Frommen der Kapitalisten."[9]

Die Unfähigkeit der kapitalistischen Produktion, einer Reihe von dringenden Erfordernissen der Wirtschaft und des sozialen Lebens zu genügen, verleiht heute allen kapitalistischen Widersprüchen eine neue Qualität. Der einzige Weg, diesen Widersprüchen auf der Grundlage der kapitalistischen Produktion neue Bewegungsmöglichkeiten zu verschaffen, besteht darin, die wirtschaftliche Aktivität und Kompetenz des bürgerlichen Staates zu erhöhen, ihm die Regulierung ökonomischer Prozesse und Funktionen der Umverteilung des Nationaleinkommens zu übertragen sowie Lösungen in der Wissenschaftspolitik und auf anderen Gebieten zu finden.

Auch wenn die kapitalistischen Widersprüche dadurch nicht gelöst, sondern letztlich nur verschärft werden, erhalten sie auf dieser neuen Stufe staatsmonopolistischer Entwicklung doch einen gewissen Spielraum, der die katastrophenhafte Lösung der Konflikte für eine gewisse Zeit aufschiebt. Die ernstzunehmenden bürgerlichen Ökonomen zeigen mehr oder weniger ein Gespür für den Preis, der für das Weiterbestehen des Kapitalismus unter den objektiv nach neuen, höheren Organisationsformen der Gesellschaft verlangenden Bedingungen gezahlt werden muß. Aber auch sie glauben nachweisen zu müssen, daß die Unterschiede zwischen Kapitalismus und Sozialismus unter dem Einfluß dieses objektiven Erfordernisses in den neuen gesellschaftlichen Formen immer geringer werden. Die neuen Methoden der kapitalistischen Wirtschaftsleitung und -regulierung werden unmittelbar aus den Produktivkräften abgeleitet, ohne daß man dabei das bestimmende Moment der Produktionsverhältnisse beachtet. So schreibt beispielsweise John K. Galbraith in seinem Buch „Die moderne Industriegesellschaft": „Die Notwendigkeit der Planung ergibt sich ... aus der langen Dauer des Produktionspro-

[9] Friedrich Engels, Dialektik der Natur, in: MEW, Bd. 20, Berlin 1971, S. 617.

zesses, den erforderlichen hohen Investitionen und der starren Festlegung dieser Mittel auf eine ganz bestimmte Aufgabe." An anderer Stelle kommt er zu dem Schluß: „Vielmehr haben wir heute ein Wirtschaftssystem, das wie immer man es auch bezeichnen mag, im wesentlichen eine Planwirtschaft ist."[10]

Galbraith überbetont die Planelemente in der heutigen kapitalistischen Wirtschaft, um ihnen apologetischen Charakter zu verleihen und abstrahiert dabei von entscheidenden Besonderheiten des gegenwärtigen kapitalistischen Leitungssystems.

Erstens bleiben die Regulierungsmaßnahmen des bürgerlichen Staates letztlich an den Verwertungsbedürfnissen des Kapitals orientiert. Selbst wenn der kapitalistische Staat gegen die Interessen einzelner Kapitalgesellschaften oder ganzer Monopolgruppen verstößt, tut er es nicht für die ganze Gesellschaft, sondern im Interesse anderer Monopolgruppen oder des Monopolkapitals insgesamt, um auf diese Weise das Fortbestehen des Gesamtsystems zu sichern.

Zweitens schränkt die Existenz privater Kapitalgesellschaften und Monopolgruppen mit ihrer absoluten Verfügungsgewalt über das jeweilige ökonomische Potential die Möglichkeiten direkter, planender und koordinierender Eingriffe des bürgerlichen Staates weitgehend ein. Im Interesse des Gesamtsystems liegende Maßnahmen kann er im wesentlichen nur mit indirekten Mitteln durchführen und dabei zu Teilerfolgen kommen, mit denen die grundlegenden Mängel des Kapitalismus nicht zu beheben sind. Veränderungen der Diskontsätze, steuerpolitische Maßnahmen, Subventionen, staatliche Investitionen und Aufträge usw. erfüllen die in sie gesetzten Erwartungen nur teilweise und nur so lange, wie sie nicht in Widerspruch mit den Gesetzmäßigkeiten des kapitalistischen Zyklus geraten und sich die internationalen Rivalitäten der imperialistischen Mächte verschärfen. Aber auch in „guten Zeiten" bleiben die Möglichkeiten der kapitalistischen Wirtschaftsregulierung in den Ausmaßen und in der Effektivität weit hinter der zentralen sozialistischen Volkswirtschaftsplanung zurück.

Drittens besteht das Ziel der kapitalistischen Wirtschaftsregulierung in dem Versuch, die sich aus dem gesellschaftlichen Charakter der Produktivkräfte ergebenden Konsequenzen zu umgehen und im Rahmen der kapitalistischen Eigentumsverhältnisse Beherrscher der Produktion zu bleiben, um Ausbeutung, Macht und Profit aufrechtzuerhalten. Damit wird die kapitalistische Wirtschaftsregulierung zu einem Mittel, mit dem das kapitalistische System den Zeitpunkt seiner Ablösung durch den Sozialismus hinauszögert. Entgegen den Behauptungen der Konvergenztheoretiker dient also die kapitalistische Wirtschaftsregulierung nicht der allmählichen Annäherung von Kapitalismus und Sozialismus, sondern der weiteren Aufrechterhaltung und Vertiefung der Widersprüche zwischen den beiden Systemen.

Hinsichtlich der Entwicklung des sozialistischen Systems stellen sich die Vertreter der Konvergenztheorie vor, daß parallel zu einer zunehmenden Zentralisa-

[10] John K. Galbraith, Die moderne Industriegesellschaft, a. a. O., S. 33 und 19.

tion und Regulierung im Kapitalismus eine Dezentralisierung und Liberalisierung im Sozialismus vor sich gehe. Doch entbehren ihre Hoffnungen, daß in den sozialistischen Ländern die zentrale Wirtschaftsplanung schwächer werde und es zur Restauration der freien Marktwirtschaft komme, jeder Grundlage.

Der Amerikaner Buckingham schreibt: „Planung und Sozialismus sind nicht ein und dasselbe ... In der Praxis ist die Wirtschaftsplanung ein Teil der Regulierungsstruktur in allen industrialisierten Ländern.“ [11]

Die Realität zeigt jedoch, daß eine wirkliche Volkswirtschaftsplanung, die von den Interessen der ganzen Gesellschaft ausgeht, nur bei gesellschaftlichem Eigentum an den Produktionsmitteln möglich und notwendig ist. Die Dialektik besteht darin, daß die Möglichkeit wirklicher gesellschaftlicher Planung – wenn sozialistisches Eigentum gegeben ist – zugleich zur objektiven Notwendigkeit wird, weil die Sicherung dieses Eigentums, die Herstellung der ihm entsprechenden gesellschaftlichen Beziehungen und die erforderliche Ausgestaltung des sozialistischen Gesamtsystems nur mittels zentraler Planung und Leitung zu verwirklichen sind.

Manche Vertreter konvergenztheoretischer Auffassungen behaupten, daß sich die Annäherung der beiden sozialen Systeme im wesentlichen weniger über die Leitungsformen, sondern infolge gleichgelagerter Prozesse in der Einkommensverteilung vollziehe. In den kapitalistischen Ländern verringere sich die Einkommensdifferenzierung und sei eine tendenzielle Nivellierung festzustellen, während man in den sozialistischen Ländern von wachsenden Einkommensunterschieden sprechen könne.

Bürgerliche Statistiker glauben nachweisen zu können, daß im Kapitalismus die Löhne und Gehälter der Arbeiter und Angestellten schneller steigen als die Profite und Einkommen der „Selbständigen“. Dabei ist allerdings zu beachten, daß den Angestellten auch Manager und Staatsbeamte mit sehr hohen Einkommen, den „Selbständigen“ aber auch Bauern, kleine Handwerker usw. zugerechnet werden.

Nimmt man anstelle der Einkommen die Unterschiede im Besitz von Sachvermögen, so wird das Bild der sozialen Differenzierung noch drastischer. Im Jahre 1965 verfügten die privaten Haushalte in der BRD über ein Sachvermögen im Werte von 4,7 Milliarden DM, während sich das Vermögen der Unternehmer auf 55,6 Milliarden DM bezifferte. Ähnliche Daten lassen sich aus allen kapitalistischen Ländern anführen. Die Konzentration und Zentralisation des Kapitals, auf die schon Marx hingewiesen hat, ist eine objektive Gesetzmäßigkeit der kapitalistischen Produktion und läßt keine Nivellierung von Einkommen und Vermögen zu.

Ein ganz anderes Bild bietet die Einkommensdifferenzierung im Sozialismus. Hier hängt sie mit Unterschieden in der Qualifikation und Intensität der Arbeit sowie in gewissem Maße auch mit der Qualität der Arbeit der Produzentenkollektive zusammen.

[11] Walter S. Buckingham, Theoretical Economic Systems. A comparative analysis, a. a. O., S. 458 und 463.

Das sozialistische Verteilungsprinzip, das mit ständiger Vollbeschäftigung gekoppelt ist, gehört zu den größten Errungenschaften der Werktätigen. Es gibt keinerlei arbeitslose Einkommen mehr, es gibt keine Möglichkeit mehr, Geld in Kapital zu verwandeln und andere Menschen auszubeuten. Der Sozialismus bietet günstige Voraussetzungen dafür, daß alle Menschen ihre Fähigkeiten entfalten und ihre Qualifikation erhöhen können, so daß sich letztlich auch die Arbeitsleistungen und die Einkommen annähern. Wenn also im Kapitalismus der Mechanismus der Kapitalverwertung objektiv zu immer größerer Differenzierung von Einkommen und Besitz führt, so wirken im Sozialismus die objektiven ökonomischen Bedingungen und sozialen Faktoren so, daß sich die Arbeits- und Lebensbedingungen aller Mitglieder der Gesellschaft immer mehr angleichen. Diese realen Prozesse stehen in völligem Widerspruch zu den frei erfundenen Vorstellungen von einer Konvergenz der beiden Systeme.

Manche bürgerliche Autoren meinen, ihre Argumente zugunsten der Konvergenz auf der Ebene des Einzelbetriebes finden zu können. Sie vergleichen die Leitungsmethoden in kapitalistischen und sozialistischen Betrieben, die Verteilung der Verantwortungsbereiche, Probleme der Arbeitsorganisation usw. und übertreiben dabei maßlos die Bedeutung gewisser Ähnlichkeiten in der Funktionsweise sozialistischer und kapitalistischer Wirtschaftseinheiten. Bei vielen Beispielen, die sie anführen, vollziehen sich jedoch die Vorgänge im kapitalistischen wie im sozialistischen Betrieb nur dem äußeren Schein nach gleichartig.

Natürlich muß der kapitalistische Manager bei der Entscheidungsvorbereitung und Entscheidungsfindung mit Expertengruppen zusammenarbeiten, sich von ihnen beraten lassen, Gutachten anfordern usw. Das alles macht der sozialistische Betriebsleiter auch. Aber diese scheinbar gleichen Formen haben für die beiden Leiter einen völlig verschiedenen Inhalt. Beispielsweise sind die Gründe für Entscheidungen über Produktionsausmaß und Produktionssortiment sowie über die Einstellung von Arbeitern nicht nur im Prinzip unterschiedlich, sondern auch in keinem wesentlichen Punkt vergleichbar. Hinzu kommt, daß der sozialistische Betriebsleiter die Probleme, je nach ihrem Inhalt, mit der Leitung der Betriebsparteiorganisation oder mit der Betriebsgewerkschaftsleitung erörtert, und er stellt sie auch in Arbeitskollektiven – von der Brigade bis zur Betriebsversammlung – zur Diskussion. Das ist nicht nur ein quantitativer Unterschied in dem Sinne, daß eine größere Anzahl von Menschen in die Entscheidungsvorbereitung einbezogen wird. Es ist ein qualitativer Unterschied, weil die unmittelbaren Produzenten an der Entscheidungsfindung beteiligt sind.

Die Haltung der Betriebsleitung zur werktätigen Frau, zur Nachwuchsförderung und zur fachlichen Weiterbildung der Mitarbeiter, zum Einsatz von Mitarbeitern in leitende Stellungen, zu den gesellschaftlichen Organisationen der Werktätigen (Jugendorganisation, Gewerkschaftsorganisation) usw. hat unter sozialistischen Bedingungen ebenfalls einen qualitativ anderen Inhalt als im Kapitalismus. Und die Bemühungen bürgerlicher Soziologen und Psychologen, Elemente sozialistischer Leitungsmethoden in kapitalistischen Unternehmen anzuwenden, verfolgen im wesentlichen das Ziel, die Ausbeutung der Werktätigen zu verschleiern und den Schein zu erwecken, als seien sie an der Leitung der Produktion beteiligt.

Aber nicht nur mit ökonomischen Motivierungen meinen die bürgerlichen Ideologen die Konvergenztheorie begründen zu können, man greift auch auf soziologische Argumente zurück. So schreibt der Theoretiker Helmut Schelsky (BRD) in seinem Buch „Die Ortsbestimmung der deutschen Soziologie": „Die entscheidenden industriegesellschaftlichen Problematiken und Handlungsforderungen, etwa der industriellen Arbeit des großstädtischen Lebens, des Konsums, der Erziehungs- und Ausbildungssituation, der Massenkommunikationsmittel usw. werden in so gegensätzlichen politischen Systemen wie etwa der UdSSR einerseits und der USA andererseits immer ähnlicher; daß sich diese soziale Konvergenz, wenn auch von verschiedenen Ausgangspunkten her, ständig steigert, ist eine der zentralen Behauptungen der modernen Soziologie."[12]

Auch Hans Joseph Mundt, der zu den Herausgebern der Schriftenreihe „Modelle für eine neue Welt" gehört, vertritt die Ansicht, daß die Technisierung sowohl unter kapitalistischen wie auch unter sozialistischen Bedingungen zu solchen sozialen Konsequenzen führe, daß sich beide Ordnungen in ihrer Gesamtheit immer ähnlicher werden.[13] Auch in dem in dieser Schriftenreihe erschienenen Buch „Unsere Welt 1985" wird die These vertreten, daß „im Jahre 1985 große, internationale wirtschaftliche Einheiten oder Gruppen existieren werden, die bereits untereinander weitgehende Arbeitsteilung eingerichtet haben und zudem durch verstärkten Handel miteinander verknüpft sind. Natürlich werden nach wie vor grundsätzliche Differenzen in der politischen Auffassung bestehen, aber unter dem Einfluß moderner Erzeugungs- und Verkaufsmethoden werden diese Verschiedenheiten in Methode und Konzeption sich abschleifen."[14] Ähnliche Gedanken finden sich in den Schriften von Ralf Dahrendorf, Fritz Baade und vielen anderen.

Diese Behauptungen und Erwartungen bürgerlicher Ökonomen beruhen auf dem Irrglauben, daß die gesellschaftliche Entwicklung unmittelbar vom technisch-ökonomischen Fortschritt geprägt werde und die Unterschiede in den Produktionsverhältnissen ohne Belang seien.

Der in den USA lebende bürgerliche Theoretiker Pitirim Sorokin veröffentlichte eine Studie über die „Soziologische und kulturelle Annäherung zwischen den Vereinigten Staaten und der Sowjetunion"[15]. Er verweist auf das Erzie-

[12] Helmut Schelsky, Ortsbestimmung der deutschen Soziologie, Düsseldorf-Köln 1959, S. 136.

[13] Hans J. Mundt, Kompaßzahl 2000. Synthese und Neuorientierung. Wege ins neue Jahrtausend, München-Wien-Basel 1964, S. 23. (Modelle für eine neue Welt.)

[14] Unsere Welt 1985. S. 291. (Modelle für eine neue Welt.)

[15] Pitirim A. Sorokin, Soziologische und kulturelle Annäherungen zwischen den Vereinigten Staaten und der Sowjetunion, in: Zeitschrift für Politik, Köln-Berlin (West), 4/1960, S. 356.

hungs- und Bildungswesen in den USA und in der UdSSR und würdigt die gewaltigen Leistungen der Sowjetunion auf diesem Gebiet, besonders die hervorragende Ausbildung der technischen Intelligenz.[16] Daraus leitet er den Schluß ab, daß sich Erziehungs- und Bildungswesen in den führenden kapitalistischen und sozialistischen Ländern immer ähnlicher werden.

Der Soziologe Hartmut Vogt (BRD) behauptet: „Die in erster Linie existentiell notwendigen sachlogisch bedingten Reaktionen auf die in West und Ost relativ gleichartigen Gegebenheiten und Erfordernisse auf dem Gebiete der Bildung und Erziehung bedingen auch im Kern relativ gleichartige Bildungsbestrebungen."[17] „Die industriestaatliche bzw. industriegesellschaftliche Entwicklung folgt in der ganzen Welt und somit auch in beiden Teilen Deutschlands relativ gleichartigen Gesetzmäßigkeiten, deren Bewältigung durch jede Art von Gesellschaftsordnung ganz bestimmte und damit ebenfalls verhältnismäßig gleichartige sachlogisch bedingte Reaktionen erfordert, die sich vielfach bzw. auf die Dauer gegenüber rein ideologisch bedingten gesellschaftlichen Entwicklungsbestrebungen durchsetzen."[18]

Diese konvergenztheoretische Bildungskonzeption hat ihre Wurzeln in einer technizistischen Betrachtungsweise. Für den Autor sind die Kennzeichen der modernen Industriegesellschaft der technische Fortschritt, repräsentiert vor allem durch die kybernetische Automation der Produktions- und Verwaltungsvorgänge, und die Massengesellschaft, d. h. die Vermehrung und Zusammenballung der Menschen auf immer engerem Raum. Für den Menschen bestünden die Folgen dann in einer weitgehenden Unselbständigkeit und wirtschaftlichen Abhängigkeit in einem „Vermassungsvorgang", der gekennzeichnet sei durch Abbau persönlicher Verantwortung und Flucht in die Anonymität. Diese für den Kapitalismus typische Verbildung des Menschen wird hier verabsolutiert und „sozial neutralen" technischen und demographischen Faktoren zur Last gelegt.

Ohne in die pädagogischen Details eindringen zu wollen, sind diesen Fehlorientierungen drei Tatsachen entgegenzuhalten:

1. Da der Sozialismus das Bildungsmonopol der früher herrschenden Klasse gebrochen hat, können hier alle Mitglieder der Gesellschaft eine ihren Fähigkeiten entsprechende Ausbildung erwerben. Im Kapitalismus dagegen ist die höhere Bildung im wesentlichen das Privileg der begüterten Schichten. Besonders deutlich geworden ist dies auch in jüngster Zeit, als sich das Wachstum der Kosten für die Bildung unter den Bedingungen einer Masseninflation und des Angriffs auf die Einkommen der Werktätigen erhöhte.

2. Dem Bemühen um eine humanistische Erziehung der Jugend, um die Entwicklung von vielseitig gebildeten Persönlichkeiten mit hohem Gemeinschaftssinn im Sozialismus steht eine Tendenz zunehmender Verachtung kultureller

[16] Vgl. Ebenda, S. 356.

[17] Hartmut Vogt, Bildung für die Zukunft. Entwicklungstendenzen im deutschen Bildungswesen in Ost und West, Göttingen, 1967, S. 10–11.

[18] Ebenda, S. 11.

und menschlicher Werte und eine antihumanistische Manipulierung des Denkens und Fühlens der Menschen im Kapitalismus gegenüber.

3. Die Überlegenheit des sozialistischen Bildungssystems liegt in der Komplexität der Vermittlung von Wissen und moralischen Normen. Selbst wenn in den kapitalistischen Ländern versucht wird, wissenschaftliche und moralische Werte in Einklang zu bringen, stößt dies stets auf den antihumanen Charakter des ganzen Systems und seiner Ziele.

Schon Karl Marx schrieb: „Die Gesellschaft besteht nicht aus Individuen, sondern drückt die Summe der Beziehungen, Verhältnisse aus, worin diese Individuen zueinander stehn."[19] Die organische Ganzheit einer Gesellschaftsformation besteht darin, daß sich alle Bereiche, Elemente und Teilsysteme in Übereinstimmung mit dem sozialökonomischen Charakter des Gesamtsystems herausbilden, befinden und entwickeln. Natürlich ist das kein konfliktloser und widerspruchsfreier Prozeß. Immer gibt es in einzelnen Bereichen oder Teilsystemen der Gesellschaft Gegenkräfte und Gegenwirkungen. Solange die Grundstruktur der sozialökonomischen Formation erhalten bleibt, gibt es hier zwar Reibungen, Konflikte und Widersprüche, doch verletzen sie nicht die Ganzheit des Systems. Marx schrieb hierzu: „Dies organische System selbst als Totalität hat seine Voraussetzungen, und seine Entwicklung zur Totalität hat seine Voraussetzungen, und seine Entwicklung zur Totalität besteht eben [darin], alle Elemente der Gesellschaft sich unterzuordnen, oder die ihm noch fehlenden Organe aus ihr heraus zu schaffen."[20]

Diese systemtheoretischen Überlegungen lassen den Schluß zu, daß in so gegensätzlichen Gesellschaftssystemen wie Kapitalismus und Sozialismus auch die Teilbereiche dem Charakter des Gesamtsystems entsprechen und es deshalb auch keinerlei systemneutrale Annäherung an andere Systeme oder Verschmelzung mit ihnen geben kann.

Im bürgerlichen Lager gibt es in den letzten Jahren zunehmende Skepsis gegenüber der Konvergenztheorie. Die von rechts kommende Kritik an der Konvergenztheorie geht davon aus, daß es für den Imperialismus ein Risiko sein könnte, wenn viele Menschen in der kapitalistischen Gesellschaft die Annäherungsthesen ernst nehmen und daraus vielleicht entsprechende praktische Schlüsse ableiten. So wird in einem in der BRD publizierten Beitrag unter der Zwischenüberschrift „Existentielle Gefahren der Konvergenztheorie" festgestellt: „Die Konvergenzideologie ist nur so lange ungefährlich, wie sie nicht in Gestalt zunehmender sozialistischer Experimente zur Konvergenzpolitik wird ... Auf der anderen Seite würde eine Konvergenzpolitik unser Bekenntnis zum Westen unglaubwürdig machen und unsere Zugehörigkeit zur westlichen Völkerfamilie in Frage stellen ... deutsche Zugeständnisse an den Sozialismus im Sinne der Konvergenzideologie (sind) schon jetzt geeignet, unser Bekenntnis in Europa unglaubwürdig zu ma-

19 Karl Marx, Grundrisse der Kritik der Politischen Ökonomie, Berlin 1974, S. 176.
20 Ebenda, S. 189.

chen."[21] Bezeichnenderweise hat sich die SPD-Führung in ihren Grundsatzerklärungen, die die Innenpolitik betreffen, von allen Elementen der Konvergenztheorie losgesagt. Aber in den nach außen und insbesondere auf die sozialistischen Staaten berechneten Äußerungen werden nach wie vor konvergenztheoretische Überlegungen eingebaut.

Für die Sozialdemokratie erscheint nur folgende Konvergenzvorstellung akzeptabel: Die Wirtschafts- und Gesellschaftsform jener Länder, in denen es eine sozialdemokratisch geführte Regierung gibt, wird als Industriegesellschaft hingestellt, die nach den Prinzipien des „demokratischen Sozialismus" umgestaltet worden ist oder wird. Den sozialistischen Ländern wird empfohlen, sich dieses Modell zum Vorbild zu nehmen und ihren „doktrinären", „totalitären", „autoritären" Sozialismus allmählich in sozialdemokratischer Richtung umzugestalten. Irgendwelche bedeutendere „Gegenleistungen" hält die sozialdemokratische Führung für unakzeptabel. Nur eine derart einseitige Annäherung könne alle Widersprüche beseitigen, so daß eine „einheitliche Industriegesellschaft" nach sozialdemokratischem Muster und natürlich unter sozialdemokratischer Führung entstehe. Wir haben es hier folglich mit einer Modifikation der gegenseitigen Annäherung der beiden Systeme zu tun, nach der der Sozialismus unter völliger Aufgabe seiner Prinzipien vom Kapitalismus aufgesogen werden soll.

Im heutigen Literaturangebot der kapitalistischen Länder zu gesellschaftstheoretischen Fragen sind Zahl und Umfang der Publikationen, die sich speziell mit Fragen der Konvergenztheorie beschäftigen, im Vergleich zu früher erheblich zurückgegangen. Allerdings wäre es voreilig, daraus den Schluß zu ziehen, daß die Konvergenztheorie in der Ideologiestruktur der kapitalistischen Länder in den Hintergrund getreten sei. Prüft man den theoretischen und methodischen Inhalt von Publikationen oder Konzeptionen, die nicht unter konvergenztheoretischen Überschriften, sondern als Futurologie, Konfliktforschung, Kommunismusforschung usw. angeboten werden, so stellt man fest, daß dabei die Grundthesen der Konvergenztheorie Pate gestanden haben.

Daraus folgt, daß der marxistisch-leninistischen Kritik nach wie vor die Aufgabe gestellt ist, die gesellschaftliche Funktion dieser Theorie aufzudecken, ihre theoretische Struktur und Argumentation kritisch zu analysieren und auf die Ablösung dieser oder jener von der Praxis allzu deutlich widerlegter Thesen durch neue, raffiniertere Argumente zu reagieren.

Die Aktualität dieser Aufgaben ergibt sich auch daraus, daß mit den größer werdenden Möglichkeiten der friedlichen Koexistenz neue Illusionen im Hinblick auf eine Annäherung der beiden gegensätzlichen Systeme, auf das Verschwinden ihrer Spezifiken und Grundsätze aufkommen. Die jüngsten Modifikationen der Konvergenztheorie betreffen vor allem zwei Aspekte. Früher wurde versucht, eine angebliche Annäherung der beiden Systeme auf allen Gebieten des gesell-

[21] W. Wedemann, Deutsche Einheit im Sozialismus? Konvergenztheorie und -ideologie, in: Gesellschaftspolitische Kommentare, 9, 10/1970, S. 115.

schaftlichen Lebens, also auch im Bildungs- und Erziehungswesen, in der Kultur, ja sogar in der Philosophie nachzuweisen. Inzwischen haben die meisten bürgerlichen Ideologen einsehen müssen, daß es in der Weltanschauung, in der Partei- und Staatspolitik, in der Kultur und auf verschiedenen anderen Gebieten keine Annäherung gibt und geben kann. Die prinzipienfeste Haltung der sozialistischen Staaten und der marxistisch-leninistischen Parteien zu allen Versuchen der ideologischen Diversion gegen die Grundprinzipien der sozialistischen Theorie und Praxis haben die imperialistischen Politiker und Ideologen zu dieser Einsicht gezwungen. Deshalb geben die Konvergenztheoretiker verschiedene Positionen auf, um gleichzeitig zu versuchen, die konvergenztheoretischen Thesen für die Wissenschaft, die Technik und die Lebensweise aufrechtzuerhalten und auszubauen.

Ein zweiter Aspekt, unter dem die Konvergenztheorie modifiziert wurde, betrifft die Vorstellung der bürgerlichen Ideologen über das Tempo der Annäherungsprozesse. Früher bestand die Auffassung, daß die Annäherung der beiden Systeme im vollen Gange sei, sich ständig beschleunige und in absehbarer Zeit zu einer „einheitlichen Industriegesellschaft" führen werde. Die heutigen Prognosen der bürgerlichen Autoren sind weit bescheidener und gehen davon aus, daß diese Annäherungsprozesse nur im Keim gegeben seien und noch einer sehr langen Reifezeit bedürfen. So führt Georg von Wrangel in seinem Buch „Wird der Ostblock kapitalistisch?" aus, wie er sich nach einer späteren „Wiedervereinigung der beiden Teile Deutschlands" die „Wirtschaftsangleichung" vorstellt. Er hält es für möglich und wahrscheinlich, „daß zumindestens für eine längere Übergangsperiode gemischt-wirtschaftliche Unternehmensformen bestehen bleiben und daß neben den reprivatisierten Betrieben auch solche im öffentlichen Besitz weiterarbeiten. Ob und wann dann deren Überführung in private Hand stattfinden kann, wird erst in einer späteren Zukunft entschieden werden können."[22] Es geht also um die „geduldige" Restauration des Kapitalismus in einem sozialistischen Land bei gleichzeitigem Weiterbestehen einzelner, wirkungslos gemachter Elemente der einstigen sozialistischen Gesellschaft. Um Mißverständnissen vorzubeugen, betont Wrangel: „Die wirtschaftliche Angleichung Mitteldeutschlands an Westdeutschland wird also kein einmaliger Akt, sondern ein differenzierter, stufenweiser Vorgang sein."[23]

Wrangels programmatische Schlußfolgerung besteht auch darin, daß im Gefolge der „Angleichung" der Wirtschaftsordnungen „die Wirtschaft des heutigen Ostblocks von Kräften der freien Initiative getragen sein und auch dem Privateigentum an Produktionsmitteln wieder breiten Raum geben" wird.[24] Schlußfolgerungen dieser Art sind ein deutlicher Beleg dafür, daß die Konvergenztheorie nicht etwa liberal reformistisch geprägt ist, sondern den aggressivsten Kreisen der bürgerlichen Ideologie Ansatzpunkte bietet.

22 Georg von Wrangel, Wird der Ostblock kapitalistisch?, München 1966, S. 137–138.
23 Ebenda, S. 138.
24 Ebenda. S. 256.

5. KAPITEL

Die Ansichten über die sozialistische Wirtschaft in den bürgerlichen Theorien von der „Industriegesellschaft" und „postindustriellen Gesellschaft"

Seit etwa 20 Jahren spielt in der bürgerlichen Ideologie ein Komplex von sozialökonomischen Ideen eine zunehmende Rolle, die die Konzeptionen von den „Stadien des Wirtschaftswachstums", der „Industriegesellschaft" und der „postindustriellen Gesellschaft" in sich vereinen. Dieser Richtung gehören auch die Lehren von der „Postzivilisation" (Kenneth E. Boulding), vom „pluralistischen Industrialismus" (Clark Kerr, Frederick H. Harbinson, Charles A. Myers, John T. Dunlop), der „technologischen Gesellschaft" (Jacques Ellul), der „technotronischen Gesellschaft (Zbigniew Brzezinski) sowie von der „modernen Industriegesellschaft" und der „dualistischen Wirtschaft" (John K. Galbraith) an. Mit diesem Komplex von Ideen versuchen bürgerliche Wissenschaftler, ihr eigenes Bild von der Gegenwart zu zeichnen und damit die marxistisch-leninistische Lehre über die Unvermeidlichkeit des Übergangs vom Kapitalismus zum Sozialismus zu widerlegen.

Die marxistisch-leninistische Literatur in der UdSSR und anderen Ländern hat sich bisher hauptsächlich auf die Analyse der allgemeinen Prinzipien dieser Richtung und ihrer Anwendung auf die Interpretation der heutigen kapitalistischen Wirtschaft beschränkt. Dagegen sind die Vorstellungen der Autoren dieser Konzeptionen über die sozialistische Wirtschaft kaum untersucht worden.

Die Konzeptionen der „Industriegesellschaft" und der „postindustriellen Gesellschaft" haben im Laufe ihrer Entwicklung beträchtliche Veränderungen erfahren. Verschiedene Darstellungen waren unaktuell geworden, modernisierte Varianten traditioneller Ideen tauchten auf, und man versuchte, die neuen Prozesse, die sich in den sechziger und siebziger Jahren vollzogen haben, zu deuten.[1] Die Theorien von der „Industriegesellschaft" und der „postindustriellen Gesellschaft" weisen außer ihren bürgerlichen Spielarten auch sozialdemokratische, anarchistische und revisionistische Varianten auf.[2] Doch sind die bürgerlichen, reformistischen und revisionistischen Theoretiker des „Industrialismus" in der Einschätzung des realen Sozialismus meist einig.

Die ersten Varianten der Industriegesellschaftslehre waren bereits an der Wende von den vierziger zu den fünfziger Jahren in den USA aufgetaucht. Ihre Auto-

1 Vgl. Daniel Bell, The Coming of Post-Industrial Society. A Venture in Social Forecasting, New York 1973.

2 Paul Goodman, Vorwort zu: Helen and Scott Nearing, Living the Good Life, New York 1971; Kenneth Keniston, Youth and Dissent, New York 1971.

ren waren der amerikanische bürgerliche Ökonom Peter Drucker und der Begründer der Theorie von den „human relations", Elton Mayo. Sie vertraten die Auffassung, daß die Massenfließfertigung und der Siegeszug der großen Kapitalgesellschaften in der Wirtschaft eine „Weltrevolution" bewirkt hätten, mit der sich der Kapitalismus in eine „Industriegesellschaft" verwandelt habe.[3] Den Sozialismus werteten sie als Ordnung, die nur für industriell weniger fortgeschrittene Länder geeignet sei, als eine Variante der „vorindustriellen Gesellschaft".

Allerdings konnte diese Einschätzung nicht lange aufrechterhalten werden. Die ersten Versuche, den Sozialismus, ausgehend von den Prinzipien der „Industriegesellschaft", zu interpretieren, tauchten in den fünfziger Jahren auf. Dabei verhehlten die Verfechter der Industriegesellschaftstheorie nicht, daß sie beabsichtigten, eine theoretische Alternative zur marxistisch-leninistischen Lehre auszuarbeiten. So schrieb Raymond Aron, er habe sich das Ziel gesetzt, die Idee von der Entwicklung des Kapitalismus zum Sowjetsystem zu widerlegen.[4] Clark Kerr, Frederick H. Harbinson, Charles A. Myers und John T. Dunlop (USA) behaupteten, nicht „der in Europa drohende Kommunismus", sondern die Industrialisierung stelle sich der Welt als Problem und verändere „fast alle Wesenszüge älterer traditioneller Gesellschaften"[5].

Die Darstellung des Sozialismus als eine dem Kapitalismus gleichzustellende Variante der „Industriegesellschaft" geht auf Schriften von Peter Drucker sowie auf ein im Jahre 1950 erschienenes Buch von Raymond Aron zurück.[6] Er hatte schon seinerzeit anmaßend erklärt, daß nicht die marxistisch-leninistische Theorie, sondern die Industriegesellschaftslehre der Schlüssel zum Verständnis der sozialökonomischen Systeme der UdSSR und der USA sei, „denn das Kennzeichen dieser Gesellschaft liegt weder in der Frage des Privateigentums oder des öffentlichen Eigentums an den Produktionsmitteln noch im Anteil von Marktmechanismus und Planung am Wirtschaftsleben". Das Hauptmerkmal liege allein in der industriellen Produktion, die allein die vergleichbaren sozialökonomischen Strukturen bestimme.[7]

In seiner Arbeit „Die Entwicklung der Industriegesellschaft und der sozialen Stratifikation", die im Jahre 1957 erschien, führte Aron die soziologischen Aspekte dieser Theorien aus. Walt W. Rostow hat dann 1960 die ökonomische Problematik systematisiert und ein Schema vom Entstehen der „Industriegesellschaften" und ihrer Entwicklungsetappen entworfen. Rostow behauptete, daß alle Ge-

[3] Vgl. Elton Mayo, The Social Problems of Industrial Civilization, London 1949; Peter F. Drucker, Gesellschaft am Fließband. Eine Anatomie der industriellen Ordnung, Düsseldorf 1950.

[4] Raymond Aron, Die industrielle Gesellschaft, Frankfurt a. M.-Hamburg 1964, S. 8.

[5] Vgl. Clark Kerr, John T. Dunlop, Frederick H. Harbinson, Charles A. Myers, Der Mensch in der industriellen Gesellschaft, Frankfurt a. M. 1966, S. 37.

[6] Vgl. Raymond Aron, La sociologie allemande contemporaine, Paris 1950; deutsche Ausgabe: Die deutsche Soziologie der Gegenwart, Stuttgart 1965.

[7] Vgl. ebenda (deutsche Ausgabe), S. 175–176, 178.

sellschaften vom Standpunkt ihrer ökonomischen Dimensionen her folgende Etappen durchlaufen: die traditionelle Gesellschaft" (rückständige Länder vor der Industrialisierung), die Übergangsstadien „vor dem Aufstieg" und „Aufstieg" sowie schließlich die eigentliche „Industriegesellschaft", die die Stadien der „Reife" und des „Massenkonsums" umfasse.[8]

Verschiedene bürgerliche Ökonomen verhielten sich reserviert zu Rostows Konzeption und werteten sie gar als Zugeständnis an den Marxismus, soweit es um die Anerkennung der führenden Rolle der Produktion bei der Herausbildung der Gesellschaftsordnung geht.

Allerdings hat kein bürgerlicher Kritiker von Rostows Doktrin auf deren theoretische Kardinalfehler (wie die Ignorierung der bestimmenden Rolle der Produktionsverhältnisse, die Verschleierung der qualitativen Unterschiede zwischen der kapitalistischen und sozialistischen Produktionsweise) aufmerksam gemacht.

Von den Versuchen, die Positionen des „Industrialismus" zu befestigen, sie den neuen Bedingungen der ökonomischen und ideologischen Auseinandersetzung in den sechziger und siebziger Jahren anzupassen, ist vor allem die Konzeption Raymond Arons zu nennen, die bestimmenden Einfluß auf die Interpretation der sowjetischen Wirtschaft aus der Sicht der Industriegesellschaftslehre ausgeübt hat. In seinem Buch „18 Lektionen über die Industriegesellschaft" und in späteren Arbeiten weist er verschiedene Thesen Rostows zurück und legt seine Auffassung von der „Industriegesellschaft" im Hinblick auf die sozialistische Wirtschaft dar.

Aron räumt zwar ein, daß alle in der Industrialisierung befindlichen Länder bestimmte Gemeinsamkeiten haben, doch folge daraus nicht, daß die Ausgangssituation in den USA zur Mitte des 19. Jahrhunderts mit der der UdSSR in der ersten Hälfte des 20. Jahrhunderts übereinstimmen müsse, wie dies in der Konzeption von den „Stadien des Wirtschaftswachstums" begründet werde.[9]

Aron ist auch nicht damit einverstanden, wie Rostow die historische Bedeutung des Sozialismus und seine Perspektiven beurteilt. Walt W. Rostow glaubte, den Nachweis antreten zu können, daß der Sozialismus lediglich ein Mittel der Industrialisierung sei. In den höheren Industrialisierungsstadien würden die sozialistischen Gesellschaften ihre spezifischen Besonderheiten aufgeben und „in den Schoß" des Kapitalismus zurückkehren. Aron meint, daß das „Sowjetsystem" nicht nur eine Industrialisierungsmethode, sondern weit mehr, nämlich Theorie und Praxis der Industriegesellschaft sei.[10]

Aron zufolge gehören Kapitalismus und Sozialismus dem gleichen sozialen Typ an: der „Industriegesellschaft". Indes haben sie in ihrer sozialen Struktur, in den Eigentumsformen, in der Funktionsweise der Wirtschaft und in der Art

[8] Vgl. Walt W. Rostow, Stadien wirtschaftlichen Wachstums. Eine Alternative zur marxistischen Entwicklungstheorie, Göttingen 1967.

[9] Raymond Aron, Die deutsche Soziologie der Gegenwart, Stuttgart 1965, S. 23. Hier zitiert nach dem russischsprachigen Text.

[10] Ebenda, S. 40.

ihrer Entwicklung so viel Spezifika gewahrt, daß er von zwei Formen, nämlich der kapitalistischen und sozialistischen „Industriegesellschaft" spricht.

In der ersten Hälfte der sechziger Jahre wurde das sozialökonomische System der UdSSR in der bürgerlichen Literatur überwiegend als spezielle Variante der „Industriegesellschaft" betrachtet. Dabei glaubten die bürgerlichen Ökonomen und Soziologen noch, daß diese Variante von der höherentwickelten, der kapitalistischen „Industriegesellschaft" aufgesogen werden würde. Später ging man dann zu der etwas vorsichtigeren Konzeption von der „Konvergenz" dieser „Varianten" über.

Nachdem die weiter blickenden bürgerlichen Ökonomen die Irrealität auch dieser Hypothesen eingesehen hatten, brachten sie die Konzeption von einer parallelen Evolution der „beiden Typen der Industriegesellschaft" auf. Dabei waren sich die bürgerlichen Ökonomen darin einig, daß die kapitalistische Variante der sozialistischen in einer Reihe wichtiger Kennziffern überlegen sei.

In der zweiten Hälfte der sechziger Jahre gewann der Gedanke, daß der Kapitalismus in die „postindustrielle" Gesellschaft hinüberwachse, während der Sozialismus in der „Industriegesellschaft" verbleibe, immer größere Verbreitung. Dabei ging man von Veränderungen aus, die sich während der sechziger Jahre in der Struktur der kapitalistischen Wirtschaft vollzogen hatten. Diese Prozesse hatten angeblich den Übergang von der „industriellen" zur „postindustriellen" Gesellschaft bewirkt.

Bei näherem Hinsehen stellte sich jedoch heraus, daß sich der sozialökonomische Inhalt, den die bürgerlichen Ideologen der „postindustriellen" Gesellschaft verliehen, in nichts Wesentlichem von den Merkmalen der „Industriegesellschaft" unterschied. So erneuerte man die Behauptungen, daß das Eigentum in der hochindustrialisierten Gesellschaft bedeutungslos werde und die Besitzer von Spezialkenntnissen – Ingenieure, Manager, Wissenschaftler – die führende Stellung übernehmen. Für die Wirtschaft der „postindustriellen" Gesellschaft sollen die angeblichen Segnungen des Marktmechanismus gleichfalls gelten, wie das automatische Wachstum des Wohlstands und der Gleichheit unter dem Einfluß von sich allgemein ausbreitender Bildung und steigender Produktionsleistungen, ebenso der Mythos vom „Absterben der Ideologie". All diese Merkmale des Gesellschaftssystems finden sich bereits in Raymond Arons und Clark Kerrs Theorien von der „Industriegesellschaft".

Auch die Behauptungen der Theoretiker der „postindustriellen" Gesellschaft, daß dem theoretischen Wissen eine neue Rolle zukomme, sind bereits aufgestellt worden. Raymond Aron hat wiederholt betont, daß „der wissenschaftliche Fortschritt, die technologischen Erkenntnisse, steigende Produktionsleistungen das Entscheidende am industriellen Typ der Gesellschaft"[11] seien. Der Unterschied

[11] Raymond Aron, The Industrial Society. Three Essays on Ideology and Development, New York 1967, S. 180. Zbigniew Brzezinskis Theorie von der „technotronischen Gesellschaft" ist im wesentlichen eine Neuauflage der „Industriegesellschaft" (vgl. Zbigniew Brzezinski, Beetween Two Ages: America's Role in Technotronic Era, New York 1970).

zwischen der ursprünglichen Konzeption von der „postindustriellen“ Gesellschaft und der von der „Industriegesellschaft“ reduziert sich im wesentlichen auf eine Neusetzung der Akzente hinsichtlich der Veränderungen, die sich unter dem Einfluß der wissenschaftlich-technischen Revolution in der wirtschaftlichen und sozialen Struktur, in Wirtschaft und Politik vollziehen.

Dabei wurde behauptet, daß der wissenschaftlich-technische Fortschritt die Veränderungen der sozialökonomischen Ordnung automatisch diktiere: Der Druck der „industriellen Technologie“ führe zum „Rationalismus“, zu einer „ökonomischen Funktionsweise“ als gemeinsamer Entwicklungsform von Kapitalismus und Sozialismus. Da die UdSSR und die USA „ökonomisierende Gesellschaften“ seien, erklärt Daniel Bell, sei ihre Wirtschaftsführung nach dem Prinzip der „funktionellen Effektivität“ organisiert, das in dem Bestreben bestehe, „mehr für weniger“ zu erhalten, „eine rationellere Lebensweise für die Erreichung des Ziels zu wählen“[12].

Natürlich wird sich bei einem Vergleich der heutigen Methoden der Wirtschaftsführung mit denen der Sklavenhalter- oder Feudalordnung zeigen, daß diese Methoden im Sozialismus und Kapitalismus eine Reihe von Gemeinsamkeiten aufweisen. Der Mensch von heute stellt eingehende Vergleiche von Aufwand und Ergebnis an; in der Produktion der materiellen Güter werden technische Mittel angewandt die eine wesentlich höhere Qualifikation der Beschäftigten verlangen; die Anwendung wissenschaftlicher Erkenntnisse für die Erreichung bestimmter wirtschaftlicher Ergebnisse nimmt in unerhörtem Ausmaß zu usw.

Karl Marx hat die Bedeutung des Kapitalismus für die Entwicklung der Produktivkräfte, für die Ökonomie der Zeit und für die rationelle, effektive Nutzung der Ressourcen immer wieder hervorgehoben. In dem Maße, wie dies nicht durch Überarbeitung der Arbeiter erreicht wird, lehrt der Kapitalismus die Menschheit, „hauszuhalten mit ihren Kräften und den produktiven Zweck mit dem geringsten Aufwand von Mitteln zu erreichen“[13]. Zugleich betont Marx: „Ökonomie der Zeit, sowohl wie planmäßige Verteilung der Arbeitszeit auf die verschiedenen Zweige der Produktion, bleibt also erstes ökonomisches Gesetz auf Grundlage der gemeinschaftlichen Produktion. Es wird sogar in viel höherem Grade Gesetz.“[14]

Die Thesen der Theoretiker von der „Industriegesellschaft“ und der „postindustriellen Gesellschaft“ über die Besonderheiten des Wirtschaftens, die sich unmittelbar aus dem technischen Entwicklungsstand, aus den Eigenheiten der industriellen Massenproduktion ergeben und deshalb in diesem oder jenem Maße sowohl auf den Kapitalismus als auch auf den Sozialismus zutreffen, stellen also in wissenschaftlicher Hinsicht nichts Originelles dar. Sie waren schon Marx bekannt, der sie für seine Untersuchungen verwandte, sie jedoch nur als Ausgangs-

[12] Vgl. Daniel Bell, The Coming of Post-Industrial Society. A Venture in Social Forecasting, a. a. O., S. 75–76, 274–276, 298.

[13] Karl Marx, Theorien über den Mehrwert, Zweiter Teil, in: MEW, Bd. 26.2, Berlin 1974, S. 549.

[14] Karl Marx, Grundrisse der Kritik der Politischen Ökonomie, Berlin 1974, S. 89.

punkt der Gesellschaftsanalyse für nützlich erachtete, weil sie das Allgemeine hervorheben und fixieren und Wiederholungen überflüssig machen. Karl Marx hat wiederholt davor gewarnt, mit Hilfe derart allgemeingültiger Begriffe die Funktionsspezifik einer Produktionsweise deutlich machen zu wollen, weil die Wirkung dieser allgemeinen Formen auf das Leben der Gesellschaft in entscheidendem Maße von der sozialen Ordnung, von den herrschenden Produktionsverhältnissen bestimmt wird.

Für den Nachweis der Spezifik der wirtschaftlichen Funktionsweise des Kapitalismus und Sozialismus reicht der Inhalt der allgemeinen Begriffe von Rationalität und Effektivität nicht aus. Die Besonderheiten der Effektivität und Rationalität in der kapitalistischen und in der sozialistischen Wirtschaft lassen sich aus ihnen nicht erkennen.

Die bürgerliche Ökonomie glaubt, die Besonderheiten der sozialistischen Wirtschaft dadurch negieren zu können, daß sie die Unterschiede verwischt und durch allgemeingültige Begriffe ersetzt.[15] Daniel Bell betrachtet die von der neoklassischen Schule der bürgerlichen politischen Ökonomie verwendete Produktionsfaktorenkonzeption, ihre marginalistische Kosteninterpretation, die statistischen Produktionsfunktionen, die Programmierung und alle anderen Instrumente der Ergebnismaximierung, der Optimierung und der Kostenminimierung als ausdrückliche Darstellung der Grundsätze der allgemeinen Theorie von der sowohl für den Kapitalismus als auch für den Sozialismus gültigen „Rationalität“ und „Effektivität“ des Wirtschaftens. Natürlich bleibt bei einer solchen Betrachtungsweise verborgen, daß die Kostenminimierung für den Kapitalisten keineswegs mit den geringstmöglichen Kosten für die Gesellschaft identisch ist und das Profitmaximum, selbst wenn man von seiner privaten Aneignung abstrahiert, nicht das Effektivitätskriterium der Produktion vom gesellschaftlichen Standpunkt sein kann, der die Gebrauchswertmasse maximiert.

Ausgehend von den neoklassischen Dogmen, erklärt Daniel Bell den „Marktmechanismus mit elastischem Preissystem, das die Veränderungen in Angebot und Nachfrage widerspiegelt“, zum einzig möglichen Instrument effektiven Wirtschaftens unter den Verhältnissen der wissenschaftlich-technischen Revolution. Dieser von indirekter staatlicher Regulierung ergänzte Marktmechanismus könne den Wohlstand aller Mitglieder der Gesellschaft, unter dem Bell Massenkonsumtion versteht, sichern.

Aber Ende der sechziger Jahre und in den siebziger Jahren wurde die Unhaltbarkeit etlicher Grunddogmen der Neoklassik und damit auch die Unzulänglichkeit der sich darauf stützenden Rationalismustheorie offenbar. Wenn die Theoretiker des „Industrialismus“ behauptet hatten, das Wirtschaftswachstum werde zu allgemeiner Wohlfahrt führen, so bewies die Entwicklung des Kapitalismus in den sechziger und siebziger Jahren das Gegenteil. Die Widersprüche des Kapitalismus wirken nach wie vor, äußern sich in lokalen und allgemeinen Krisen, in Arbeits-

[15] Vgl. ebenda, S. 8–9.

losigkeit, in der Verschärfung der Konkurrenz und in sozialen Konflikten. Die Finanzoligarchie hat nach wie vor riesige Vermögen konzentriert, während viele Millionen Menschen in Not und Elend dahinvegetieren. Auch dann, wenn er mit staatsmonopolistischer Regulierung verbunden ist, hat sich der Marktmechanismus als unfähig erwiesen, der Verschlechterung der Biosphäre und dem Raubbau an den Naturvorräten Einhalt zu gebieten, er hat die negativen Folgen in diesen Sphären sogar noch verschärft. Zugleich wird immer offensichtlicher, daß der Wohlstand weitgehend von solchen Faktoren geprägt wird wie dem Charakter der Arbeit, den Formen der Freizeitgestaltung sowie von solchen Gütern wie reines Wasser, saubere Luft und Naturlandschaften, die in der neoklassischen Theorie als „freie Güter“ ohne Preis und ohne Einfluß auf den gesellschaftlichen Wohlstand gegolten hatten.

Der neoklassische Begriff des Bruttosozialprodukts ist als Maßstab für den Wohlstand der Menschen im Kapitalismus nicht anwendbar, weil Produktionssteigerungen bei vielen Waren wegen der Verschlechterung der Umwelt, des zunehmenden Konsums gesundheitsschädlicher Produkte usw. die Qualität des Lebens nicht verbessern, sondern verschlechtern.

Unter dem Einfluß der Krisen, die den Kapitalismus in den sechziger und siebziger Jahren erschütterten, trat die Lehre von der „Industriegesellschaft“ zurück, um der Konzeption von der „postindustriellen Gesellschaft“ zu weichen. Die Ideen dieser Konzeption gewinnen auch in den bürgerlichen Interpretationen der sozialistischen Wirtschaft die Oberhand. Dabei finden innerhalb der Konzeption von der „postindustriellen Gesellschaft“ selbst Veränderungen statt, indem sie von Thesen bereinigt wird, die mit den neuen Erscheinungen, wie sie sich während der sechziger und siebziger Jahre in der Struktur des staatsmonopolistischen Kapitalismus entwickelt hatten, unhaltbar geworden waren. Ihre Stelle nahmen neue theoretische Betrachtungsweisen ein, die die sozialen Ansprüche der Bourgeoisie besser auszudrücken vermochten. So kam es zu einer modernisierten Variante der „postindustriellen Gesellschaft“.

Daniel Bell greift in seiner 1973 erschienenen Arbeit „The Coming of Post-Industrial Society“ die neoklassische Lehre an. Er stellt fest, daß die Neoklassik wesentliche Aspekte des Wohlstands ignoriert habe, da sie ihn nur auf den Verbrauch der von den Marktpreisen erfaßbaren Güter reduziert. Die Neoklassik kennt den Begriff des gesellschaftlichen Interesses und dessen Zusammenhang mit den privaten Interessen nicht. Nach ihren Grundsätzen, so stellt Bell fest, lasse sich weder die Rentabilität öffentlicher Leistungen berechnen noch der Wohlstand oder die Qualität des Lebens wirklich ermitteln.

Bell unterbreitet ein Programm zur Verbesserung des Kapitalismus, das den neuen sozialen Erfordernissen und Erscheinungen Ende der sechziger Jahre und in den siebziger Jahren Rechnung tragen soll. Dieses Programm, das teilweise von den Traditionen des bürgerlichen Individualismus und des Mechanizismus in der Wiedergabe der sozial-ökonomischen Verhältnisse abgeht, bezeichnet Bell ale „soziologische Betrachtungsweise“. Den Hauptmangel der „ökonomischen Bstrachtungsweise" sieht er darin, daß hier die „individuelle Befriedigung die Einheit für die Messung von Aufwand und Einkommen ist. Das ist eine atomistische Einstellung zur Gesellschaft"[16]. Daniel Bell orientiert die bürgerlichen Politiker darauf, die Wirtschaftsregulierung zu verstärken und dabei den sozialen, kulturellen und ökologischen Aspekten des Wirtschaftswachstums Rechnung zu tragen, weil man, ohne mit den Kategorien „gesellschaftliches Interesse" und „Qualität des Lebens" zu operieren, von der staatlichen Wirtschaftsregulierung keinen Erfolg erwarten dürfe.[17]

In diesen neuen Zielsetzungen Bells ist eindeutig das Bemühen zu erkennen, die in der sozialistischen Gesellschaft erarbeitete und erfolgreich angewandte Betrachtungsweise gesellschaftlicher Erscheinungen aufzugreifen, wobei diese jedoch auf das Niveau bürgerlicher Denkart vulgarisiert werden. Angesichts der wachsenden Bedeutung der gesellschaftlichen Güter schlägt Daniel Bell vor, ein System von „sozialen Gesamtrechnungen" aufzubauen, das alle Aufwendungen und Ergebnisse des Wirtschaftswachstums erfassen sollte. Den Kapitalgesellschaften sollten Verpflichtungen auferlegt werden, die eine Reihe von Forderungen progressiver antimonopolistischer Kräfte einschließen.

Im Widerspruch zu den anspruchsvollen Erklärungen über die Radikalität der „soziologischen Betrachtungsweise", die eine „Hinwendung zu nichtkapitalistischen Formen sozialen Denkens" bedeute, beweist eine Analyse der Bellschen Positionen, daß er eine Theorie konstruiert hat, die den staatsmonopolistischen Kapitalismus festigen und eine Reihe von sozialen Parametern des Wirtschaftswachstums der kapitalistischen Kontrolle unterstellen soll.

Daniell Bell und seine Anhänger verbinden die Verwandlung der „Industriegesellschaft" in die „postindustrielle Gesellschaft" mit dem Übergang von der Entwicklung einer „ökonomisierenden Betrachtungsweise" zu einer „soziologischen Betrachtungsweise". In ihrem Bemühen, diesen „qualitativen Sprung" mit der Beibehaltung aller Grundmerkmale des Kapitalismus zu vereinbaren, kommen die bürgerlichen Ideologen zur Indeterminiertheit und Mehrdeutigkeit der Begriffe „Industriegesellschaft" und „postindustrielle Gesellschaft" im logischen und historischen Sinne.

Einesteils werden der „Industriegesellschaft" Merkmale verliehen, die den Kapitalismus mit seinen sozialen Konflikten widerspiegeln. Andererseits behauptet Daniel Bell: „In den vergangenen 40 Jahren haben sich in der Entwicklung der westlichen Industriegesellschaft drei bedeutsame Wandlungen vollzogen: die Umwandlung des Wesens des Industrieunternehmens, wobei die Manager zur kontrollierenden Kraft werden, eine Veränderung in der Berufsstruktur bei relativer Verringerung des Proletariats und bei Zunahme der technischen und wissenschaftlichen Kräfte; die Transformation des politischen Systems infolge Auswei-

[16] Daniel Bell, The Coming of Post-Industrial Society. A Venture in Social Forecasting, a. a. O., S. 282–283.
[17] Vgl. ebenda, S. 283.

tung der Staatsbürokratie und Entstehens politischer Technokraten."[18] Hieraus wird abgeleitet, daß in der „Industriegesellschaft" das Eigentum seine Macht verloren habe und der Klassenkampf verschwinde.

Der gleiche Indeterminismus findet sich auch in bezug auf die „postindustrielle Gesellschaft". So schreibt Daniel Bell: „Ich behaupte, daß wir in den kommenden dreißig bis fünfzig Jahren das Entstehen dessen verfolgen werden, was ich die ‚postindustrielle' Gesellschaft nenne. Das bedeutet vor allem Wandlungen in der sozialen Struktur. Diese Wandlungen werden wegen der spezifischen kulturellen und politischen Konfigurationen der Länder unterschiedlich sein. Dennoch wird die ‚postindustrielle' Gesellschaft als soziale Form das Unterscheidungsmerkmal des 21. Jahrhunderts sein.[19] Und ein paar Seiten weiter rechnet er die USA der „postindustriellen Gesellschaft" zu, deren Entstehen er auf die Zeit zwischen 1945 und 1950 datiert.[20]

Mit dem Aufkommen der neuen Variante der „postindustriellen Gesellschaft" kam es auch zu Veränderungen in den Vorstellungen ihrer Theoretiker von der sozialistischen Wirtschaft. Die wichtigste Veränderung dürfte darin zu sehen sein, daß man die USA und die UdSSR nicht länger als „Industriegesellschaft" und „postindustrielle Gesellschaft" konfrontierte. Einerseits paßten die USA angesichts der sich ausweitenden Krisenerscheinungen immer weniger in das „postindustrielle Paradies", andererseits konnte selbst dem oberflächlichen Betrachter nicht verborgen bleiben, daß für die UdSSR viele Merkmale, die von den bürgerlichen Ökonomen der „postindustriellen Gesellschaft" zugeschrieben werden, viel eher typisch sind. Daniel Bell, Zbigniew Brzezinski und Clark Kerr stellen in der UdSSR eine rasche Ausweitung des nichtproduzierenden Bereichs, rückläufige Beschäftigtenzahlen in der Landwirtschaft und die höchsten Wachstumsraten bei solchen zukunftsweisenden Branchen wie Elektronik, Chemie und Elektroenergieerzeugung fest, woraus wiederum qualitative Veränderungen in der Arbeitskräftestruktur resultieren. Das alles hat verschiedene bürgerliche Ökonomen und Soziologen veranlaßt, den entwickelten Sozialismus als Variante der „postindustriellen Gesellschaft" zu bezeichnen. Für Bell sind die „postindustriellen Gesellschaften", die in den USA und in der UdSSR entstehen, zwei Spielarten ein und desselben Gesellschaftstyps: Im ersten Fall handele es sich um die „postkapitalistische" und im zweiten um die „postsozialistische" Gesellschaft.[21] Kerr, Harbinson, Myers und Dunlop waren Ende der sechziger Jahre zu dem Schluß gekommen, daß sich in der UdSSR eine Variante des „pluralistischen Industrialismus" herausbilde.[22]

[18] Ebenda, S. 99.
[19] Ebenda, S. X.
[20] Vgl. ebenda, S. 346. [21] Vgl. ebenda, S. 112.
[22] Vgl. Clark Kerr, Marshall, Marx and Modern Times. The Multi-Dimensional Society, Cambridge 1969; Clark Kerr, John T. Dunlop, Frederick H. Harbinson, Charles A. Myers, Postscript to „Industrialism and Industrial Man", in: International Labour Review, Bd. 103, 6/1971.

Wenn sich die bürgerlichen Ökonomen auch genötigt sahen, von der ihnen akzeptabel erscheinenden Darstellung des Kapitalismus und Sozialismus als höhere bzw. niedere sozialökonomische Entwicklungsstufe der Menschheit abzurücken, so glaubten sie doch wenigstens nachweisen zu müssen, daß die Herausbildung der „postsozialistischen" Gesellschaft auf größere Schwierigkeiten stoße als die der „postkapitalistischen" Gesellschaft in den USA; die sozialistische Ordnung hemme die allseitige Entwicklung der Produktivkräfte und die Verwirklichung humanistischer Ideale.

Wenn man die „postindustrialistischen" Darstellungen der sozialökonomischen Struktur und der Funktionsweise der sozialistischen Wirtschaft näher untersucht, so findet man, daß sie fast die gleiche Interpretation des Sozialismus enthalten, wie sie in der Theorie von der „Industriegesellschaft" anzutreffen sind. Sie sind lediglich durch eine Reihe neuer Thesen ergänzt worden. In der jetzigen Darstellung wird nach wie vor versucht, die sozialistische Ordnung aus der Sicht der Rationalismustheorie zu diskreditieren, aber sie bilden nicht den Schwerpunkt der Darstellung. Nach den Vertretern der Theorie vom „Postindustrialismus" ist das Hauptkriterium für die Wertung eines sozialökonomischen Systems die Fähigkeit, neue technisch-wirtschaftliche Möglichkeiten für die Lösung der großen sozialkulturellen und moralisch-ethischen Probleme nutzbar zu machen. Und auf diesem Gebiet seien die Potenzen des entwickelten Sozialismus geringer als die des heutigen Kapitalismus, besonders wenn dieser mit der „soziologischen Betrachtungsweise" ausgerüstet sei.

Die methodologische Grundlage für die neue Haltung der Theoretiker des „Postindustrialismus" zur sozialistischen Wirtschaft bildet die These, daß heute die soziale Struktur der Gesellschaft und das Funktionieren der kapitalistischen wie auch der sozialistischen Wirtschaft eindeutig von den Zwängen der Technologie, des wissenschaftlich-technischen Fortschritts bestimmt werden. Durch diese Zwänge hätten sich die sozialökonomischen Verhältnisse in den industriell fortgeschrittenen Ländern völlig gewandelt und damit den Weg für einen neuen sozialökonomischen Typus geebnet.

Übrigens räumt Bell sogleich ein: „Die Idee von der postindustriellen Gesellschaft gründet sich nicht auf den Begriff des sozialen Systems. Ich bin nicht der Ansicht, daß die Gesellschaft so organisch und integriert ist, daß sie sich als einheitliches System untersuchen läßt."[23] Und weiter: „Der Begriff der postindustriellen Gesellschaft liefert nicht das Bild einer in sich geschlossenen sozialen Ordnung; mit ihm soll nur versucht werden, die wesentlichen Veränderungen in einer sozialen Struktur zu beschreiben und zu erklären, die aus Wirtschaft, Technologie und einem System gesellschaftlicher Stratifikation besteht."[24] Eine derartige Kombination von vulgärem technologischem Determinismus und so-

[23] Daniel Bell, The Coming of Post-Industrial Society. A Venture in Social Forecasting, a. a. O., S. 114.
[24] Ebenda, S. 119.

zialem Pluralismus öffnet der Willkür und dem Subjektivismus bei der Wahl der Bereiche und Faktoren, die das gesellschaftliche Leben bestimmen, Tür und Tor, so daß damit die falsche Einschätzung der Veränderungen im Verhältnis zwischen Ökonomie und Politik unter den Bedingungen der wissenschaftlich-technischen Revolution schon vorgeprägt ist.

So meint Daniel Bell, daß die Ökonomie ihre bestimmende Rolle im Verhältnis zur Politik in dem Maße verliere, wie die Gesellschaft die spezifischen Merkmale des Kapitalismus und Sozialismus aufgebe. Die Autonomie der ökonomischen Ordnung und „die Macht der Menschen, die sie kontrollieren", gehören angeblich der Vergangenheit an.

In der „postindustriellen Gesellschaft" gehöre „das System der gesellschaftlichen Kontrolle zur politischen Ordnung", dagegen bleibe die Frage, wer das politische System lenke, offen.[25]

In den heutigen bürgerlichen Theorien über das Verhältnis von Ökonomie und Politik werden die staatlichen Eingriffe in die Wirtschaft, die unter dem Einfluß der objektiven Erfordernisse der Produktivkraftentwicklung und der gesellschaftlichen Verhältnisse notwendig geworden sind, falsch interpretiert. Man will nicht zugeben, daß die Ziele und Mittel der Wirtschaftspolitik nicht von willkürlichen Entscheidungen der Politiker und auch nicht direkt von den Erfordernissen der Produktivkräfte, sondern durch die Interessen von sozialen Gruppen und Klassen bestimmt werden. Diese Interessen ergeben sich aus dem Wechselverhältnis von Produktivkräften und Produktionsverhältnissen. Die in der Wirtschaft vorherrschenden Interessen bestimmen letztlich auch die Ziele, Tendenzen, Ausmaße und Mittel der staatlichen Wirtschaftspolitik. Denn „jeder politische Überbau . . . dient in letzter Instanz der Produktion und wird in letzter Instanz durch die Produktionsverhältnisse der jeweiligen Gesellschaft bestimmt"[26].

Andererseits sind die kapitalistischen Produktionsverhältnisse bewußter Wirtschaftsregulierung im Interesse der Gesellschaft objektiv unvereinbar. Was allenfalls noch realisierbar erscheint, ist eine partielle Einschränkung der Spontaneität der Entwicklung durch reformistische Veränderungen des Kapitalismus, zu denen der Staat bereit ist, um die ökonomische Macht der Bourgeoisie zu stabilisieren.

Die Thesen der Theoretiker des „Postindustrialismus" zum Verhältnis von Politik und Ökonomie finden ihre spezifische Interpretation bei der Darstellung der sozialistischen Gesellschaft. Bereits im Jahre 1960 schrieb Daniel Bell: „In einer Gesellschaft wie Rußland, wo die institutionalistischen und behavioristischen Formen nicht autonom sind, ist das ‚soziale System' ohne Sinn, wenn er nicht in der Struktur der Politik gesehen wird."[27] Dabei wurde behauptet, daß

[25] Ebenda, S. 374.

[26] W. I. Lenin, Noch einmal über die Gewerkschaften, die gegenwärtige Lage und die Fehler Trotzkis und Bucharins, in: Werke, Bd. 32, Berlin 1961, S. 70.

[27] Daniel Bell, The Development of Industrial Societies, in: The Sociological Review: Monograph N. 8, Keele, Staffordshire, 1964, S. 114.

die aktive Rolle der Politik im Sozialismus die Entwicklung der Produktivkräfte und die Lösung der sozialen Aufgaben nicht begünstige und die Transformation der sozialökonomischen Ordnung in die „Industriegesellschaft" oder „postindustrielle Gesellschaft" hemme.

Der BRD-Ökonom Boris Meissner meint, daß sich die UdSSR erst nach grundlegender Änderung ihres politischen Systems zu einer „industriellen" Gesellschaft wandeln könne.[28] Und Zbigniew Brzezinski erklärt, daß der Sozialismus die Probleme, die sich aus der Einführung der „Technotronik" und aus den Konsequenzen ihres Einflusses auf die sozialökonomischen Verhältnisse ergeben, erst nach einer „Transformation des politischen Systems" bewältigen könne.[29] Diese Vorstellungen beruhen auf dem Dogma, daß in der UdSSR die „Herrschaft der Politik über die Wirtschaft" totalitären Charakter habe. Hier sei die Ökonomie den politischen Zielen der „herrschenden Elite" untergeordnet, die Interessen in der Wirtschaftsstruktur zu wenig differenziert, die Dezentralisierung zu schwach ausgeprägt, und die Autonomie, die politischen Verhältnisse und Beziehungen ließen keine Änderungen und Verbesserungen zu. Das Ziel des Staates in der UdSSR bestehe darin, die Macht zu konzentrieren, um die sich aus der Ideologie des Marxismus-Leninismus ergebenden „messianischen", utopischen Ideale zu realisieren.[30]

Im Unterschied zu den orthodoxen Antikommunisten halten es die Verfechter des „Postindustrialismus" immerhin für nicht möglich, offenkundige Tatsachen gänzlich zu ignorieren: die Mannigfaltigkeit der Interessen der Bevölkerungsgruppen in ihrer sozialökonomischen Differenziertheit, die Aktivität der Betriebskollektive und -leiter im Wirtschaftsleben u. a. Dabei gesteht man dem Sozialismus Teilerfolge in der Verbesserung der sozialökonomischen Verhältnisse und in der Orientierung der Wirtschaft auf die wissenschaftlich-technische Revolution zu. Zugleich aber glaubt man nachweisen zu können, daß sich die Verbreitung wissenschaftlicher Erkenntnisse, die Professionalisierung der Wirtschaftsleitung und die Erhöhung des wissenschaftlichen Niveaus der Organisation von Gesellschaft und Wirtschaft im Sozialismus nur unter dem Druck der modernen Technologie und gegen die „zentralistische" Politik durchsetze, die dem rationellen Wirtschaften und den Erfordernissen von Wissenschaft und Technik angeblich entfremdet sei.

Diese Thesen belegen, daß die Theoretiker des „Postindustrialismus" nicht umhin können, die im Sozialismus entstehenden besonderen, völlig neuen Beziehun-

28 Vgl. Boris Meissner, Der soziale Strukturwandel im bolschewistischen Rußland, in: Sowjetgesellschaft im Wandel, hg. von Boris Meissner, Stuttgart, Berlin-Köln-Mainz 1966, S. 115.

29 Vgl. Zbigniew Brzezinski, Between Two Ages: America's Role in Technotronic Era, a. a. O., S. 154.

30 Vgl. Zbigniew Brzezinski, Ideology and Power in Soviet Politics, London 1962, S. 15–19.

gen zwischen Politik und Ökonomie zur Kenntnis zu nehmen. Doch sind sie außerstande, den Inhalt dieser Beziehungen und ihren progressiven Einfluß auf die sozialökonomischen und wirtschaftlichen Prozesse richtig zu erkennen und zu werten.

Im Sozialismus wird der Staat zum Zentrum der Wirtschaftsleitung. Allerdings hat das mit der bürgerlichen Verleumdung, daß dabei die Politik die Wirtschaft völlig aufsauge, absolut nichts zu tun. Im Sozialismus kommt dem Staat deshalb eine so große Rolle zu, weil die sozialistischen Produktionsverhältnisse nur über die bewußt organisierte Tätigkeit der ganzen Gesellschaft realisiert werden können. Aber der bestimmende Einfluß der Wirtschaft auf die Politik verschwindet durchaus nicht. Wenn die Politik im Leninschen Sinne das Primat vor der Ökonomie haben soll, muß sie deren konzentrierter Ausdruck sein, also auf der gründlichen Analyse der sozialistischen Produktionsverhältnisse, auf der wissenschaftlichen Erfassung der verfügbaren Ressourcen und ihrer Relationen zu den objektiven Bedürfnissen der Gesellschaft und ihrer Mitglieder beruhen.

Der von der sozialistischen Gesellschaft entwickelte Mechanismus der Beziehungen zwischen Politik und Ökonomie wird ständig vervollkommnet. Die auf dem gesellschaftlichen Eigentum beruhenden sozialistischen Produktionsverhältnisse verlangen ein sich ständig weiterentwickelndes System der Volksmacht auf der Grundlage der sozialistischen Demokratie. Durch diese sozialökonomischen Formen können sich die ökonomischen Interessen, die im System der Produktionsverhältnisse entstehen, in den Zielen und Daten der Wirtschaftspolitik ausdrücken. In diesem Fall bedeutet das Primat der Politik vor der Ökonomie, daß die ganze Tätigkeit der politischen Sphäre von den Grundinteressen der Werktätigen, der kollektiven Eigentümer der Produktionsmittel, bestimmt wird. Der bestimmende Einfluß der sozialistischen Basis verlangt auch, daß die sozialistische Demokratie ständig vervollkommnet wird, um die massenweise Heranziehung der Werktätigen zur Leitung des Staates zu gewährleisten.

Die Verfechter des „Postindustrialismus" bemühen sich, den Nachweis zu liefern, daß die Wirtschaftspolitik des sozialistischen Staates einer effektiven Wirtschaftsführung widerspreche, weil diese Politik auf Glauben und Dogmen statt auf wissenschaftlichen Erkenntnissen beruhe. In dieser Denkweise zeigt sich die Unfähigkeit der bürgerlichen Theoretiker, den Charakter und die Rolle der marxistisch-leninistischen Ideologie beim sozialistischen Aufbau zu begreifen. Der Marxismus-Leninismus unterscheidet sich von allen sonstigen „sozialistischen" Theorien dadurch, daß er mit wissenschaftlicher Nüchternheit die objektiven Bedingungen und Tendenzen der gesellschaftlichen Entwicklung analysiert und mit der entschiedenen Anerkennung der Bedeutung der revolutionären Energie, der revolutionären Schöpferkraft der Massen und der von ihr geschaffenen Organisationen verbindet.[31] Als wissenschaftliche Ideologie des sozialistischen Staates entwickelt sich der Marxismus-Leninismus ständig weiter, und auf der Grundlage

[31] Vgl. W. I. Lenin, Gegen den Boykott, in: Werke, Bd. 13, Berlin 1972, S. 23.

der wissenschaftlichen Erkenntnisse werden auch die Ideale, geistigen Werte und Normen des wissenschaftlichen Sozialismus angereichert.

Der Marxismus-Leninismus ist die Grundlage der Wirtschaftspolitik des sozialistischen Staates und orientiert ihn darauf, Wissenschaft und Technik entsprechend den Anforderungen der Produktionsverhältnisse und der Produktivkräfte in jeder Weise zu fördern. Das ist ein Imperativ des Marxismus-Leninismus, denn in seinem System nimmt der Leitsatz, daß das rationelle Wirtschaften auf der Grundlage wissenschaftlicher Erkenntnisse im Sozialismus völlig zur Entfaltung kommt, die Wissenschaft und die wissenschaftliche Betrachtungsweise alle Bereiche der sozialistischen Gesellschaft durchdringen und zur Hauptquelle des gesellschaftlichen Reichtums werden, einen wichtigen Platz ein.[32]

Angesichts dieser Tatsachen wird offenbar, wie haltlos und tendenziös die Behauptungen sind, daß die Sowjetunion auf jede aktive Wirtschaftspolitik verzichten und den Marxismus-Leninismus revidieren müsse, wenn sie den Anforderungen der industriellen Entwicklung unter den Verhältnissen der wissenschaftlich-technischen Revolution genügen wolle.

Die These, daß in der UdSSR eine zweitklassige Form des „Postindustrialismus", nämlich die „postsozialistische Gesellschaft", im Entstehen sei, glauben die bürgerlichen Ökonomen mit verzerrten Darstellungen der sozialökonomischen Struktur der sozialistischen Gesellschaft belegen zu können. So schreibt Daniel Bell: „Heute sehen sich der westliche Kapitalismus und der sowjetische Sozialismus den Auswirkungen von wissenschaftlichen und technologischen Veränderungen gegenüber, die ihre soziale Struktur revolutioniert haben."[33] Diese Veränderungen seien durch die Abgrenzung der Klasse der Kopfarbeiter gekennzeichnet.[34] In der Mitte des 20. Jahrhunderts seien die sozialökonomischen Verhältnisse bürokratisiert worden, so daß das Eigentum eine immer geringere Rolle spiele.

Daniel Bell, Clark Kerr und andere Vertreter der Theorie des „Industrialismus" und „Postindustrialismus" stellen bürokratische Verhältnisse als besondere Klassenverhältnisse dar, die in den industriell fortgeschrittenen Ländern unabhängig von den Formen des Eigentums an den Produktionsmitteln entstehen. Die bedeutende soziale Kluft, die in der modernen Gesellschaft besteht, kommt Bell zufolge nicht zwischen den Besitzern der Produktionsmittel und einem undifferenzierten Proletariat zum Ausdruck, sondern zwischen denen, die in allen Organisationen politischer, ökonomischer und sozialer Art eine Entscheidungsbefugnis besitzen, und jenen, die nicht über sie verfügen.

[32] Vgl. Karl Marx, Grundrisse der Kritik der Politischen Ökonomie, a. a. O., S. 231, 559; Wladimir I. Lenin, Die Aufgaben der Jugendverbände, in: Werke, Bd. 31, Berlin 1959, S. 279–280; Die Krise der Partei, in: Werke, Bd. 32, Berlin 1961, S. 346; Lieber weniger, aber besser, in: Werke, Bd. 33, Berlin 1962, S. 476 und Wie soll man den Wettbewerb organisieren?, in: Werke, Bd. 26, Berlin 1961, S. 409.

[33] Daniel Bell, The Coming of Post-Industrial Society. A Venture in Social Forecasting, a. a. O., S. 41.

[34] Vgl. ebenda, S. 80.

Hier zeigt sich erneut die unhaltbare Methodologie der Theoretiker des „Industrialismus“, die darauf zielt, bestimmte oberflächliche Formen und Erscheinungen, die mit der Entfaltung der wissenschaftlich-technischen Revolution unter den verschiedenen sozialökonomischen Bedingungen einhergehen, zu verabsolutieren und pseudowissenschaftlich zu interpretieren. Das Gerede von einer „Bürokratenklasse“, die sich sowohl über die Kapitalisten als auch über die Arbeiter (und im Sozialismus über alle, die keine Spezialkenntnisse besitzen) erhoben hätte, ist unter dem Eindruck realer Prozesse entstanden: der Herausbildung von Spezialkadern für die Leitung der modernen Produktion, der Forschung und Entwicklung und dgl. Aber erstens ist diese Schicht weder im Kapitalismus noch im Sozialismus in der Lage, zur entscheidenden Kraft der gesellschaftlichen Entwicklung zu werden; sie kann ihre Funktionen immer nur im Auftrag und Interesse der herrschenden Klasse ausüben. Zweitens hat sich damit eigentlich auch die Gleichheit zwischen der Schicht der Leitungskräfte im Kapitalismus und im Sozialismus bereits erschöpft, denn ihre soziale Stellung, ihre Interessen und ihre Ideologie sind in den beiden gegensätzlichen Systemen völlig unterschiedlich.

Wenn die bürgerlichen Theoretiker jene oberflächlichen Momente hervorheben, die den Wirtschaftssystemen der kapitalistischen und sozialistischen Länder gemeinsam sind, so bleiben sie bei dürftigen Abstraktionen stehen, denn in der Realität bestimmt auch unter den Bedingungen der wissenschaftlich-technischen Revolution nur der Charakter des Eigentums den Grundinhalt der sozialökonomischen Verhältnisse. Die Ziele der Wirtschaftsorganisationen bestimmt stets der Eigentümer der Produktionsmittel. Er trifft die wesentlichen wirtschaftlichen Entscheidungen und verfügt in den Wirtschaftsorganisationen über die entscheidende Macht. Vom Charakter des Eigentums hängt auch ab, in welchem Ausmaß wissenschaftliche Leitungsprinzipien zur Anwendung kommen.

Zur Unterstreichung der eigenen Version von den Veränderungen, die sich unter dem Einfluß der wissenschaftlich-technischen Revolution in der sozialökonomischen Struktur vollziehen, sind die bürgerlichen Ökonomen bemüht, die Herrschaft der Bourgeoisie in der kapitalistischen Gesellschaft zu beschönigen, und sie behaupten außerdem, daß unter den Verhältnissen der wissenschaftlich-technischen Revolution keine klassenlose Gesellschaft entstehen könne. Auf diese Weise will man den theoretischen Boden für die Diskreditierung der Veränderungen vorbereiten, die sich in der sozialökonomischen Struktur des entwickelten Sozialismus vollzogen haben.

Zu diesem Zweck wird erklärt, daß auch im Sozialismus die Betriebsleiter und andere Spezialisten Ausdruck der „Interessen der Produktivkräfte“ sind und danach trachten, alle sozialökonomischen Verhältnisse der Technokratie zu unterwerfen. Anders als bei den Politikern beruhe die „Macht“ der Technokraten auf Wissen und Autorität und sei deshalb mit der „politischen Macht“ des sozialistischen Staates unvereinbar. Ausgehend von diesen Gedanken, haben reaktionäre bürgerliche Ideologen die absurde Theorie von einem „Kampf“ der Leiter der sozialistischen Betriebe, als Interessenvertreter der Produktivkraftentwicklung, gegen die Macht der Politiker konstruiert. „Sie (die sowjetische „Machtelite“ – d. Verf.) bildet ... im Rahmen der elitären Struktur einer Industriegesellschaft einen Fremdkörper, da sie sich der für die industrielle Leistungsgesellschaft charakteristischen ökonomischen Rationalität nicht unterordnet“[35], behauptet Boris Meissner.

Wenn die „Industrialisten“ die Mitarbeiter des Partei- und Staatsapparates im Sozialismus als „neue Klasse“ bezeichnen, dann verleihen sie der im Verlauf der wissenschaftlich-technischen Revolution zahlenmäßig wachsenden Intelligenz den nicht nur soziologisch, sondern auch grammatikalisch sinnlosen Namen „neue neue Klasse“. Dagegen wird die Arbeiterklasse in diesen Theorien als „passive“ soziale Schicht hingestellt, die mit der Entwicklung der wissenschaftlich-technischen Revolution ihren Einfluß als Produktivkraft und politische Potenz verliere. Die sozialen Beziehungen im Sozialismus stellen sich für die bürgerlichen Ökonomen nur als Antagonismen zwischen der „neuen Klasse“, der „neuen neuen Klasse“ und den Werktätigen dar. Die reale Spezifik der sozialen Klassenverhältnisse im entwickelten Sozialismus und ihre Widerspiegelung im sozialistischen System der Leitung von Produktion und Gesellschaft bleiben für die bürgerlichen Theoretiker unbegreiflich.

Wie W. I. Lenin feststellte, hört der Staat im Sozialismus auf, ein „parasitärer Apparat zu sein, der über dem Produktionsprozeß steht“. Er wird zu einer „Organisation, die unmittelbar die Funktionen der Leitung der Volkswirtschaft wahrnimmt“[36]. Vom Können und Wissen der Mitarbeiter des Partei- und Staatsapparates, von der Kunst der Leitung und Planung hängt in vieler Hinsicht ab, wie die Interessen der Klassen, sozialen Gruppen und Schichten realisiert werden, die der Struktur der ökonomischen Basis im entwickelten Sozialismus entsprechen. Dabei bildet die KPdSU den Vortrupp der Werktätigen, der dafür sorgt, daß die Wirtschaftspolitik des sozialistischen Staates die Grundinteressen des Sowjetvolkes ausdrückt und sich dabei von der Analyse der gesellschaftlichen Interessen und der marxistisch-leninistischen Ideologie leiten läßt. Die leitenden Mitarbeiter des Partei- und Staatsapparates repräsentieren ihrer sozialen Herkunft nach alle sozialen Kräfte und Nationalitäten des Sowjetvolkes und vor allem seine führende Kraft – die Arbeiterklasse. So ist der Anteil der Arbeiter an den Mitgliedern der KPdSU von 32 % im Jahre 1957 auf 38 % im Jahre 1966 und auf 41,6 % im Jahre 1976 gestiegen. Kolchosbauern waren im Jahre 1976 mit 13,9 %, die technische Intelligenz mit etwa 20 % und Wissenschaftler, Künstler, Beschäftigte des Bildungs- und Gesundheitswesens, des Verwaltungsappara-

[35] Boris Meissner, Der soziale Strukturwandel im bolschewistischen Rußland, in: Sowjetgesellschaft im Wandel, hg. von Boris Meissner, a. a. O., S. 115. Meissner bezeichnet die auf Wissen beruhende Macht der Intelligenz als Führung und die auf Befehl gegründete Macht der Partei und des Staates als Herrschaft (ebenda S. 107, 145).

[36] W. I. Lenin, Polnoe sobranie sočinenij, Bd. 38, Moskva 1963, S 442.

tes sowie Militärangehörige mit über 24 % an den Mitgliedern der KPdSU beteiligt. Dabei machen Arbeiter gegenwärtig 58 % der Neuaufnahmen aus.[37]

Auf dem XXIV. Parteitag der KPdSU wurde berichtet, daß über 80 % der Sekretäre der Zentralkomitees der Kommunistischen Parteien der Unionsrepubliken, der Regions- und Gebietsleitungen, der Vorsitzenden der Ministerräte, der Regions- und Gebietsexekutivkomitees und etwa 70 % der Minister und Vorsitzenden der Staatlichen Komitees der UdSSR ihre Tätigkeit als Arbeiter und Bauern begonnen haben.

Heute verfügen 99,5 % der Sekretäre der Zentralkomitees der kommunistischen Parteien, der Regions- und Gebietsparteikomitees und 99,2 % der Sekretäre der Stadt-, Stadtbezirks- und Rayonkomitees über Hochschulbildung.[38]

Entgegen den Behauptungen der Theoretiker des „Postindustrialismus" ist die Bedeutung der Arbeiterklasse als entscheidende Produktivkraft mit der wissenschaftlich-technischen Revolution nicht zurückgegangen. In den sechziger und siebziger Jahren ist sowohl die Anzahl als auch das Bildungsniveau der Arbeiter gestiegen. Im Jahre 1960 gab es im Jahresdurchschnitt 45,9 Millionen Arbeiter, 1970 waren es 64,3 Millionen und 1975 bereits 71,6 Millionen.[39] Besonders rasch nahm die Gruppe der Arbeiter zu, die in den bedeutendsten, unter dem Einfluß der wissenschaftlich-technischen Revolution entstandenen Zweigen beschäftigt sind. Mit dem Anwachsen dieser Zweige erhöhte sich auch das Bildungsniveau der Arbeiterklasse. So waren von 1000 Personen mit Hochschulbildung und Oberschulbildung im Jahre 1939 lediglich 39 Arbeiter, im Jahre 1959 waren es 396, 1970 schon 586, und im Jahre 1977 wurde die Zahl von 732 erreicht.[40]

Mit der Ausweitung und raschen Entwicklung der Wirtschaftszweige, die von den Arbeitern wissenschaftliche Kenntnisse verlangen, sind neue Berufsgruppen entstanden, deren Vertreter wegen des Charakters ihrer Arbeit und ihres Bildungsstandes unter den Verhältnissen der wissenschaftlich-technischen Revolution eine mächtige Produktivkraft darstellen. „Die Zahl der Arbeiter, die ihren Beruf mit Vollkommenheit beherrschen, die, obwohl sie Ober- oder Fachschulbildung besitzen, noch weiter lernen, sich die fortschrittlichen Errungenschaften der Wissenschaft und Kultur aneignen, vergrößert sich jetzt bei uns immer mehr. In der Regel sind solche Arbeiter politisch aktiv; sie fassen die Interessen des Betriebes, des ganzen Staates als ihre eigenen auf. Solchen Arbeitern eifert die Masse der sowjetischen Werktätigen nach"[41], stellte L. I. Breshnew auf dem XXIV. Parteitag der KPdSU fest.

Das alles stabilisiert und verstärkt die führende Rolle der Arbeiterklasse im

[37] Vgl. XXV. Parteitag der KPdSU. Rechenschaftsbericht des Zentralkomitees der KPdSU und die nächsten Aufgaben der Partei in der Innen- und Außenpolitik. Berichterstatter: L. I. Breshnew, Berlin 1976, S. 78.

[38] Vgl. ebenda, S. 133.

[39] Vgl. Socialnaja struktura razvitogo socialističeskogo obščestva v SSSR, Moskau 1976, S. 30.

[40] Vgl. Jubilejnyj statističeskij ežegodnik za 60 let, Moskau 1977, S. 57.

System der sozialistischen Eigentumsverhältnisse und im Bereich der Leitung von Politik und Wirtschaft.

Was die hochqualifizierten Fachkräfte betrifft, die von den bürgerlichen Theoretikern als „sowjetische Technokraten" bezeichnet werden, so nähern sie sich zu einem großen Teil jenem idealen Typ des sowjetischen Spezialisten, den L. I. Breshnew mit folgenden Worten beschrieben hat: „Der sowjetische Spezialist von heute ist ein Mensch, der die Grundlagen der marxistisch-leninistischen Lehre gut beherrscht, die politischen Ziele der Partei und des Landes klar sieht, eine breite wissenschaftliche und praktische Ausbildung besitzt, sein Fach vollkommen beherrscht.

Der sowjetische Spezialist von heute ist ein geschickter Organisator, der imstande ist, die Prinzipien der wissenschaftlichen Arbeitsorganisation in der Praxis anzuwenden. Er versteht es, mit den Menschen zu arbeiten, er schätzt kollektive Erfahrungen, hört auf die Meinung der Kollegen, beurteilt das Erreichte kritisch.

Und schließlich ist der heutige Spezialist ein Mensch mit hoher Kultur, mit großem Allgemeinwissen, er ist der wahre Intellektuelle der neuen, sozialistischen Gesellschaft."[42]

Wenn wir die sozialökonomische Lage der wissenschaftlich-technischen Intelligenz betrachten, dann erkennen wir, daß ihnen die Zugehörigkeit zu den Geistesschaffenden keinerlei Privilegien bezüglich der in gesellschaftlichem Eigentum befindlichen Produktionsmittel verschafft. Die Einkommen der Angehörigen der Intelligenz richten sich nach ihrer Leistung; die Statistik weist aus, daß sich die Einkommen der wissenschaftlich-technischen Intelligenz und der Arbeiter einander annähern. Wenn wir den Durchschnittslohn der Industriearbeiter mit 100 annehmen, dann ergibt sich für die Gehälter der Angestellten und des ingenieur-technischen Personals für das Jahr 1940 eine Größe von 111 bzw. 210 und für das Jahr 1974 von 82 bzw. 126.[43]

Jede Klasse, besonders aber jede Ausbeuterklasse, trachtet danach, sich und die Quellen ihrer wirtschaftlichen Macht vor dem Zutritt von Vertretern anderer sozialer Gruppen zu bewahren. Dagegen nimmt die zahlenmäßige Größe der sowjetischen Intelligenz außerordentlich rasch zu. So belief sich die Gesamtzahl der Spezialisten mit Hoch- und Fachschulbildung in der Volkswirtschaft der UdSSR Ende 1975 auf 22,7 Millionen und hatte sich damit im Vergleich zu Ende 1960 auf das 2,6fache erhöht.[44]

Ganz im Gegensatz zu den Theorien bürgerlicher Ideologen, nach denen im ent-

[41] Rechenschaftsbericht des Zentralkomitees der KPdSU an den XXIV. Parteitag der Kommunistischen Partei der Sowjetunion. Referent: L. I. Breshnew, Moskau-Berlin 1971, S. 99.

[42] L. I. Breshnew, Auf dem Wege Lenins, Bd. 3, Berlin 1973, S. 462.

[43] Vgl. Narodnoe chozjajstvo SSSR v 1922–1972 gg., S. 350; Narodnoe chozjajstvo SSSR v 1974 g., S. 562.

[44] Vgl. SSSR v cifrach v 1975 g., Moskau 1976, S. 184.

wickelten Sozialismus zwei neue Klassen – „Technokraten“ und „Bürokraten“ – im Entstehen begriffen seien und die Arbeiterklasse zu einer untergeordneten ausgebeuteten Masse werde, findet in Wirklichkeit eine wechselseitige Annäherung und Durchdringung aller Schichten und Klassen der Sowjetgesellschaft statt, wobei die Arbeiterklasse ihre führenden Positionen wahrt. Die objektive Grundlage dieser Prozesse bildet die Entwicklung des sozialistischen staatlichen und genossenschaftlichen Eigentums, und, in bezug auf den Charakter der Arbeit, die Annäherung der Arbeiterklasse, der Bauernschaft und der Intelligenz.

So gab es im Jahre 1960 in der Industrie der UdSSR 300000 Hochschulkader mit Diplom, im Jahre 1970 war ihre Zahl auf 1,2 Millionen und im Jahre 1975 auf 1,7 Millionen gestiegen. Im Jahre 1990 werden es mehrere Millionen sein.[45] Die Veränderungen im Charakter der Arbeit werden zu einem Faktor, der die Annäherung der verschiedenen sozialen Gruppen hinsichtlich des Einkommens, der Weltanschauung, der gesellschaftspolitischen Aktivität und der ganzen Lebensweise fördert.

Angesichts dieser Erscheinungen und Prozesse, die in den sechziger und siebziger Jahren besonders deutlich wurden, sahen sich die bürgerlichen Ökonomen genötigt, ihre Darstellungen der sozialen Struktur der Sowjetgesellschaft teilweise zu modernisieren. So mußte man die unsinnige These von der „feindseligen“ Haltung der Leiter der sozialistischen Industriebetriebe und der mit ihnen sympathisierenden Gruppen der wissenschaftlich-technischen Intelligenz gegenüber der KPdSU und der kommunistischen Ideologie revidieren. Der amerikanische Soziologe Jeremy R. Azrael, der die Ideen von David Granik und Clark Kerr weitergeführt hat, erklärte im Jahre 1966, daß die „Manager“, die technische Intelligenz und ähnliche Gruppen im Sozialismus mit der Zeit eine Bedeutung und Positionen erlangen, die im Grunde die etablierte politische Ordnung sowie das System der sozialen und wirtschaftlichen Organisation, auf der sie beruht, unterstützen.[46] Diese Betrachtungsweise ist dann in Arbeiten von Zbigniew Brzezinski[47] und Daniel Bell verallgemeinert worden. In den Alternativen, die sie zur Entwicklung der Sowjetgesellschaft sehen, halten sie die Annäherung der Spezialisten und Ideologen und deren Zusammenschluß in einer „Klasse“ für am ehesten wahrscheinlich.[48] Kennzeichnend ist, daß sich Brzezinski schon nicht mehr entschließen kann, vorbehaltlos von einem Antagonismus zwischen der Partei und dem Sowjetvolk zu sprechen. Er sieht sich zu dem Eingeständnis gezwungen, daß die sogenannte Opposition, d. h. ein Häufchen von Renegaten,

[45] Vgl. Socialnaja struktura razvitogo socialističeskogo obščestva v SSSR. a. a. O., S. 32–33; Veduščaja rol' rabočego klassa v socialističeskich stranach, Moskau 1974, S. 33.

[46] Vgl. Jeremy R. Azrael, Managerial Power and Soviet Politics, Cambridge, Mass., 1966, S. 167, 171.

[47] Vgl. Zbigniew Brzezinski, Between Two Ages; America's Role in Technotronic Era, a. a. O., S. 164–172, Part. III.

[48] Vgl. ebenda, S. 161.

die die Sowjetordnung verleumden und westlichen Ordnungen das Loblied singen, isoliert sind.

Um derartige Eingeständnisse abzuschwächen, bemühen sich bürgerliche Ideologen, die Ergebenheit des Sowjetvolkes für die Ideen des Sozialismus und die Einheit des Volkes aus zeitweilig wirkenden Faktoren wie Nationalismus und Streben nach kleinbürgerlichem Wohlstand zu erklären, statt sie aus den objektiven Gegebenheiten der sozialökonomischen Struktur und der humanistischen Ideologie der Gesellschaft abzuleiten.

So stimmt Brzezinski Azrael zu, wenn dieser meint, daß die Verwaltungskräfte in der UdSSR nicht geneigt seien, sich dem Stress zu unterziehen, der eine dezentralisiertere Konkurrenz bringen würde[49], und daß sie deshalb den Sozialismus unterstützen. Die Stadtbevölkerung sei konformistisch eingestellt, weil sie im wesentlichen aus der ersten und zweiten Generation einstiger Landbewohner bestehe, die vor allem von dem Wunsch beseelt gewesen seien, möglichst schnell zu urbanisieren.[50] Diese Hirngespinste demonstrieren lediglich, daß die Theoretiker des „Industrialismus" unfähig sind, die sozialökonomischen Prozesse zu erkennen, die die sich weiter festigende Geschlossenheit der sozialistischen Gesellschaft bewirken. Und wenn es um die Diskreditierung des Sozialismus geht, sehen die „postindustrialistischen" Kritiker auch darüber hinweg, daß sie sich selbst widersprechen.

So werden neben der bereits erwähnten entstellenden Interpretation der marxistisch-leninistischen Theorie, die angeblich den „technologischen Imperativen" feindlich gesinnte und eine die Entfaltung der wissenschaftlich-technischen Revolution hemmende Sammlung von Dogmen und Mythen sei, auch entgegengesetzte Interpretationen in Umlauf gebracht. Daniel Bell bezeichnet den Marxismus-Leninismus als technokratische Lehre.[51] Karl Marx habe die Notwendigkeit der Entwicklung von Wissenschaft und Technik und die Ausweitung der Produktionsmöglichkeiten der Menschen begründet und keine Ahnung von den sozialen Folgen dieser Entwicklung gehabt, bei ihm „blieben die Ziele der Geschichte unbestimmt." Und weiter: „Bei Lenin, der das gleiche Verhältnis zu Marx hatte, wie Taylor zu Saint-Simon, verschwindet die Zielkonzeption fast völlig."[52] Was bleibt also noch? Es bleibe lediglich die Theorie von der Steigerung der Arbeitsproduktivität, der Unterwerfung der Natur, der Elektrifizierung, der Entlehnung der bürgerlichen Technik und Wissenschaft. Jeder gewissenhafte Forscher, der den Marxismus-Leninismus wirklich kennt, wird eine derartige Interpretation nicht nur für unverzeihlich halten, sondern auch als eine sehr unkluge Verfälschung betrachten.

Technizismus, Vulgärökonomismus und Fetischismus sind den Marxisten von

[49] Vgl. ebenda, S. 159.

[50] Vgl. ebenda, S. 159–162.

[51] Vgl. Daniel Bell, The Coming of Post-Industrial Society. A Venture in Social Forecasting, a. a. O., S. 353.

[52] Ebenda.

jeher fremd gewesen. Karl Marx hat die Entwicklung der Produktivkräfte und der Produktionsverhältnisse stets als Mittel zur Erweiterung der Möglichkeiten, zur Erweiterung der Freiheit des Menschen im Reich der Notwendigkeit betrachtet. Die Marxsche Lehre weist nach, daß die Entwicklung der Produktivkräfte in letzter Instanz dahin führt, daß der Prozeß der „Selbstverwirklichung des Individuums“[53], der Entwicklung aller menschlichen Kräfte, unabhängig von jedwedem vorher gesetzten Maßstab, zum Selbstzweck der sozialistischen Gesellschaft wird.

W. I. Lenin hat immer wieder darauf hingewiesen, wie wichtig die Steigerung der Arbeitsproduktivität und die Entwicklung von Wissenschaft und Technik ist und im Sozialismus alle Wunder der Technik und Wissenschaft der „Sicherung der *höchsten* Wohlfahrt und der freien *allseitigen* Entwicklung *aller* Mitglieder der Gesellschaft“[54] untergeordnet sind.

Ein Beispiel für die wissenschaftliche Verbindung von Möglichkeiten der wissenschaftlich-technischen Revolution mit einem Programm tiefgreifender sozialökonomischer Wandlungen liefern die Beschlüsse des XXV. Parteitages der KPdSU. Die Nutzung der Errungenschaften der wissenschaftlich-technischen Revolution und die Erhöhung der Effektivität und Qualität des sozialistischen Wirtschaftens werden immer mehr zur unmittelbaren Quelle für die allseitige Entwicklung des Menschen im Sozialismus. Andererseits sind die Möglichkeiten der wissenschaftlich-technischen Revolution ohne eine allseitig entwickelte, schöpferische Persönlichkeit nicht zu beherrschen. Daher hemmen Erscheinungsformen des Technokratismus nicht nur die Verwirklichung der sich aus der marxistisch-leninistischen Ideologie ergebenden Ziele, sie verursachen auch direkten ökonomischen Schaden. Es liegt auf der Hand, daß der Entwicklung eines wirksamen Mechanismus nicht nur für die Verbindung der wissenschaftlich-technischen und ökonomischen Prozesse, sondern auch für die Verbindung von ökonomischer und sozialer Entwicklung immer größere Aufmerksamkeit geschenkt wird. Hierin liegt eine Erscheinungsform der zunehmenden Freiheit der Menschen bei der Gestaltung ihrer Lebensbedingungen, wobei „die von ihnen in Bewegung gesetzten gesellschaftlichen Ursachen vorwiegend und in stets steigendem Maße auch die von ihnen gewollten Wirkungen haben“[55].

Manche Theoretiker des „Postindustrialismus“ meinen, aus der Darstellung des Marxismus-Leninismus als technokratische Lehre die Konzeption einer reifen sozialistischen Wirtschaft ableiten zu können. So heißt es im Resümee eines Vortrages, den Robert Jungk (Österreich) auf der vierten internationalen Arbeitstagung der IG Metall für die BRD im April 1972 in Oberhausen gehalten hat: „Auch in den sozialistischen Ländern hat das Produkt den Vorrang vor dem Produzenten. Auch hier . . . steht das technokratische Ideal der Effektivität im Ge-

[53] Karl Marx, Grundrisse der Kritik der Politischen Ökonomie. a. a. O., S. 505.

[54] W. I. Lenin, Bemerkungen zum zweiten Programmentwurf Plechanows, in: Werke, Bd. 6, Berlin 1971, S. 40.

[55] Friedrich Engels, Herrn Eugen Dührings Umwälzung der Wissenschaft (Anti-Düh-

gensatz zu dem demokratischen Konzept einer sorgfältigen Wahrung der Weltrelationen."[56]

Daniel Bell erklärt, daß in der UdSSR „Charakter und Bedingungen der Arbeit nicht, wie einst angenommen worden war, das Aufblühen des sozialistischen Humanismus verkörpern. Ebenso wie die Produktion ist auch die Arbeit an die Konsumgesellschaft gebunden und der Herstellung einer immer größeren Warenmenge untergeordnet."[57] So seien „Effektivität und Produktion zu den eigentlichen Zielen" geworden. Die früheren Ziele hätten sich in Mittel zur Erhöhung der Produktion verwandelt.[58]

Wie tendenziös derartige Konstruktionen sind, läßt sich unschwer an der tatsächlichen Entwicklung der sozialistischen Gesellschaft erkennen. In allen Entwicklungsetappen der sozialistischen Wirtschaft haben der sozialistische Staat und die KPdSU die gesellschaftliche Wirtschaft stets auf die Lösung der dringendsten sozialen und kulturellen Aufgaben orientiert. Unter den schwierigen Bedingungen beim Aufbau der Grundlagen des Sozialismus wurde eine so wichtige soziale Aufgabe wie die Abschaffung der Ausbeutung des Menschen durch den Menschen gelöst. Die Beseitigung der Arbeitslosigkeit in der UdSSR, die Gewährleistung des allgemeinen Rechts auf Arbeit, die kostenlose medizinische Betreuung, die Schul- und Hochschulbildung und die Schaffung eines Systems der Sozialversorgung belegen sehr deutlich, welche großartigen sozialen und kulturellen Erfolge die sozialistische Gesellschaft trotz der sehr beschränkten wirtschaftlichen Möglichkeiten in ihren frühen Entwicklungsetappen erzielt hat.

Der entwickelte Sozialismus hat die Möglichkeiten für die Lösung der sozialen und kulturellen Aufgaben zum Zweck der allseitigen Entwicklung des Menschen um ein Vielfaches erweitert. „Wir betrachten den Plan als einen Komplex ökonomischer und sozialer Aufgaben, die planmäßig, als Komplex aller mit dem Leben des Menschen verbundenen Fragen gelöst werden müssen"[59], betont A. N. Kossygin. Die Teile des Volkswirtschaftsplanes, die die sozialökonomischen Aspekte des Wohlstands des Sowjetvolkes widerspiegeln, umfassen heute über tausend Kennziffern. Natürlich gehören auch die Kennziffern des materiellen Wohlstands dazu, doch beziehen sich die meisten Kennziffern auf die sozialen und kulturellen Bedürfnisse der Mitglieder der Gesellschaft, auf die Bereicherung ihres geistigen Lebens.

Obgleich sich die sozialen Gruppen und Schichten auf der Grundlage der steigenden Effektivität der Produktion mehr und mehr annähern, hat doch die Gestaltung der sozialistischen Lebensweise nichts mit einer Uniformierung des

ring), in: MEW, Bd. 20, Berlin 1971, S. 264.

[56] Robert Jungk, Aufgabe Zukunft: Qualität des Lebens, Bd. 10, Frankfurt a. M.-Köln 1972, S. 95.

[57] Daniel Bell, The Coming of Post-Industrial Society. A Venture in Social Forecasting, a. a. O., S. 354.

[58] Vgl. ebenda.

[59] A. N. Kossygin, Izbrannye reči i stat'i, Politizdat 1974, S. 209.

Lebens zu tun. Die einheitlichen Prinzipien der sozialistischen Lebensweise lassen, entsprechend den individuellen, gruppenspezifischen und nationalen Besonderheiten der Menschen, eine unbegrenzte Mannigfaltigkeit der Lebensstile zu. Mit der Erhöhung des Bildungs- und Kulturniveaus der Sowjetmenschen wird auch der Inhalt ihrer Arbeit reicher, was wiederum mannigfaltige schöpferische Individualitäten objektiv notwendig macht.

Völlig unhaltbar sind auch die Behauptungen der Theoretiker des „Postindustrialismus“, der Sozialismus sei unfähig, der Umweltverschlechterung wirksam zu begegnen. Daniel Bell beruft sich auf Mitteilungen in der Sowjetpresse über Betriebe, die versucht hatten, den Kosten für die Neutralisierung negativer Auswirkungen ihrer Produktion auszuweichen. Das, so meint er, belege, daß die sozialistischen Betriebe in ihrem Verhältnis zu den Interessen der Gesellschaft in vieler Hinsicht an kapitalistische Unternehmen erinnern. „In dem Maße, wie die Sowjetunion einmütig der Idee des ‚Wirtschaftswachstums‘ ergeben ist ..., kann man sagen, daß das Sowjetsystem faktisch Staatskapitalismus darstellt, in dem die Maximierung der Produktion durch jeden Betrieb das oberste Ziel der Gesellschaft ist.“[60]

Die entwickelte sozialistische Gesellschaft legt die sozialökonomischen, kulturellen und ökologischen Parameter der einheitlichen sozialistischen Lebensweise fest. Die Auflagen zur Sicherung dieser Parameter sowie die Verbote, diese Auflagen mit gesellschaftsschädigenden Methoden zu erfüllen, sind Bestandteil des Systems der Plankennziffern, der Rechtsvorschriften für die Tätigkeit der Wirtschaftseinheiten sowie der Direktiven der Kontrollorgane. Das alles garantiert eine Atmosphäre der Wirtschaftstätigkeit, die weit entfernt ist von der Produktionsmaximierung „mit allen Mitteln“, wie sie von der „postindustrialistischen“ Doktrin dargestellt wird. Wenn beispielsweise ein Betrieb versucht, den Plan durch „Einsparung“ von Mitteln zu erfüllen, die zur Verbesserung der ökologischen Kennziffern geplant sind und eine außergewöhnliche Umweltverschmutzung zuläßt, dann hat er mit empfindlichen wirtschaftlichen und juristischen Sanktionen zu rechnen.

Die Möglichkeiten der Betriebe, sich der Bereitstellung von Mitteln für ökologische Programme zu entziehen, sind sehr begrenzt und werden in dem Maße weiter zurückgehen, wie sich die gesellschaftliche Kontrolle über den Umweltschutz verbessert und fortgeschrittene Technologien eingesetzt werden, die die Umwelt kaum beeinträchtigen. All dies belegt, wie unsinnig Vergleiche zwischen dem Wirtschaftsgebaren sozialistischer Betriebe und kapitalistischer Monopole sind. Denn Monopolunternehmen sind in jeder Weise bemüht, sich in ihren Kalkulationen der Verantwortlichkeit für die sozialen Kosten ihrer Tätigkeit zu entziehen. Der Staat hat nur begrenzte Möglichkeiten, sie im nachhinein zu zwingen, entsprechende Mittel für die Verbesserung der ökologischen Daten ihrer

[60] Daniel Bell, The Coming of Post-Industrial Society. A Venture in Social Forecasting, a. a. O., S. 298.

Produktion bereitzustellen; die Mittel der Steuerzahler sind bereits auf die traditionellen Haushaltspositionen verteilt. Im Sozialismus wird an dieses Problem völlig anders herangegangen.

In der UdSSR ist der Plan für den Umweltschutz und die rationelle Verwendung der Naturressourcen Bestandteil der Volkswirtschaftspläne. Im Zeitraum von 1976–1980 waren für Maßnahmen auf diesem Gebiet etwa 11 Millionen Rubel aus dem Staatshaushalt bereitgestellt worden.[61] Hinzu kommen umfangreiche Mittel aus den Betrieben.[62] In der UdSSR sind zum erstenmal in der Welt Höchstnormen für die Schadstoffkonzentration in der Atmosphäre festgelegt worden. Auch das Verbot, Produktionsstätten in Betrieb zu nehmen, bevor die entsprechenden Reinigungsanlagen fertiggestellt sind, spricht für die Vorzüge des Sozialismus bei der Lösung der Umweltprobleme.

Die Analyse der „Argumente", die von den bürgerlichen Ökonomen vorgebracht werden, beweist also die völlige Unhaltbarkeit ihrer Behauptungen, daß es in der UdSSR Technokratismus, einen Warenfetischismus, Konsumkult oder eine Vernachlässigung des sozialen und kulturellen Bereichs und der Umwelt gibt. Derartige Erscheinungen sind mit der kommunistischen Ideologie, mit den objektiven Funktionsbedingungen der sozialistischen Wirtschaft und der gesellschaftspolitischen Praxis in den sozialistischen Ländern unvereinbar.

[61] Vgl. Ekonomičeskaja gazeta, 45/1976, S. 6.
[62] Vgl. Pravda vom 3. Dezember 1975, S. 1 und 2.

3. ABSCHNITT

6. KAPITEL

Ökonomische Aspekte des „demokratischen Sozialismus"

Zu den Richtungen des gegenwärtigen ideologischen Kampfes gegen den wissenschaftlichen Sozialismus gehört auch der Sozialreformismus. Er wird von der Sozialdemokratie getragen, die den Anspruch erhebt, Inspiratorin der sozialen Wandlungen in der industriellen Welt von heute zu sein.

Als Gegengewicht zur Theorie und Praxis des wissenschaftlichen Sozialismus haben die sozialdemokratischen Theoretiker das Modell eines sogenannten demokratischen Sozialismus anzubieten.

Das erste programmatische Dokument der im Jahre 1951 neu gegründeten Sozialistischen Internationale[1] war die Frankfurter Erklärung „Ziele und Aufgaben des demokratischen Sozialismus"[2], deren Grundsätze in späteren Beschlüssen programmatischer Art weiter ausgeführt wurden. Hierzu gehören vor allem die Erklärungen „Sozialismus und Kommunismus" (1956) und „Die Welt von heute – sozialistisch gesehen" (1962).

Der Sozialistischen Internationale gehören etwa 60 Parteien und Organisationen mit insgesamt 18 Millionen Mitgliedern an. Sie vereinigen 75 bis 80 Millionen Wählerstimmen auf sich.

In den programmatischen Dokumenten der Sozialistischen Internationale wird die These vom Pluralismus der Sozialismusmodelle in der Welt von heute hervorgehoben, der aus den spezifischen Bedingungen der einzelnen Länder erwachse. Zugleich aber vertreten die Sozialreformisten die Meinung, daß alle diese verschiedenen Modelle, im Vergleich zu den Ideen des „demokratischen Sozialismus", des einzigen Gesellschaftsmodells, das den Hoffnungen des Menschen von heute völlig entspreche, unbedeutender seien.

Der „demokratische Sozialismus" wird als eine Idealvorstellung interpretiert, an die sich der heutige Kapitalismus im Verlauf seiner friedlichen Entwicklung annähere. Während dieser Entwicklung werde die bürgerliche Demokratie, die zur politischen Grundlage des „demokratischen Sozialismus" erklärt wird, durch

1 Die Sozialistische Internationale ist die Nachfolgerin der II. Internationale (1889 bis 1914) und der Sozialistischen Arbeiter-Internationale, die von 1923 bis zu Beginn des zweiten Weltkrieges existierte.

2 Ziele und Aufgaben des demokratischen Sozialismus. Erklärung der Sozialistischen Internationale, beschlossen auf ihrem Gründungskongreß in Frankfurt a. M. am 3. Juli 1951, in: Katholizismus und freiheitlicher Sozialismus in Europa, Köln 1965, S. 295–301.

„soziale und wirtschaftliche Demokratie" ergänzt werden. Dabei messen die sozialdemokratischen Theoretiker diesen Begriffen durchaus nicht alle den gleichen konkreten Inhalt zu. Das von den Ideologen der Sozialistischen Internationale verfochtene Pluralismusprinzip, das sie auch auf die Modelle des „demokratischen Sozialismus" ausdehnen, stellt eine Weiterentwicklung der für die sozialdemokratische Theorie typischen unbestimmten, alles umfassenden Betrachtungsweise dar, des Bestrebens, alle sozialen Kräfte um ihre Konzeptionen zu scharen, wobei nur die wirklich revolutionären Kräfte ausgeschlossen werden.

Was die einzelnen nationalen Modelle des „demokratischen Sozialismus" trotz gewisser Unterschiede vereint, ist die Ablehnung der Theorie und Praxis des wissenschaftlichen Sozialismus und die Interpretation des sowjetischen Sozialismussystems als ein angeblich undemokratisches System.

Die sozialdemokratischen Theoretiker wollen mit allen Mitteln nachweisen, daß die Erfahrungen, die die UdSSR mit dem Aufbau des Sozialismus gesammelt hat, für die anderen Länder des sozialistischen Lagers ebenso ungeeignet seien wie für die jungen Nationalstaaten, die den nichtkapitalistischen Weg eingeschlagen haben.

Wenn die geistigen Väter der heutigen rechtsorientierten Sozialdemokratie (Max Adler, Otto Bauer, Eduard Bernstein, Leon Blum, Rudolf Hilferding, Karl Kautsky u. a.) den Marxismus-Leninismus noch bei formaler Anerkennung vieler Thesen der marxistischen Lehre bekämpft hatten, so sagen sich die meisten heutigen Führer des Sozialreformismus nicht nur dem Wesen, sondern auch der Form nach vom Marxismus los. So konstatierte die Internationale Beratung von Vertretern der kommunistischen und Arbeiterparteien von 1960: „In mehreren Ländern hat die rechte Führung der sozialdemokratischen Parteien erreicht, daß Programme angenommen wurden, in denen sie dem Marxismus, dem Klassenkampf und den traditionellen sozialistischen Losungen offen abgeschworen hat."[3]

Daß man heute mit der marxistischen Theorie völlig gebrochen hat, belegen die von sozialdemokratischen Theoretikern beschriebenen Wesenszüge des „demokratischen" Sozialismus. Das Ausgangsmoment bildet hier die These, daß die westeuropäischen Länder mit der Herstellung der „politischen Demokratie" in die Phase des „Aufbaus des Sozialismus" eingetreten seien.

Unter Ignorierung der grundsätzlichen Unterschiede zwischen bürgerlicher und sozialistischer Demokratie erklären die Führer des Nachkriegs-Sozialreformismus, dem Beispiel Bernsteins und Kautskys folgend, daß die Werktätigen schon im heutigen bürgerlich-parlamentarischen Staat, wo die einstigen Klassenantagonismen dem Zusammenwirken von Arbeit und Kapital gewichen seien, zu politischer Gleichberechtigung kommen. So wertet das Godesberger Programm der SPD das Grundgesetz der BRD als Grundlage der demokratischen Ordnung, und es ruft dazu auf, dieses Grundgesetz zu schützen. Zur Lage des Arbeiters behauptet das Programm: „Der einst das bloße Ausbeutungsobjekt der

[3] Erklärung der Beratung von Vertretern der kommunistischen und Arbeiterparteien, November 1960, Berlin 1961, S. 53.

herrschenden Klasse war, nimmt jetzt seinen Platz ein als Staatsbürger mit anerkannten gleichen Rechten und Pflichten.“[4]

Die Grundsatzerklärung der SFIO, der französischen Sozialisten (1946) verkündet: „Weitreichende und ungehindert entfaltete demokratische Freiheiten sind das unabdingbare Element jeder sozialistischen Ordnung.“[5] Ähnliche Auffassungen vertraten auch die Führer der Sozialdemokratie in Österreich, Großbritannien, Belgien und in den skandinavischen Ländern.

Die These, daß die bürgerliche Demokratie die politischen Voraussetzungen für den Aufbau des Sozialismus schaffe, ist auch in der Erklärung der Sozialistischen Internationale „Die Welt von heute – sozialistisch gesehen“ verankert.[6]

Während die rechtssozialdemokratischen Ideologen die völlige politische Gleichberechtigung der Werktätigen in der bürgerlichen Gesellschaft postulieren, räumen sie doch immerhin partielle wirtschaftliche Ungleichheiten ein, die mit Hilfe von Reformen beseitigt werden sollen. Diese Reformen durchzuführen sei Aufgabe des Staates. Wenn Otto Bauer, Rudolf Hilferding und Karl Kautsky den Klassencharakter des bürgerlichen Staates, wenn auch nicht ganz vorbehaltlos, so doch zugegeben hatten, dann meinen ihre Nachfolger von heute, daß „der Staat bei genügend Druck seitens des Arbeiters und der demokratischen Mehrheit im Parlament nicht nur die Veränderung des wirtschaftlichen und sozialen Kräfteverhältnisses zugunsten der Arbeiter fördern wird, sondern dies mit der Zeit eine so weitgreifende Durchsetzung des Kollektivismus mit sich bringt, daß . . . es den Kapitalismus ohne Kampf und ohne Umwälzung vernichtet“[7].

So soll also, der Logik der rechten Sozialdemokratie zufolge, die Herstellung der „politischen Demokratie“ im Kapitalismus die Verwirklichung der demokratischen Kontrolle der Gesellschaft über den Staat nach sich ziehen, wobei dieser wiederum die demokratische Kontrolle über die Wirtschaft garantiere. Mit den wirtschaftlichen Reformen des Staates vollende sich die Transformation des Kapitalismus in den „demokratischen Sozialismus“.

Um ihre These von der nichtkapitalistischen Evolution der entwickelten kapitalistischen Staaten zu erhärten, erklären die Rechtssozialisten, der Kapitalismus sei von der individuell-kapitalistischen Eigentumsform und der uneingeschränkten Freiheit privaten Unternehmertums nicht zu trennen. Demgemäß ist nur *der* Eigentümer von Produktionsmitteln als Kapitalist zu betrachten, der sein Unternehmen persönlich leitet. Und obgleich es heute „noch sehr viel“ Kapitalisten gebe, könnten sie angesichts der Herrschaft des Aktieneigentums die wirtschaft-

[4] Grundsatzprogramm der Sozialdemokratischen Partei Deutschlands, in: Katholizismus und freiheitlicher Sozialismus in Europa, a. a. O., S. 304, 305–309, 316.

[5] Grundsatzerklärung der SFIO, in: ebenda, S. 319.

[6] Die Welt von heute – sozialistisch gesehen. Erklärung des Generalrats der Sozialistischen Internationale, Oslo, 2.–4. Juni 1962, in: Julius Braunthal, Geschichte der Internationale, Bd. 3, Hannover 1971, S. 639–642.

[7] Ralph Miliband, Parliamentary Socialism, London 1961, S. 32–33; Nicolas George Marie Bourgin, Pierre Rimbert, Le socialisme, Paris 1969, S. 49–68.

liche Entwicklung schon nicht mehr bestimmen. Ihre Stelle nehme eine neue Klasse ein, die Wirtschaftsbürokratie, die mit der Übertragung der Leitungsfunktionen in der Produktion an lohnabhängige Manager entstanden sei. Da diese neue Klasse kein Kapital besitze, verfüge sie praktisch über die Hauptreichtümer der Wissenschaft. Obgleich die Wirtschaftsbürokratie zur herrschenden Klasse werde, verhalte sie sich gegenüber der Gesellschaftsordnung uninteressiert, weil sich ihre Interessen auf reine Produktionsprobleme beschränken. Deshalb würden die kapitalistischen Manager mit gleicher Hingabe dem Sozialismus dienen, wenn es gelinge, sie auf seine Seite zu ziehen.[8]

Ebenso wie die bürgerlichen Autoren der Theorie von der „Managerrevolution" (Gardiner Means, Adolf A. Berle, James Burnham) ignorieren auch die sozialdemokratischen Theoretiker die von der Praxis vielfach belegte Tatsache, daß das Ausscheiden der Eigentümer aus der Unternehmensleitung dem Wesen der bürgerlichen Produktion keineswegs widerspricht, sondern vielmehr aus ihm resultiert. Schon Karl Marx hat nachgewiesen, daß die Trennung von Kapitaleigentum und Kapitalfunktion mit der Absonderung des Geldkapitals vom industriellen Kapital und seiner Verwandlung in Leihkapital beginnt. Die damit entstandene Rentiersschicht gehört zu den deutlichsten Erscheinungsformen des Parasitismus und der Fäulnis des gegenwärtigen Kapitalismus. Die Entwicklung dieses Prozesses beweist, daß der Kapitalist für den Produktionsprozeß überflüssig geworden ist, aber damit hört die Produktion nicht auf, den egoistischen Interessen dieser immer entbehrlicher werdenden, aber nach wie vor herrschenden Klasse zu dienen.

Das soziale Wesen eines Betriebes wird nicht davon bestimmt, wer ihn in verwaltungstechnischer Hinsicht leitet, sondern davon, wem er gehört und wer den Gewinn einstreicht. Die tatsächlichen Herren der Aktiengesellschaften können Manager, die ihnen nicht genehm sind, jederzeit entlassen. Andererseits ist die Oberschicht der Manager, die selbst zu den Großaktionären gehört, objektiv an solchen Entscheidungen interessiert, die den Aktiengesellschaften möglichst hohe Profite einbringen. Diese Oberschicht läßt sich in ihren Handlungen nicht von den Interessen der ganzen Gesellschaft oder einer „neuen Klasse" leiten, sondern von den Interessen des Monopolkapitals.[9]

Auch die sich ausweitende staatliche Wirtschaftsregulierung in den industriell fortgeschrittenen kapitalistischen Ländern wird von den Rechtssozialisten als „prosozialistisch" ausgegeben.[10] Deshalb ist es durchaus erklärlich, daß es in den meisten Programmen der sozialdemokratischen Parteien an konkreten Aussagen über die Herrschaft der kapitalistischen Ordnung in dem betreffenden Land fehlt. (Und wenn schon diese oder jene Gebrechen des Kapitalismus verurteilt werden, dann richtet man die Kritik im wesentlichen auf die Vergangenheit, auf den

[8] Vgl. Karl Renner, Die neue Welt und der Sozialismus, Salzburg 1946, S. 22–25.

[9] Vgl. Politische Ökonomie des heutigen Monopolkapitalismus, Berlin 1972, Kap. XXXI.

[10] Vgl. Kapitel 9 des vorliegendes Bandes.

Kapitalismus, „den Karl Marx kannte"[11].) So bezeichnet das Godesberger Programm die BRD als „Industriegesellschaft", den Staat als „sozial" und die Wirtschaft als „moderne" und nichtkapitalistische Wirtschaft. „In einigen Ländern Europas wurden unter sozialdemokratischen Regierungen bereits die Fundamente einer neuen Gesellschaft gelegt"[12], behauptet das Programm. Dieser Standpunkt findet sich auch in der Erklärung der Sozialistischen Internationale „Die Welt von heute – sozialistisch gesehen".[13]

Die eigentliche Grundlage der heutigen reformistischen Konzeptionen, nach denen die „Elemente des Sozialismus" bereits im Kapitalismus heranreifen, bildet Bernsteins Revision der marxistischen Lehre von der historischen Tendenz der kapitalistischen Akkumulation. Eduard Bernstein hatte den Akkumulationsprozeß des Kapitals mit der Entstehung der sozialistischen Wirtschaft identifiziert und glaubte nachweisen zu können, daß die Entstehung des Sozialismus von der Reife der kapitalistischen Wirtschaft abhängig sei.[14] Dieser Entwicklungskonzeption zufolge geht der Kapitalismus spontan, ohne jegliche politische Maßnahmen in den Sozialismus über. Den sozialdemokratischen Parteien sei es lediglich vorbehalten, die „sozialistische Konsumtion" auf der Grundlage der „gerechten Verteilung des Nationaleinkommens" durchzusetzen.

Aus den apologetischen Darstellungen des gegenwärtigen Kapitalismus ergibt sich der offene oder unausgesprochene Verzicht der rechten Sozialdemokratie auf die Nationalisierung der grundlegenden Produktionsmittel. Vor dem zweiten Weltkrieg war in der Sozialdemokratie, wenn auch nicht ohne Vorbehalte, allgemein die Auffassung vertreten worden, daß das Großkapital nationalisiert werden müsse. Dann wurde die Behauptung zur Grundthese des „demokratischen Sozialismus" erhoben, daß eine intensive „Selbstliquidierung" des Privateigentums an den Produktionsmitteln stattfinde. Das Privateigentum bestehe zwar formal noch weiter, aber mit der „Managerrevolution" einerseits und den eigentumsrechtlichen Beschränkungen des „demokratischen" Staates andererseits verschwinde es als reale ökonomische Kategorie.

In den Dokumenten der meisten sozialdemokratischen Parteien von heute (im Godesberger Programm der SPD, in dem Orientierungsrahmen 1985 der SPD, in den Parteitagsbeschlüssen der Labour-Party, der Norwegischen Arbeiterpartei, der sozialdemokratischen Parteien Dänemarks und Schwedens) wird die Notwendigkeit, die Produktionsmittel in großem Ausmaß zu vergesellschaften, verneint. Und wenn schon die Nationalisierung einiger Zweige eingeräumt

[11] Vgl. Pierre Mendes-France, La république moderne, Paris 1962, S. 109.

[12] Grundsatzprogramm der Sozialdemokratischen Partei Deutschlands, in: Katholizismus und freiheitlicher Sozialismus in Europa, a. a. O., S. 304, 307–309, 316.

[13] Vgl. Die Welt von heute – sozialistisch gesehen. in: Julius Braunthal, Geschichte der Internationale, Bd. 3, a. a. O., S. 640.

[14] Vgl. Eduard Bernstein, Die Voraussetzungen des Sozialismus und die Aufgaben der Sozialdemokratie, Reinbek bei Hamburg 1969, S. 158.

wird, dann soll dies dem Zweck dienen, eine „gemischte Wirtschaft“[15] zu schaffen. Die Theorie von der „gemischten Wirtschaft“ stellt auch die offizielle ökonomische Plattform des „demokratischen Sozialismus“ dar.[16]

Nach dieser Theorie besteht das ökonomische System der künftigen „Idealgesellschaft“ aus drei Hauptsektoren: dem nationalisierten (verstaatlichten), dem genossenschaftlichen und dem privaten Sektor. Dabei soll dies keine vorübergehende, für eine Übergangsperiode zutreffende Struktur sein, sondern die Wirtschaft einer reifen Gesellschaft, die diese Merkmale für die ganze absehbare Zukunft beibehält. Demgemäß koexistieren hier drei Eigentumsgrundformen: das staatliche, das genossenschaftliche und das private Eigentum, wobei die beiden erstgenannten gewöhnlich als Formen des Gemeineigentums betrachtet werden, das seinem Wesen nach einheitlich sei. Mitunter wird hierfür auch der Terminus „Kollektiveigentum“ verwendet. Dem „Gemeineigentum“ und dem Privateigentum fallen den sozialreformistischen Auffassungen zufolge unterschiedliche Funktionen zu. Ersteres soll die Bedürfnisse der Gesellschaft befriedigen, letzteres bilde die ökonomische Grundlage für die Existenz des Individuums sowie die Garantie für seine Freiheit und befriedige die individuellen Bedürfnisse.

Die Frankfurter Erklärung besagt, daß sich in den kapitalistischen Ländern Europas die Wirtschaftsstruktur immer mehr dem sozialdemokratischen Schema annähere: „In vielen Ländern wird der unkontrollierte Kapitalismus von Wirtschaftsformen verdrängt, wo der Staat in die Wirtschaft regelnd eingreift und wachsende Ausdehnung des Gemeineigentums an den Produktionsmitteln den Wirkungskreis einengt“. Dabei werde die Notwendigkeit der Wirtschaftsplanung „von immer größeren Massen erkannt“ und „die Demokratisierung der Wirtschaft ... in zunehmendem Maße verwirklicht“[17]. Die Erklärung „Die Welt von heute – sozialistisch gesehen“ bekräftigt diese Einschätzung der sozialökonomischen Entwicklung der kapitalistischen Länder Europas.[18]

Den kollektiven Eigentumsformen rechnet die Erklärung das verstaatlichte (nationalisierte), das munizipale und das genossenschaftliche Eigentum zu. Die erstgenannte Form erstreckt sich im wesentlichen auf die historisch entstandenen Staatsmonopole, bestimmte Industriezweige und die Infrastruktur. Zum Munizipaleigentum gehören einige Unternehmen örtlicher Bedeutung, während über den Bereich und zu den Ausmaßen des genossenschaftlichen Eigentums nichts Näheres gesagt wird.

[15] Vgl. Joseph Lajugie, Les doctrines économiques, Paris 1967, S. 80; Georges Lefranc, Essais sur les problèmes socialistes et syndicaux, Paris 1970, S. 213.

[16] Für manche Sozialdemokraten leben „die meisten westlichen Länder schon in einer gemischtwirtschaftlichen Ordnung“ (vgl. Socialisme, Brüssel, 104/1971, S. 244).

[17] Ziele und Aufgaben des demokratischen Sozialismus, in: Katholizismus und freiheitlicher Sozialismus in Europa, a. a. O., S. 295–296.

[18] Vgl. Die Welt von heute – sozialistisch gesehen, in: Julius Braunthal, Geschichte der Internationale, Bd. 3, a. a. O., S. 641.

Als Fundament des „demokratischen Sozialismus" werden die Verhältnisse im staatlichen Sektor der modernen kapitalistischen Länder angesehen, dessen Unternehmen angeblich nicht wegen des Profits, sondern im Interesse der Verbraucher zur Befriedigung ihrer Bedürfnisse arbeiten. Außerdem gewährleiste er eine möglichst gerechte Verteilung des Vermögens und der Einkommen. In diesen Unternehmen sei die Ausbeutung abgeschafft.[19]

Auch in den Methoden für die Bildung des sozialistischen Sektors sind sich die geistigen Väter der programmatischen Dokumente der Sozialdemokratie einig. An erster Stelle steht die Nationalisierung der Unternehmen, die auf gesetzlichem Wege über die Parlamente der kapitalistischen Länder erfolge. In allen Fällen wird die volle Entschädigung der früheren Besitzer verlangt. Als Beispiel werden gewöhnlich die Nationalisierungen herangezogen, die die Labourregierung unter Premierminister Clement R. Attlee in den Jahren 1947 bis 1949 durchgeführt hat.[20] Sie erstreckte sich auf Unternehmen der Eisen- und Stahlindustrie, der Brennstoff- und Energiewirtschaft sowie des Verkehrswesens. Den früheren Besitzern waren dafür insgesamt 1946,6 Millionen Pfund Sterling gezahlt worden. Bei einer weiteren Nationalisierung von Unternehmen der Eisen- und Stahlindustrie entschädigte die Wilson-Regierung die Besitzer mit 580 Millionen Pfund Sterling.

Mit ihrem Eintreten für die volle Entschädigung der ehemaligen Besitzer von nationalisierten Unternehmen haben die Führer des heutigen Reformismus ihre Vorläufer rechts „überholt". So hatte Jean Jaurès noch die Ansicht vertreten, es könne nicht definitiv gesagt werden, wie in einer sozialistischen Revolution die allgemeine Expropriation des kapitalistischen Eigentums stattfinden werde, ob mit oder ohne Entschädigung. In diesen Fragen würden auch die klarsten Programme und die am besten durchdachten Beschlüsse von der Entwicklung der Ereignisse beeinflußt.[21]

Der „gemeinwirtschaftliche" Sektor wird den sozialdemokratischen Theoretikern zufolge außer durch Nationalisierungen auch durch den Bau von Staatsbetrieben gebildet, und zwar besonders in neuen Zweigen.

W. I. Lenin hatte den staatsmonopolistischen Kapitalismus dialektisch betrachtet, nämlich einerseits als neueste Entwicklungsstufe des Monopolkapitalismus und andererseits als vollständige materielle Vorbereitung des Sozialismus, als seine Vorstufe; „denn auf der historischen Stufenleiter *gibt es* zwischen dieser

[19] Vgl. Ziele und Aufgaben des demokratischen Sozialismus, in: Katholizismus und freiheitlicher Sozialismus in Europa, a. a. O., S. 295–296; Die Welt von heute – sozialistisch gesehen, in: Julius Braunthal, Geschichte der Internationale, Bd. 3, a. a. O., S. 641.

[20] Vgl. Karl Heinz Pfeffer, Fünf Jahre Labour-Regierung, Hannover 1950, S. 30.

[21] Gosudarstvo buduščego. Reči Žoresa, Vajana i Klemanso, St. Peterburg 1907. S. 6–7 (Der Staat der Zukunft, Reden von Jean Jaurès, Marie Édouard Vaillant und Georges Clemenceau).

Stufe und derjenigen, die Sozialismus heißt, *keinerlei Zwischenstufen mehr*"[22]. Dabei warnte Lenin vor der weit verbreiteten bürgerlich-reformistischen Behauptung, „der monopolistische oder staatsmonopolistische Kapitalismus sei *schon kein* Kapitalismus mehr ... Die ‚Nähe' eines *solchen* Kapitalismus zum Sozialismus muß für wirkliche Vertreter des Proletariats ein Beweisgrund sein für die Nähe, Leichtigkeit, Durchführbarkeit und Dringlichkeit der sozialistischen Revolution, keineswegs aber ein Argument dafür, daß man die Ablehnung dieser Revolution und die Beschönigung des Kapitalismus, wie dies bei allen Reformisten zu finden ist, tolerant hinnehmen solle."[23]

Die Darstellung des heutigen staatsmonopolistischen Eigentums als den Volksinteressen dienende Institution ist die sozialreformistische Methode, das Wesen des staatsmonopolistischen Kapitalismus zu entstellen, ihn als „Fast-Sozialismus" auszugeben. Diesen Zweck verfolgt auch die verfälschende Interpretation einer Reihe von Funktionsmomenten der staatlichen Unternehmen in den Ländern des Kapitalismus.

Die nationalisierten Unternehmen in den kapitalistischen Ländern gehören gewöhnlich zur Abteilung I der gesellschaftlichen Produktion und versorgen folglich die Unternehmen von Abteilung II. Daran anknüpfend erklären die Reformisten, daß der nationalisierte Sektor die Konsumgüter erzeugenden Unternehmen mit Rohstoffen, Halbfabrikaten, Technik, Elektroenergie und Brennstoffen zu Niedrigpreisen versorge und damit unmittelbar für die Befriedigung der Bedürfnisse des Volkes wirke. Daß der bei der Produktion eines Teils der Produktionsmittel nicht realisierte oder den Kapitalisten nicht zufließende Profit später in den Konsumgüterpreisen realisiert wird, verschweigt man geflissentlich. Auf diese Weise werden die rein äußerlichen Momente der ökonomischen Beziehungen zwischen Abteilung I und II dafür herangezogen, die sozialreformistische Konzeption vom nichtkapitalistischen, gesamtgesellschaftlichen Charakter der nationalisierten Unternehmen zu belegen. Besonders aktiv sind in dieser Hinsicht die Sozialdemokraten Österreichs, wo auf den nationalisierten Sektor zwischen 80 und 100 Prozent der Unternehmen in der extraktiven und metallurgischen Industrie sowie in der Brennstoff- und Energiewirtschaft entfallen, während die privatkapitalistischen Monopole überwiegend in der Leicht- und Lebensmittelindustrie tätig sind.

Neben dem staatlichen Eigentum unterstellt der „demokratische Sozialismus" die Existenz von genossenschaftlichem Eigentum in der Klein- und Mittelproduktion. In bezug auf das genossenschaftliche Eigentum sind die heutigen sozialreformistischen Theorien im wesentlichen nur eine Neuauflage der alten Illusionen vom genossenschaftlichen Sozialismus. Im 27. Kapitel vom dritten Band des „Kapitals" geht Karl Marx auf das ökonomische Wesen der Genossenschaften

22 W. I. Lenin, Die drohende Katastrophe und wie man sie bekämpfen soll, in: Werke, Bd. 25, Berlin 1970, S. 370.

23 W. I. Lenin, Staat und Revolution, in: ebenda, S. 456.

im Kapitalismus ein. Er betrachtet hier die Kooperativfabriken der Arbeiter als Element der Aufhebung der kapitalistischen Produktionsweise, als das „erste Durchbrechen der alten Form“. Sie zeigen, wie sich aus einer Produktionsweise eine neue, assoziierte entwickelte und wie das Alte den Ausgangspunkt des Neuen bildet.[24]

Zugleich aber gab Marx auch zu verstehen, daß die genossenschaftliche Produktionsform allein nicht imstande ist, die herrschenden Produktionsverhältnisse zu verändern, sondern dazu neigt, sich ihnen anzupassen. Das Kapital bemächtigt sich der kollektiven Eigentumsformen und nutzt sie, um die kapitalistische Produktion über die von den Einzelkapitalen gesetzten Grenzen hinaus auszudehnen.[25]

Bereits in der Inauguraladresse der Internationalen Arbeiter-Assoziation warnte Marx davor, die Kooperativfabriken der Arbeiter zu überschätzen, da die genossenschaftliche Arbeit weder imstande sei, die Massen zu befreien, noch ihre Not merklich zu lindern und das Anwachsen der Monopole aufzuhalten. Die unerläßliche Voraussetzung für die Befreiung der Werktätigen, die große Pflicht der Arbeiterklasse aller Länder sei die Eroberung der politischen Macht. Nur so werde die genossenschaftliche Arbeit der assoziierten Arbeiter die Unterstützung des Staates erhalten und gemeinsam mit dem gesellschaftlichen Wirtschaftssektor die alte Produktionsweise besiegen.[26]

Wie die heutige Praxis zeigt, werden unter kapitalistischen Verhältnissen die meisten genossenschaftlichen Unternehmen auch kapitalistisch betrieben. Das deutlichste Beispiel hierfür liefern die landwirtschaftlichen Genossenschaften in Dänemark, Schweden und Norwegen, die Warenproduzenten erfassen. Dennoch ist keines dieser Länder dadurch sozialistisch geworden.

Eine bedeutende Stellung nimmt im System des „demokratischen Sozialismus“ das Privateigentum ein, dem in der Landwirtschaft, im Einzelhandel sowie in der kleinen und mittleren Produktion der Vorrang eingeräumt wird. Ferner wird behauptet, daß die Freiheit des Individuums das Privateigentum auch im Dienstleistungswesen und im Handwerk verlange. Die einzige „Einschränkung“ des Privateigentums bestehe darin, daß der Staat privatkapitalistische Eigentümer hindern müsse, „ihre Macht zu mißbrauchen“. Doch er „kann und soll ihnen helfen, zur Steigerung der Produktion und zur Vermehrung des Volkswohlstandes im Rahmen der Gesamtplanung beizutragen“[27].

Im Programm der SPD wird dem Privateigentum nicht nur das Existenzrecht, sondern auch der Anspruch auf „Schutz und Förderung“ eingeräumt, wobei das Privateigentum (ebenso wie im Programm der SPÖ) auf „leistungsfähige mittlere und kleine Unternehmen“ erstreckt wird.

[24] Vgl. Karl Marx, Das Kapital, Dritter Band, in: MEW, Bd. 25, Berlin 1976, S. 456.

[25] Vgl. ebenda, S. 455–456.

[26] Vgl. Karl Marx, Inauguraladresse der Internationalen Arbeiter-Assoziation, in: MEW, Bd. 16, Berlin 1962, S. 11–12.

[27] Ziele und Aufgaben des demokratischen Sozialismus, in: Katholizismus und freiheitlicher Sozialismus in Europa, a. a. O., S. 298–299.

Der „Wettbewerb durch öffentliche Unternehmen" wird als „entscheidendes Mittel zur Verhütung privater Marktbeherrschung" und als „preisregelnder" Faktor betrachtet.[28] Ein ähnliches Modell von der Wirtschaftsstruktur der künftigen Gesellschaft entwirft auch das Programm der Sozialdemokratischen Partei der Schweiz.[29]

Die sozialdemokratischen Programme sprechen sich für die Erhaltung des Privateigentums nicht nur an kleinen, sondern auch an mittleren Unternehmen aus.[30] Noch weiter geht das Godesberger Programm der SPD, das den Fortbestand des Privateigentums an Großunternehmen im Sozialismus unterstellt, wobei es lediglich einräumt, daß „leistungsfähige kleine und mittlere Unternehmen ... zu stärken (sind), damit sie die wirtschaftliche Auseinandersetzung mit den Großunternehmen bestehen können"[31].

Am deutlichsten ist jedoch die kapitulantenhafte Haltung im Programm der Sozialdemokratischen Partei der Schweiz ausgeprägt, wo die „demokratischen" Grundsätze der Wirtschaft mit der Existenz von Monopolunternehmen, wie Kartellen und Trusts, und mit anderen Großunternehmen für vereinbar gehalten werden. Die Kontrolle über diese soll mit Hilfe der Kredit- und Steuerpolitik sowie mit der bürgerlichen Gesetzgebung ausgeübt werden.[32] Die Möglichkeit, die Privatunternehmen den Interessen der Gesellschaft unterzuordnen, wird in den sozialdemokratischen Theorien mit der These motiviert, daß die „de facto-Vergesellschaftung" der kapitalistischen Unternehmen ohne Änderung der formalen Eigentumsverhältnisse möglich sei.

W. I. Lenin hat diese Art von vordergründigem Unsinn einer vernichtenden Kritik unterzogen und die Haltung der bürgerlichen Reformer wie folgt wiedergegeben: „Wir werden die staatliche Kontrolle über *alle* Trusts (in Amerika heißt das: über die *gesamte* Industrie!) einführen. Wir werden die staatliche Kontrolle über sie einführen, damit es kein Elend gebe, damit alle einen ‚anständigen' Lohn erhalten. Wir werden die ‚soziale und industrielle Gerechtigkeit' herstellen. Wir geloben und schwören bei *allen* Reformen ... wir wollen nur *eine ‚Reform'* nicht: *die Enteignung der Kapitalisten*!"[33]

Typisch für die reformistischen Sozialismusmodelle ist die Erhaltung des Privateigentums an Grund und Boden. Keines der heute gültigen Programme von

[28] Grundsatzprogramm der Sozialdemokratischen Partei Deutschlands, in: ebenda, S. 308–309.

[29] Vgl. Programm der Sozialdemokratischen Partei der Schweiz, in: ebenda, S. 384, 386.

[30] Vgl. Das neue Programm der SPÖ, in: ebenda, S. 371; Grundsatzprogramm der Sozialdemokratischen Partei Deutschlands, in: ebenda, S. 308; Beginselprogram van de Partij van Arbeid, in: ebenda, S. 351.

[31] Grundsatzprogramm der Sozialdemokratischen Partei Deutschlands, in: ebenda, S. 308.

[32] Vgl. Programm der Sozialdemokratischen Partei der Schweiz, in: ebenda, S. 386.

[33] W. I. Lenin, Ergebnis und Bedeutung der Präsidentschaftswahlen in Amerika, in: Werke, Bd. 18, Berlin 1972, S. 397.

Parteien der Sozialistischen Internationale enthält einen Passus über die Nationalisierung des Grund und Bodens. Auch von Bodenzuweisungen an Kleinst- und Kleinbauern, die den überwiegenden Teil der Agrarbevölkerung in den kapitalistischen Ländern ausmachen, ist mit keinem Wort die Rede. Das einzige, was die sozialreformistischen Programme der werktätigen Bauernschaft versprechen, ist, daß man das bäuerliche Eigentum „festigen" und eine Bodenpreiskontrolle errichten will.

Bei der Gestaltung der sozialistischen Wirtschaft soll also die kleine Warenproduktion gestärkt werden, die dem entwickelten Stadium einer sozialistischen Volkswirtschaft nicht nur wesensfremd ist, sondern auch eine breite Basis für das Wiedererstehen und die Entwicklung des Kapitalismus darstellt. „Auf dieser Basis erhält sich der Kapitalismus und entsteht er aufs neue – in erbittertem Kampf gegen den Kommunismus."[34]

Um die Idee von der Ewigkeit der kleinen Warenproduktion zu untermauern, verweisen die Rechtssozialisten auf gewisse Besonderheiten und auf das Tempo der Umgestaltung der Landwirtschaft in einigen sozialistischen Ländern sowie auf die von manchen kommunistischen Parteien im Westen unterbreitete Empfehlung, die halbproletarischen Massen allmählich und geduldig in die sozialistischen Umwandlungsprozesse einzubeziehen. Doch lassen sich mit derartigen Spekulationen nur Leute irreführen, die irregeführt sein wollen. Die Kommunisten haben von jeher Verständnis für die Schwierigkeiten gehabt, die den halbproletarischen Bevölkerungsschichten mit ihren spezifischen Produktions- und Lebensbedingungen der Übergang zum Sozialismus bereitet und ihnen gegenüber größte Geduld geübt. Heute sind vor allem dank der Existenz der sozialistischen Gemeinschaft, an deren Spitze die UdSSR steht, weit günstigere Voraussetzungen für den optimalen Übergang aller Werktätigen der kapitalistischen Gesellschaft zum Sozialismus gegeben als zu der Zeit, da das erste sozialistische Land gerade entstanden war. Aber diese veränderten Bedingungen, diese größeren Möglichkeiten der allgemeinen Bewegung des Volkes zum Sozialismus haben mit den reaktionär-utopischen Konzeptionen des Sozialreformismus von einem „Hineinwachsen" der kleinen Warenproduzenten und des privatkapitalistischen Sektors in den Sozialismus nichts gemein.

In den sozialdemokratischen Programmen wird behauptet, daß im „demokratischen Sozialismus" das Privateigentum mit der Abschaffung der Ausbeutung vereinbar sei. Diese eigenartige Verbindung glaubt man mit der Theorie von der „Sozialisierung des Mehrwerts und des variablen Kapitals" motivieren zu können. Ihr Begründer war Karl Renner, ein Führer der II. Internationale und des modernen Sozialreformismus.

Nach dieser Theorie soll die Sozialisierung des Mehrwerts zwei Stadien durchlaufen: Produktion und Distribution. Die Sozialisierung des Mehrwerts in der

[34] W. I. Lenin, Ökonomik und Politik in der Epoche der Diktatur des Proletariats, in: Werke, Bd. 30, Berlin 1961, S. 94.

Produktion gehe aus dem technischen Produktionsprozeß selbst hervor, wobei das ganze geschaffene Produkt allen gehöre und es unmöglich sei, den realen Anteil festzustellen, der auf jeden einzelnen und damit auch auf den Kapitalisten entfalle. Und bei der Verteilung der Einkommen komme ein immer größer werdender Anteil auf die verschiedenen gemeinschaftlichen Sozial- und Versicherungsfonds, auf die Umverteilung über den Staatshaushalt und dgl. Infolge dieser doppelten Sozialisierung des Mehrwerts komme er immer weniger dem unternehmensführenden Kapitalisten zu. Hieraus folge nun, daß die Lohnarbeit nicht länger Quelle des Profits sei.

Der englische Arbeiter habe zu Lebzeiten von Marx, so folgert Renner weiter, alle oder fast alle Kosten für die Reproduktion der Arbeiterklasse, unter anderem zumeist auch das Schulgeld für seine Kinder bezahlen müssen. Seither werde ein Teil der Reproduktionskosten vom Staat getragen. „Vom gesellschaftlich erzeugten Gesamtwert ist ein Teil, der im System Marxens sich als variables Kapital darstellt, nicht über die Taschen des Arbeiters geführt, sondern vom Kapitalisten selbst in Form direkter Steuern an öffentliche Kassen abgeführt und von diesen in kollektiver Weise der Arbeiterklasse als staatlicher Schulaufwand zugeführt worden."[35] Hierzu gehören auch die Ausgaben des „sozial gesinnten großen Unternehmens" für Kindergärten, Heilanstalten und Arbeiterwohnungen.

In diesen Gedankengängen sind die eigentlichen Quellen der Sozial- und Versicherungsfonds ignoriert worden. Konkrete Berechnungen haben ergeben, daß die Werktätigen über die Hälfte der „sozialisierten" Ausgaben für die Reproduktion der Arbeitskraft in Gestalt von Zwangsbeiträgen und Steuern selbst tragen müssen.[36] Außerdem verlagern die Unternehmer einen Teil ihrer Zuführungen zu diesen Fonds auf den Verbraucher, indem sie in die Verkaufspreise der Waren einbezogen werden.

Die Sozialisierungstheorie steht nicht nur im Widerspruch zur kapitalistischen Wirklichkeit, sie ist auch methodologisch unhaltbar. Hier wird das Problem der Produktion des Mehrwerts mit dem Problem seiner Verteilung vermengt, das dann zu einer rein ethischen Angelegenheit wird. Damit bleiben die kapitalistischen Produktionsbedingungen unberührt, und es wird versucht nachzuweisen, daß eine gerechte Verteilung des Nationaleinkommens über die Sozialisierung der Zirkulationssphäre innerhalb der kapitalistischen Produktionsweise möglich sei.

Damit eine „gemischte Wirtschaft" dieser Art endgültig die Form des „demokratischen Sozialismus" annehme, muß nach Ansicht der Rechtssozialisten nur noch zwei weiteren Bedingungen entsprochen werden: der „Heranführung" der Arbeiter an die Leitung der Unternehmen auf der Grundlage des Zusammenwirkens der Klassen und der Einführung einer „sozialistischen Planung". Dabei wird die „sozialistische Planung" sehr unterschiedlich ausgelegt: von einer ge-

[35] Karl Renner, Die neue Welt und der Sozialismus, a. a. O., S. 34–39.

[36] Vgl. Politekonomija sovremennogo monopolističeskogo kapitalizma, 2. Aufl., Moskau 1975, S. 280.

mäßigten staatlichen Regulierung, die je nach Notwendigkeit von der Marktwirtschaft ergänzt wird (so die Sozialdemokraten Österreichs, der Niederlande, Dänemarks, der BRD und Schwedens, die britische Labour-Party und ein Teil der belgischen Sozialisten), bis zu strengeren Systemen der staatlichen Kontrolle, die die verbindliche Erfüllung staatlicher Planvorgaben durch den staatlichen Sektor und dessen aktive Einflußnahme auf private und genossenschaftliche Unternehmen durch ein System von Verträgen verlangen (so italienische und französische Sozialisten). Doch wird in allen Fällen die Wirtschaftsplanung des „demokratischen Sozialismus“ als Alternative zur „totalitären“, die „gesellschaftliche Kontrolle über die Produktion und die gerechte Verteilung ihrer Ergebnisse“ ausschließenden Planung in den sozialistischen Ländern propagiert.[37]

Die Führer des Sozialreformismus qualifizieren den Plan als rein technisches Instrument jeder Staatspolitik[38] und ignorieren den Zusammenhang zwischen der eigentlichen Planung und dem gesellschaftlichen Eigentum. So erklärt sich auch, daß die von den Labouristen, den Sozialdemokraten der BRD und ihren Gesinnungsgenossen in verschiedenen anderen sozialistischen Parteien propagierte Respektierung der verschiedensten „Freiheiten“ bei der Planung[39] nach einer Äußerung von Ralph Miliband „in erster Linie die Freiheit der Wahl für das Privatunternehmertum“[40] meint.

Ebenso deklarativ und inhaltslos ist die Forderung nach „wirtschaftlicher Demokratie“, unter der gewöhnlich die „Beteiligung“ der Werktätigen am Kapital eines Unternehmens durch „Volksaktien“ sowie die Bildung von Räten und Ausschüssen, in denen Arbeiter und Kapitalisten vertreten sind, verstanden wird. Rechtssozialdemokratische Führer stellen dies als Realisierung des Partnerschaftsprinzips und einige von ihnen (Willy Brandt, Olof Palme) gar als Übergang der Macht vom Kapital auf die Arbeit („Mitbestimmungssozialismus“) hin.

Natürlich sind die vorgeschlagenen Maßnahmen zur Errichtung der ökonomischen Basis des „demokratischen Sozialismus“ in keiner Weise geeignet, die politischen und ökonomischen Grundlagen der Macht des Monopolkapitals anzutasten. Besonders aufschlußreich ist in dieser Hinsicht die 44jährige Praxis der Führung der schwedischen Sozialdemokratie[41], die wiederholt den „nahen“ Sozialismus verkündet hatte, obgleich die schwedische Industrie zu 96 Prozent in der Hand des Privatkapitals verblieben ist, dessen Positionen nicht schwächer, sondern eher noch stärker geworden sind. Eine nicht geringe Rolle hatte dabei die Orientierung der Sozialdemokratischen Arbeiterpartei Schwedens auf das Klas-

[37] Vgl. Yearbook of the International Socialist Labour Mouvement, Bd. 1, London 1956, S. 39–45. Vgl. hierzu auch Kapitel 7 und 10 des vorliegenden Bandes.

[38] Vgl. Henri François Simonet, La gauche et la société industrielle, Verviers 1970, S. 81.

[39] Vgl. beispielsweise Jules Moch, Confrontations, Paris 1952, S. 174.

[40] Ralph Miliband, Parliamentary Socialism, London 1961, S. 290.

[41] Bei den Wahlen im Jahre 1976 erlitt die Sozialdemokratische Arbeiterpartei Schwedens eine Niederlage.

senbündnis mit dem Kapital, auf die Integration der rechten Sozialdemokratie in das System des staatsmonopolistischen Kapitalismus gespielt.

Die Krise des kapitalistischen Systems, die „in den siebziger Jahren mit einer solchen Wucht ausbrach, hat erneut mit aller Schärfe die historische Unhaltbarkeit der bürgerlichen Ordnung und die Unmöglichkeit, ihre Gebrechen durch ‚kosmetische‘ Teilreformen zu beheben, an den Tag gebracht“[42]. Die Ideen von einer allmählichen Transformation des Kapitalismus in einen „demokratischen Sozialismus“ haben während der letzten Jahre in den Augen vieler Sozialdemokraten Schiffbruch erlitten. Ausdruck der Krise, in der sich die heutige Sozialdemokratie befindet, ist das Eingeständnis des Vorsitzenden der Sozialistischen Internationale, Willy Brandt, ihres Generalsekretärs Bernt Carlsson (Schweden), von Bruno Kreisky und Karl Czernetz (Österreich), Olof Palme (Schweden) und anderen sozialdemokratischen Führern, daß in ihren Ländern ein hochentwickelter Kapitalismus existiere und die Krise des Weltkapitalismus zu einer schweren Bürde für die Arbeiterklasse geworden sei. Diese Eingeständnisse finden sich auch in den Beschlüssen des XIII. Kongresses der Sozialistischen Internationale, der im November 1976 stattfand.

Der Führer der schwedischen Sozialdemokraten, Olof Palme, drückte die Verwirrung unter den Sozialreformisten wie folgt aus: „Reform oder Revolution? Sollen wir nun Reformen durchführen, die das System verändern oder aber Reformen, die es nur verbessern helfen?“[43]

Die Krise der Doktrin vom „demokratischen Sozialismus“ hat zu ideologischen Zersetzungserscheinungen in der internationalen Sozialdemokratie geführt. Die Losung vom „demokratischen Sozialismus“ wird heute hauptsächlich von den britischen Labouristen, den schwedischen und einem Teil der österreichischen Sozialdemokraten (um Bruno Kreisky) aufrechterhalten. Allerdings handelt es sich hier schon um eine etwas modifizierte Variante, bei der eine Reihe von „Schlüsselzweigen“ in öffentliches Eigentum überführt und in der Industrie eine demokratische Kontrolle errichtet werden soll. Die konkreten Ausmaße der Nationalisierung bleiben wegen der verschwommenen Formulierungen unklar. So findet sich in den Beschlüssen des XXVI. Kongresses der schwedischen Sozialdemokraten die Forderung, die pharmazeutische Industrie zu „sozialisieren“, was von manchen Parteiführern als Nationalisierung, von anderen dagegen nur als indirekte Kontrolle dieses Zweiges durch die Gesellschaft verstanden wird.

Andere Positionen beziehen Georges Bourgin und Pierre Rimbert (Frankreich) sowie der Führer der niederländischen Sozialdemokraten Sicco Mansholt zur Theorie des „demokratischen Sozialismus“. Sie halten ihn nur innerhalb eines vereinten Europas für realisierbar und bezeichnen die Konzeption von einem Sozialismus in nationalen Grenzen für ein „Überbleibsel der Vergangenheit“[44].

[42] B. Ponomarev, Pered istoričeskim vyborom, in: Kommunist, Moskau 17/1976, S. 38.

[43] Olof Palme, in: L'Humanité vom 26. 11. 1976.

[44] Vgl. Nicolas Georges Marie Bourgin, Pierre Rimbert, Le socialisme, Paris 1969, S. 14; La Penseé socialiste contemporaine, Paris 1965, S. 173–174.

Dagegen haben Willy Brandt, Herbert Wehner (SPD) und Henri Simonet (BSP) offensichtlich eingesehen, daß die bestehende Ordnung mit Reformen nicht zu verändern ist und sich dafür ausgesprochen, die „sozialistische Perspektive“ durch die Losung der Verbesserung der „Lebensqualität“ im Kapitalismus abzulösen.

Angesichts des offenen Verzichts vieler Führer der Sozialistischen Internationale auf den revolutionären Kampf und die sozialistischen Ideale hat in der Sozialdemokratie der Einfluß von Linkstendenzen zugenommen. Ihre Vertreter greifen die jahrelange Praxis der Zusammenarbeit der rechtssozialistischen Führer mit dem Kapital an. So erklärte auf dem 40. Parteitag der Italienischen Sozialistischen Partei im Jahre 1976 ihr damaliger Generalsekretär Francesco De Martino: „Unsere Partei akzeptiert den Revisionismus einiger sozialdemokratischer Parteien des Westens nicht, weil er sie praktisch dahin gebracht hat, auf den Kampf für den Sozialismus zu verzichten und sogar den Prinzipien der sogenannten Marktwirtschaft zuzustimmen, wobei sie ihre Aktivitäten auf die ‚Rationalisierung des kapitalistischen Systems‘ beschränken.“[45]

Die sozialistischen Parteien Belgiens, Finnlands, Frankreichs, Italiens und Japans sowie die linksorientierten Gruppen in der SPD lehnen die heutige kapitalistische Gesellschaft ab[46] und fordern in ihren neuen Programmen, die Industrie- und Bankkonzerne zu nationalisieren, eine demokratische Planung einzuführen, die Kontrolle der Werktätigen über die wichtigsten Bereiche der nationalen Wirtschaft und eine Veränderung des Kräfteverhältnisses zugunsten der Werktätigen schon innerhalb der bürgerlichen Ordnung.[47] Die Durchführung radikaler Umwälzungen in der Wirtschaft wird mit einer Veränderung der politischen Institute der bürgerlichen Gesellschaft gekoppelt. So erklärte der französische Sozialist Guy Mollet: „Wir sind uns . . . der Grenzen der formalen Demokratie bewußt, bei den heutigen wirtschaftlichen Strukturen ist Demokratie mitunter nur ein leeres Wort. Freiheit ist sehr schön, aber was ist schon die Freiheit eines leeren Magens? . . . Wenn wir die Struktur der kapitalistischen Ordnung nicht ändern, wird es soziale und politische Freiheiten nie geben.“[48]

Durch solche für die Arbeiterbewegung günstigen Tendenzen in der Theorie und politischen Praxis eines Teils der internationalen Sozialdemokratie war es für Frankreichs Kommunisten und Sozialisten möglich geworden, im Jahre 1972 ein gemeinsames Regierungsprogramm aufzustellen. Es sah die Herstellung einer Reihe von Bedingungen für den Kampf um sozialistische Umwandlungen vor. Der Gedanke des gemeinsamen Vorgehens der kommunistischen und sozialdemokratischen Parteien findet unter den Mitgliedern und Funktionären der Parteien immer mehr Anklang.

[45] Francesco de Martino, in: Avanti vom 4. 3. 1976.

[46] Vgl. La charte doctrinale, in: Le Peuple, 19. 11. 1974; Changer la vie. Programme de gouvernement du parti socialiste, Paris 1972.

[47] Vgl. ebenda.

[48] Guy Mollet, in: Le nouvel observateur, 25. 10. 1968.

Lange Zeit hatte die Führung der Sozialistischen Internationale jede Form einer Zusammenarbeit mit Kommunisten kategorisch abgelehnt. Dann sah sie sich 1972 gezwungen, jeder sozialdemokratischen Partei das Recht zuzugestehen, daß sie über ihr Verhältnis zu den Kommunisten selbst entscheidet. Dieses Recht wurde auf dem XIII. Kongreß der Sozialistischen Internationale bekräftigt. Natürlich kann von einer ideologischen Annäherung des wissenschaftlichen Kommunismus an den Reformismus der Sozialdemokratie nicht die Rede sein. „Wenn ein Zugeständnis an den Opportunismus auch irgendeinen zeitweiligen Vorteil erbringt, im Endeffekt wird es der Partei zum Schaden gereichen“[49], stellte L. I. Breshnew im Bericht an den XXV. Parteitag der KPdSU dazu fest. Die internationale kommunistische und Arbeiterbewegung ist bereit, mit den Sozialisten zusammenzuarbeiten, die tatsächlich gewillt sind, gegen das kapitalistische System und für Frieden und Sicherheit in der Welt zu kämpfen. Davon, wie konsequent sie diesem Weg folgen, hängt auch die Stabilität und Wirksamkeit der Zusammenarbeit der Kommunisten mit ihnen auf den grundsätzlichen Kampfpositionen ab. „Jetzt ist der Moment gekommen, da die werktätigen Massen auf die Sozialdemokratie schauen. Wird sie wirksame Maßnahmen für den Ausweg aus der Krise nicht zu eigenen Lasten, sondern zu Lasten der Monopole treffen oder wird sie die Rolle des Arztes des von der Geschichte zum Untergang verurteilten staatsmonopolistischen Kapitalismus spielen.“[50]

[49] XXV. Parteitag der KPdSU. Rechenschaftsbericht des Zentralkomitees der Kommunistischen Partei der Sowjetunion und die nächsten Aufgaben der Partei in der Innen- und Außenpolitik. Berichterstatter: L. I. Breshnew, Berlin 1976, S. 39.

[50] B. Ponomarev, Pered istoričeskim vyborom, in: Kommunist, Moskau, 17/1976, S. 44.

7. KAPITEL

Die Auffassungen der französischen Sozialdemokratie von der sozialistischen Planung

Die Attraktivität des Sozialismus für die Werktätigen der kapitalistischen Länder, die sich immer mehr bewußt werden, daß der Kapitalismus „eine Gesellschaft ohne Zukunft" ist[1], zwingt die verschiedenen Parteien und Organisationen, eigene Sozialismustheorien aufzustellen, um die Unterstützung der Massen zu erhalten. In den programmatischen Dokumenten vieler der Sozialistischen Internationale angehörender Parteien nimmt die Einschätzung der kapitalistischen Planung (oder Programmierung) und der Möglichkeiten ihres Hinüberwachsens in ein wirtschaftliches Instrumentarium sozialistischen Typs einen bedeutenden Platz ein.

Die Kritik an den Mängeln der kapitalistischen Planung wie auch die Empfehlungen zu ihrer Neugestaltung sind bei den verschiedenen Vertretern der internationalen Sozialdemokratie unterschiedlich gründlich und konsequent. Die Gründe hierfür liegen in der Inhomogenität der Sozialistischen Internationale, die außer rechtssozialistischen Strömungen zentristische Gruppen und einen linken Flügel in sich vereint.

Die Theorie des wissenschaftlichen Sozialismus wird in immer mehr Ländern zur Praxis, und in den kapitalistischen Industrieländern bieten sich wachsende Möglichkeiten für demokratische Umwandlungen. Unter diesen Bedingungen ist eine kritische und zugleich differenzierte Haltung zu den Konzeptionen der verschiedenen sozialistischen Parteien und Gruppen dringend geboten, um die reformistischen Thesen der rechten Sozialdemokratie argumentiert widerlegen und andererseits eine geschlossene Front des Kampfes um tiefgreifende progressive Umwandlungen der Gesellschaft zum Sozialismus hin schmieden zu können.

Die Konzeptionen der französischen Sozialisten von der sozialistischen Planung haben einen komplizierten, widersprüchlichen Entwicklungsprozeß durchgemacht. Frankreich hat Pionierleistungen bei der Einführung der indikativen (d. h. vorwiegend empfehlenden) Planung im volkswirtschaftlichen Maßstab vollbracht[2], die zu einem wirksamen Faktor der wirtschaftlichen Entwicklung

[1] XXV. Parteitag der KPdSU. Rechenschaftsbericht des Zentralkomitees der Kommunistischen Partei der Sowjetunion und die nächsten Aufgaben der Partei in der Innen- und Außenpolitik. Berichterstatter: L. I. Breshnew, Berlin 1976, S. 37.

[2] Seit 1946 sind sechs nationale Pläne aufgestellt worden. Im Jahre 1976 trat der siebente (1976–1980) in Kraft.

dieses Landes wurde. Das hat das Interesse aller französischen Parteien und Organisationen an der Planung verstärkt.

In Frankreich, einem Land mit einer einflußreichen Arbeiterbewegung, ist eine Vertiefung der Zusammenarbeit von Kommunisten und Sozialisten zu beobachten, wobei es im Jahre 1972 zur Aufstellung eines gemeinsamen Regierungsprogramms kam. Zu seinen wichtigsten Punkten gehörte die Forderung nach einer demokratischen Planung als wirksames Instrument für die Umgestaltungen während der Übergangszeit, die die Voraussetzungen für den Übergang zu sozialistischen Maßnahmen schaffen sollten.[3] Die französische Arbeiterbewegung kann zudem auf gewisse Erfahrungen mit demokratischen Umgestaltungen der wirtschaftlichen und politischen Struktur des Landes verweisen, darunter auch auf die Ausarbeitung der Grundprinzipien für einen demokratischen Plan. In den ersten Nachkriegsjahren hatte die FKP zusammen mit den Sozialisten die Regierung gebildet, die den ersten Plan für die „Modernisierung und Ausrüstung" der französischen Wirtschaft (1947–1953) verabschiedete. An seiner Ausarbeitung hatten sich die Linksparteien und -gewerkschaften aktiv beteiligt. Angesichts all dieser Tatsachen ist es durchaus verständlich, wenn die französischen Sozialisten den Planungsproblemen allgemein so große Bedeutung beimessen.[4]

Lange Zeit war die Planung in den verschiedenen Organisationen der französischen Arbeiterklasse als ein dem Kapitalismus absolut fremdes Phänomen gewertet worden. Die These, daß das Planungsprinzip dem Kapitalismus fremd sei, stützte sich auf die früheren Etappen der wirtschaftlichen und ideologischen Auseinandersetzung zwischen Sozialismus und Kapitalismus, die von wütenden Attacken bürgerlicher Ideologen gegen das Prinzip der Wirtschaftsplanung gekennzeichnet waren. Und wenn sich die französischen Kommunisten und Sozialisten in den damaligen programmatischen Dokumenten für das Planungsprinzip aussprachen, dann wurde stets vorausgesetzt, daß es erst nach dem Machtwechsel, mit dem Aufbau des Sozialismus, realisiert werden könne.

Mit der Nachkriegsentwicklung wurden die Vorstellungen über die Anwendbarkeit von Planungselementen in der kapitalistischen Wirtschaft in gewisser Weise korrigiert. Die Vertreter der einzelnen sozialistischen Strömungen zogen daraus unterschiedliche Schlüsse. Den Ideologen des rechten Flügels lieferte dies den „Grund" zu der Behauptung, der „klassische Kapitalismus" habe die Planung abgelehnt, folglich sei die heutige französische Wirtschaft nicht mehr kapitalistisch. Hieraus wurde dann der Schluß gezogen, daß die heutige westliche Gesellschaft

[3] Wichtig für das Zustandekommen dieses Programms war der Umstand, daß die französische Sozialdemokratie zum linken Flügel der Sozialistischen Internationale gehört. Frankreichs Sozialisten hatten sich nie offiziell vom Marxismus losgesagt, obgleich sie ihn häufig nur formal anerkennen.

[4] Die meisten Sozialisten sind Mitglieder der 1971 gegründeten Sozialistischen Partei, deren Kern die im Jahre 1968 aufgelöste SFIO (Section Française de l'Internationale Ouvrière) bildet. Ein Teil der Sozialisten gehört der 1960 entstandenen Vereinigten Sozialistischen Partei an. Außerdem gibt es noch einige Splittergruppen.

als eine „Übergangsform" vom „klassischen" Kapitalismus zum Sozialismus zu werten sei, die Georges Bourgin und Pierre Rimbert als „staatliche Wirtschaft", Lucien Laurat als „organisierten Kapitalismus" und Georges Lasserre als „Planwirtschaft" bezeichnen.[5]

Obwohl die Theoretiker der rechten Sozialdemokratie verschiedene Formulierungen gebrauchten, waren sie sich doch im wesentlichen einig: Wenn der staatsmonopolistische Kapitalismus schon nicht mit dem Sozialismus identisch sei, dann entspreche er doch auch nicht mehr dem Kapitalismus und enthalte sozialistische Elemente.[6] Diese These gründete sich auf die für den gegenwärtigen Reformismus typischen Vorstellungen, daß der Kapitalismus ein System der uneingeschränkten Konkurrenz und Anarchie der Produktion sei, daß er allmählich evolutionär in den Sozialismus übergehe und der bürgerliche Staat ein klassenneutrales Institut sei. Jedes Abweichen von der freien Konkurrenz, jede Einschränkung der Freiheit des privaten Unternehmertums wird dabei nicht als die Folge des Übergangs des Kapitalismus der freien Konkurrenz in den Monopolkapitalismus oder Imperialismus gewertet, sondern als beginnende Reorganisation des kapitalistischen Systems auf dem Wege zum Sozialismus.

Somit vermengen diese sozialdemokratischen Theoretiker, indem sie von einem längst überholten einseitigen Kapitalismusbegriff ausgehen, die staatsmonopolistische Regulierung mit sozialistischer Planung. So schreibt der französische Sozialist M. Breton: „Für die reformistische Linke ist jeder Planungsprozeß an sich schon von bestimmten sozialistischen Zügen geprägt." Zugleich qualifizieren sie jede Entwicklung zu weniger intensiven Eingriffen des bürgerlichen Staates als negative Erscheinung[7]. Auf diese Thesen gründet sich auch die Vorstellung, daß die heutige Zeit nicht die Epoche der revolutionären Bewegung zum Sozialismus sei, sondern die Periode einer spontanen evolutionären Umwandlung der bürgerlichen Gesellschaft in eine demokratische Gesellschaft „sozialistischen Typs".

Die französische Wirtschaft wird wegen ihres staatlichen Sektors, der im Vergleich zu anderen westlichen Ländern stärker ist,[8] und der gesamtnationalen Planungspraxis von den Sozialreformisten als die Wirtschaft betrachtet, die in der „Sozialisierung" die größten Fortschritte aufzuweisen habe. Vor dem zweiten

[5] Vgl. Nicolas Georges Marie Bourgin, Pierre Rimbert, Le socialisme, Paris 1969; Lucien Laurat, Problèmes actuels du socialisme, Paris 1957; Georges Lasserre, Socialiser dans la liberté, Paris 1949.

[6] Vgl. Jules Moch, Confrontations, Paris 1952, S. 215–216, 241; André Philip, Le socialisme trahi, Paris 1957, S. 37; Nicolas Georges Marie Bourgin, Pierre Rimbert, Le socialisme, a. a. O., S. 68–69. 81, 83; Georges Lasserre, Socialiser dans la liberté, a. a. O.

[7] Vgl. M. Breton, La crise de la planification française et la régulation du développement du capitalisme français, in: Critique socialiste, 6/1974, S. 28–29.

[8] Verschiedenen Schätzungen zufolge erzeugen die staatlichen und nationalisierten Unternehmen 15 bis 20% des Bruttosozialprodukts.

Weltkrieg hatten die meisten französischen Sozialisten (ausgenommen die Gruppe der „Neosozialisten") den Klassencharakter des Staates nicht angezweifelt. Nach dem Krieg, der im nationalen Kapitalismus tiefgreifende Wandlungen von „entscheidender historischer Bedeutung" bewirkt habe,[9] wurde in der französischen Presse die These vom „allgemein-demokratischen" Wesen des Staates in Frankreich wieder hervorgeholt.

Nach der Vorstellung der reformistischen Theoretiker Georges Bourgin und Pierre Rimbert sei der Staat als Organ der „stärksten Klasse" nur in der Anfangsperiode des Kapitalismus Interessenvertreter der Bourgeoisie gewesen. Dann habe der wachsende Einfluß der Arbeiterparteien und der Gewerkschaften zu einem bestimmten politischen Gleichgewicht zwischen Bourgeoisie und Arbeiterklasse geführt, so daß der als Vermittler fungierende Staat seinen bürgerlichen Charakter verliere.[10] Mit der wachsenden Repräsentation der Arbeiter im Parlament könne der Staat durch die politische Demokratie, die erreicht worden ist, immer besser zur Umgestaltung der ökonomischen Verhältnisse genutzt werden.

Vom „Dirigismus", der französischen Spielart des Keynesianismus, haben die Sozialisten die These entlehnt, daß die Gesetze der kapitalistischen Produktionsweise durch staatliche Eingriffe verändert werden könnten, ohne die Eigentumsverhältnisse anzugreifen, woraus sie dann den Schluß ableiteten, daß das Zeitalter der krisenfreien Entwicklung angebrochen sei. Diese absurden Postulate lieferten dann auch den Anlaß zu der Behauptung, der Sozialismus sei in ökonomischer Hinsicht nicht als Gegensatz zum Kapitalismus zu betrachten, sondern als Resultat des Kampfes des „demokratischen" Staates gegen „die konservativen Elemente des Privatkapitals", der die „liberale Wirtschaft" in den „demokratischen Sozialismus" transformiere.[11] Folglich unterscheide sich auch der sozialistische Plan nicht grundsätzlich vom Plan im Kapitalismus. Mehr noch, die Verfasser des Grundsatzprogramms der Sozialistischen Partei SFIO (1962) kommen bei ihren Ausfällen gegen die sowjetische Planung zu dem Schluß, daß dem kapitalistischen Plan der Vorzug gebühre, weil er „Teil einer allgemeinen Politik des Aufbaus einer freien Gesellschaft" sei.[12]

Die meisten Rechtssozialisten stellen den Kapitalismus und den Kommunismus als zwei ständig aufeinander zulaufende Varianten der „Industriegesellschaft" dar und setzen sich für den Ausbau der Wirtschaftsprogrammierung ein, und zwar besonders auf den Gebieten, wo die private Initiative nicht ausreicht, um der internationalen Konkurrenz Paroli zu bieten. Dabei fordern sie um der „sozialen Gerechtigkeit" willen, die Repräsentation der Werktätigen in den Pla-

9 Vgl. Georges Lasserre, Socialiser dans la liberté, a. a. O., S. 83.

10 Vgl. Nicolas Georges Marie Bourgin, Pierre Rimbert, Le socialisme, a. a. O., S. 49–83; Pierre Rimbert, Qu'est-ce donc que le neo-capitalisme? in: La revue socialiste, 212/1968, S. 419; John Strachey, Contemporary capitalism, London 1956.

11 Vgl. Georges Lasserre, Socialiser dans la liberté, a. a. O., S. 192.

12 Grundsatzprogramm der SFIO. Angenommen am 20. Mai 1962 in Puteaux, in: Katholizismus und freiheitlicher Sozialismus in Europa, Köln 1965, S. 327.

nungsorganen zu verstärken. In Verbindung damit werden Vorschläge unterbreitet, die Ausarbeitung des kapitalistischen Planes zu demokratisieren und seine Kennziffern so zu gestalten, daß er zu einem demokratischen Plan werde, der mitunter lauthals als „sozialistisch" propagiert wird. Ein solcher Plan soll den Absichten der Verfasser des Grundsatzprogramms der Sozialistischen Partei SFIO (1962) zufolge ein dreifaches Ziel haben: Die Demokratisierung der nationalen Wirtschaft, ein bilanziertes Wachstum der gesellschaftlichen Produktion und, darauf aufbauend, eine „gerechte" Verteilung des Nationaleinkommens.[13]

Diese sehr allgemeinen Erklärungen, die Zeugnis von der reformistischen Haltung ihrer Autoren ablegen, lassen berechtigt daran zweifeln, daß die antikapitalistische Orientierung ernst gemeint ist.[14] W. I. Lenin meinte zu dieser Problematik, daß die Niedertracht der sozialen Kompromißtheorien darin besteht, „daß sie mit dem Staatskapitalismus ‚übereinkommen', indem sie gegen den Sozialismus protestieren, den sie *den Worten nach*, außerhalb der Praxis, bereit sind dreimal zu bejahen"[15].

Die scholastische Gleichsetzung des Sozialismus mit Organisiertheit und des Kapitalismus mit Anarchie der Produktion verfolgt den Zweck, von der Gegensätzlichkeit der Ziele der beiden sozialen Systeme, dem Streben nach Profit einerseits und nach Wohlstand aller Mitglieder der Gesellschaft andererseits, abzulenken. Die Mittel zur Erreichung eines Ziels werden in den Vordergrund gerückt, um damit das Ziel für beide Systeme als das gleiche hinzustellen. Aber auch bei der Analyse der Mittel, d. h. der Organisations- und Funktionsformen der sozialen Systeme, vermochten die sozialdemokratischen Theoretiker nicht, die Dialektik von Anarchie und Planmäßigkeit im Imperialismus zu erkennen. Schon Friedrich Engels, der noch Zeitgenosse des beginnenden Übergangs des Kapitalismus der freien Konkurrenz in den Monopolkapitalismus gewesen war, hatte sich dahingehend geäußert, daß dieser Übergang das Problem des Verhältnisses zwischen Anarchie und Planmäßigkeit im Kapitalismus auf neue Art stellen werde. Anknüpfend an Engels' letzte Äußerungen über das Entstehen von Planmäßigkeit in den aufkommenden Trusts, erklärte Lenin die Tendenz zu wachsender Planmäßigkeit damit, daß „die maschinelle Großindustrie . . . im Unterschied zu den vorangehenden Stadien gebieterisch eine planmäßige Regulierung und gesellschaftliche Kontrolle der Produktion (fordert)"[16]. Lenin hatte bereits im Jahre 1917 die marxistischen Forscher vor einem vulgären Herangehen an das Problem einer möglichen Wirtschaftsregulierung im Imperialismus gewarnt. So

13 Vgl. ebenda, S. 333; Paul Ramadier, Les socialistes et l'exercice du pouvoir, Paris 1961; André Philip, Pour un socialisme humaniste, Paris 1960, S. 201; Robert Fossaert, Le contrat socialiste, Paris 1969, S. 245–247.

14 General de Gaulle hat einmal gesagt: „Ich mag die Sozialisten nicht, weil sie keine Sozialisten sind" (zitiert nach: N. Molčanov, General de Gaulle, Moskau 1973, S. 282, russ.).

15 Leninskij sbornik, Bd. XI, Moskau-Leningrad 1929, S. 360.

16 W. I. Lenin, Die Entwicklung des Kapitalismus in Rußland, in: Werke, Bd. 3, Berlin 1972, S. 561.

schrieb er: „Was wir jetzt haben, ist ein direktes Hinüberwachsen des Kapitalismus in seine höchste planmäßige Form.“[17]

Zugleich aber warnte W. I. Lenin vor dem anderen Extrem, nämlich die Möglichkeiten zu überschätzen, die die Planung im Kapitalismus hat, die Anarchie der Produktion einzuschränken. Denn eine vollständige Planung kann der Kapitalismus auch in seiner staatsmonopolistischen Form nicht bieten.[18]

Daß die Tendenz zur Planung nicht zum vorherrschenden Faktor der Wirtschaftsentwicklung im Kapitalismus werden kann, ergibt sich aus dem Wesen der kapitalistischen Produktionsverhältnisse, in erster Linie aus der Herrschaft des Privateigentums. Da die Produktion der Profitwirtschaft untergeordnet ist und sie sich nicht auf die bewußte Sicherung der Interessen der ganzen Gesellschaft orientieren läßt, ist der kapitalistischen Planung eine unüberwindliche Schranke gesetzt, so daß sie stets Planung im Interesse des Kapitals bleibt. Eine weitere Schranke bilden die Zersplitterung und die Widersprüche innerhalb der Kapitalistenklasse. In einer Ordnung, wo es unmöglich ist, die Produktion in den Großunternehmen langfristig aufeinander abzustimmen, ist die staatliche Wirtschaftsregulierung genötigt, sich mit Halbheiten bei der Koordinierung der volkswirtschaftlichen Entwicklung zu begnügen.

Erst unter den Verhältnissen einer auf dem gesellschaftlichen Eigentum und der Interesseneinheit aller Produzenten beruhenden sozialistischen Produktion erhält die planmäßige Entwicklung Raum für die Realisierung der gesellschaftlichen Ziele. Hieraus ergibt sich auch der grundsätzliche Unterschied zwischen der sozialistischen Planung und der indikativen kapitalistischen Planung im Wesen wie auch in den Ausmaßen der Einwirkung auf die Wirtschaftsprozesse.

Angesichts der gesellschaftsfeindlichen Interessen der Kapitalistenklasse, besonders der Monopolbourgeoisie, erscheinen die Hoffnungen der Führer des Reformismus, daß die Vergesellschaftung der kapitalistischen Produktion von selbst zu sozialistischen Wirtschaftsformen im Schoße des Kapitalismus führe, wie unerfüllbare Träume. Selbst der durch seine Apologie des Kapitalismus bekannte Jules Moch sah sich in seinem jüngsten Buch „Der Sozialismus des Atomzeitalters. Neue Konfrontationen“ (1974) zu dem Eingeständnis gezwungen: „Wenn der Sozialismus eine alles erfassende Planung verlangt, ... führt noch nicht jede Planung zum Sozialismus.“[19]

Der hohe Reifegrad der materiellen und organisatorischen Voraussetzungen des Sozialismus im System des staatsmonopolistischen Kapitalismus allein reicht für den Übergang zum Sozialismus nicht aus. Mehr noch: Die Entwicklung des staatsmonopolistischen Kapitalismus hemmt die Bewegung der Gesellschaft zum

[17] W. I. Lenin, Rede zur Resolution über die gegenwärtige Lage auf der Siebenten Gesamtrussischen Konferenz der SDAPR (B), in: Werke, Bd. 24, Berlin 1959, S. 299.

[18] Vgl. W. I. Lenin, Staat und Revolution, in: Werke, Bd. 25, Berlin 1970, S. 456.

[19] Jules Moch, Socialisme de l'ère atomique. Nouvelles confrontations, Paris 1974, S. 208.

Sozialismus, wobei sie den von der reaktionären Großbourgeoisie kontrollierten bürgerlichen Staat stärkt.

Die auf schwachen Füßen stehenden theoretischen Konstruktionen der rechten Sozialdemokratie sind weitgehend aus der unkritischen Aufnahme einer Reihe von trügerischen äußeren Erscheinungsformen der sozialökonomischen Prozesse zu erklären. So enthalten die Vergesellschaftungsprozesse der heutigen kapitalistischen Produktion Merkmale, die der üblichen Logik des freien Unternehmertums, der traditionellen Praxis der Monopole zu widersprechen scheinen. Den reformistischen Illusionen kommen auch die Maßnahmen des bürgerlichen Staates entgegen, der sich um der Erhaltung der kapitalistischen Produktionsweise willen gezwungen sieht, die Aktivitäten einzelner Monopole zu kontrollieren. Dabei verschließen die Opportunisten die Augen vor der Tatsache, daß eine begrenzte Ausweitung des Planungsprinzips in der nationalen Wirtschaft den weiterblickenden Vertretern der Bourgeoisie entgegenkommt. Aufgabe der wirklich revolutionären Kräfte in dieser neuen Situation ist es, in ihren Forderungen den Akzent von der Einführung von Planungselementen schlechthin auf deren exakte Charakteristik unter dem Gesichtspunkt demokratischer Planungsformen und der sozialen Orientierung der Pläne zu verlagern.

Die Haltung der weiterblickenden Kreise der Bourgeoisie hat u. a. S. Marglin, Professor an der Harvard-Universität, ausgedrückt, indem er meinte, daß „in der kapitalistischen Planung möglicherweise ein terminologischer Widerspruch liegt, aber dies ist nicht der Widerspruch, der von selbst zum Sozialismus führt"[20].

In den letzten Jahren ist der Einfluß des rechten Flügels der Sozialisten auf die Ausarbeitung der programmatischen Dokumente der französischen Sozialdemokratie und ihre politische Praxis merklich zurückgegangen. Die Auffassungen der Rechtssozialisten zum Problem der Wirtschaftsplanung waren so unverhohlen prokapitalistisch, daß sich noch die Führung der alten Sozialistischen Partei genötigt sah, Mitte der sechziger Jahre Kritik an ihnen zu üben (wenn auch nicht mit der gebotenen Konsequenz), um der scharfen Resonanz der Massen wenigstens halbwegs Rechnung zu tragen. Eine nicht geringe Rolle hatte dabei die Enttäuschung der Massen über die Aktivitäten der Rechtssozialisten in den bürgerlichen Regierungen gespielt, besonders über die Regierungspraxis der britischen Labouristen und der Sozialdemokraten Skandinaviens, die den sozialdemokratischen Rezepten für das Hineinwachsen des Kapitalismus in den Sozialismus den Nimbus genommen hatten.

Die Tendenz der Sozialistischen Partei Frankreichs (SFIO), einige revisionistische Thesen von der Rolle des heutigen Staates in der nationalen Wirtschaft zu korrigieren, ist aus mehreren Punkten des Grundsatzprogramms der Partei zu erkennen. So heißt es dort, daß die kapitalistische Wirtschaft „keinerlei zentrale und beständige Koordinierung der Programme (gestattet) . . . Wo sich der Staat – im allgemeinen beschränkt, kurzfristig und ohne einheitliches Konzept –

[20] S. Marglin, in: Le nouvel observateur, 552/1975.

einschaltet, verfolgt er weniger das Ziel, die Wirtschaft im Interesse der Allgemeinheit harmonisch zu entfalten ... als vielmehr, die Verluste von Privatunternehmen auf die Allgemeinheit umzulegen und die Schwierigkeiten der zu mächtigen Interessenverbänden zusammengeschlossenen Unternehmer nur oberflächlich zu beheben."[21]

Im Verlauf der Polemik mit den Ideologen des rechten Flügels ging die zentristische Strömung um den Generalsekretär Guy Mollet von der These ab, daß die französische Wirtschaft nicht kapitalistisch und in der bürgerlichen Gesellschaft ein „sozial neutraler" Plan möglich sei. Die Elemente der Planung im heutigen Kapitalismus wurden zu Recht als „entscheidendes Mittel für die Sicherung der Monopolprofite"[22] gewertet. Zugleich verstärkte man die Kritik am indikativen Charakter der französischen Planung und verwies darauf, daß die Kanäle, über die der Staat Druck auf die Privatunternehmen ausüben könnte, in der Praxis zu wenig genutzt würden.[23]

Ein Teil der sozialdemokratischen Ideologen beginnt zu begreifen, daß die Gesetze kapitalistischen Wirtschaftens der staatsmonopolistischen Regulierung unüberwindbare Schranken setzen.[24] Zugleich kommen sie unter dem Druck der Tatsachen zu dem Eingeständnis, daß Verbesserungen der Planung, soweit sie im Kapitalismus überhaupt möglich sind, den Monopolen, der Großbourgeoisie zugute kommen und den werktätigen Massen sowie bedeutenden Schichten der Kleineigentümer und selbst einem Teil der mittleren Bourgeoisie zum Schaden gereichen. Der französische Sozialist Juan Nadal stellte dazu fest: „Die praktische Anwendung der Vorschläge von Keynes, der sich für eine stärkere staatliche Kontrolle der Wirtschaft ausgesprochen hatte, kann nur ein Ergebnis haben: eine Zunahme des Drucks der Finanzoligarchie unter Ausnutzung der Möglichkeiten des Staatshaushalts."[25] Und Guy Mollet schlug der neuen Sozialistischen Partei Frankreichs vor, einen anderen als den von Léon Blum vorgezeichneten reformistischen Weg zu gehen, um die Struktur der kapitalistischen Ordnung zu

[21] Grundsatzprogramm der SFIO. Angenommen am 20. Mai 1962 in Puteaux, in: Katholizismus und freiheitlicher Sozialismus in Europa, a. a. O., S. 327.

[22] Guy Mollet, Les chances du socialisme. Response à la société industrielle, Paris 1968; Jules Moch, Réflexions sur les formes modernes du capitalisme, in: La revue socialiste, 124/1959, S. 286, 322–323.

[23] Die staatlichen Planungsorgane in Frankreich geben den Unternehmen des staatlichen Sektors einige verbindliche und den gemischten Gesellschaften sowie den privaten Unternehmen empfehlende Kennziffern vor. Dabei übt der Staat einen gewissen Druck auf die Eigentümer der Unternehmen aus, indem er denen, die sich verpflichten, die Empfehlungen zu befolgen, Kredite, Subventionen, Aufträge und verschiedene Vergünstigungen gewährt.

[24] Vgl. J. Lagier, La réalisation du plan, in: La revue socialiste 153/1962, S. 507; Socialisme, Brüssel, 71/1966, S. 173.

[25] Juan Nadal, Socialisme et nationalisation, in: La revue socialiste, 187/1965, S. 442, 426–427.

ändern und einen Sozialismus mit sich wechselseitig ergänzender politischer und wirtschaftlicher Demokratie zu errichten.[26]

Als wesentliches Mittel für die Erreichung dieses Ziels forderten Guy Mollet und seine Anhänger eine demokratische Planung.[27] Um die heutigen Mängel der französischen Pläne auszumerzen, wurden Maßnahmen zur Demokratisierung der Planausarbeitung und -bestätigung sowie für ihre Kontrolle durch Volksvertreter vorgeschlagen. Diese Maßnahmen werden direkt von der Herstellung einer demokratischen Regierung abhängig gemacht, die noch nicht sozialistisch sein werde, da es noch einen bedeutenden privaten Sektor und folglich auch in bestimmtem Maße Ausbeutung des Menschen durch den Menschen geben werde.[28] Diese Erklärungen sahen sehr effektiv aus, doch sollten sie nicht überbewertet werden. Der schwächste Punkt hieran war, daß der Charakter der realen Kräfte undefiniert blieb, die innerhalb der bürgerlichen Gesetzgebung und ohne die Grundlagen des Privateigentums anzutasten, die mächtigen Kapitalgesellschaften zwingen können, sich einer demokratischen, wahrhaft gesellschaftlichen Planung zu unterwerfen. Die heutige Praxis zeigt, daß der Kapitalismus, wenn er sich auf den kommenden Kampf vorbereitet, Formen der wirtschaftlichen und sozialen Sabotage entwickelt, die formal im gesetzlichen Rahmen bleiben, jedoch eine linke Regierung stürzen können, wenn hinter den Hauptpunkten des Regierungsprogramms keine revolutionäre Bewegung steht, die für die Realisierung des Programms kämpft.

In dem von den Sozialisten unterbreiteten Programm von Wirtschaftsreformen mit „sozialistischer Perspektive“ wurden jedoch revolutionäre Aktivitäten der Arbeiterklasse und ihrer Verbündeten für überflüssig erklärt, und zwar mit der Begründung, daß in Westeuropa die Hauptaufgaben der „politischen Revolution“ schon erfüllt, d. h. in Gestalt der Einrichtungen und Mechanismen der bürgerlichen Demokratie alle politischen Voraussetzungen für den Aufbau des Sozialismus bereits gegeben seien.

Der Opportunismus auf politischem Gebiet ist bei der Führung der Sozialistischen Partei Frankreichs (SFIO) mit einem reformistischen Begriff von den Aufgaben der demokratischen, „vorsozialistischen“ Planung verknüpft. Als derartige Aufgaben werden betrachtet: hohe wirtschaftliche Wachstumsraten; Anpassung der Verbrauchsstruktur an die „sozialistische Lebensauffassung“; Befriedigung der vorrangigen Bedürfnisse (Wohnungsbau, Bildung, Gesundheitswesen) und der gesellschaftlichen Erfordernisse; Änderung der Einkommensstruktur zugunsten der „wirtschaftlich schwachen“ Schichten durch Abschaffung der „Spekulationsprofite“; Restauration der in wirtschaftlichen Verfall geratenen Gebiete; Einführung von demokratischeren Ordnungen in den verschiedenen „Entschei-

26 Vgl. Guy Mollet, in: Le nouvel observateur vom 28. 10. 1968.

27 Vgl. La NEF, Paris, 24–25/1965, S. 156–157; La revue socialiste, 185/1965; La pensée socialiste contemporaine, Paris 1965; Pierre Joxe, Parti socialiste, Paris 1973, S. 64.

28 Vgl. La revue socialiste, 195–196/1966, S. 188–200.

dungszentren".[29] Die Schritte zum Sozialismus sind in dieser Liste von Forderungen vor allem bloße Deklarationen, die mit Momenten der Rationalisierung und Verbesserung der Lebensfähigkeit der kapitalistischen Produktion kombiniert sind. Dabei wird die Organisation des Mechanismus, über den die Werktätigen Einfluß auf die Leitung der Unternehmen und die nationalen Wirtschaftssektoren gewinnen und die Regierung wirtschaftlich schwachen Unternehmen und Leuten mit niedrigem Lebensniveau hilft, als fast vollendeter „Sozialismus" gewertet.

Durch etwas mehr Entschlossenheit zeichneten sich die Vorstellungen der Vereinigten Sozialistischen Partei (PSU) aus, die sich für einen Sozialismus einsetzte, der auf der „rationellen Organisation der Wirtschaft zur Befriedigung der Bedürfnisse aller Mitglieder der Gesellschaft mittels Kollektivierung der wichtigsten Produktionsmittel und des Austausches, der Planung der Produktion und der Investitionen"[30] beruht. Hieraus resultiert auch die klarere Position, die die PSU hinsichtlich der staatlichen kapitalistischen Planung bezog. Nach einer scharfen Kritik an der promonopolistischen Tendenz dieses Planes unterbreitete die Führung der PSU im Jahre 1964 ihren „Gegenplan".[31]

Was diesen Plan besonders auszeichnete, war die Forderung, das Kreditwesen und die Industriekonzerne sowie die in Frankreich tätigen ausländischen Firmen, die den nationalen Charakter der wichtigsten Zweige der französischen Wirtschaft in Frage stellen, zu nationalisieren. Durch diese Thesen unterschied sich die PSU in ihrer Wirtschaftsdoktrin vorteilhaft von den anderen sozialdemokratischen Parteien des Westens.[32]

Nach dem Führungswechsel im Sommer 1967 sind diese Thesen dann leider fast völlig annulliert worden. Die infolge prinzipienlosen Kokettierens der neuen Führung mit anarchistischen und trotzkistischen Gruppierungen stärker gewordenen ultralinken Tendenzen brachten die bisherigen strategischen Zielsetzungen zu Fall. So wurde in den jüngsten Dokumenten der PSU die demokratische Alternative zum derzeit herrschenden Regime und die Forderung nach einer demokratischen Planung zu einer „falschen Entscheidung" erklärt.

[29] Vgl. Albert Gazier, Socialisme et planification, in: La revue socialiste, 185/1965, S. 164; J.-C. Routier, Planifier en utopie, in: La revue socialiste. 153/1962, S. 545.

[30] Guy Nania, Un parti de la gauche: Le PSU, Paris 1966, S. 143.

[31] Le contre-plan du PSU: une arme pour l'opposition socialiste, in: Tribune socialiste, 216/1964.

[32] Erheblichen Einfluß auf die Ideologie der PSU hatte zu dieser Zeit die Konzeption des Führers der Italienischen Sozialistischen Partei der Proletarischen Einheit, Lelio Basso. Basso stellte seine Strategie der „zielbewußten, systematischen und allumfassenden, die Grundlagen und Prinzipien des Kapitalismus untergrabenden Tätigkeit" sowohl der rechtssozialistischen Praxis der „Verbesserung" des Kapitalismus wie auch der ultralinken Plattform des „politischen Extremismus" entgegen (Lelio Basso, Les perspectives de la gauche européenne, in: Temps modernes, Paris, Februar 1967, S. 1456–1489).

Die Spitze dieser Veränderungen war gegen die strategischen Zielsetzungen der Französischen Kommunistischen Partei gerichtet, die der offiziellen Doktrin von der Planung im staatsmonopolistischen Kapitalismus eine demokratische Planungskonzeption entgegensetzte.

Die FKP hatte bereits auf ihrem XVIII. Parteitag im Jahre 1967 ihr Programm für die wirtschaftliche und soziale Entwicklung des nationalisierten Wirtschaftssektors und der Schlüsselzweige unterbreitet. Dieses detaillierte Programm widerlegt bereits die Behauptungen der bürgerlichen Presse, daß die französischen Kommunisten zwar Kritik an den programmatischen Zielen und der Politik der bürgerlichen Mehrheitsparteien übten, aber keine positiven Gegenvorschläge zu bieten hätten. Die in allen Beschlüssen des XXII. Parteitages der FKP konkretisierten Forderungen nach einer demokratischen Planung[33] können unter bestimmten Bedingungen zu einem wichtigen Mittel für die Vereinigung der sozialistischen und demokratischen Kräfte zu einem antimonopolistischen Bündnis werden.

Die von der FKP unterbreiteten Ausgangsmaßnahmen zur Demokratisierung der Planung machen diese noch nicht sozialistisch. In dieser Anfangsetappe geht es zunächst darum, die reaktionärsten, volksfeindlichsten Erscheinungsformen des staatsmonopolistischen Kapitalismus abzuwenden.

In dem Maße, wie sich die Positionen der linken Kräfte im Staatsapparat festigen, das staatliche Eigentum wächst und die demokratischen Umwandlungen tiefer werden, entstehen auch die Bedingungen für die Verwirklichung der Leninschen These, daß „der staatsmonopolistische Kapitalismus in einem wirklich revolutionär-demokratischen Staate unweigerlich, unvermeidlich einen Schritt, ja mehrere Schritte zum Sozialismus hin bedeutet“[34]! Zugleich weist die FKP den Reformismus der Planungskonzeptionen nach, die, ohne das Monopoleigentum anzugreifen, das Wesen des Kapitalismus durch „bessere“ Einkommensverteilung ändern wollen.

Um die Haltung der FKP in Mißkredit zu bringen, behaupten ultralinke Organe, daß die auf tiefgreifende demokratische Wandlungen gerichtete Strategie der Kommunisten, die noch im Kapitalismus zu einer Veränderung des Kräfteverhältnisses zugunsten der Werktätigen führen soll, mit dem „klassischen“ revolutionären Marxismus unvereinbar, und die FKP in einen sozialdemokratischen Reformismus abgeglitten sei.[35] In Wirklichkeit geht der Kampf der Kommunisten um die demokratische Alternative zu Monopolherrschaft und kapitalistischer Planung von den schöpferischen Positionen des Marxismus-Leninismus aus.

[33] Vgl. Georges Marchais, Le socialisme pour la France, in: Cahiers du communisme, Februar-März 1976, S. 36, 43; Philippe Herzog, Les enjeux de plan démocratique, in: Économie et politique, 261/1976, S. 79–108.

[34] W. I. Lenin, Die drohende Katastrophe und wie man sie bekämpfen soll, in: Werke, Bd. 25, Berlin 1970, S. 368.

[35] Vgl. Jean Dru, De l'Etat socialiste. L'expérience soviétique, Paris 1965, S. 196; Michel Rocard, Le PSU et l'avenir socialiste de la France, Paris 1969, S. 140–150.

Diese Positionen beziehen sich auf die verschiedenen Formen und Etappen des Kampfes des Proletariats um die Führungsrolle in der Gesellschaft und auf deren sozialistische Erneuerung. Die Aufgaben, die der Übergang der Macht an das Bündnis der revolutionär-demokratischen Kräfte stellt, schließen keineswegs aus, daß viele wirtschaftliche Forderungen schon vor dem Machtwechsel realisiert werden. So hatten die Werktätigen während der Maikämpfe von 1968 schon einige Punkte des Wirtschaftsprogramms der Kommunisten durchgesetzt: Sie betreffen den Mindestlohn, die Entlohnung der Landarbeiter usw.

In den Dokumenten der Internationalen Beratung der kommunistischen und Arbeiterparteien in Moskau 1969 heißt es: „Die kommunistischen und Arbeiterparteien stellen – im Gegensatz zu den rechten und ‚linken' Opportunisten – den Kampf für die Durchsetzung tiefgreifender wirtschaftlicher und sozialer Forderungen, für die fortschrittliche Demokratie dem Kampf für den Sozialismus nicht entgegen, sondern betrachten ihn als einen Bestandteil des Kampfes um den Sozialismus. Die radikalen demokratischen Umgestaltungen, die im Kampf gegen die Monopole, gegen deren wirtschaftliche Hegemonie und politische Macht errungen werden, werden dazu beitragen, daß sich immer breitere Massen der Notwendigkeit des Sozialismus bewußt werden."[36]

Da die Führer der Vereinigten Sozialistischen Partei die Wirksamkeit demokratischer Umwandlungen verneinen, haben sie als Gegengewicht zur demokratischen Alternative eine „sozialistische Alternative" unterbreitet, die die Forderung nach einer sozialistischen Planung einschließt[37], die von „dezentralisierter Wirtschaftsorganisation", die von der Verringerung des Einflusses der zentralen Staatsmacht gekennzeichnet ist und die die Schaffung einer „Gegenmacht" auf den verschiedenen Ebenen fordert.[38] Mit dieser Auffassung vom Wesen der sozialistischen Planung nähert sich die Führung der PSU den anarchosyndikalistisch beeinflußten Gruppen. Der Anarchosyndikalismus hält nicht den Staat für die beherrschende Einrichtung der künftigen Gesellschaft, sondern eine Konföderation der Gewerkschaften, die bei weitestgehender Dezentralisierung wirkt.[39]

Bei der Einschätzung des staatsmonopolistischen Kapitalismus legen die Anarchosyndikalisten in ihrem antietatistischen Eifer eine einseitige Betrachtungsweise an den Tag. So halten sie die Einführung einer staatlichen Wirtschaftsprogrammierung und die kapitalistische Nationalisierung großer Produktionsbereiche sowie der Finanz- und Kreditinstitutionen für Maßnahmen, die den Weg zum Sozialismus nur erschweren.[40] Wenn es um eine demokratische Al-

36 Internationale Beratung der kommunistischen und Arbeiterparteien in Moskau 1969, Berlin 1969, S. 31.

37 Vgl. Michel Rocard, Le PSU et l'avenir socialiste de la France, Paris 1969, S. 140–150; Tribune socialiste vom 18. 6. 1970, S. 459.

38 Vgl. Michel Rocard, Le PSU et l'avenir socialiste de la France, a. a. O., S. 151.

39 Vgl. Joseph Lajugie, Les doctrines économiques, Paris 1967, S. 78–80, 86.

40 Vgl. Philippe Dehan, Encore la planification, in: La revue socialiste, 198/1966, S. 425;

ternative zu den staatsmonopolistischen Wirtschaftsmethoden geht, offenbart sich die anarchosyndikalistische Staatsauffassung in ihrer ganzen Hilflosigkeit.

Der heutige Anarchosyndikalismus ist gegen jede Mitarbeit der Werktätigen und ihrer Organisationen in den staatlichen Planungsorganen mit der Begründung, daß diese zum „Untergang der Demokratie“ und zur Etablierung eines „korporativen Regimes“ führen müsse.[41] Mit pseudorevolutionärer Phraseologie lehnt er es ab, daß die Parteien und Organisationen der Werktätigen eine demokratische Alternative zur kapitalistischen Planung ausarbeiten, wobei er behauptet, daß die Verstaatlichung der nationalen Wirtschaft und ihre allgemeine Planung die sozialistische Perspektive in weite Ferne rücken. So erklärt A. Hertheaulx: „Leute, die eine revolutionäre Politik wollen, stellen keine ‚Pläne für wirtschaftliche Entscheidungen‘ auf . . . , sondern Pläne für den Kampf der Arbeiter, um die Werktätigen zu mobilisieren . . . gegen den bürgerlichen Staat, ihn zu vernichten und die Macht an sich zu reißen.“[42]

Eine derartige Konfrontation von sich ergänzenden Formen des gegenwärtigen revolutionären Prozesses kann nur eines bewirken: die revolutionären Kräfte spalten, ihre Massenbasis schwächen und sie dem Einfluß bürgerlicher Ideologen aussetzen, denen alle Mittel recht sind, um die revolutionären Kräfte des Extremismus und des Hangs zur Gewalt zu bezichtigen. Eine desorientierende Rolle spielen auch die anarchosyndikalistischen Vorstellungen von der künftigen sozialistischen Gesellschaft als amorpher Assoziation lokaler Zellen bei einem weitestgehend eingeschränkten System von zentralen Organen.

Wenn für Philippe Dehan die staatliche Planung im Sozialismus so etwas wie ein „Überbleibsel des Etatismus“ ist, dann neigt Serban Voinea immerhin dazu, die Notwendigkeit einer planmäßigen Organisation der Produktion und eines zentralen Planungsorgans einzuräumen. Doch dürfe letzteres nicht staatlich sein, sondern ein „autonomes, das Pläne unterbreitet, die nicht von einer diktatorischen Macht bestimmt sind, sondern in demokratischer Form den allgemeinen Willen ausdrücken“[43]. So verbindet sich in der ökonomischen Plattform des anarchosyndikalistischen Flügels der französischen Sozialisten die Kritik am volksfeindlichen Wesen des heutigen bürgerlichen Staates in recht bizarrer Weise mit dem absurden Gedanken, daß jede Staatlichkeit schädlich sei.

Die Klassiker des Marxismus-Leninismus haben wiederholt darauf verwiesen, daß das Absterben des Staates für die Errichtung der kommunistischen Gesellschaft ein gesetzmäßiger Prozeß ist. Aber das bedarf objektiver Voraussetzungen, die erst im Verlauf des sozialistischen und kommunistischen Aufbaus entstehen. Appelle, in der Übergangsperiode vom Kapitalismus zum Sozialismus oder in der

Réforme de l'entreprise ou néocapitalisme? in: La revue socialiste, 166/1963, S. 276; A. Hertheaulx, Planifier n'est pas socialiser, in: Partisans, 18/1965, S. 15–20.

41 Vgl. La revue socialiste, 201/1967, S. 221.

42 A. Hertheaulx, Planifier n'est pas socialiser, in: Partisans, 18/1965, S. 22–23; Politique aujourd'hui, 11/1971, S. 53; 12/1971, S. 69.

43 Serban Voinea, in: La revue socialiste, 198/1966, S. 425–426; 201/1967, S. 426.

ersten Phase der kommunistischen Produktionsweise die Prinzipien der staatlichen Planung abzuschaffen, können nichts anderes bezwecken, als die äußeren und inneren Lebensbedingungen der sozialistischen Gesellschaft zu untergraben.

Da die Ideologen der anarchosyndikalistischen Richtung der französischen Sozialdemokratie alle Projekte ablehnen, in denen der revolutionäre Staat für den Aufbau der Grundlagen der sozialistischen Wirtschaft eine Rolle spielt, kommen sie folgerichtig auch zu antisowjetischen Behauptungen und meinen, daß die Wirtschaft der sozialistischen Länder staatsmonopolistisch sei. So erklärt Juan Nadal, daß es in der Welt „kein Land mit etabliertem ‚Sozialismus' gibt", um zu dem Schluß zu kommen, die französischen Sozialisten seien in einer „Falle, die ihnen die Bourgeoisie wie auch der russische Kommunismus gestellt hat. Keiner dieser beiden Pole ist der unsrige."[44]

Die wirkliche Falle für diese Sozialisten ist jedoch ihr Hang zur anarchosyndikalistischen Ideologie. So nimmt es auch nicht wunder, daß ihr Einfluß auf die französische Sozialdemokratie zurückgegangen ist. Die Strömungen, die sich im Jahre 1971 in der neuen Sozialistischen Partei (PS) zusammenschlossen, zeichneten sich überwiegend dadurch aus, daß sie sowohl vom Anarchosyndikalismus als auch von verschiedenen Thesen der reformistischen Wirtschaftsdoktrin abgegangen waren. So waren die Voraussetzungen dafür gegeben, daß die Kommunisten und Sozialisten im Jahre 1972, ein „Gemeinsames Regierungsprogramm" ausarbeiteten, das Georges Marchais, Generalsekretär der FKP, als „beispiellose Erscheinung in der Geschichte der Arbeiter- und demokratischen Bewegung Frankreichs während des vergangenen halben Jahrhunderts"[45] bezeichnete.

Dieses Programm forderte, die neun größten Konzerne Frankreichs zu nationalisieren. Die meisten sozialistischen Strömungen, darunter auch die PS, räumten ein, daß eine Grundvoraussetzung für die Errichtung der sozialistischen Gesellschaft in der Ablösung des kapitalistischen durch das gesellschaftliche Eigentum besteht.[46] J. Benard erklärte unumwunden: „Für mich ist die Gesellschaft erst dann sozialistisch, wenn ihre hauptsächlichen Produktionsmittel kollektiviert sind."[47] Das spricht dafür, daß man (wie konsequent, bleibt offen) von der sozialdemokratischen These abgegangen ist, daß die Nationalisierungsforderungen „veraltet" seien, weil das Verwaltungsproblem wichtiger sei als die Eigentumsprobleme.

[44] Juan Nadal, Socialisme et nationalisation, in: La revue socialiste, 187/1965, S. 426 bis 427.

[45] Georges Marchais, in: L'Humanité vom 10. 7. 1972.

[46] Vgl. Changer la vie. Programme de gouvernement du parti socialiste. Présentation par François Mitterand, Paris 1972, S. 68–75; Pierre Joxe, Parti socialiste, a. a. O., S. 57; Guy Mollet, Les chances du socialisme. Response à la société industrielle, a. a. O., S. 103–105.

[47] J. Benard, La théorie du calcul économique rationnel et la décentralisation de la planification socialiste, in: Les problèmes de la planification socialiste (Les cahiers du Centre d'Études socialistes, 82–87/1968, S. 24).

Dennoch ist mit dem mehr oder weniger entschiedenen Abgehen von einigen revisionistischen Positionen eine Reihe von anderen falschen Thesen in der Haltung der sozialistischen Ideologen zum Eigentumsproblem noch nicht ausgeräumt. So stellen einige von ihnen die Verstaatlichung der Produktion als direkte antikapitalistische Maßnahme hin. Schon W. I. Lenin hatte darauf verwiesen, daß diese Auffassung für die Sozialdemokratie typisch ist.[48] Die revolutionären Möglichkeiten, die mit der Nationalisierung entstehen, besonders wenn es um diese Frage zu Massenkämpfen der Werktätigen kommt, nähren die Illusion, daß jegliche Nationalisierung ein antikapitalistischer Akt sei.[49] Indessen kann eine partielle Nationalisierung unter bestimmten Bedingungen die Lebensfähigkeit des Kapitalismus auch stärken.

Die meisten Sozialisten leugnen die entscheidende Rolle des staatlichen Eigentums im sozialistischen Stadium und meinen, daß das Gruppeneigentum dominieren müsse, weil es demokratischer und gegen Bürokratie und Autoritarismus stabiler sei.[50] Guy Mollet spricht in diesem Zusammenhang von „vorübergehend verstaatlichten Unternehmen"[51]. Diese Auffassungen herrschen auch im wirtschaftlichen Teil des Grundsatzprogramms der Sozialistischen Partei (SFIO) vor. Hier und in anderen programmatischen Dokumenten der französischen Sozialisten wird die Nationalisierung mit der Sozialisierung konfrontiert, unter der man die Übergabe der Produktionsmittel in die Verfügung der Betriebskollektive versteht.[52]

Die marxistisch-leninistische Theorie gebraucht den Terminus „Sozialisierung", um die Nationalisierung der Produktionsmittel als juristischen Akt von ihrer realen Vergesellschaftung abzugrenzen, bei der die Gesellschaft die nationalisierten Produktionsmittel in höchst effektiver Weise nutzt.[53] Der Begriff „Sozialisierung" ist auch dort anwendbar, wo es um die Unterscheidung der von einer proletarischen oder revolutionär-demokratischen Macht vollzogenen Nationalisierung von bürgerlichen Nationalisierungen geht. So hatte es die Änderung des innenpolitischen Kurses in Frankreich 1947 der Bourgeoisie – nach den Worten des marxistischen Theoretikers Henri Claude – ermöglicht, „den nationalisierten in einen etatistischen Sektor zu transformieren"[54].

Die revisionistische Auslegung der Begriffe „Sozialisierung" und „Etatisierung" führt zu einer fiktiven Konfrontation des Volkseigentums (staatlichen

[48] Vgl. W. I. Lenin, Staat und Revolution, in: Werke, Bd. 25, Berlin 1970, S. 456.

[49] Vgl. S. I. Dorofeev, Ėkonomičeskaja programma klassovoj bor'by, Moskau 1974, S. 269–284.

[50] Vgl. La revue socialiste, 145/1961; 195–196/1961, S. 161.

[51] Vgl. Guy Mollet, Les chances du socialisme. Response à la société industrielle, a. a. O., S. 104–105.

[52] Vgl. Grundsatzprogramm der SFIO, angenommen am 20. Mai 1962 in Puteaux, in: Katholizismus und freiheitlicher Sozialismus in Europa, a. a. O.; Changer la vie. Programme de gouvernement du parti socialiste, Paris 1972, S. 68–75.

[53] Vgl. Économie et politique, 243/1974, S. 87, 97.

[54] Henri Claude, La concentration capitaliste, Paris 1965, S. 22.

Eigentums) mit verschiedenen Formen des Gruppeneigentums, das dem Sozialismus mehr entspreche. Als Unterscheidungsmerkmal der „sozialisierten" Unternehmen wird das Prinzip der Selbstverwaltung hingestellt, das von den verschiedenen Sozialisten recht unterschiedlich ausgelegt wird. Soweit unter Selbstverwaltung eine relative Autonomie der Unternehmen verstanden wird, die gegen die im Volkswirtschaftsplan ausgedrückten Interessen der Gesellschaft nicht verstößt, gibt es keine prinzipiellen Unterschiede von der Position der FKP, die im Gemeinsamen Regierungsprogramm dargelegt ist[55]. Ganz anders steht es mit dem Selbstverwaltungsverständnis der Führung der PSU und einiger Mitglieder der Sozialistischen Partei, nach dem die Werktätigen das Unternehmen, in dem sie tätig sind, ausgehend von ihren Gruppeninteressen selbst verwalten und dabei dem Einfluß der gesellschaftlichen Zentren in Gestalt von indirekten Einwirkungsmethoden nur wenig unterliegen.[56] In dieser Form wird der Volkswirtschaftsplan zu einer Fiktion.

Die Führung der PSU geht sogar so weit, den Kreis der entsprechend dem gemeinsamen Regierungsprogramm zu nationalisierenden Unternehmen einschränken und deren Aktionären Entschädigungen in Form von Wertpapieren zahlen zu wollen, die der Staat nicht aufkaufen kann.

Große Bedeutung hat in vielen Ländern das Verhältnis der verschiedenen Parteien zu den kleinen und mittleren Privatunternehmen in den verschiedenen Stadien der Herausbildung des Sozialismus. In Ländern mit einem zahlenmäßig bedeutenden Mittelstand ist die Erhaltung der kleinen und mittleren Privatunternehmen während der Übergangsperiode und in den ersten Stadien des Sozialismus vollauf gerechtfertigt. Dieser Grundsatz findet sich auch in den programmatischen Dokumenten der kommunistischen Parteien verschiedener kapitalistischer Länder, darunter auch der FKP. Allerdings würde es Theorie und Praxis des wissenschaftlichen Sozialismus widersprechen, wollte man Privatbetriebe auch in der reifen sozialistischen Wirtschaft zulassen. Dennoch halten die sozialdemokratischen Theoretiker an ihrem Standpunkt fest, daß ein erheblicher Teil der Privatunternehmen, auch soweit sie Lohnarbeit ausbeuten, in die Wirtschaft des reifen Sozialismus integrierbar sei.

Hierbei wird unterstellt, daß der staatliche Plan diesen Unternehmen eine Reihe von imperativen Kennziffern vorgibt, im übrigen aber mit indirekten Maßnahmen wie Kredit, Investitionen, steuerliche und sonstige Vergünstigungen auf sie einwirkt. Bedauerlicherweise hat in letzter Zeit bei der Führung der PSU die Tendenz zugenommen, den Wirkungsbereich der imperativen Planungshebel ausschließlich auf den nationalisierten Sektor zu beschränken. Für private Unternehmen sollen „anregende" Maßnahmen ausreichen.[57]

[55] Vgl. L'Humanité vom 28. 6. 1972.

[56] Vgl. Michel Rocard, Le PSU et l'avenir socialiste de la France, a. a. O.; Serge Mallet, Le gaullisme et la gauche, Paris 1969.

[57] Vgl. Philippe Herzog, Les enjeux du plan démocratique, in: Économie et politique, 261/1976, S. 107.

Die französischen Kommunisten lehnen derartige Inkonsequenzen ab und weisen die Versuche einiger sozialdemokratischer Ideologen zurück, das Wesen der in den sozialistischen Ländern praktizierten Planung zu entstellen. So meinen diese sozialdemokratischen Ideologen, daß sich die Planung unter den Verhältnissen eines „demokratischen Sozialismus" in Frankreich von der zentralen „administrativen" Planung in der UdSSR und in den anderen sozialistischen Ländern grundsätzlich unterscheiden werde.[58]

Eine derartige Diskreditierung der Praxis der entwickelten sozialistischen Wirtschaft läuft bei aller, möglicherweise echten Überzeugung einer Reihe französischer Sozialisten von „besonderen, demokratischen Bedingungen", unter denen sie meinen, den Sozialismus in ihrem Land aufbauen zu können, objektiv darauf hinaus, den Sozialismus und seine Vorzüge als wahrhaft gesellschaftliche Ordnung herabzuwürdigen. Die wissenschaftlich-technische Revolution verlangt nach Zentralisierung der Wirtschaft. Dies zu leugnen und eine Dezentralisierung zu verlangen, hieße, sich den Anforderungen der modernen Produktivkraftentwicklung zu widersetzen. Auch die Konfrontation der zentralen Formen der Volkswirtschaftsleitung mit der Initiative der Produzentenkollektive, wie sie die Rechtssozialisten unterstellen, entbehrt jeder realen Grundlage. Der Weg zur Entfaltung der wirtschaftlichen Initiative führt nicht über eine Schwächung der zentralen Planung, sondern über ihre Vervollkommnung und ihre Verbindung mit der schöpferischen Arbeit aller Ebenen und Kollektive der gesellschaftlichen Wirtschaft.

Unter den gegenwärtigen Bedingungen, da in den Ländern des Weltsozialismus ein Komplex von Maßnahmen zur Verbesserung der Volkswirtschaftsleitung durchgeführt wird, hat sich die Bedeutung der ökonomischen Hebel weiter erhöht. Die wachsende wirtschaftliche Initiative der Betriebe, Vereinigungen und der örtlichen Organe im Rahmen der zentralen Planung widerlegt in überzeugender Weise jegliche Versuche, das wirkliche Wesen der sozialistischen Planung zu verfälschen. Aus der mehr oder weniger konsequenten Einsicht in den spekulativen Charakter und die politische Aussichtslosigkeit solcher Versuche kommen manche Sozialisten zu dem Schluß: „Entscheidend ist, *wer* zentralisiert und zu wessen *Nutzen*".

Wenn die französische Sozialdemokratie von der Zusammenarbeit mit dem Kapital und vom Antikommunismus abrückt, dann eröffnen die neuen Tendenzen in ihrer Wirtschaftsdoktrin und politischen Praxis günstige Möglichkeiten für ein Bündnis der Kommunisten und Sozialisten im Kampf um den Weg Frankreichs zum Sozialismus.

[58] La pensée socialiste contemporaine, a. a. O., S. 159–160; J. Benard, La théorie du calcul économique rationnel et la décentralisation de la planification socialiste, in: Les cahiers du Centre d'Études socialistes, 82–87/1968, S. 25.

8. KAPITEL

Auffassungen über den Sozialismus in den ökonomischen Programmen der „Neuen Linken"

Die Bewegung der „Neuen Linken" kam in den sechziger Jahren auf und entfaltete sich besonders in der zweiten Hälfte der sechziger Jahre. Anfangs hatte sie ihre Massenbasis in Studentenrebellionen, deren Welle die Universitäten, Colleges und Hochschulen der USA, Großbritanniens, Frankreichs, der BRD und anderer Länder überschwemmte. Das Vietnamabenteuer des amerikanischen Imperialismus, das zu Empörungen und stürmischen Protesten der Jugend geführt hatte, aktivierte die Studentenbewegung weiter.

Die „Neuen Linken" beschränkten sich bei ihren Protesten nicht auf die Verurteilung des Krieges, sondern richteten sich auch gegen die Mängel der gegenwärtigen kapitalistischen Gesellschaft, die besonders die Jugend betrafen. Unter den Verhältnissen der allgemeinen Krise des Kapitalismus hat die Jugend ständig unter Massenarbeitslosigkeit, dem bürgerlichen Bildungsmonopol, hohen Bildungskosten, dem Protektionswesen bei der Vergabe der besten Arbeitsstellen u. dgl. zu leiden.

Mit ihrem Bemühen, die Studentenbewegung im heutigen Kapitalismus nur als „Generationenkonflikt" hinstellen zu wollen, meinen bürgerliche Ideologen, vom eigentlichen Inhalt dieser Ereignisse ablenken und Oberflächenphänomene in den Vordergrund stellen zu können. Die Jugend protestierte gegen die archaische Denkweise der älteren Generation, gegen ihren götzenhaften Hang zum Geld und traf damit zugleich die Traditionen und Grundfesten der bürgerlichen Gesellschaft. Indessen hat die Rebellion der „Neuen Linken" erneut gezeigt, daß durchaus nicht jeder Protest gegen den Kapitalismus konsequenter Kampf für den Sozialismus ist, weil sich aus der Kritik am Kapitalismus auch kleinbürgerliche Schlüsse ableiten lassen.

Die „Neue Linke" ist eine in ideologischer und politischer Hinsicht sehr inhomogene Bewegung. Ihr gehören Anarchisten, kleinbürgerliche Radikale, bürgerliche Demokraten und Reformisten verschiedener Schattierungen, Maoisten, Trotzkisten und Liberale der „neuen Generation" an. So ist auch der Grad, in dem sie den Kapitalismus ablehnen, ebenso unterschiedlich, wie ihr Verhältnis zum Sozialismus. Manche erkennen den realen Sozialismus mit diesen oder jenen Vorbehalten an, andere interpretieren ihn völlig abwegig, dritte wiederum vertreten einen streitbaren Antisozialismus.

Das vorliegende Kapitel hat sich die Aufgabe gestellt, das Verhältnis der Hauptgruppen der „Neuen Linken" zum Sozialismus, ihre Auffassung vom Wesen des Sozialismus und ihre Ansichten zu einzelnen Problemen der sozialistischen Wirtschaft zu erläutern. Natürlich läßt sich ein Problem, das schon in Hunderten von Monographien und anderen Publikationen abgehandelt worden ist, nicht auf wenigen Seiten erschöpfend darstellen. Deshalb beschränken wir uns hier darauf, die ideologischen Positionen der „Neuen Linken" in den USA und der französischen Linksradikalen zu betrachten.

In den USA hat die Studentenbewegung eine Reihe von ideologischen Plattformen und Dokumenten hervorgebracht, die die Auffassungen der „Neuen Linken" widerspiegeln. So gab J. Mitchell, Generalstaatsanwalt der USA, am 20. Mai 1969 vor einem Unterkomitee des Repräsentantenhauses des amerikanischen Kongresses zu, daß die Studentenunruhen auf mehr als 250 Colleges und Universitäten übergegriffen hatten, dabei 3000 Menschen verhaftet worden und materielle Schäden in Höhe von 1,1 Millionen Dollar entstanden waren[1].

Die Studentenbewegung wuchs zu einem historischen Phänomen aus, das die Jugend erfaßte, sie in den politischen Kampf einbezog, viele Antagonismen des gegenwärtigen Kapitalismus an den Tag brachte und den Mythos vom bürgerlichen „Wohlstandsstaat", von der „Freiheit" unter der Diktatur der Monopole zerstörte. Diese Bewegung lieferte den überzeugenden Beweis dafür, daß sich auch im „Musterland" des Kapitalismus Kräfte der sozialen Revolution formieren. Doch hat die ideologische Unreife der „Neuen Linken", die sich besonders deutlich in programmatischen Fragen äußert, ihre Positionen erheblich geschwächt; denn ohne ein exaktes sozialistisches Programm läßt sich der Kapitalismus nicht wirksam bekämpfen. Der amerikanische Theoretiker Jack Newfield kommt zu dem Schluß, daß in der Ideologie des „neuen Radikalismus" in den USA „anarchistisches, existentialistisches, transzendentielles, populistisches, sozialistisches und bohemistisches Gedankengut" in origineller Weise zusammenfließt.[2] Und die New York Times wußte in ihrer Ausgabe vom 17. 6. 1968 zu berichten, daß die Studenten in den USA unter den Losungen von Mao, Marx, Lenin, Che Guevara, Fidel Castro, Kropotkin, Trotzki und Luxemburg marschieren. Wesentlichen Einfluß auf die Studentenbewegung in den USA hat Herbert Marcuse ausgeübt, vor allem mit seiner „Entfremdungs"-Konzeption, in der die Sünden des Kapitalismus auf die ganze heutige Zivilisation ausgeweitet werden.

Trotz der heftigen (allerdings nicht sehr tiefgründigen) Ablehnung des Kapitalismus sind die Vorstellungen der „Neuen Linken" über die künftige Gesellschaft sehr nebelhaft. Die meisten von ihnen sind Gegner der staatlichen Form des sozialistischen Eigentums und neigen zu einem genossenschaftlichen Sozialismus, zu einem Anarchokommunismus mit Reformen im Bildungswesen, in der Ethik und Ästhetik.

[1] Vgl. William W. Brickman/Stanley Lehrer, Conflict and Change on the Campus, New York 1970, S. 456.

[2] Vgl. Jack Newfield, A Prophetic Minority, New York 1967, S. 132.

Den Ausgangspunkt für die Ideologie der „Neuen Linken“ bildete die Bürgerrechtsbewegung in den fünfziger Jahren. In dieser Bewegung und in den folgenden Ereignissen traten die Radikalen als „unversöhnliche“ Kritiker des Kapitalismus auf. Doch war ihre Kritik einseitig und oberflächlich, weil sie die eigentlichen Widersprüche und Klassenantagonismen des Kapitalismus nicht bloßlegte und sich auf Zetereien über die Bürokratisierung des Wirtschaftssystems, die Verwaltungshierarchie, die Entfremdung der Arbeit und die wirtschaftliche Verelendung verschiedener Bevölkerungsgruppen beschränkte. Obgleich diese Kritik an den „korporativen Kapitalismus“ adressiert war, blieb dessen monopolistischer Charakter unaufgehellt, und die Mängel des Kapitalismus wurden in dieser Kritik auch auf die Wirtschaft des sozialistischen Lagers übertragen.

Das Wesentliche ist, daß aus der Kritik keine revolutionären Schlußfolgerungen gezogen werden. Der im April 1960 gegründete „Studentische Koordinierungsausschuß für gewaltlose Aktionen“ nahm eine Erklärung an, in der es hieß, daß das „Ideal der Gewaltlosigkeit“ den Zielen, dem Glaubensbekenntnis und der Handlungsweise dieser Organisation gemäß den „judäisch-christlichen Traditionen des Kampfes um Gerechtigkeit mit Hilfe der Liebe“ zugrunde liege. In diesem Dokument, das verkündet, daß „Hoffnung die Verzweiflung, Glaube den Zweifel und Frieden den Krieg besiegen“[3], war deutlich der Einfluß der Quäker zu erkennen. So lehnt B. Eaton, ein Führer der Antikriegsbewegung, den revolutionären Weg ab und rät zu „gewaltlosen Aktionen“, da diese Taktik „der Natur nach demokratisch ist“, die „Ausbeutung beseitigt“ und keinen Avantgardismus, keine Eliteherrschaft und keinen Zentralismus zur Folge habe. Der Sophismus dieser Argumentationsweise liegt auf der Hand. Friedliche Kampfformen sind vollauf gerechtfertigt, doch machen sie die Revolution nicht überflüssig. So sind die Veränderungen in der Sozialpolitik der bürgerlichen Diktatur in den USA, in Großbritannien, Schweden, Frankreich, in der BRD sowie in anderen Ländern zweifellos unter dem Eindruck der Oktoberrevolution, des Sieges des Sozialismus in der UdSSR und in anderen Ländern sowie der Entwicklung der internationalen Arbeiterbewegung zustande gekommen.

Sophistisch ist auch die These, daß Gewalt das Übel nur noch größer mache und sich selbst nähre. Revolutionäre Aktionen mit anderen Formen der Gewalt zu vermengen ist ebenso unzulässig, wie die proletarische Revolution als Antithese zur Demokratie hinzustellen, wie es die „Neuen Linken“ tun. Und die „Judäisch-christlichen Traditionen“ waren bekanntlich mit der Sklaverei ebenso gut vereinbar wie mit der Leibeigenschaft und der kapitalistischen Ausbeutung. Das Christentum rechtfertigt die Ausbeutung, die Lohnsklaverei auch heute noch.

Da die reformistischen Strömungen der „Neuen Linken“ die revolutionäre Perspektive ablehnen, begnügen sie sich damit, positive Aufgaben durch bloße Deklarationen zu ersetzen. So legte der „Studentische Friedenskämpfer-Verband“ 1962 in Chikago seine Ziele dar, die „im Aufbau einer Gesellschaft, die

[3] Vgl. The New Left. A Documentary History, New York 1969, S. 99, 100.

Frieden und Freiheit garantiert und die Ausbeutung des Individuums und der Bevölkerungsgruppen ausschließt"[4] bestehen sollen.

Unklar blieb dabei, ob es um soziale Reformen innerhalb des Kapitalismus oder um dessen Abschaffung gehen sollte. In der Zeit des „kalten Krieges" hatte dieser Klub im Konflikt zwischen West und Ost eine „unabhängige Position" bezogen.

In den USA wirken unter den „Neuen Linken" auch radikal eingestellte Gruppen, die ihre Bereitschaft zu revolutionären Aktionen erklären. Typisch hierfür ist das Programm der „Schwarzen Panther", das im Oktober 1966 veröffentlicht wurde. Dieses Dokument fordert Freiheit und Vollbeschäftigung für die Negerbevölkerung, die Abschaffung ihrer Ausplünderung durch die Kapitalisten, die Versorgung der Neger mit menschenwürdigem Wohnraum, gleichberechtigte Bildungschancen, Einstellung der Brutalität und der Morde seitens der Polizei, Abschaffung der Vorladung von Negern vor Schwurgerichte, in denen die Geschworenen von weißen Bürgern gestellt werden, sowie einen Volksentscheid unter der Aufsicht der UNO, in dem die Negerbevölkerung ihren Willen zum Ausdruck bringen kann.[5] Natürlich wäre es falsch, diese Forderungen als sozialistisch zu werten, weil ihre Verwirklichung nicht mit der Abschaffung, sondern mit der Vorstellung von einer „Verbesserung" des amerikanischen Kapitalismus verbunden wird. Der politische Radikalismus der „Schwarzen Panther" ging über Forderungen nach demokratischen Umwandlungen nicht hinaus, und seine ökonomische Plattform blieb unklar.

Etwa die gleiche Position nimmt der Ausschuß für gewaltlose Aktionen ein. In einer Rede, die der Präsident dieses Ausschusses, John Lewis, während des Marsches auf Washington im August 1963 hielt, verurteilte er das Pharisäertum der bürgerlichen Demokratie, wobei er darauf verwies, daß das Gesetz die Gleichheit zwischen einem Dienstmädchen mit 5 Dollar Wochenlohn und einer Familie mit einem jährlichen Einkommen von 100000 Dollar nicht herstelle. Lewis rief dazu auf, „Machtorgane" zu schaffen, die sich für die Freiheit, für das „Erwachen Amerikas" und für die Errichtung einer „Gesellschaft der Liebe, des Friedens und der wahren Brüderlichkeit"[6] einsetzen sollen. Doch fehlte es diesen Appellen an konkreten Vorschlägen für die Lösung der dringendsten sozialökonomischen Probleme, die Alternative Kapitalismus oder Sozialismus wurde umgangen, und auch die sozialistische Perspektive blieb unerwähnt; dem politischen Radikalismus lag kein exakt definiertes ökonomisches Programm zugrunde.

Recht stark vertreten sind in den „Neuen Linken" anarchistische Tendenzen, ein streitbarer Antietatismus und ein organisierter Nihilismus. Diese Tendenzen waren es auch, die zur Unterschätzung der Rolle eines Programms und einer revolutionären Theorie führten. So propagierten Vertreter der „Neuen Linken"

[4] Ebenda, S. 125.
[5] Vgl. The New Left, London 1970, S. 160–161.
[6] The New Left. A Documentary History, a. a. O., S. 100–102.

in den USA eine Taktik, deren Prinzip lautete: „Handle jetzt, denke später". Nach Ansicht dieser Leute sei der Marxismus akademisch, die Jugend dagegen radikal eingestellt[7].

Unter den „Neuen Linken" in den USA finden sich auch linksextremistische Gruppen, die die kommunistische Bewegung verleumden. Eine Gruppe, die sich 1962 von der Kommunistischen Partei der USA abgespalten hatte, gründete 1964 die Progressive Arbeiterpartei. In einem Aufsatz, den sie in ihrem Organ „Progressive Labor" unter dem Titel „Die Perspektiven der Linken" veröffentlichte, wurde die Losung von einer „revolutionären Diktatur der bewaffneten Arbeiter" ausgegeben. Die Kommunistische Partei der USA wurde der „Infiltration in das bürgerliche System" beschuldigt und in der Verleumdungskampagne auf eine Friedensbewegung reduziert.[8] Zugleich wurde das Prinzip des demokratischen Zentralismus verkündet und der Marxismus-Leninismus anerkannt.[9] Allerdings war diese Anerkennung nur formeller Art, da wesentliche Grundsätze der marxistisch-leninistischen Theorie entstellt oder abgelehnt wurden. So konstruierte man beispielsweise einen Gegensatz zwischen den ökonomischen und politischen Interessen des Proletariats. Unter den „Neuen Linken" finden sich auch trotzkistische Gruppen, die lauthals die „permanente Revolution" im Weltmaßstab verkünden, in der Praxis aber in den bürgerlichen Antikommunismus abgeglitten sind. Für diese Gruppen ist ein unverhohlener Antisowjetismus typisch.

Zu einer der populärsten Organisationen der „Neuen Linken" ist der Verband „Studenten für eine demokratische Gesellschaft" geworden, von dem die „Erklärung der Tagung von Port Huron" stammt. Dieses Manifest enthielt sowohl richtige als auch sehr nebelhafte Vorstellungen. Das Volk davon zu überzeugen, daß die Suche nach Wertvorstellungen und die Schaffung von menschlichen Werten eine gefährliche, aber lohnende Sache sei, wurde hier als erste Aufgabe der sozialen Bewegung deklariert. Als höchster Wert wurde der Mensch bezeichnet. Auf dieser Grundlage wurde die kapitalistische „Entpersönlichung", die Gleichsetzung des Menschen mit Dingen und als Folge davon die „Doktrin von der menschlichen Inkompetenz" verurteilt. Man stellte die Aufgabe, die „aus Eigentum, Privilegien und den Umständen herrührende Macht durch eine auf Liebe, Vernunft und Kreativität gegründete Macht" abzulösen. Zur Lösung der wirtschaftlichen Probleme wurde vorgeschlagen, davon auszugehen, daß „die Arbeit mehr durch Initiative als durch Geld stimuliert werden sollte" und „die meisten wirtschaftlichen Ressourcen und Produktionsmittel der demokratischen Kontrolle zugänglich und einer demokratischen sozialen Regulierung untergeordnet sein müssen." Dabei lehnte man die Gewalt auf dem Gebiet sozialer Wandlungen ab.[10]

Im Juni 1963 gab der Verband „Studenten für eine demokratische Gesell-

[7] Vgl. C. Crouch, The Student Revolt, London 1970, S. 85.

[8] Vgl. Die Perspektiven der Linken, in: Progressive Labor, New York, Januar 1965, S. 15.

[9] Vgl. The New Radicals, S. 182–185, 190.

[10] Vgl. ebenda, S. 150–156.

schaft“ eine neue Erklärung mit dem Titel „Amerika und das neue Zeitalter“ heraus. Hier wurden die Prinzipien der „Erklärung von Port Huron“ weiter ausgeführt, der Kapitalismus angegriffen und politische Grundsätze radikaler Art formuliert, aber das Problem der Ablösung des Kapitalismus durch den Sozialismus blieb unerwähnt.[11] Seit 1963 stellen die Organisationen dieses Verbandes die Schaffung von Vereinen zur Abschaffung der Armut in den Vordergrund.

Während der Verband „Studenten für eine demokratische Gesellschaft“ viel Kraft für die Propagierung von „Armenvereinen“ aufwandte, bemühte er sich zugleich, die Lebensfähigkeit und Effektivität von „Kleinbetrieben“ als Form des Kampfes für allgemeine soziale Gerechtigkeit zu demonstrieren. Dabei wurde die Möglichkeit eines „ökonomischen und strukturellen Sieges auch im nationalen Ausmaß“ unterstellt (womit vor allem „garantierte“ Einkommen und die „Demokratisierung“ der städtischen Behörden gemeint waren). Und da man eingestehen mußte, daß unter dem gegebenen politischen System viele Bedürfnisse der Volksmassen nicht befriedigt werden können, hielt man die Gründung von „wirtschaftlichen Gegeninstituten“ wie Kreditverbände und Verbrauchergenossenschaften für notwendig. Dabei wurde betont, daß analoge Institute auch für das Informationswesen und für den Bereich der Politik geschaffen werden müßten.[12]

Die Vorstellungen vom „sozialen Ideal“ sind bei den Führern des Verbandes „Studenten für eine demokratische Gesellschaft“ äußerst widersprüchlich und verworren. Ihre radikale Haltung äußert sich hauptsächlich in der Kritik am Kapitalismus, während sie bei der Formulierung eines positiven Programms für soziale Wandlungen in Reformismus abgleiten. Die Ablehnung des Kapitalismus bleibt bei ihnen rein deklarativ, da sie nicht mit dem Kampf um den Sozialismus verbunden ist. Der Reformismus des Programms des Verbandes „Studenten für eine demokratische Gesellschaft“ äußert sich darin, daß die Expropriation des bürgerlichen Eigentums an den Produktionsmitteln und deren Vergesellschaftung im nationalen Maßstab, die Abschaffung aller Ausbeutungsformen nicht zur Forderung erhoben wird. Die Forderungen beschränken sich auf die Kontrolle über die ökonomischen Ressourcen bei deren partieller Vergesellschaftung, wobei man empfiehlt, sich mit Verbesserungen der Sozialpolitik und der fiskalischen Umverteilung der Einkommen zu begnügen. Aber diese auf Teilverbesserungen gerichteten Maßnahmen können den amerikanischen Monopolkapitalismus, der den Staatsapparat in der Hand hat, über einen mächtigen Propaganda- und Spionageapparat und andere moderne Mittel für den Kampf gegen die revolutionäre Bewegung verfügt, in keiner Weise erschüttern.

Das Programm des Verbandes „Studenten für eine demokratische Gesellschaft“ ist reich an Sentenzen, die von der Humanisierung des Kapitalismus, von Liebe, Vernunft, schöpferischer Arbeit, vom Wert des Menschen und seinen unerschöpflichen Fähigkeiten sprechen. Es liegt auf der Hand, daß alle Versuche, die kapi-

[11] Vgl. The New Left. A Documentary History, a. a. O., S. 172, 174, 181.
[12] Vgl. ebenda, S. 137–140, 145–147.

talistische Ausbeutung zu humanisieren und die Entfremdung und Entpersönlichung des Menschen abzuschaffen, fruchtlos bleiben müssen, solange Lohnsklaverei existiert.

Die Ideologen des Verbandes „Studenten für eine demokratische Gesellschaft" lehnen den bürgerlichen Antikommunismus in seinen direkten Formen zwar ab, da er schon zum Panier der offenen Reaktion geworden ist. Manche neigen sogar dazu, Parallelen zwischen dem Wirken der Kommunisten und der „Neuen Linken" zu ziehen, weil beide „auf die Zerstörung der Institute des Kapitalismus orientieren", wenngleich auch in unterschiedlichem Maße und mit unterschiedlichen Methoden. Doch grenzen sich die Führer des amerikanischen „Zentrums der Studentenrebellion" vom wissenschaftlichen Kommunismus ab, weil sie seine historische Rolle nicht begreifen.

Mit der Konfrontation des studentischen Rebellentums (als der angeblich radikalsten und zugleich humansten Kraft) und der kommunistischen Bewegung treiben die Ideologen der „Neuen Linken" ihre Bewegung in die Sackgasse. In gleicher Richtung wirken ihre Bemühungen, bürgerliche Dogmen und Kategorien für die neuen „revolutionären" Ziele umzufunktionieren. Obgleich die Ideologen des Verbandes „Studenten für eine demokratische Gesellschaft" den bürgerlichen Liberalismus für tot erklären, sind sie doch nicht in der Lage, mit dem bürgerlichen Demokratismus, Reformismus und Individualismus zu brechen.

Wohin die „Genossenschafts"- oder „Vereins"-Bewegung der Studenten in den kapitalistischen Ländern führt, zeigen die Versuche, „freie Städte" für die Jugend, das heißt eigentlich für die „Hippies" zu schaffen. Die amerikanische Zeitschrift „Realist" hat sich mit derartigen utopischen Projekten näher befaßt. Die „freie Stadt" soll aus „freien Familien", „verschiedenen revolutionären Gruppen und Kommunen" bestehen. Hier seien Behörden zu schaffen, die den „autonomen Gruppen für die Verwirklichung ihrer Programme die Basis" liefern: Versorgung mit Nahrungsmitteln, Presseerzeugnissen, Transportmöglichkeiten, Geld, Wohnraum, Arbeitsplätzen u. dgl. Die Arbeit soll mit Begeisterung und qualifiziert ausgeführt werden. Dabei wird die Aufgabe gestellt, „freie Lebensmittellager" und ein Verteilungszentrum einzurichten, deren Vorräte durch „Wohltätigkeit, Anleihen, Diebstahl und Herstellung von Kontakten mit unterwegs befindlichen Kraftfahrern" aufzufüllen wären. Man empfahl, in zwei Schichten zu arbeiten: Die Frühschichtgruppe sollte Lebensmittel sammeln und die Nachmittagsgruppe sollte sie den Listen gemäß verteilen. Für Landstreicher und Obdachlose waren „freie Gaststätten" vorgesehen. Eine spezielle Gruppe sollte für das Aufbringen von Geld und für dessen Einsatz, für die Rentenzahlung und für andere Ausgaben der „freien Familien" verantwortlich sein.

Des weiteren war geplant, mit den Besitzern von kleinen Hotels übereinzukommen, um freie Zimmer für die Leistung von leichten Arbeiten (Reinigen der Zimmer, Portiersdienste u. dgl.) zu erhalten. Große Lagergebäude sollten für Tanz- und Theaterveranstaltungen eingerichtet werden. Zugleich hoffte man, in allen Armutsregionen kostenlose medizinische Leistungen zu erreichen, weil

„die Doktoren Brüder sind und kein Geld verlangen sollten". Die sozialen Reformen sollten die darstellenden Künstler anregen, während die bildenden Künstler die Wohnungen der Kommunen und die Umwelt zu verschönern hätten. Außerdem sah das Programm vor, genossenschaftliche Farmen und Erholungslager (auf für die Landwirtschaft nicht geeigneten Böden) einzurichten.[13]

Der jugendliche Idealismus mit seinen Bemühungen, Armut und Diebstahl mit Kunstentfaltung in Einklang zu bringen, ist natürlich naiv, in Wirklichkeit war das gesamte Programm eher darauf ausgerichtet, sich dem Kapitalismus anzupassen, als ihn zu bekämpfen. Und es geht auch gar nicht so sehr um die ideologische Unreife der „Neuen Linken". Hinter allem verbirgt sich eine bestimmte Klassenposition, die darin besteht, die Rolle der Arbeiterklasse zu ignorieren und ihr die Studenten und Soldaten als besondere Klassen entgegenzustellen[14] und auf deklassierte Schichten zu orientieren.[15] Die kleinbürgerlichen Schranken hindern die „Neuen Linken" in den USA, eine genau abgegrenzte Position zum Kapitalismus und Sozialismus zu beziehen und für die entscheidenden Probleme der Gegenwart die richtige Lösung zu finden. Soweit sich die „Neuen Linken" über die Notwendigkeit der Abschaffung des Kapitalismus auslassen, begnügen sie sich mit Sprüchen von einem „humanen Sozialismus", legen sie den Akzent auf die Ziele des Sozialismus und gehen genaueren Festlegungen der Methoden zu ihrer Realisierung aus dem Weg.

Für die Ideologen der „Neuen Linken" sind Gedankengänge typisch, wie sie beispielsweise von solchen Führern der Antikriegsbewegung wie J. und B. Ehrenreich geäußert wurden. So schrieben sie in einem Aufsatz mit dem Titel „Vom Widerstand zur Revolution", die Jugend bekämpfe das „System des Kapitalismus" deshalb, weil es Bedürfnisse hervorbringe, die es nicht befriedigen könne und Probleme schaffe, die zu lösen es nicht imstande sei. Ihre Hoffnungen legten sie auf eine „humane Ethik", in der sie die Voraussetzung für die Lösung der realen Probleme sahen. Dabei verwiesen sie darauf, daß sich der Mensch, wenn er zu materiellem Wohlstand gekommen sei, gründlicher mit geistigen Problemen befassen müsse, da Kunst und Technologie bisher den engen Interessen des Kapitals untergeordnet gewesen seien. Die Ehrenreichs riefen dazu auf, den Charakter der Produktion so zu ändern, daß sie die menschlichen Bedürfnisse befriedigt und nicht die „Forderungen nach absoluter Maximierung der wirtschaftlichen Effektivität". Außerdem sollten die Unterrichtsmethoden erneuert, der politische Apparat demokratisiert und die Menschen selbst gebessert werden. Das alles sollte den Inhalt einer „ewigen Revolution" zur Erreichung der „wahren Freiheit" ausmachen.[16]

Bei einer derartigen Interpretation blieb von der neuen Gesellschaft nicht mehr

13 Vgl. ebenda, S. 376–379.

14 Vgl. International Socialist Jourpal, Rom, Februar 1968, S. 13.

15 Vgl. The New Left. A Documentary History, a. a. O., S. 459, 464, 465.

16 Vgl. J. und B. Ehrenreich, Vom Widerstand zur Revolution, in: Monthly Review, New York, April 1968, S. 17.

als der fromme Wunsch übrig. Die ökonomischen und politischen Probleme, die mit der Abschaffung des Kapitalismus und dem Aufbau des Sozialismus verbunden sind, blieben unerwähnt. Dagegen dominierten die für den Reformismus und die rechte Sozialdemokratie typischen Ideen von einem „ethischen Sozialismus".

Starken Einfluß auf die Ideologie der „Neuen Linken" hat der bekannte amerikanische Soziologe Charles Wright Mills ausgeübt. Seine Bücher „White Collar" (deutscher Titel: „Menschen im Büro"), „The New Men of Power" und „The Power Elite" (deutscher Titel: „Die amerikanische Elite") hinterließen bei den amerikanischen Studenten einen starken Eindruck. Populär geworden sind auch sein Brief an die „Neuen Linken" (1960) und sein Aufsatz „Über die Neuen Linken" (1961), in denen er nachwies, daß es eine politische Philosophie des Liberalismus nicht gibt, sondern nur eine „liberale Rhetorik", der man sich bedient, um den Marxismus zu attackieren, wobei unerwünschte Fakten und Argumente einfach unterschlagen werden.

Zum eigentlichen Abgott der „Neuen Linken" aber wurde Herbert Marcuse, ein deutscher Philosoph sozialdemokratischer Schattierung, der während der Hitlerdiktatur nach den USA emigriert war. In verschiedenen Arbeiten, die Marcuse in den sechziger Jahren verfaßt hatte, lieferte er eine sehr weitreichende Kritik am Kapitalismus (vor allem an den USA). Er beschuldigte den Kapitalismus der Bürokratisierung des Wirtschaftslebens, der Kybernetisierung der Arbeit und des Denkens, der Erzeugung einer „Gesellschaft der Entfremdung" und des „eindimensionalen Menschen", einer entstellten Demokratie und der Vergewaltigung des Verbrauchers sowie der Bildung eines repressiven Systems. Er verurteilte auch die schmutzigen Kriege des Pentagon. Doch zog er aus dieser Kritik am Kapitalismus keine revolutionären Schlußfolgerungen.

In seinen sozialen Anschauungen steht Marcuse Proudhon nahe. Er vertritt anarchoindividualistische Ideen und richtet seine „negative Dialektik" sowohl gegen den Kapitalismus als auch gegen den Sozialismus. Mit einer wissenschaftsfeindlichen Interpretation des Marxismus meint Marcuse „nachweisen" zu können, daß sich der Kommunismus dem Faschismus nähere. Er erklärte, daß die Abschaffung des Privateigentums nur dann die Grundlage für eine neue Gesellschaft schaffe, wenn die freien Individuen und nicht die Gesellschaft zu Herren der sozialistischen Produktionsmittel werden. Dabei bezeichnete er die Interessen der Individuen für unvereinbar mit den Interessen jeder Gesellschaft.[17]

Den wissenschaftlichen Sozialismus greift Herbert Marcuse mit einer Freudschen Interpretation der individuellen und gesellschaftlichen Motivationen an. So behauptet er in seinem Buch „Eros und Zivilisation" (1956)[18], daß sich Sozialismus und Kapitalismus als zwei Varianten der „industriellen Zivilisation" ein-

[17] Vgl. Herbert Marcuse, Vernunft und Revolution, Neuwied und Berlin (West) 1962.

[18] Vgl. Herbert Marcuse, Triebstruktur und Gesellschaft, Frankfurt a. M. 1968. (deutsche Fassung)

ander annähern und die Hebung der Produktivität das „heilige Ideal" des Kapitalismus wie auch des „Stachanowismus" sei. In der 1958 erschienenen verleumderischen Schrift „Die Gesellschaftslehre des sowjetischen Marxismus"[19] identifizierte Marcuse die sozialistische mit der kapitalistischen Industrialisierung, reduzierte er die Verstaatlichung der Produktionsmittel auf eine Änderung der Herrschaftsformen und deren Rationalisierung und stellte den technischen Fortschritt als Unterdrückungsfaktor jeder sozialen Ordnung hin. Die sowjetische Wirtschaft wurde dabei als verstaatlichte, aber nicht sozialisierte, einer Kaste von Bürokraten übereignete Wirtschaft dargestellt. Diese Behauptungen belegen, daß Marcuse den Worten nach den Kapitalismus schmäht, tatsächlich aber den realen Sozialismus bekämpft und dabei vor keiner Verleumdung zurückschreckt.

In der vielzitierten Schrift „Der eindimensionale Mensch" (1964)[20] macht Marcuses Kritik die Hauptschwächen des Kapitalismus zu sekundären Mängeln. Er verwischt den Grundwiderspruch der kapitalistischen Produktionsweise und reduziert ihre Mängel auf den Mißbrauch der Technik, auf die negativen Folgen ihrer Anwendung für die Führung der Menschen. Selbst in einem „technologischen" Kapitalismusverständnis befangen, behauptet Marcuse, Marx sei in der Idee von einem ständigen Fortschritt befangen gewesen; deshalb sei die marxistische Sozialismustheorie keine konsequente Negation des Kapitalismus. Mit der Verkürzung des Arbeitstages, der Rationalisierung der Arbeit usw., meint Marcuse, mache der Sozialismus die Arbeit noch nicht frei, schaffe er die „Entfremdung der Arbeit" nicht ab. Deshalb müsse in der Sozialismusdarstellung von der Wissenschaft zur Utopie und nicht nur von der Utopie zur Wissenschaft geschritten werden.

Große Bedeutung mißt Herbert Marcuse der Erweckung neuer Bedürfnisse, speziell biologischer Art, bei. Dabei wird die Aufgabe verkündet, eine „neue Anthropologie" zu schaffen, und wird die Konstituierung einer „freien Gesellschaft" mit der Befriedigung dieser Bedürfnisse durch die allmächtig gewordene Technik in Zusammenhang gebracht. Parallel dazu wird von der Notwendigkeit gesprochen, den Menschen von den Krebsschäden des Industrialismus zu befreien. Angesichts derartiger Gedankengänge wird der Radikalismus der Marcuseschen Lehren völlig gegenstandslos. Marcuse bringt Gedanken vor, die keineswegs neu sind, er appelliert an den utopischen Sozialismus, protestiert gegen die industrielle Entwicklung, um schließlich die Bedeutung der Produktion für die sozialistische Umwandlung der Gesellschaft herabzumindern. Auch seine ästhetisch-erotische Interpretation des Sozialismus stellt keineswegs einen Fortschritt dar, sondern vielmehr ein Musterbeispiel philisterhafter Auffassungsweise.

Marcuse ignoriert den grundsätzlichen Unterschied zwischen Sozialismus und Kapitalismus und interpretiert beide in vulgär technisch-ökonomischer Weise,

[19] Vgl. Herbert Marcuse, Die Gesellschaftslehre des sowjetischen Marxismus, Neuwied und Berlin (West) 1964.

[20] Vgl. Herbert Marcuse, Der eindimensionale Mensch, Neuwied und Berlin (West) 1970.

um dann dem Sozialismus Wesensmerkmale zuzuordnen, wie sie für den Kapitalismus typisch sind. So ist nach seiner Meinung auch die sozialistische Gesellschaft repressiv, wobei Marcuse die Merkmale der Repressivität im Normativen, in der Organisiertheit und im Kollektivismus zu erkennen glaubt. Diese willkürliche Ausweitung des Repressionsbegriffs auf jedes Gesellschaftsgebilde, begründet Marcuse mit der Behauptung, daß diese die absolute Freiheit des Individuums ausschlössen.

Der studentische Anarchismus ist für Marcuse die demokratischste und am meisten inspirierende Strömung, weil hier die politische Umwälzung ohne Führer und Parteien vonstatten gehen werde und die neue Gesellschaftsordnung ohne „strenge Prinzipien" geplant sei. Marcuse betrachtet sich trotzdem nicht als einen Anarchisten und betont, daß er die Anwendung von staatlichem Zwang auch in einer „freien Gesellschaft" anerkennt (so für den Kampf gegen die Umweltverschmutzung, für die Entwaffnung, für das Verbot von Rassismus und Faschismus). Sobald es aber um den Kampf gegen die bürgerliche Konterrevolution geht, wird Marcuse zum Nichtkämpfer.[21]

Marcuses positives Ideal ist sehr dürftig und widersprüchlich. Zweifellos ist die Entfetischisierung von Dingen, für die sich Marcuse einsetzt, ein Element der Umerziehung der Bevölkerung, für den Übergang zum Sozialismus aber doch wohl nicht entscheidend. Dieser Übergang wird bei Marcuse vulgär, technologisch, als bloße Automatisierung der Industrie hingestellt, die keine Erschütterung der Grundlagen des Kapitalismus verlange. Aus dieser Sicht unterscheidet sich die Marcusesche Lehre trotz ihres „extremen Radikalismus" nur wenig von den bürgerlich-reformistischen Theorien der Transformation des Kapitalismus in den Sozialismus unter dem Einfluß des wissenschaftlich-technischen Fortschritts. Völlig unhaltbar ist auch die These, daß der Zusammenbruch des Kapitalismus das Ende der Arbeit bedeute. Die sozialistische Gesellschaft stellt die Zusammenarbeit von ausbeutungsfreien Menschen und keine Konsumgesellschaft dar, wie sie die Anarchisten zu ihrem Ideal erheben.

Den vollendetsten Ausdruck aber fanden die Sozialismuslehren der „Neuen Linken" in der Ideologie der französischen Gauchisten. Den Namen Gauchismus (Gauchisme) nahmen jene linksradikalen Gruppen an, die sich als Alternative zur kommunistischen Bewegung sehen und den Anspruch erheben, „wirklich revolutionär" zu sein (Trotzkisten, Anarchisten, Strukturalisten, Sexualisten u. dgl.) Sie beschuldigen die kommunistische Bewegung des Reformismus, die sozialistischen Länder des Renegatentums, der Evolution zum Staatskapitalismus und konstruieren Gegensätze zwischen der Jugend und den älteren Generationen von Revolutionären, zwischen der Studentenschaft und den Arbeitern sowie zwischen diesen und den Partei- und Gewerkschaftsorganisationen.

Unter Berufung auf ihre linksradikale Haltung und auf die politische Unreife

[21] Vgl. Herbert Marcuse, Über Revolte, Anarchismus und Einsamkeit. Ein Gespräch, Zürich 1969.

und Unorganisiertheit der Studenten setzend, gewannen die Gauchisten vorübergehend Einfluß auf bedeutende Teile der Jugend in den kapitalistischen Ländern. So setzen die Gauchisten bei ihren Appellen, alle Autoritäten zu stürzen, das soziale Leben von allen Konventionen zu befreien und alle Barrieren zwischen den Menschen zu beseitigen, auf Unwissenheit und aggressive Instinkte. Seinen Nährboden findet der Gauchismus auch in der inhomogenen sozialen Struktur der Studentenschaft, in der kleinbürgerliche Elemente überwiegen (In Frankreich sind nur 8 Prozent aller Studenten proletarischer Herkunft.).

Um das Wesen der sogenannten Mairevolution in Frankreich 1968 richtig einschätzen zu können, ist es notwendig, sich mit der Ideologie der Teilnehmer an den damaligen Jugend- und Studentenunruhen und der tatsächlichen Bedeutung für die Gegenwart vertraut zu machen. Demagogen aller Schattierungen behaupten, daß diese „Revolution" den Kommunismus widerlegt und seinen Reformismus bloßgelegt habe. In Wirklichkeit aber hatte sie die ideologische Unhaltbarkeit, die Unorganisiertheit und politische Schädlichkeit des Gauchismus offenbart, dessen extremistische Ausfälle die Front der Arbeiterbewegung schwächten und desorganisierten.

Das Programm der französischen „Neuen Linken" war schon vor den Ereignissen im Mai 1968 von den Strasbourger „Situationisten" in der Broschüre „Über das Elend unter den Studenten" formuliert worden. Die Autoren dieser Broschüre behaupteten, der Kampf zwischen der Macht und dem „neuen Proletariat" müsse ein totaler Kampf sein, der alle Elemente des Vergangenen in Frage stelle. Die Situationisten verkünden die Losung von der „absoluten Macht der Arbeiterräte", der sofortigen Abschaffung der Warenproduktion, der Ideologie, des Staates und der Kluft zwischen Theorie und Praxis (mittels Suche nach der Wahrheit). Zur Aufgabe der proletarischen Revolution wurde „die Eroberung der ganzen Welt" und zur einzigen Machtform die ungeteilte Selbstverwaltung erklärt. Die Arbeit sollte sofort in eine freie Tätigkeit umgewandelt und die Teilung der Gesellschaft in voneinander isolierte Gruppen aufgehoben werden. Außerdem schlug man vor, die Einteilung des Tages in „Freizeit" und „Arbeitszeit" ebenso abzuschaffen, wie den Widerspruch zwischen Gebrauchswert und Tauschwert. Die Situationisten beanspruchten die führende Rolle in der Revolution, weil „die Bourgeoisie und ihr Nachfolger im Osten – die Bürokratie" nicht in der Lage seien, die neue Technik und die grandiosen Produktionsmittel im Namen der „Poesie der Zukunft" anzuwenden und für die „Erhaltung des alten Regimes" wirken würden.

Die Verwirklichung dieses chaotischen Programms, das weder den realen Verhältnissen, noch den Stimmungen und Interessen der werktätigen Massen Rechnung trägt, soll, so meinen die Situationisten, das Leben zur „Poesie" machen, und die Revolution selbst werde dann zu einem „Festtag" werden oder „es gibt keine Revolution"[22]. Die kritischen Bemerkungen gegenüber dem heutigen Kapita-

[22] International situationiste, 9/1968, S. 305–307.

lismus waren kaum fundiert und mit Verleumdungen antikommunistischer Art durchsetzt. Der bürgerlichen Ideologie haben die auf ihren Radikalismus so stolzen Situationisten die Theorie von der „Konvergenz“ der beiden gesellschaftlichen Systeme entlehnt. Überhaupt sehen die französischen Gauchisten die „Konvergenz“, die Gleichartigkeit von Sozialismus und Kapitalismus, als bereits gegeben an. Der Pseudoradikalismus schlägt somit in Antisozialismus um. Dabei reduziert sich die Kritik des realen Sozialismus auf Feststellungen, die verächtlich vorgetragen werden, so z. B. daß die sozialistischen Länder die Produktion ständig erhöhen und die Investitionen forcieren würden. Außerdem werfen die „Neuen Linken“ dem Sozialismus vor, daß er die Verwaltung bürokratisiere. Seit Bakunins Zeiten haben alle Anarchisten dieses Argument vorgebracht. Natürlich läßt sich nicht leugnen, daß es auch in den sozialistischen Ländern noch Erscheinungsformen von Bürokratismus gibt, doch werden sie hier schonungslos und mit Erfolg bekämpft, so daß er dem Druck der proletarischen Demokratie weichen muß. Die Anarchisten interpretieren den Bürokratismus jedoch ganz anders, und ihre Kritik dient ihnen dazu, die Rechtmäßigkeit des sozialistischen Systems der Leitung von Wirtschaft und Gesellschaft zu leugnen.

Die Unhaltbarkeit der anarchistischen Auffassungen liegt auf der Hand. Die für den Sozialismus charakteristische Großproduktion wäre ohne ein zentrales Leitungssystem gar nicht lebensfähig. Schon im monopolistischen Stadium des Kapitalismus ist ein solches Leitungssystem unvermeidlich, denn die Riesenunternehmen und Kapitalgesellschaften kommen ohne zentrale Leitung nicht aus. Im Sozialismus wird die Produktion noch stärker konzentriert, und die Planung erfolgt für ganze Zweige und die gesamte Volkswirtschaft. Die Fragen der Wirtschaftsleitung sind im entwickelten Sozialismus besonders aktuell. Der Anarchismus, der eine den Bürokratismus keineswegs ausschließende Selbstverwaltung befürwortet, kann die Leitungsprobleme keineswegs lösen.

Die Situationisten und später auch die Gauchisten stellten die absurde These auf, der Sozialismus zwinge die Menschen, ausschließlich für die Zukunft zu schaffen und ihre Alltagsbedürfnisse zu ignorieren. Doch besteht eines der größten Verdienste des Marxismus-Leninismus gerade darin, daß er auf den engen Zusammenhang der allgemeinhistorischen Interessen und der Tagesinteressen des Proletariats orientiert. Auf diese Weise war es auch möglich, den Sozialutopismus zu überwinden, den Sozialismus zu einer realen Kraft zu gestalten und die proletarischen Massen für den Kampf um seinen Sieg zu mobilisieren. Für die sozialistischen Länder ist die Verknüpfung der laufenden mit den perspektivischen Interessen zum unumstößlichen Gesetz geworden. In der entwickelten sozialistischen Gesellschaft, wo die maximale Befriedigung der Bedürfnisse der Volksmassen Ziel des täglichen Wirkens der kommunistischen Parteien ist, wird das besonders deutlich. Dagegen hat die Geschichte längst bewiesen, wie unhaltbar pseudorevolutionäre Konzeptionen sind, die den Kampf um das „höchste Glück“ propagieren und dabei die realen Tagesbedürfnisse verächtlich als „kleinbürgerliche Bestrebungen“ abtun.

Das anarchistische Programm des Gauchismus ist in jeder Weise chaotisch. Hier wird die Revolution als „Feiertagsspaziergang", als lustige Maskerade ausgemalt. Diese Phraseologie kommt nicht von ungefähr, während der „Mairevolution" war sie von vielen Sprechern benutzt und auf Plakaten verkündet worden. Die Schwierigkeiten des revolutionären Umschwungs sind bereits von mehreren Generationen von Pseudorevolutionären verniedlicht worden, faktisch haben sie damit nur der Panik und dem Defaitismus den Boden vorbereitet.

Die gauchistischen Projekte, jeden Staat und alle Formen der Ideologie mit der Wurzel auszurotten, laufen letztlich darauf hinaus, die Liquidierung der bürgerlichen Diktatur in provokatorischer Weise mit der Abschaffung aller Staatsformen zu vermengen. Dieses Hauptdogma des Anarchismus wird immer wieder zu neuem Leben erweckt, obwohl der Verlauf aller proletarischen Revolutionen seit der Pariser Kommune und die Entwicklung des sozialistischen Weltsystems längst erwiesen haben, wie unvertretbar und schädlich sie sind. Ohne einen neuen, den proletarischen Staat zu schaffen, ist es unmöglich, die Errungenschaften der Revolution zu schützen, sie auszuweiten und zu vertiefen, das bürgerliche Eigentum zu expropriieren, den Sozialismus aufzubauen und die proletarische und kleinbürgerliche Bevölkerung für den Sozialismus zu gewinnen.

Unmotiviert ist auch die Ablehnung aller Formen der Ideologie durch die Gauchisten. Argumentationen dieser Art setzen die bürgerliche Ausbeuterideologie, welche die politische Despotie, Rassismus, Ausbeutung und sozialen Parasitismus rechtfertigt, mit der proletarischen Ideologie gleich, die dazu berufen ist, die bürgerliche politische Demagogie zu demaskieren, die Kräfte der proletarischen Revolution zu mobilisieren, die Unerfahrenen aufzuklären und die revolutionären Massen der Erbauer des Sozialismus zu organisieren.

Während in den programmatischen Forderungen der Gauchisten dem ideologischen Nihilismus das Wort geredet wird, bleiben die ökonomischen Aufgaben der antikapitalistischen Revolution im Dunkel. Das Entscheidende – die Expropriation des bürgerlichen Eigentums – bleibt unerwähnt. Die reformistische Lehre von der „sozialen Neutralisierung", und „Demokratisierung", ja vom spurlosen „Verschwinden" des kapitalistischen Eigentums wird zum Glaubensbekenntnis erhoben. Der Schwerpunkt der sozialen Reformen wird auf die Reform der Produktionsleitung verlagert, allerdings wiederum nach reformistischen Rezepten. Diesen Rezepten folgend, meinen die Gauchisten, die Schuld an allem Elend der „Konzentration der wirtschaftlichen Macht" geben zu müssen, gleich, wem diese Macht gehört, um ihr das Ideal eines unbeschränkten Dezentralismus entgegenzustellen.

Während die Gauchisten die Expropriation des bürgerlichen Eigentums von der Tagesordnung absetzen, stellen sie die Abschaffung der Warenwirtschaft in den Vordergrund, um auch hierbei jeden Klasseninhalt und jeden konkreten ökonomischen Inhalt zu negieren. Auf diese Weise werden die Lehren der Oktoberrevolution ebenso ignoriert wie die Erfahrungen bei der Entwicklung des sozialistischen Weltsystems. Diese Erfahrungen haben gezeigt, daß die kleine Warenproduktion in der Übergangsperiode vom Kapitalismus zum Sozialismus weiterbesteht und daß man auf die Ware-Geld-Beziehungen auch im entwickelten Sozialismus nicht verzichten kann. Die anarchistischen Projekte, alle Formen von Warenbeziehungen sofort abzuschaffen, sind ein typisches Beispiel linksradikaler Hirngespinste. Geradezu absurd sind die Vorschläge, die Teilung des Arbeitstages der Werktätigen in Arbeitszeit und Freizeit abzuschaffen. Es liegt auf der Hand, daß mit anarchistischen Deklarationen diese Einteilung nicht verschwindet.

Gleiches gilt für die von den Gauchisten aufdringlich verkündete Losung von der Selbstverwaltung, die sie als „unteilbar, souverän und absolut" hinstellen und als Alternative zur sozialistischen Staatsform, zum Sowjetsystem sehen, das eine Form der proletarischen Demokratie darstellt. Die anarchosyndikalistische Losung von der Selbstverwaltung, die man als Alternative zum marxistisch-leninistischen Prinzip des demokratischen Zentralismus anbietet, war seinerzeit aus der Idealisierung der Kleinproduktion entstanden. P. A. Kropotkin hatte solche Bedingungen für das wirtschaftliche Ideal gehalten, die die völlige Autonomie des arbeitenden Menschen garantieren. Und obgleich die Zeiten der kleinen Warenproduktion längst der Vergangenheit angehören, träumen die Epigonen des Anarchismus noch immer davon, wenden sie die archaische Phraseologie erneut an, wobei sie für sich in Anspruch nehmen, eine „zeitgemäße" Haltung an den Tag zu legen, und vorgeben, im Namen des „neuen Proletariats" zu sprechen.

Die Idee von der „völligen Selbstverwaltung" der Arbeiterkollektive ist ihrem Wesen nach kleinbürgerlich. In der Praxis stellt eine derartige Selbstverwaltung den gesellschaftlichen Charakter des sozialistischen Volkseigentums in Frage, verhindert sie die Planung der gesellschaftlichen Produktion, führt zu wirtschaftlicher Anarchie, hemmt die Mobilisierung der ökonomischen Ressourcen im nationalen Maßstab und öffnet antisozialistischen Elementen Tür und Tor.

Während der Maiereignisse von 1968 in Paris fand die Ideologie der Studentenrebellion ihren Ausdruck in der Einberufung sogenannter Aktionsausschüsse[23]. Sie vermengten Entscheidendes mit Zweitrangigem und stellten sekundäre Aufgaben in den Vordergrund. Die chaotische Häufung von Forderungen desorientierte die Jugend und präsentierte ihr eine irreführende Vorstellung über die Perspektiven der Studentenbewegung. Dabei wurde die abwertende Haltung zu den ökonomischen Interessen der Arbeiterklasse betont. Dem Kampf um Lohnerhöhungen wurde keinerlei Bedeutung beigemessen. Stattdessen schlug man vor, leere Wohnungen zu beziehen, weder Steuern noch Wohnungsmiete zu zahlen, Briefe ohne Marken abzusenden, die Straßenbahnen unentgeltlich zu benutzen und in den Geschäften nicht zu bezahlen. Der Gauchismus bevorzugte die Methode, den eigentlichen Inhalt des revolutionären Prozesses durch demonstrative

[23] Vgl. Pierre Genève, Histoire se crite de l'insurrection de mai 1968, Paris 1968, S. 75, 77. Raymond Marcellin, L'ordre public et les groupes revolutionnaires, Paris 1969, S. 103–105, 108–112.

Einzelmaßnahmen zu ersetzen. Während der Oktoberrevolution hatten die Bolschewiken nicht zur kostenlosen Benutzung der Straßenbahn aufgerufen, sondern die Losungen ausgegeben: „Der Boden den Bauern!", „Die Fabriken den Arbeitern!", „Alle Macht den Sowjets!". Damit wurden die Arbeiter und Bauern von vornherein auf die Lösung der Hauptaufgaben der sozialistischen Revolution orientiert.

Den Appellen der „Aktionsausschüsse" zufolge sollte das Geld abgeschafft und der Handel verboten werden. Diese ultralinken Rezepte hätten allerdings nur zum wirtschaftlichen Chaos, zu sinnlosen Entbehrungen bei den Volksmassen und zu Enttäuschungen gegenüber der Revolution geführt.

Auch das politische Programm der Gauchisten war anarchistisch und abenteuerlich. Hier wurde die revolutionäre Rolle der Gewerkschaften hervorgehoben und die Studentenschaft vom Proletariat und den linksorientierten Parteien isoliert. Anstelle von revolutionären Aktionen, die die Grundfesten der bürgerlichen Ordnung unterminieren, wurde empfohlen, die Polizei in Mißkredit zu bringen, „Prominente" zu boykottieren und mit den linken Parteien zu brechen. Diese naiven Empfehlungen waren Ausdruck eines Hangs zur Personifizierung des Kampfes, zum dramatischen Zweikampf.

Mit der Zerschlagung des bürgerlichen Staates in der sozialistischen Revolution wird es notwendig, einen neuen, den proletarischen Staat zu errichten. Die Gauchisten aber rufen dazu auf, selbst den „Gedanken an die Macht" mit der Wurzel auszurotten. Als Ideal verkündeten sie die völlige Autonomie der politischen Gruppen und Vereine. Die von den Gauchisten propagierten Arbeiterräte sollten Instrument zur Bekämpfung des Kommunismus sein. Zu diesem Zweck wurde die Losung ausgegeben, daß sie von der Parteiführung, der Verwaltung der Industrie und der Zentralregierung völlig unabhängig sein sollten. Auf diese Weise versuchten die Epigonen des Anarchosyndikalismus, Theorien und Praktiken wieder zum Leben zu erwecken, die während der Oktoberrevolution und während des Aufbaus des Sozialismus in der UdSSR und in anderen Ländern eine vernichtende Niederlage erlitten hatten. Arbeiterräte können in der sozialistischen Revolution nur dann eine positive Rolle spielen, wenn sie auf marxistisch-leninistischer Grundlage stehen, eine proletarische Partei die führende Rolle innehat und wenn auf die Umwandlung dieser Räte in Grundeinheiten des neuen Staates orientiert wird. Im gauchistischen Verständnis aber sind die Räte nur ein Faktor der politischen Anarchie, ein Instrument des Antikommunismus und des Schutzes der Gruppen- und Kleineigentümerinteressen.

In den zahlreichen Plakaten, die in Paris während der „Mairevolution" aufgetaucht waren, versprachen die Gauchisten, „die nachmarxistische Revolution" zu vollenden, den Kommunismus und dessen Ökonomismus zu überwinden, die „innere Welt" des Individuums zu läutern und ihm absolute Freiheit zu bieten.[24]

[24] Vgl. Mathilde Niel, Le mouvement étudiant ou la révolution en marche, Paris 1968, S. 15, 45, 60, 62–64, 66, 67, 69, 74, 75, 89–92, 96.

Sie wollten es in ihrer streitbaren Unwissenheit nicht wahr haben, daß sich der marxistische Sozialismus nicht auf die Änderung des ökonomischen Systems der Gesellschaft beschränkt, sondern eine tiefgreifende Wandlung der Gesellschaftsstruktur bewirkt: die Liquidierung der Ausbeuterklassen, die Ausmerzung des bürgerlichen Parasitismus, die allgemeine Beteiligung an der gesellschaftlichen Arbeit, der Kampf gegen bürgerlichen Individualismus und Eigentumsdenken, die Entfaltung des Kollektivismus und Humanismus sowie die Heranführung der Millionen von Werktätigen an die Wissenschaft, die Kultur und die Leitung der Gesellschaft. Der Mythos vom „Ökonomismus" der proletarischen Revolution ist von der ganzen Entwicklung des sozialistischen Weltsystems völlig widerlegt worden.

Die Gauchisten glaubten, daß die Klassenunterschiede zwischen den Menschen bereits auf den Barrikaden, im Feuer der revolutionären Schlachten verschwinden. Die Erfahrungen aus der Entwicklung der sozialistischen Länder haben derartige Vorstellungen widerlegt. Die Geschichte hat den Beweis geliefert, daß die Liquidierung der Ausbeuterklassen ein langwieriger und komplizierter Prozeß ist. Auch nach dem Verschwinden der Gutsbesitzer und Kapitalisten bleiben noch Klassenunterschiede zwischen dem Proletariat und den kleinen Warenproduzenten (Bauern und Handwerker) bestehen. Um diese Unterschiede zu tilgen, bedarf es einer längeren Zeit. Bei den Gauchisten wird die Aufgabe, die Klassenschranken zu beseitigen, noch von der Losung ergänzt, Nationalismus und Rassismus aus der Welt zu schaffen. Dieses Problem ist noch schwieriger und verlangt eine lange Zeit der Umerziehung der Volksmassen, des Kampfes gegen nationale und rassistische Vorurteile. Den Gauchisten erscheinen all diese Aufgaben als simpel, sie glauben, sie auf ihre Art und Weise interpretieren zu können; bei ihnen steht ganz die Beseitigung der sozialen Schranken zwischen Schüler und Lehrer, Student und Professor im Vordergrund.

In der Gleichmacherei sahen die Gauchisten das Heilmittel gegen alle sozialen Übel. Lohndifferenzierungen wurden kategorisch abgelehnt, weil sie der Abschaffung der Klassen im Wege stünden. Daß die Auffassungen unhaltbar sind, liegt auf der Hand. Die Lohndifferenzierung allein bringt weder neue Klassen hervor, noch konserviert sie die alten; die Unterschiede in der Vergütung von qualifizierter und unqualifizierter Arbeit tragen vielmehr unter sozialistischen Verhältnissen dazu bei, das allgemeine kulturelle und technische Bildungsniveau der Werktätigen zu erhöhen.

Während der Maiereignisse von 1968 hatten die Gauchisten ein „Kleines philosophisches und praktisches Handbuch der Zornigen (Enragés)" herausgegeben, mit dessen Hilfe sich die Franzosen über „die Ziele und Ideen" dieser „Mairevolution" klar werden sollten.[25]

In diesem „Handbuch" wurden alle parlamentarischen Methoden des Klassen-

[25] Kleines philosophisches und praktisches Handbuch der Zornigen (Enragés), hg. von den Gauchisten, Paris 1968.

kampfes rundweg abgelehnt, obgleich sie unter bestimmten Bedingungen durchaus positive Resultate zeitigen können. Bedeutende Stimmengewinne bei Wahlen eröffnen neue Möglichkeiten für tiefgreifende soziale Reformen, für die Entlarvung der Apologeten des Kapitalismus und für die Mobilisierung der proletarischen Massen zu revolutionären Umwandlungen. Das einzige, was die Gauchisten für möglich hielten, war der bewaffnete Kampf, den sie in primitiver Weise als spontane Rebellion der unvorbereiteten, unorganisierten Massen auslegen.

Die Arbeitslosigkeit wird im „Handbuch der Zornigen" zum Gegenstand von Albernheiten, ihre Abschaffung wird hier mit der Ausweitung des Kirchenbaus verbunden. Völlig absurd erscheint die Verabsolutierung der „persönlichen" Freiheit, wenn hier gefordert wird, den Rauschgiftmißbrauch zu legalisieren. Haschisch sollte keinerlei Beschränkungen unterliegen, und sexuelle Zurückhaltung wurde als eine Form der Konterrevolution bezeichnet. Dagegen erklärte man jede Dreistigkeit als ein „revolutionäres Instrument". Die Verabsolutierung der „persönlichen Freiheit" desorganisiert das Proletariat, führt zur Demoralisierung seines Vortrupps und zur Apologie der kapitalistischen Ausbeutung. Sie impliziert die „freie Initiative", das Recht, über Kapital und über die Arbeit derjenigen, die kein Kapital haben „frei" zu verfügen.

Die revolutionäre Phraseologie des heutigen Anarchismus stellt lediglich eine Verschleierung des bürgerlichen Individualismus und ein rhetorisches „Spiel mit der Revolution" dar. Das belegt auch die Absicht der Gauchisten, eine „heitere Gesellschaft" zu errichten, ihre Darstellung der Revolution als „Festtag", ihre These, daß sie keinerlei Opfer verlange u. dgl.

Die programmatischen Zielstellungen der verschiedenen Gruppen der „Neuen Linken" belegen, daß sie trotz erheblicher Unterschiede in der Radikalität und in der Wertung vieler wichtiger Erscheinungen des gegenwärtigen sozialpolitischen Kampfes von politischer Unreife, anarchistischen Tendenzen, von einem auffallenden Eklektizismus in den theoretischen Konzeptionen und Aktionsprogrammen gekennzeichnet sind. Das alles hat zu einer sehr tiefgreifenden Differenzierung zwischen den Positionen der Strömungen geführt, die sich den „Neuen Linken" zurechnen. Die Analyse dieser Positionen, der Perspektiven der weiteren Ausreifung und Abgrenzung revolutionärer und pseudorevolutionärer Strömungen unter der nichtproletarischen Jugend in den kapitalistischen Industrieländern sollte Gegenstand einer speziellen Untersuchung sein.

4. ABSCHNITT

9. KAPITEL

Kritik rechtsrevisionistischer Konzeptionen von der sozialistischen Wirtschaft

Der Marxismus hat heute ein Ansehen wie nie zuvor. Sich auf ihn zu berufen, ist selbst in der bürgerlichen Wissenschaft zur Mode geworden. Die Ursache dafür liegt in der Dialektik der Geschichte selbst, die nach einem Ausspruch von Lenin derart ist, „daß der theoretische Sieg des Marxismus seine Feinde zwingt, sich als Marxisten zu *verkleiden*"[1]. Wenn der Revisionismus mit ungelösten Problemen oder mit vereinzelten Fehlern spekuliert, wie sie in einer so großartigen revolutionären Umwälzung der Gesellschaft unvermeidbar sind, glaubt er, sowohl die Praxis des Aufbaus des Sozialismus wie auch dessen theoretische Verallgemeinerung durch den heutigen Marxismus in Mißkredit bringen zu können.

Anstatt die Theorie schöpferisch weiterzuentwickeln, bemüht sich der Revisionismus, den Marxismus den Interessen jener sozialen Schichten anzupassen, die sich zwar in diesem oder jenem Maße am revolutionären Prozeß beteiligen, aber nicht wollen, daß dieser Prozeß konsequent verläuft und seine Potenzen ausgeschöpft werden. Der ideologische Kampf unterscheidet sich von gewöhnlichem Meinungsstreit dadurch, daß es letzterem an wissenschaftlichen Argumenten für den endgültigen Sieg mangelt. Der Revisionismus wird erst dann verschwinden, wenn seine sozialen Wurzeln ausgerottet sind. Doch kann offensive Kritik an den revisionistischen Auffassungen die Positionen des Revisionismus empfindlich schwächen. Das ist auch der Zweck, den der Kampf gegen den Revisionismus heute verfolgt.

Nach dem zweiten Weltkrieg zeichneten sich bei dem Wiederaufleben des Revisionismus (besonders rechtsorientierter Prägung) im internationalen Maßstab zwei Perioden ab. Die erste Periode umfaßt die zweite Hälfte der fünfziger und die zweite Periode das Ende der sechziger Jahre. Die Spezifik der historischen Gegebenheiten hatte jeweils auch den Charakter und die Besonderheiten dieser beiden Perioden geprägt. In der zweiten Hälfte der fünfziger Jahre war es die Rolle des Staates beim sozialistischen Aufbau, die im Mittelpunkt der theoretischen Konzeption des Rechtsrevisionismus stand.

Zu jener Zeit bemühten sich einige Theoretiker nachzuweisen, daß der sozialistische Staat, vor allem aber seine ökonomischen Funktionen rasch absterben müßten. Zu diesem Zweck konstruierte man die These von den zwei Übergangs-

[1] W. I. Lenin, Die historischen Schicksale der Lehre von Karl Marx, in: Werke, Bd. 18, Berlin 1972, S. 578.

perioden, wobei man in der ersten Etappe, der Etappe des „Staatssozialismus", dem Staat noch eine bedeutende Rolle zugestand. Die zweite Etappe, die Etappe, in der sich der „wirkliche Sozialismus" herausbilde, sollte davon gekennzeichnet sein, daß sich die ökonomische Rolle des Staates abschwäche und nichtstaatliche Organe seine Funktionen übernehmen.

Methodologisch ging diese Konzeption von einer falschen Interpretation des Verhältnisses zwischen Spontaneität und bewußtem Handeln in der gesellschaftlichen Entwicklung aus: Der objektive Charakter der ökonomischen Gesetze wurde mit ihrer spontanen Erscheinungsform gleichgesetzt. So wurde behauptet, daß in dem Maße, wie die ökonomischen Gesetze der sozialistischen Produktion zu wirken begännen, die Leitung der Wirtschaft durch zentrale Weisung zurücktreten müsse. Die Leitung der Wirtschaft durch zentrale Weisung spiele so lange die maßgebende Rolle, wie die Handlungen der Menschen noch nicht den neuen Produktionsverhältnissen entsprächen und daher noch nicht spontan in sozialistischer Richtung wirken würden.

In dieser antietatistischen Konzeption werden zwei grundsätzlich verschiedene Prozesse miteinander vermengt: das Absterben der staatlichen Funktion, die Ausbeuterklassen niederzuhalten, und das Absterben der ökonomischen Funktionen des Staates.

Daß sich die Rolle des Staates in der Wirtschaft während der Übergangsperiode vom Kapitalismus zum Sozialismus verändert, ist unbestritten. Solange der sozialistische Sektor nur einen Teil der aus mehreren Sektoren bestehenden Wirtschaft ausmacht, der zudem nicht der beherrschende Teil ist, ist die Steuer-, Kredit- und Emissionspolitik des Staates von den Aufgaben des Klassenkampfes geprägt und darauf gerichtet, den wirtschaftlichen Diversionen des Klassengegners entgegenzuwirken. In dem Maße, wie der sozialistische Sektor die ausschlaggebende Stellung in der Wirtschaft erringt, verliert diese Funktion ihre Bedeutung. Aber zugleich wird die Entwicklung der sozialistischen Produktion mit der für sie typischen zentralen Planung und Leitung zur Voraussetzung dafür, daß der sozialistische Staat seine ökonomischen Funktionen wahren und ausbauen kann.

Die Negation der ökonomischen Rolle des Staates war für die rechtsrevisionistischen Konzeptionen der fünfziger Jahre typisch. Recht eigenartig kam dies in den Plänen für die Schaffung von nichtstaatlichen zentralen Wirtschaftsorganen zum Ausdruck. Demnach sollte über der Volkswirtschaft ein bestimmter, vom Staat getrennter Überbau gebildet werden, während der Staat politische Interessen wahrzunehmen hätte. Der eigentliche Zweck, den derartige „Projekte" verfolgten, lief darauf hinaus, die Einheit von Politik und Ökonomie zu sprengen.

In der Perspektive werden die Funktionen der Wirtschaftsleitung in der Tat von Organen ausgeübt werden, die ihren staatlichen Charakter abgelegt haben. Aber das verlangt andere soziale Bedingungen. Aber heute, da die Existenz des sozialistischen Staates durch eine Reihe von objektiven Faktoren bedingt ist, wäre die Schaffung eines vom Staat unabhängigen Systems von Organen der Wirtschaftsleitung in keiner Weise zu rechtfertigen. Wenn der Staat seiner wirtschaftlichen Funktionen enthoben ist, wird – den revisionistischen Rezepten zufolge – der Markt die Einrichtung sein, die die Tätigkeit der Wirtschaftssubjekte regele und koordiniere. Die Betriebe würden so in Bedingungen versetzt, die von den Marktpreisen diktiert werden, nach Gewinn streben und dabei zu der Instanz werden, die entscheidet, was und wieviel zu produzieren ist. Der Plan hätte hierbei nur dafür zu sorgen, daß die dem Wertgesetz entsprechenden Anpassungen in der Volkswirtschaft reibungslos ablaufen.

Wenn man den Markt zum Regulator der Produktion und den Betrieb zur entscheidenden Instanz der Wirtschaftsführung macht, dann löst sich das Volkseigentum in Gruppeneigentum auf. Die Liquidierung des Volkseigentums war von jeher die Grundlage, die den rechtsrevisionistischen Auffassungen von der sozialistischen Wirtschaft zugrunde lag.

Zu Beginn der sechziger Jahre zeichneten sich in der wirtschaftlichen Entwicklung der Länder der sozialistischen Gemeinschaft bedeutsame Wandlungen ab. Die stärkere Nutzung der intensiven Faktoren des Produktionswachstums wurde in den Vordergrund gerückt und damit die Vervollkommnung des Systems der Wirtschaftsleitung in Angriff genommen. Mit der Entwicklung neuer Formen und Methoden der Wirtschaftsführung kam es zu theoretischen Diskussionen unter den Wirtschaftswissenschaftlern. Dabei wurden umstrittene, mitunter auch falsche oder einseitige Urteile geäußert. Und wie es in der Geschichte schon oft vorgekommen ist, erheben Revisionisten die Einseitigkeit zur Theorie[2], um die Lehre des Marxismus-Leninismus zu attackieren.

Die ökonomische Konzeption des gegenwärtigen Rechtsrevisionismus maskierte sich als „radikale Variante" der Wirtschaftsreform. Ihre Autoren und Verfechter waren Ota Šik mit seinen Gesinnungsgenossen sowie solche Ideologen des internationalen Revisionismus wie Roger Garaudy, Ernst Fischer u. a.

Den Ausgangspunkt der revisionistischen Betrachtungen bildete die Konfrontation der sogenannten zentralen und dezentralen „Idealmodelle" des Wirtschaftsmechanismus.

Das dezentrale Modell, das zunächst als Alternative fungiert hatte, wurde später von Ota Šik und anderen Revisionisten als das einzig akzeptable Modell aufgegriffen. Sie machten es sich sehr leicht, ihre Schlußfolgerungen zu motivieren, denn als nichtakzeptable Alternative präsentierten sie ein abstraktes Modell mit übersteigerter Zentralisation der Leitung und mit „Willkürentscheidungen". Um zu beweisen, daß diese Karikatur von einem Schema dem realen Sozialismus entspreche, zog man übertriebene Beispiele von Fehlern, subjektivistischen und administrativen Entscheidungen heran, wie sie infolge mangelnder Erfahrung in den frühen Etappen der sozialistischen Wirtschaft vorgekommen waren. Die

[2] Vgl. W. I. Lenin, Die Differenzen in der europäischen Arbeiterbewegung, in: Werke, Bd. 16, Berlin 1971, S. 355.

Revisionisten bemühten sich nachzuweisen, daß das zentrale Planungsprinzip selbst die Ursache der uneffektiven Entscheidungen und Fehler sei.

Das rechtsrevisionistische Ideal einer sozialistischen Wirtschaft, das man diesem Modell entgegenstellte, war nichts anderes als eine Variante des „marktsozialistischen Modells", das sich von den entsprechenden bürgerlich-revisionistischen Theorien hauptsächlich in der Phraseologie unterschied, die die feindselige Haltung der revisionistischen Auffassungen zur Theorie des wissenschaftlichen Sozialismus bemäntelte.

Das Grundschema des „marktsozialistischen Modells" postulierte erstens autonome Betriebe, zweitens die Konkurrenz zwischen diesen Betrieben und drittens spontane Preisbewegungen.

Die Konzeption vom „Marktsozialismus" orientierte in ihrer Grundidee darauf, die Probleme der sozialistischen Wirtschaft der Funktionsweise der Marktwirtschaft entsprechend zu lösen, faktisch also nach den Grundsätzen der kapitalistischen Wirtschaft. Die Logik des Marktes sollte auch die Logik sein, auf der das System der Wirtschaftsleitung im Sozialismus aufbauen müsse. Diese Konzeption bedeutete objektiv, die grundlegenden Unterschiede zwischen dem sozialistischen und dem kapitalistischen Wirtschaftssystem auszulöschen.

Die Verfechter des „Marktsozialismus" trugen zwei Hauptargumente für die Orientierung des Sozialismus auf den Marktmechanismus vor: die notwendige Objektivierung der Kriterien der Wirtschaftstätigkeit und die Stimulierung der Mitglieder der Gesellschaft, um sie stärker an der Entwicklung und Vervollkommnung der Produktion zu interessieren. Dabei lief diese Argumentation im Grunde auf eine Tautologie hinaus: Die Vorzüge der Marktbeziehungen liegen darin, daß sie Marktbeziehungen sind. Aber zum Unterschied von den früheren rechtsrevisionistischen Konzeptionen sprach man in den sechziger Jahren schon nicht mehr von einem völlig spontan wirkenden, sondern von einem regulierten, organisierten Markt.

Der Sozialismus wurde als regulierte Marktwirtschaft dargestellt. Dabei verstand man unter einem „organisierten" Markt eigentlich nur, daß gewisse „Spielregeln" gegeben sein sollten, die die Beziehungen zwischen den Marktsubjekten regelten. Aber diese Auslegung reichte so weit, daß sie fast auf jeden aus der Geschichte bekannten Markt zutraf, der noch nie ohne juristische Regelung ausgekommen war.

Wenn man also dem revisionistischen Sozialismusmodell auf den Grund geht, stellt sich heraus, daß es sich hinsichtlich der bewußten Steuerung des wirtschaftlichen und des gesellschaftlichen Lebens durch die Menschen selbst kaum vom Kapitalismus unterscheidet. Die objektive ökonomische Basis des Wirtschaftsmechanismus der sozialistischen Gesellschaft bleiben hier die Marktbeziehungen. Die planmäßige Regulierung des Wirtschaftslebens kann dabei lediglich der Überbau einer marktwirtschaftlichen Basis sein.

Bei weiterer Konkretisierung dieser Auffassung, nach der die Planmäßigkeit ein sekundäres Verhältnis darstellt, ergibt sich, daß die Planmäßigkeit nicht mehr ist als das Vermögen, die autonomen Veränderungen der Marktkonjunktur zu imitieren und in bestimmtem Maße vorauszusehen.

Bei der Ausweitung ihres Modells fielen den Theoretikern des „Marktsozialismus“ immer neue Funktionen der Wirtschaftsleitung, immer neue Bereiche der Wirtschaftstätigkeit ein, die dem Markt unterstellt werden sollten. Anfangs war es nur um die Warenmärkte gegangen, die im wesentlichen das Instrument sein sollten, mit dem der Verbraucher größeren Einfluß auf die Produktion gewinnen könne. Deshalb änderte man auch die Vorstellungen, wie das „Preisgleichgewicht“ realisiert werden sollte. Wenn man anfangs noch postuliert hatte, daß für die meisten Erzeugnisse das Preisgleichgewicht rechnerisch ermittelt und die Preise zentral festgelegt werden, so triumphierte schließlich die Logik des „Marktmodells“: Reale Preise könnten sich nur auf dem realen Markt und unter Konkurrenzdruck herausbilden. Dem Staat sollte nur die Bekämpfung monopolistischer Tendenzen verbleiben.

Die Beziehungen zwischen den Betrieben und den zentralen Wirtschaftsorganen wurden in dem revisionistischen Sozialismusmodell, ausgehend von der sogenannten Theorie der zwei Sphären, formuliert: Das System der Wirtschaftsleitung wurde in die „Wirtschaftssphäre der Betriebe“ und die „staatspolitische zentrale Sphäre“ zergliedert. Die Planung sollte sich demnach nur auf die Planung der staatlichen Politik reduzieren, die – sehr vorsichtig – mit indirekten Methoden zu realisieren wäre, die die autonome Logik des Marktes nicht beeinträchtigen. Gegenstand der Kritik war beispielsweise die elastische Preispolitik des Staates, weil diese den Marktmechanismus als Bildner objektiver Preise außer Gefecht setze. Von allen Instrumenten der Einflußnahme auf die „betriebliche Sphäre“ rief bei den Revisionisten lediglich die Steuer- und Geldpolitik keine größeren Einwände hervor.

Aus der Forderung nach völliger wirtschaftlicher Selbständigkeit der Betriebe folgte logisch der nächste Schritt. Die freie Wahl des Produktionsprogramms wäre nicht realisierbar, wenn den Betrieben nicht auch Handlungsfreiheit im Investitionsgeschehen eingeräumt würde. So setzte man die Schaffung eines Kapitalmarktes und die Entwicklung des kommerziellen Kredits auf die Tagesordnung.

Ein weiterer Anschlag der Revisionisten auf die Errungenschaften der Werktätigen der sozialistischen Gesellschaft bestand in der Forderung, den Arbeitsmarkt und den Warencharakter der Arbeitskraft wiederherzustellen, so daß wiederum die Vollbeschäftigung in Frage gestellt und das herkömmliche Verständnis der sozialen Garantien revidiert werden mußte. Man verstieg sich deshalb zu der Ansicht, das Recht auf Arbeit dürfe nicht „verabsolutiert“ werden; einen Teil der Kosten, die eine „elastische“ Verteilung der Arbeitskräfte (als Funktion des Arbeitsmarktes) mit sich bringe, müsse der Arbeiter selbst tragen.

In den revisionistischen Modellen vom „Marktsozialismus“ wird gewöhnlich die These vertreten, daß die Produktionsmittel Eigentum des Staates und der Betriebe gleichermaßen seien. Diese beiden Eigentumsdefinitionen kollidierten miteinander. Als unabhängiges Marktsubjekt sollte jeder Betrieb seine Erzeugnisse selbst realisieren und nach eigenem Ermessen investieren. Die Differenzierung der Betriebe nach der realisierten Einkommensrate sollte dabei von drei Gruppen von Faktoren abhängen: von den eigenen Bemühungen der Beschäftigten, von ihrer Ausstattung mit Produktionsmitteln und von konjunkturellen Momenten. Da die Ausstattung der Arbeitskräfte mit Technik und die Marktkonjunktur von den Beschäftigten selbst nicht beeinflußbar sind, werden die Verhältnisse des Eigentums an den Produktionsmitteln nach diesem Modell als Verhältnisse der Ungleichheit reproduziert, die den Verhältnissen des Volkseigentums entgegengesetzt sind. Die Konsequenz wäre unweigerlich, daß die Verteilung nach der Arbeitsleistung durch eine wertbezogene Verteilung verdrängt wird.

Entsprechend dem „sozialistischen Marktmodell" bleibt folglich der Status des Werktätigen als Subjekt des Volkseigentums nur formal erhalten, weil seine Stellung auf dem Arbeitsmarkt faktisch die eines Subjektes ist, das von den Produktionsmitteln getrennt ist. Außerdem sind Möglichkeiten für Konflikte zwischen den Interessen der Werktätigen verschiedener Betriebe sowie zwischen beschäftigten und Arbeit suchenden Werktätigen gegeben. Dabei hören die Arbeitslosen für mehr oder weniger lange Zeit überhaupt auf, Subjekt des sozialistischen Eigentums zu sein. Diese Antagonismen haben mit einer wissenschaftlichen Vorstellung vom Sozialismus absolut nichts zu tun.

Das indirekte Eingeständnis, daß das „sozialistische Marktmodell" sozialismusfremde Verhältnisse einschließt, liegt bereits in der Ausgangsposition seiner Autoren: Fremde Wirtschaftsformen sollen den Zwecken des Sozialismus angepaßt werden, so daß die sozialistische Wirtschaft schließlich von ihrem spezifischen Inhalt befreit wird. Das Hineintragen dieses Inhalts sollte den außerökonomischen Instituten, vor allem dem Staat, auferlegt werden. Dieses Vorgehen würde nicht nur zu einer überbaubezogenen Interpretation der Planmäßigkeit der sozialistischen Produktion, sondern auch dazu führen, daß die objektive Determiniertheit des Ziels der Produktion im Sozialismus negiert wird. In der Einsicht, daß sich die spontane Entwicklung der Marktbeziehungen nicht auf die allseitige Entfaltung der physischen und geistigen Potenzen der Persönlichkeit orientieren lasse, appellierten sowohl Šik als auch Löbl und Garaudy, die Marktimpulse planmäßig zu korrigieren. Aber da die Kriterien einer solchen Korrektur von den ökonomischen Verhältnissen isoliert sind, müssen sie subjektiver Art bleiben, und wird die Bestimmung der Richtungen für die wirtschaftliche Entwicklung zu einem subjektiven Akt, der bestenfalls von ethischen und ähnlichen Postulaten motiviert ist. Damit wäre der Sozialismus nur noch ein von außerhalb in die „sozialistische Marktwirtschaft" hineingetragenes ethisches Anhängsel. Mit anderen Worten: Da sich die auf Marktbeziehungen reduzierte Wirtschaft als ausgesprochen inhuman repräsentiert, soll sie von der Planung sowie von der Selbstverwaltung, die von ihren objektiven Voraussetzungen getrennt interpretiert wird, „humanisiert" werden.

Der Ausbau der Selbstverwaltung bildet ein wichtiges Element des gesellschaftlichen Fortschritts. Die weitgehende Einbeziehung der Werktätigen in die Leitung der Produktion und anderer sozialer Prozesse ist eine programmatische Aufgabe der kommunistischen Bewegung. Die Entwicklung der sozialistischen Staatlichkeit führt allmählich dahin, daß sie zur gesellschaftlichen kommunistischen Selbstverwaltung wird. Doch ist es nicht möglich, die kommunistische Selbstverwaltung schon unter den heutigen Verhältnissen herzustellen, indem die staatliche Leitung des Wirtschaftslebens einfach negiert wird. Aber um diese von der Realität gestellten Probleme geht es den Revisionisten gar nicht. Für sie ist die Selbstverwaltung die Form, mit der das marktorientierte Unternehmertum im Sozialismus erhalten bleiben soll.

Die Herausbildung der kommunistischen Selbstverwaltung, die schließlich die Stelle der staatlichen Verwaltung einnehmen wird, ist ein langwieriger historischer Prozeß. Im Sozialismus muß die Staatlichkeit infolge vielfältiger Ursachen objektiver und subjektiver Art noch beibehalten werden, dazu gehört u. a. die Kontrolle über das Maß der Arbeit und das Maß des Verbrauchs. Angesichts der immer vielfältiger werdenden Leitungsfunktionen bleibt auch das Erfordernis nach Spezialisierung der Kader. Um die komplizierten Aufgaben des kommunistischen Aufbaus zu lösen, bedarf es großer und langwieriger Anstrengungen der Gesellschaft. Aber nur dieser schwierige Weg kann dazu führen, daß es zu einer wirklichen Selbstverwaltung kommt, die darauf beruht, daß der Mensch die Gesetze der Natur und des gesellschaftlichen Lebens beherrschen gelernt hat. Die Gestaltung der sozialistischen staatlichen Leitung der Wirtschaftsprozesse, die auch auf viele Elemente der Selbstverwaltung zurückgreift, sowie die Herstellung der Voraussetzungen für deren weiteren Ausbau gehören zu den entscheidenden Stationen auf diesem Weg.

Einen weiteren Schritt bei der Angleichung der rechtsrevisionistischen Konzeptionen an kapitalistische Verhältnisse stellte die sogenannte Managervariante des Marktsozialismus dar. Dieser Variante zufolge sollten professionelle Manager die Träger der Eigentumsfunktionen in den Betrieben werden, sie sollten über Ausmaß und Sortiment der Produktion, über die Preise, über die Aufteilung des Einkommens und über die Bereitstellung der Investitionsmittel entscheiden.

Außer diesen professionellen Unternehmern sollte es in den Betrieben auch Arbeitervertretungen geben: ähnlich den Aufsichtsräten oder Direktorien im Kapitalismus. Diese „Analogie" stand allerdings auf schwachen Füßen. Im Kapitalismus ist die Vereinigung von Eigentümer und Manager eine Vereinigung gegen die Werktätigen. Im „Marktsozialismus" entfällt dieser „verbindende Faktor". Wie also soll er ersetzt werden? Der Versuch, diesen Widerspruch zu lösen, führt entweder dazu, daß das professionelle Managertum gestärkt wird und die Selbstverwaltungsorgane schrumpfen oder umgekehrt.

Eine originelle Form des Abgehens von den Prinzipien der Selbstverwaltung war auch die Empfehlung einiger revisionistischer Modelle, die Zusammensetzung der betrieblichen Verwaltungsorgane nicht von der Stimmenzahl der Kollektivmitglieder abhängig zu machen, sondern von der Zahl der Aktien, über die sie verfügen, also zur Verteilung der wirtschaftlichen Macht „nach dem Kapital" überzugehen.[3] Während in den früheren Entwicklungsetappen des Revisionismus der Gedanke vom „Aktionärssozialismus" nur beiläufig aufgetaucht war, wurde die Idee des Aktienbesitzes in der Šik-Doktrin vom „dritten Weg" zu einem zentralen Punkt des Programms.[4]

Um die Vorzüge seiner Sozialismusmodelle nachzuweisen, setzt der heutige Revisionismus auf die Probleme und Schwierigkeiten, vor denen die sozialistische Wirtschaft steht. Und in dem Maße, wie die jeweiligen Probleme überwunden werden und neue entstehen, wandeln sich auch die rechtsrevisionistischen Empfehlungen zur „Verbesserung" des realen Sozialismus. Unter den heutigen Gegebenheiten widmet sich der Rechtsrevisionismus vor allem den Effektivitätskriterien der Wirtschaftsführung. Den Übergang auf das „marktsozialistische Modell" motivieren die Vertreter des Rechtsrevisionismus damit, daß objektive ökonomische Kriterien zur Wirkung gebracht werden müßten, die nach ihrer Meinung Impulse für eine effektivere Produktion geben und die Wirtschaft in intensivere Bahnen lenken könnten.

Zu den bedeutendsten Konsequenzen der Vergesellschaftung der Produktion gehört die zunehmend bedeutungsvolle Rolle des subjektiven Faktors bei der Entwicklung der Wirtschaft. Diese Tendenz erhöht die Möglichkeit und Notwendigkeit der planmäßigen Wirtschaftsführung. Schon im Imperialismus schafft sie bestimmte Voraussetzungen für den Übergang zur sozialistischen Planmäßigkeit, bahnt sie sich in der Tätigkeit der Monopole und des bürgerlichen Staates den Weg.

Die weitere Aktivierung des subjektiven Faktors unter sozialistischen Verhältnissen fördert die planmäßige Entwicklung der Produktion im Hinblick auf ihr Ziel: Wohlstand und freie, allseitige Entfaltung aller Mitglieder der Gesellschaft. Hierin liegt auch der unbestreitbare Vorzug des Sozialismus, der aber immer höhere Anforderungen an die Qualität der Planentscheidungen stellt, weil mit den wachsenden Ausmaßen der Produktion jeder Fehler entsprechende Konsequenzen hat. Die Vervollkommnung des Wirtschaftsmechanismus gehört heute zu den Hauptrichtungen bei der Erhöhung der Effektivität der gesellschaftlichen Produktion, aber auch des schöpferischen Wirkens der Wissenschaftler und Praktiker in den sozialistischen Ländern.

Die Empfehlungen von Šik und seinen Nachbetern sind darauf gerichtet, diese Forschungen zu desorientieren und sie auf das Kopieren kapitalistischer Praktiken hinzulenken. Nicht von ungefähr weicht die Konzeption vom „Marktsozialismus" den Problemen unserer Zeit, die die Marktwirtschaft nicht bewältigen kann, gänzlich aus. Erwähnt seien hier nur die Probleme des Umweltschutzes, der Entwicklung der Wissenschaft, des Bildungswesens usw. Der Rechtsrevisio-

[3] Vgl. Reportér, č. 28, 1968.

[4] Vgl. Kritika revizionizma v ėkonomičeskoj teorii, Moskau 1974, S. 108–109.

nismus setzt sich über alles hinweg, was von der Gebrechlichkeit des Marktmechanismus zeugt und will das Rad der Geschichte zurückdrehen. Man verkündet, den Subjektivismus bekämpfen zu wollen, und will nicht sehen, daß heute der Markt selbst zum Manipulationsobjekt der subjektiven Kräfte wird, die die Macht über die kapitalistische Wirtschaft auf sich vereinen.

So soll sich also den Verfechtern des „sozialistischen Marktmodells" zufolge die Basis der sozialistischen Gesellschaft als System blindwirkender Konkurrenzkräfte des Marktmechanismus darstellen, der die Bewegung von Waren, Kapital und Arbeitskräften umfaßt. Hier wird das Einkommen der Werktätigen nicht von ihrer Arbeitsleistung bestimmt, sondern von den Markterlösen. Obgleich man so alle Grundprinzipien des Sozialismus revidiert hat, bemüht man sich, den Schein zu wahren, daß es nur um eine gewisse Erneuerung der Theorie des Wirtschaftsmechanismus, der äußeren Funktionsformen der sozialistischen Wirtschaft gehe, wobei alle anderen Merkmale der sozialistischen Gesellschaft erhalten bleiben. In der Tat aber würde die Revision der Wirtschaftsformen unweigerlich eine Revision des Wesens der sozialistischen Produktion zur Folge haben.

Manche Ideologen des Rechtsrevisionismus, die sich um die praktische Durchführbarkeit ihrer Konzeptionen wenig Sorgen machten, zogen es vor, ihre wirtschaftsreformerischen Erwägungen nicht bis zu unliebsamen sozialen Folgerungen fortzuführen. Typisch hierfür ist die Haltung des französischen Rechtsrevisionisten Roger Garaudy, bei dem sich die Appelle, „Arbeit, Boden und Geld vom Wirken der Markt- und Profitgesetze zu befreien", mit Empfehlungen, die Planung zu dezentralisieren und die „vom Markt hervorgebrachten Werte zu retten", sowie mit dem Lob derer gut vertragen, die die Schaffung eines Arbeits- und Kapitalmarktes in der sozialistischen Wirtschaft als programmatische Forderung betrachten.

Um die Revision der entscheidenden, darunter auch der traditionellen Prinzipien des Sozialismus zu verschleiern, unterstellt der gegenwärtige Rechtsrevisionismus eine Vielfalt von Sozialismusmodellen (Modelle eines „nationalen" oder eines „demokratischen" Sozialismus, eines „bürokratischen" Sozialismus u. dgl.). Dieses offene Abgehen von der Vorstellung, daß der Sozialismus ein einheitliches System eines dem Kapitalismus entgegengesetzten Verhältnisses verkörpert, das sich auf der Grundlage von allgemeinen objektiven Gesetzmäßigkeiten herausbildet, resultiert darin, daß der Sozialismusbegriff überhaupt jeder Determiniertheit beraubt wird.

Der Gedanke, daß es eine Vielzahl von Sozialismusvarianten gebe, stammt nicht erst von den heutigen Ideologen des Revisionismus. Schon in den fünfziger Jahren hatten amerikanische Revisionisten dazu aufgerufen, als Gegensatz zum „östlichen" einen „westlichen Sozialismus" zu konstruieren, und sprach der französische Opportunist A. Lefèbvre davon, daß die sowjetische Praxis für Frankreich nicht akzeptabel sei. Doch in den Konstruktionen der heutigen Vertreter des Rechtsrevisionismus ist dieser Gedanke nicht nur detaillierter dargelegt, hier trifft man auch auf das Bemühen, die verschiedenen Sozialismusmodelle und die damit verbundene Verschwommenheit des Sozialismusbegriffs zu rechtfertigen. Dabei geht man zunächst davon aus, die Grenzen zwischen der Übergangsperiode vom Kapitalismus zum Sozialismus und den verschiedenen Entwicklungsetappen des eigentlichen Sozialismus zu verwischen. So lehrt Garaudy, daß der Kommunismus als Endziel nicht mit der Übergangsordnung, dem Sozialismus, zu verwechseln sei, weil nicht nur die Wege des Übergangs zu dieser Ordnung, sondern auch die Formen und Methoden ihres Aufbaus von der Sozialstruktur und Geschichte jedes Landes sowie von der jeweiligen Situation in dem betreffenden Land abhängig seien.

Historisch gesehen, nimmt der Sozialismus tatsächlich eine Zwischenstellung zwischen dem Kapitalismus und dem eigentlichen Kommunismus ein und unterscheidet sich von diesem dadurch, daß er noch die „Muttermale" des Kapitalismus trägt. Aber es ist schon ein Unterschied, ob man das ganzheitliche System (die sozialistische Wirtschaft als Entwicklungsphase der kommunistischen Produktion) oder irgendein Übergangsgebilde meint. Im ersten Fall werden die Hauptmerkmale von seinen inneren Funktions- und Entwicklungsgesetzen bestimmt, im zweiten Fall von den Bedingungen des Kampfes unterschiedlicher Wirtschaftssektoren.

Das Dilemma, vor das sich die Ideologen des Revisionismus gestellt sahen, bestand in folgendem: Entweder den Begriff des Sozialismus als Kommunismus der ersten Entwicklungsphase aufrechtzuerhalten, dann wäre die Modellvielfalt des Sozialismus gleichbedeutend mit der Negation der objektiven Logik in der historischen Entwicklung, also mit der Negation des historischen Materialismus; oder sich an den Gedanken der historischen Gesetzmäßigkeit zu halten, dann wäre die Vielfalt der „Sozialismusmodelle" gleichbedeutend damit, daß der Sozialismus nicht die erste Phase des Kommunismus sein kann. Der Rechtsrevisionismus von heute hat sich für die zweite Alternative entschieden. So stellt sich der als Zwischenzustand ohne stabile Struktur interpretierte Sozialismus in der revisionistischen Auffassung als Konglomerat dar, in dem sich Reste des Kapitalismus mit einigen Elementen der neuen Gesellschaftsordnung, des ausgereiften Kommunismus, vermengen, und zwar in recht eigenwilligen Proportionen, von denen sich jede als „Entwicklungsspezifik", „nationale Spezifik" usw. rechtfertigen ließe. Und da im Kapitalismus keine fertigen Elemente der neuen Ordnung entstehen, geht man in dieser Konzeption auf die „kommunistische Komponente" gar nicht erst ein. Eine wirklich eigenartige Basis für die Revision aller grundlegenden Prinzipien der sozialistischen Produktionsweise!

Natürlich soll das hier Gesagte nicht heißen, daß nationale, kulturgeschichtliche und sonstige Besonderheiten keinerlei Einfluß auf den realen Sozialismus hätten. Die Praxis des Aufbaus des Sozialismus und Kommunismus in den einzelnen Ländern ist davon geprägt, daß sie Ausdruck der komplizierten Dialektik des Allgemeinen und Besonderen in der gesellschaftlichen Entwicklung ist. Der Sozialismus unterscheidet sich von der Übergangsperiode keineswegs dadurch, daß es ihm an vielfältigen Erscheinungsformen mangelt, sondern dadurch, daß diese Vielfalt in dem Maße in den Hintergrund tritt, wie sich die sozialistischen Produktionsverhältnisse, deren Gesetzmäßigkeiten internationaler Art sind, ausprägen und festigen. Wenn der Sinn der verschiedenen „Sozialismusmodelle" nur darin bestände, der nationalen Spezifik der einzelnen Länder Rechnung zu tragen, dann gäbe es keinen Anlaß für kritische Auseinandersetzungen. Doch geht es hier um den Standpunkt: Garaudy findet zwischen den sozialistischen Ländern „fundamentale Unterschiede", die in den völlig verschiedenen „Sozialismusmodellen" zu sehen seien.[5]

Mit der Akzentuierung der nationalen Besonderheiten in den „Sozialismusmodellen" sollen erstens die Erfahrungen aus dem sozialistischen Aufbau, der gewöhnlich als „sowjetisches Modell" bezeichnet wird, abgewertet und entsprechend den Regeln der antikommunistischen Propaganda verunglimpft werden. Zweitens will man „nachweisen", daß dieses „Modell" zu den nationalen Besonderheiten und historischen Traditionen dieses oder jenes Landes nicht passe. Und zum Abschluß wird dann ein alternatives „Sozialismusmodell" angeboten, das stets im Gegensatz zu den Prinzipien des wissenschaftlichen Sozialismus steht. Den Kern aller gegenwärtigen rechtsrevisionistischen „Sozialismusmodelle" bildet, wie schon erwähnt, die Konzeption vom „Marktsozialismus". Mit anderen Worten: Die rechtsrevisionistischen Theoretiker beginnen bei den „sozialistischen Besonderheiten", um schließlich dahin zu kommen, daß alle „besonderen" Modelle dem Kapitalismus gleichen.

Eine originelle Motivierung des „Marktsozialismus" bietet Ota Šik an. Sie beruht auf abstrakten allgemeinen Definitionen der Produktion. Šik hält nur die Naturalbeziehungen des Produktionsprozesses, dessen gegenständliches Sein für objektiv. Dabei wird nicht nur von den externen Wirtschaftsformen, sondern auch vom ganzen System der Produktionsverhältnisse abstrahiert. Šik zufolge habe die Gesellschaftswissenschaft nicht von den inneren Gesetzmäßigkeiten der Produktionsweisen auszugehen, sondern von abstrakten Charakteristiken, die den verschiedenen Formationen gemeinsam seien. Er baut auf einer Totalität leerer Abstraktionen (sogenannten „allgemeinen Gesetzen" sowie „grundlegenden und allgemeinsten ökonomischen Verhältnissen") auf, die über die Charakteristik der „Produktion schlechthin" nicht hinausgeht und deshalb nicht sozial determiniert ist. Bei dieser Betrachtungsweise sind die sozialökonomischen Formationen keine selbständigen sozialen Organismen, sondern die Verkörperung „allgemeingültiger Wesenheiten". Neben der Kooperation, der Arbeitsteilung, der Verteilung der Produktions- und Konsumtionsmittel bilde der Austausch von Tätigkeiten eine „Wesenheit". Bei entfalteter Arbeitsteilung verkörpere er sich im Warenaustausch. In dieser Eigenschaft wird der Warenaustausch mit der Funktion gleichgesetzt, die den Warenbeziehungen gegenüber dem Reproduk-

[5] Vgl. Garaudy, Naučnyi kommunism i fal'sifikacija ego renegatami, Moskau 1974, S. 88–89.

tionsprozeß in dessen Naturalform obliegt: mit dem Stellenwechsel der Produktionsressourcen zur Herstellung der Proportionalität. Mit der Allgemeingültigkeit dieser Funktion wird dann der Warencharakter der sozialistischen Produktion motiviert. Auf diese Weise wird der Inhalt, den man in den Begriff „Warenaustausch" legt, zur Brücke von den „allgemeinen Wesenheiten zum Marktsozialismus".

Das allgemeine Merkmal aller Versuche, die rechtsrevisionistischen Auffassungen von der sozialistischen Wirtschaft auf eine methologische Basis zu stellen, ist die Ignorierung der marxistischen Theorie von der sozialökonomischen Formation. Gleich, ob es sich darum handelt, daß man den Sozialismus nicht als System der Verhältnisse der ersten Phase der kommunistischen Formation anerkennt, ob es um die subjektivistische Isolierung der Wirtschaftsformen vom Stand der Produktivkräfte oder um die Leugnung des objektiven Charakters der Produktionsverhältnisse geht, ohne die objektiven Gesetzmäßigkeiten der gesellschaftlichen Entwicklung zu vulgarisieren, ohne die Analyse des komplizierten dialektischen Zusammenhangs zwischen den Produktivkräften und den Produktionsverhältnissen zu negieren, läßt sich die jeweilige revisionistische Konzeption nicht „begründen". Der Revisionismus distanziert sich von der Lehre über die sozialökonomische Formation und verläßt so den wissenschaftlichen, den dialektisch-materialistischen Weg der Untersuchung der sozialen Prozesse. Erst diese Lehre hat es möglich gemacht, die Gesellschaft von materialistischen Positionen aus zu erforschen, sie hat damit zum erstenmal die Soziologie auf eine wissenschaftliche Basis gestellt.[6] Deshalb ist es kein Zufall, wenn in der Konzeption vom „Marktsozialismus" Elemente verschiedener Systeme von Verhältnissen eklektisch miteinander vermengt sind, was diese Auffassung den metaphysischen Anschauungen gleichsetzt, denen zufolge die Gesellschaft „als etwas mechanisch Verkettetes, das infolgedessen eine beliebige willkürliche Kombination der einzelnen gesellschaftlichen Elemente zuließe", begriffen wird[7].

Mit dem idealisierten Bild von der heutigen bürgerlichen Gesellschaft, das zur Voraussetzung für die rechtsrevisionistischen Theoriengebäude wurde, mußten die Revisionisten auch die bürgerlichen Konzeptionen aufgreifen, in denen die verschiedenen Seiten des Kapitalismus idealisiert wurden. Selbst die Nuancen, durch die sich die verschiedenen Versionen des „Marktsozialismus" voneinander unterscheiden, sind weitgehend Ausdruck der Unterschiede zwischen den Schulen der bürgerlichen politischen Ökonomie der Gegenwart. Die Orientierung auf die neokeynesianische Richtung drückt sich in den Varianten des „Marktsozialismus" aus, die dem Staat eine aktive Rolle beimessen. Die auf neoliberalen Konzeptionen aufbauenden Vorstellungen setzen auf die „freie Konkurrenz".

Daß die Wirtschaftsdoktrin des gegenwärtigen Rechtsrevisionismus den Auf-

[6] Vgl. W. I. Lenin, Was sind die „Volksfreunde" und wie kämpfen sie gegen die Sozialdemokraten?, in: Werke, Bd. 1, Berlin 1961, S. 133.

[7] Ebenda. S. 158.

gaben, die der sozialistischen Welt heute gestellt sind, in keiner Weise gerecht wird, läßt sich an der Haltung erkennen, die die Vertreter dieser Doktrin zur wissenschaftlich-technischen Revolution einnehmen. Indem man Wunschvorstellungen zur Realität erhebt, setzt man darauf, daß das „sozialistische Marktmodell" die wissenschaftlich-technische Revolution in der Produktion automatisch realisiert. Wie unmotiviert derartige Vorstellungen sind, wird sowohl von der internationalen Praxis auf diesem Gebiet, die die Grenzen der Marktkriterien bei der Steuerung von Wissenschaft und Technik offenbart hat, wie auch von den Mißerfolgen der Bemühungen, die Analyse der wissenschaftlich-technischen Revolution mit dem „Marktsozialismus" zu verbinden, belegt, was u. a. auch an den theoretischen Konzeptionen von Garaudy deutlich wird.[8]

In Garaudys Konzeption ist die wissenschaftlich-technische Revolution bereits vollendete Wirklichkeit. Unter Berufung auf die Marxsche Analyse einer Situation, in der die unmittelbare Arbeit schon nicht mehr die „Hauptgrundlage von Produktion und Reichtum" ist, verweist er auf automatisierte Betriebe, um zu dem Schluß zu kommen, daß diese Situation schon gegeben sei. Wenn man davon ausgeht, daß in diesem Fall der Tauschwert aufhört, Maß des Gebrauchswerts zu sein,[9] dann wird auch deutlich, daß Garaudys Beschreibung der wissenschaftlich-technischen Revolution und sein Hinweis auf die wachsende Rolle des Marktes unterschiedliche Gesichtspunkte sind. Um sie miteinander in Einklang zu bringen, bleibt Garaudy nichts weiter übrig als sich darüber auszulassen, daß bei Marx „nur die Arbeit des lebendigen Menschen Mehrwert erzeugt", während die „tote" Arbeit „nur Wert überträgt und nicht erzeugt".

Seinem sozialen Wesen nach ist der „Marktsozialismus" nur eine Variante der kleinbürgerlichen Sozialismusvorstellungen, die diktiert ist von dem Bestreben, die Probleme der gegenwärtigen Entwicklung vom Standpunkt überholter Anschauungen und Interessen lösen zu wollen, von dem Wunschgedanken, einen Mittelweg zwischen dem realen Kapitalismus und dem realen Sozialismus zu finden, einen „dritten Weg", zu dessen Propheten sich diesmal Ota Šik gemacht hat. Für diese Vorstellungen ist die Anpreisung der Marktgesetze bezeichnend, der Glaube an ihre Überzeitlichkeit und an die Übereinstimmung mit der abstrakten „Natur des Menschen" sowie das Bestreben, ihre Funktion um jeden Preis aufrechtzuerhalten und zu festigen. All diese Merkmale der rechtsrevisionistischen Doktrin von heute sind typische Attribute der kleinbürgerlichen ökonomischen Programme.

8 Wie die französischen Kommunisten A. Casanova und F. Cohen vermerken, „beruht Garaudys Betrachtungsweise auf dem Gedanken, daß die wissenschaftlich-technische Revolution bereits vollzogen und die Verschmelzung von körperlicher und geistiger Arbeit schon gegeben sei" (zitiert nach: Ch. N. Momdžjan, Marksism i renegat Garaudy, Moskau 1973, S. 86).

9 Vgl. Karl Marx, Grundrisse der Kritik der Politischen Ökonomie, Berlin 1974, S. 593.

10. KAPITEL

Die Revision der Theorie und Praxis des Sozialismus von „links“

Zum Unterschied von den ausgesprochen bürgerlichen Theorien stellen die revisionistischen Konzeptionen, die auf die Mittelschichten orientiert sind, den Kapitalismus nicht als die progressive und effektivere Ordnung dar. Stattdessen bemühen sie sich um den Nachweis, daß der entwickelte Sozialismus in der UdSSR nicht der „wahre Sozialismus“ sei, um ihn an ihrem eigenen „konsequenteren“, „effektiveren“, „humaneren“ Sozialismusmodell zu messen. Je nach den konkreten Bedingungen bedienen sich die revisionistischen Theoretiker hierbei der verschiedensten Wertungen des entwickelten Sozialismus: von wütender antisowjetischer Hetze bis zur „Anerkennung“ des Sozialismus in der UdSSR mit „gewissen Korrekturen“, die sich bei näherem Hinsehen als Mittel zur Schwächung und Beseitigung der eigentlichen Grundlagen des wissenschaftlichen proletarischen Sozialismus entpuppen.

Außer den Mittelschichten, die wegen ihrer objektiven Stellung in der gegenwärtigen bürgerlichen Gesellschaft eine schwankende Haltung einnehmen, neigen zeitweise auch einzelne Gruppen von sozial unerfahrenen Werktätigen sowie der Jugend zu linksrevisionistischen Ansichten, von deren scheinbarer „Konsequentheit“ sie sich täuschen lassen. Hieraus leitet sich auch die Zwiespältigkeit des Kampfes gegen den „linken“ Revisionismus ab: die Demaskierung seiner objektiv verräterischen Rolle und die geduldige Aufklärung ehrlicher Revolutionäre über die Unhaltbarkeit der linksradikalen Rezepte.

Mit der internationalen Entspannung, den offenkundigen Erfolgen des entwickelten Sozialismus in der UdSSR und dem ebenso offenkundigen Fiasko einer Reihe von linksradikalen, maoistischen Experimenten hat sich das Lager der Revisionisten gespalten. Ein großer Teil von ihnen gleitet auf unverhohlen antisowjetische Positionen ab und gleicht in seinen Ausfällen gegen die Sowjetgesellschaft den reaktionärsten Kräften des Imperialismus. Andere hingegen versuchen zu manövrieren, ihre Differenzen mit der Theorie und Praxis des wissenschaftlichen Sozialismus abzuschwächen und zu bemänteln. Aber auch in dieser halbverschleierten Form bleibt die antisozialistische Tendenz des „linken“ Revisionismus nicht verborgen und wird auch von den Ideologen und politischen Strategen des heutigen Kapitalismus durchaus erkannt. Das erklärt auch die verborgene oder offene Unterstützung, die den linksradikalen Gruppen und Strömungen von den reaktionärsten Kräften der heutigen bürgerlichen Gesellschaft häufig zuteil wird.

Obgleich sich die Kritik an der Wirtschaft des entwickelten Sozialismus seitens des „linken" Revisionismus durch die ultrarevolutionäre Phraseologie vom Rechtsrevisionismus unterscheidet, gleicht sie sich doch inhaltlich diesem immer mehr an. Das zeigt sich sowohl in der Interpretation der Sozial- und Klassenstruktur und der Eigentumsverhältnisse in der UdSSR als auch in den Ansichten zur Vervollkommnung des Wirtschaftsmechanismus und in der Analyse der sozialistischen Lebensweise. Für seine verleumderischen Darstellungen des entwickelten Sozialismus und zur Motivierung seiner eigenen „wirklich sozialistischen" Modelle greift der „linke" Revisionismus auf die verschiedensten antimarxistischen Theorien zurück, die bürgerlichen Sozialismuskritikern, Theoretikern der Sozialdemokratie, Trotzkisten, Anarchisten, Verfechtern des Gleichheitskommunismus, des ethischen Sozialismus u. dgl. entlehnt sind.

Der umfassendste und am ehesten systematisierte Ausdruck der linksrevisionistischen Sozialismusvorstellungen findet sich in dem von Bo Gustafsson herausgegebenen Buch „Sozialkapitalismus", in dem so bekannte linksrevisionistische Theoretiker wie Sweezy, Huberman, Solhanik (USA) und Bettelheim (Frankreich) zu theoretischen Problemen des Sozialismus Stellung nehmen.[1]

Den linksrevisionistischen Vorstellungen von der gesellschaftlichen Entwicklung zufolge entfällt die gesamte Epoche vom Sieg der sozialistischen Revolution bis zu der Periode, in der sich die Verhältnisse der höheren Phase des Kommunismus herausbilden, auf die Übergangsperiode vom Kapitalismus zum Kommunismus, eine Periode erbitterten Klassenkampfes, in der sowohl Fortschritte zum Kommunismus als auch Rückschritte zum Kapitalismus hin möglich seien.

Nach dieser Konzeption gibt es gegenwärtig überhaupt keine sozialistischen Länder; von den Ländern, die sich im Übergangszustand befinden, sei China auf dem Weg zum Kommunismus, einige andere würden auf der Stelle treten, und die meisten würden zum Kapitalismus zurückschreiten. Dabei wird behauptet, daß die Hauptgefahr für die im Übergangszustand befindlichen Länder nicht von außen, von der imperialistischen Reaktion ausgehe, sondern von innen.

Worin aber soll diese Kraft bestehen, die imstande ist, die Gesellschaft auf den kapitalistischen Weg zurückzudrängen, nachdem die Bourgeoisie geschlagen und ihrer wirtschaftlichen Macht enthoben ist? Das Kleinbürgertum, das unter bestimmten Gegebenheiten in der Lage ist, kapitalistische Verhältnisse zu restaurieren, ist es danach nicht. Gewissen Schichten des Kleinbürgertums sei, den ultralinken Vorstellungen zufolge, sogar die revolutionärste, ja eine fast messianische Rolle vorbehalten. Die größte Gefahr aber drohe dem Sozialismus von der werktätigen Intelligenz, den Geistesschaffenden.

Im Mittelpunkt der ultralinken Konzeption der Sozial- und Klassenstruktur der entwickelten sozialistischen Gesellschaft steht die These von der allmählichen Herausbildung einer „Ausbeuterklasse", die sich aus den Geistesschaffenden und den Führungskräften des gesellschaftlichen Lebens rekrutiere. Diese „Klasse"

[1] Vgl. Socialkapitalismen, hg. von Bo Gustafsson, Stockholm 1971.

habe die Macht an sich gerissen, sei der eigentliche Besitzer der Produktionsmittel und beute die Werktätigen aus. „Die Ursache für diese Verhältnisse", schreibt Charles Bettelheim, „ist in der bürgerlichen Arbeitsteilung zu suchen, mit anderen Worten, im Gegensatz von körperlicher und geistiger Arbeit, zwischen der Arbeit und der Leitung der Arbeit."[2] Den Sieg des Sozialismus davon abhängig zu machen, daß die Leitung der gesellschaftlichen Prozesse durch spezielle Beschäftigtengruppen abgeschafft wird, würde jedoch heißen, diesen Sieg auf irgendeine ferne Zukunft zu verlagern. Aber das interessiert diese „Linken" nicht.

Die ultrarevolutionäre „Attacke" gegen den realen Sozialismus stimmt mit jenen bürgerlichen Konzeptionen, nach denen die wissenschaftlich-technische Intelligenz und die „Bürokratie" (die Leitungskräfte) zu einer selbständigen, entscheidenden gesellschaftlichen Kraft werden, die dem Proletariat wie auch der Bourgeoisie die Macht „entreißen" und die Gesellschaft in ihrem eigenen „technokratischen" Interesse führen können, genau überein.

Die Spezifik in der Interpretation dieser extrem bürgerlichen und rechtsrevisionistischen Konzeption durch die heutigen „Linken" besteht eigentlich nur in der Beurteilung der Macht der Technokratie. Den meisten bürgerlichen Darstellungen zufolge verdrängen die Technokraten die Macht der Bourgeoisie, wobei sie zur Entwicklung einer „neuen Gesellschaft" beitragen. Dagegen meinen die „linken" Theoretiker, daß die Technokratie, sobald sie zur Macht gekommen sei, selbst verbürgerliche und sich die von ihr geführte Gesellschaft in einen Sozialkapitalismus verwandle, d. h. in eine Ordnung, die den Formen nach zum Teil sozialistisch, aber in ihrem Inhalt völlig (oder überwiegend) kapitalistisch sei. Demgemäß wird der entwickelte Sozialismus in der UdSSR von den linksrevisionistischen Theoretikern je nachdem, wie „radikal" man eingestellt ist, als „gemischte Wirtschaft", als „Sozialkapitalismus" oder gar als „Sozialimperialismus" dargestellt.

In völligem Gegensatz zur marxistisch-leninistischen Klassentheorie, die sie den Worten nach verteidigen, behaupten die „linken" Revisionisten, daß in der UdSSR auf der Grundlage des gesellschaftlichen Eigentums an den Produktionsmitteln eine neue „Bourgeoisie" entstanden sei, die die Macht an sich gerissen habe und die Arbeiterklasse wie auch die Kolchosbauern ausbeute. Als Basis für die privilegierte Stellung dieser „Elite" in den Einkommen und in der politischen Aktivität wird ein frei erfundenes Monopol auf geistige Tätigkeit, auf Wissen, konstruiert.

Die linksrevisionistische These vom „Antagonismus" zwischen den geistig und körperlich Schaffenden im Sozialismus, von der Monopolstellung der Geistesschaffenden steht in eklatantem Widerspruch zur Wirklichkeit der entwickelten sozialistischen Gesellschaft. Ende 1960 gab es in der Volkswirtschaft der UdSSR 8,8 Millionen Fachkräfte mit Fach- und Hochschulbildung, Ende 1975 war diese Ziffer auf 22,8 Millionen angestiegen (insgesamt waren es 30,6 Millionen Beschäf-

[2] Ebenda, S. 168.

tigte mit Fach- und Hochschulbildung). Schon mit dieser Tatsache einer raschen Zunahme der Fachkräfte lassen sich die Erfindungen vom Wissensmonopol eindeutig widerlegen.

Außerdem kommt es im entwickelten Sozialismus zu einer immer stärkeren Annäherung der Lebensbedingungen, des Charakters der Arbeit, der Anschauungen sowie der materiellen und geistigen Interessen der verschiedenen Klassen und Schichten der Gesellschaft. Eine typische Form dieser Abschaffung der Klassenunterschiede ist die rasch zunehmende Anzahl der Arbeiter- und Bauernfamilien mit einem oder mehreren Angehörigen der Intelligenz. Es gibt viele Familien, in denen Arbeiter, Bauern und Geistesschaffende zugleich vertreten sind.

Typisch ist auch die Tendenz, daß Kinder von Intelligenzlerfamilien Facharbeiter werden.

All diese Wandlungen vollziehen sich vor dem Hintergrund eines allgemeinen Wachstums des Wohlstands, der sozialen Reife und des geistigen Reichtums aller Klassen und Schichten der Sowjetgesellschaft. Die heutigen „Linken" sehen sich genötigt einzugestehen, daß das Ziel der Politik des Sowjetstaates „Wirtschaftswachstum und Erhöhung des Wohlstands" ist, doch sei dies nur deshalb so, „weil sich sonst der Herrschaftsapparat nicht an der Macht halten könnte"[3]. Bei allen Versuchen, die besonders für die ultrarechten und ultra„linken" Kritiker des entwickelten Sozialismus typisch sind, diese Prozesse als „Verbürgerlichung" der Arbeiterklasse in der UdSSR oder der ganzen Sowjetgesellschaft darzustellen, ist das Bemühen ganz offensichtlich, einen Gegensatz zwischen den verschiedenen Klassen und Schichten dieser Gesellschaft wie zwischen Ausbeutern und Ausgebeuteten, Unterdrückern und Unterdrückten zu konstruieren. Dieses Bemühen kann nicht auf Erfolg rechnen, geht es doch hier um Kollektive, die durch gemeinsame Interessen miteinander verbunden sind.

Die ganze Struktur der entwickelten sozialistischen Gesellschaft und ihr ganzer sozialer Funktionsmechanismus sind so gestaltet, daß entstehende Konflikte kameradschaftlich beigelegt werden, und niemand wäre imstande, diese Gesellschaft auf antagonistische innere Kämpfe „umzuorientieren". Da die „Linken" gezwungen sind, dies einzugestehen, suchen sie nach einer neuen sozialen Kraft, die in der Lage wäre, die Gesellschaft auf einen „wirklich revolutionären und sozialen Weg" zurückzubringen. Und die Rolle dieser „revolutionären Kraft", die die wissenschaftlich-technischen Kader ständig oder von Zeit zu Zeit gehörig „durchschütteln" könne, messen die „Linken" einer Art von „Ersatzproletariat" bei, das sich aus deklassierten Elementen zusammensetzt.

Schon die Ausgangsthese der „linken" Revisionisten von der „Machtergreifung" durch eine Schicht von Ingenieuren und Beamten offenbart eine für den Marxismus unakzeptable Vermengung der Begriffe Klassen und Schichten, Macht und Verwaltung. In einer Klassengesellschaft ist die Macht stets die Funktion einer bestimmten Klasse oder eines Klassenbündnisses. Die Klasse kann ihre

[3] Monthly Review, Jg. 22, 7/1971, S. 31.

Macht teils direkt, teils über Delegierte aus ihren Reihen ausüben, einen Teil der Funktionen (im wesentlichen technische Verwaltungsfunktionen) kann sie auch Angestellten übertragen, die nicht dieser Klasse angehören.

Für eine Reihe von Funktionen der Leitung der Wirtschaft und anderer Gebiete des gesellschaftlichen Lebens sind heute viele qualifizierte und hochqualifizierte Kader erforderlich. Von der Arbeit dieser Gruppe von Werktätigen hängt in vieler Hinsicht die Effektivität der Volkswirtschaft sowie die Übereinstimmung ihrer Struktur und ihrer Ergebnisse mit den gesellschaftlichen und den individuellen Bedürfnissen ab. Doch kann diese Schicht hochqualifizierter Angestellter weder im Kapitalismus noch im Sozialismus zur entscheidenden Potenz der politischen und wirtschaftlichen Macht werden.

Diese Gruppe von Angestellten übt lediglich Verwaltungsfunktionen im Interesse der jeweils herrschenden Klasse aus. Und wenn eine gewisse Schicht von Verwaltungskräften in Politik oder Wirtschaft beginnt, mehr und mehr vom Befolgen fremden Willens zum Wahrnehmen eigener Interessen und Bestrebungen überzugehen (und derartige Beispiele hat es in der Vergangenheit durchaus gegeben), dann beweist das stets, daß sich diese Schicht in die herrschende Klasse integriert hat und zu einem einflußreichen Teil dieser Klasse geworden ist. Diese Veränderung steht nicht im Widerspruch zur marxistischen Klassentheorie und stellt lediglich eine Einschränkung der indirekten Formen der Machtausübung der Klasse (über bezahlte Angestellte) zugunsten der direkten Beteiligung dieser Klasse an der Verwaltung dar.

Wenn im Kapitalismus ein Teil der höheren Beamtenschicht zu Millionären wird, so ist dieser Umstand nur ein Beleg für den erwähnten Prozeß. Nicht minder offenkundig ist, daß ein Teil des ruinierten mittleren Bürgertums als bezahlte Verwaltungskräfte und staatliche Beamte die Reihen der bürgerlichen Intelligenz auffüllt. Aber diese Beispiele unterstreichen nur die bestimmende Rolle der Eigentumsverhältnisse und bestätigen folglich die marxistisch-leninistische Klassentheorie.

Der „linke" Revisionismus unterscheidet sich vom wahren Marxismus keineswegs durch eine elastischere dialektische Betrachtungsweise der Struktur der gesellschaftlichen Klassen, sondern vielmehr dadurch, daß er das wissenschaftliche Kriterium der Klassenzugehörigkeit dieser oder jener sozialen Schichten unterschlägt, so ihre Stellung im System der herrschenden Eigentumsverhältnisse. Und weil sich keinerlei reale Erscheinungen einer „Besitzergreifung" der volkseigenen Produktionsmittel in der UdSSR durch Ingenieure oder Angestellte des Staats- und Parteiapparates feststellen lassen, bleiben den „linken" Kritikern des entwickelten Sozialismus zwei Möglichkeiten: entweder der Verzicht auf die marxistisch-leninistische Grundthese von der entscheidenden Rolle der Eigentumsverhältnisse bei der Herausbildung und Veränderung der gesellschaftlichen Klassenstruktur oder aber der Versuch, die Existenz der Eigentumsverhältnisse zu leugnen, die zu den linksrevisionistischen Vorstellungen nicht passen.

Die erste Methode haben die „Linken" fast ohne jede Veränderung den bürgerlichen Konzeptionen über das sozialistische Eigentum entlehnt. Die Unhaltbarkeit dieser Konzeptionen ist in anderen Kapiteln dieses Buches schon ausführlich behandelt worden.[4] Hier sei nur festgestellt, daß die Bourgeoisie mit ihrem Ausscheiden aus der unmittelbaren Leitung der Wirtschaftsprozesse die eigenen Positionen in der Gesellschaft tatsächlich schwächt. Aber hierin liegt ja der eigentliche Antagonismus in der heutigen bürgerlichen Gesellschaft. Die immer nutzloser, parasitärer werdende Klasse, die ihre einstigen gesellschaftlichen Funktionen aufgibt, denkt nicht daran, die Macht aus der Hand zu geben, bevor man ihr die wichtigste Position, das Eigentum an den Produktionsmitteln, nicht entrissen hat.

Das bürgerliche Eigentum ist zum Hemmnis für die Effektivität des heutigen, in seinem Charakter, seinen Ausmaßen und Ergebnissen gesellschaftlichen Produktionsprozesses geworden. Trotzdem bleibt das bürgerliche Eigentum eine Form der Aneignung des größten Teils des gesellschaftlichen Reichtums und ein Mittel zur Anpassung aller gesellschaftlichen Prozesse an die egoistischen Interessen der Kapitalistenklasse. Seltsamerweise meinen die Verfechter der Theorien von der „zurückgehenden Bedeutung des Eigentums in der modernen Gesellschaft", dies nicht wahrnehmen zu müssen.

Auf die zweite Methode, d. h. auf die ultralinken Bemühungen, die Eigentumsverhältnisse des entwickelten Sozialismus zu verfälschen, müssen wir näher eingehen. Obgleich auch diese Darstellungen nicht aus dem „linken" Revisionismus hervorgegangen sind, haben sie doch in seinen Konzeptionen ihren ausgeprägten Ausdruck gefunden. Ein bürgerlicher Ökonom würde es sich sehr wohl überlegen, ob er erklärt, daß sich das Eigentum im entwickelten Sozialismus immer mehr dem kapitalistischen Eigentum nähert; erhöbe sich dann doch sogleich die Frage, warum man denn den Sozialismus bekämpfen sollte, wenn er ohnehin in die kapitalistische Welt hinübergleite. Dafür findet die These von der Umwandlung des Volkseigentums in der UdSSR in kapitalistisches Eigentum bei den ultralinken Theoretikern uneingeschränkte Zustimmung, halten sie sich doch für die einzig wahren Revolutionäre und alles andere für ein kapitalistisches oder sozialkapitalistisches Übel.

Daher erklärt man, daß das staatliche Eigentum in der UdSSR ein inkonsequentes, nur formal gesellschaftliches Eigentum sein soll. Charles Bettelheim stellt die reale sozialistische Gesellschaft als Zwischenstadium hin und behauptet, daß es in der UdSSR kein gesellschaftliches Eigentum gebe, weil die unmittelbaren Produzenten von den Produktionsmitteln getrennt und nur vermittels des Staates Eigentümer seien.[5]

Das Hauptargument für diese Behauptung – und hierin sind sich die Kritiker des realen entwickelten Sozialismus sowohl von der offen reaktionären wie auch von den linksrevisionistischen Positionen aus einig – läuft darauf hinaus, daß die

4 Vgl. Kapitel 4 und 5.
5 Vgl. Socialkapitalismen, hg. von Bo Gustafsson, a. a. O., S. 87.

Betriebe und sonstigen Wirtschaftseinheiten von den Werktätigen nicht direkt verwaltet werden. Zwischen den Werktätigen und den „nur formal volkseigenen“ Produktionsmitteln stehe eine immer größer und mächtiger werdende Schicht von Spezialisten auf dem Gebiet der Technik, der Organisation und Leitung der Produktion und anderer wirtschaftlicher Prozesse.

Bettelheims Gedankenwelt belegt, daß er weder die marxistische Theorie noch die Praxis des entwickelten Sozialismus begriffen hat. Jeder unvoreingenommene Mensch begreift, daß die Werktätigen insgesamt (oder das Proletariat als Klasse) angesichts der Vielzahl von Betrieben, die über ein riesiges Territorium zerstreut sind, ihr Verfügungsrecht über das allgemeine Volkseigentum nur mit Hilfe zentraler Verwaltungsorgane wahrnehmen können. Im marxistischen Verständnis sind die Eigentumsverhältnisse nicht das Verhältnis des Menschen zu Dingen, sondern in erster Linie auf die Produktionsmittel bezogene Verhältnisse zwischen den Menschen. Die Beziehungen zwischen den Mitgliedern der Gesellschaft, den einzelnen Kollektiven einerseits und den zentralen Organen, denen die planmäßige Verfügung über die Produktionsmittel im Namen der Gesellschaft und unter ihrer Kontrolle anvertraut ist, andererseits, sind ein unabdingbares Element der gesellschaftlichen Eigentumsverhältnisse. Dem sowjetischen Staat vorzuwerfen, daß er unter den gegebenen historischen Bedingungen diese Funktion wahrnimmt, ist reine Demagogie.

Da es offensichtlich ist, daß angesichts der heutigen Ausmaße der nationalen Wirtschaften unter keinen Bedingungen „alle Werktätigen“ über das ganze System der Produktionsmittel konkret verfügen und es auch nicht in dieser Art verwalten können, versuchen manche Theoretiker, ihre Vorstellungen von der Selbstverwaltung, von der unmittelbaren Verfügung aller Werktätigen über alle Produktionsmittel, auf die Ebene des einzelnen Betriebes zu verlagern.

Das wirft die Frage auf, wie die Verbindung und Koordinierung zwischen den Wirtschaftseinheiten zustande kommen soll. Hält man sich konsequent an die revisionistische Interpretation der „Selbstverwaltung“ als eines Wirtschaftsmechanismus, bei dem die Tätigkeit in und zwischen den Kollektiven nicht von Spezialisten koordiniert wird, dann bleibt nur der Markt als Bindeglied. Aber auch die Marktbeziehungen kommen nicht ohne spezielle Vermittlungsoperationen und -glieder aus, die von Spezialisten ausgeübt werden müssen und sich deshalb mit dem „Idealschema der Selbstverwaltung“ in keiner Weise vereinbaren lassen. Entscheidend aber ist, daß die „linken“ Revisionisten die Marktformen als Ausdruck „bürgerlichen Ungeistes“ betrachten, der unter „wahrhaft sozialistischen“ Bedingungen in keiner Weise geduldet werden könne. Was bleibt also noch? Sollen sich die Beziehungen zwischen den Wirtschaftseinheiten in Form des unmittelbaren Verkehrs „aller mit jedem“ abwickeln? Ein solches System mit einer derartigen Funktionsfähigkeit ist nicht vorstellbar.

Den Verfechtern der ultralinken Konzeptionen bleibt also nur eine Alternative zu den Marktbeziehungen: eine streng administrative Regelung der Beziehungen zwischen den Wirtschaftseinheiten. Und so viel die „linken“ Theoretiker auch davon reden mögen, daß dieses System von den Massen kontrolliert, die „Bürokraten“ und „Technokraten“ von „wahrhaften Revolutionären“ verdrängt werden müssen, so gelingt doch keine glaubhafte Darstellung von der „Selbstverwaltung der Massen“ in linksrevisionistischem Verständnis. Die Erfahrungen über das Verhältnis zwischen Theorie und praktischen Problemen besagen, daß man heute ohne ein Heer von Geistesschaffenden nicht mehr auskommt, und so bleibt der „linken“ Logik offenbar nur ein Ausweg: Die „wahren Revolutionäre“ akzeptieren diese Schicht von Spezialisten als unvermeidliches Übel, aber sie halten es gleichzeitig für notwendig, daß diese ständig durchgeschüttelt, ständig in Angst gehalten, von Zeit zu Zeit Repressalien ausgesetzt werden müssen, damit sie sich nicht in eine neue Ausbeuterklasse verwandeln.

Da die Theorien der heutigen „Linken“ überwiegend auf die bürgerliche und kleinbürgerliche Intelligenz der kapitalistischen Länder orientiert sind, wird diese letzte Konsequenz gewöhnlich nicht offen ausgesprochen. Übrigens wird den Intellektuellen, die sich ultralinken Gruppierungen anschließen, die Möglichkeit geboten, sich als „wahre Revolutionäre“ zu beweisen, zum Proletariat zu stoßen und damit ihr Verhältnis zur Unterdrückung zu verändern.

Die Varianten der „linken“ Verwaltungsmodelle lassen eine Konsequenz erkennen, die sich unvermeidlich aus ihnen ergibt: Ein „ideales Selbstverwaltungssystem“, also ein System, in dem alle Mitglieder der Gesellschaft alle gesellschaftlichen Prozesse einschließlich der Wirtschaft direkt verwalten und steuern, ist eine Utopie oder eine demagogische Erfindung für Unerfahrene. Wie eine Gesellschaft und Wirtschaft auch gestaltet sein mag, bestimmte Kollektive, lokale Teile der Gesellschaft und die Gesellschaft als Ganzes werden stets eine Reihe von Funktionen zur Organisation und Koordinierung der gesellschaftlichen Prozesse Gruppen von Menschen übertragen, die dafür die erforderlichen Kenntnisse und Erfahrungen haben und mit entsprechenden Rechten und Vollmachten ausgestattet sind.

Die heutige Theorie und Praxis des wissenschaftlichen Sozialismus versteht unter Selbstverwaltung die aktive, direkte Beteiligung breiter Volksmassen (im Idealfall aller erwachsenen Mitglieder der Gesellschaft) an der Vorbereitung, Übernahme und Durchführung von Entscheidungen auf allen Gebieten des gesellschaftlichen Lebens. Dieser Prozeß ist dialektischer Art, d. h., die direkte Beteiligung der Massen an der Verwaltung verbindet sich in gewissem Maße widersprüchlich mit der Arbeit der Verwaltungsfachkräfte. Ein Teil der Verwaltungsprozesse, der gründliches Fachwissen verlangt, ist gewöhnlich einem begrenzten Kreis von Fachleuten vorbehalten. In der heutigen kapitalistischen Gesellschaft ist tatsächlich eine tendenziell zunehmende „Verkastung“ dieser Schicht zu beobachten (durch hohe Bildungskosten, Berücksichtigung der „Herkunft“ bei Einstellungen usw.), was allerdings nicht ausschließt, daß die Großbourgeoisie gleichzeitig über die Macht verfügt, bestimmten von ihr besoldeten Kasten Privilegien einzuräumen. Die bewußte Förderung jeder Art von sozialen Schranken gehört traditionell zu den Methoden, mit denen die herrschende Klasse ihre Macht festigt.

Ein anderer Kreis von Problemen, der von den an der Verwaltung Beteiligten vor allem Allgemeinbildung, soziale Reife und festen Klassenstandpunkt verlangt, wird im Sozialismus überwiegend und in zunehmendem Maße mittels direkter Aktivitäten der Volksmassen bewältigt. Über die wichtigsten Fragen aber entscheiden von der Gesellschaft delegierte Spezialisten gemeinsam mit den Massenorganisationen. So werden in der Wirtschaft Produktionsplanentwürfe, Maßnahmen zur Realisierung der Pläne und die Auswertung der Planerfüllung regelmäßig diskutiert sowie auch die Berichte der Sowjetorgane auf Betriebsversammlungen und dgl.

Ein zweiter Weg zur Koordinierung der fachspezifischen und allgemeinen Verwaltung führt über die Verbreitung von Spezialkenntnissen zu heutigen Aufgaben, Problemen und Methoden der Verwaltung. Die Komplikationen dieser Arbeit hängen mit dem Neuheitsgrad der Aufgaben, mit der Komplizierung und weitergehenden Spezialisierung vieler Tätigkeiten in der gegenwärtigen Etappe sowie mit dem notwendigen Zeitraum zusammen, um mit jahrhundertealten Vorstellungen und Traditionen in der Wertschätzung, im Ansehen bestimmter Berufe aufzuräumen. Besondere Bedeutung kommt hierbei der Vermittlung von neuen Wertigkeitsbegriffen für die verschiedenen Formen gesellschaftlicher Arbeit zu, einem Prozeß, der sehr kompliziert ist und sich über längere Zeiten und Etappen erstreckt. Im Sozialismus ist die Leitung der gesellschaftlichen Prozesse eine Arbeit, die ebenso hohe Wertschätzung verdient wie jede andere qualifizierte, schöpferische Arbeit. Zugleich werden die mit der Verwaltungsarbeit verbundenen Privilegien verringert und abgeschafft (Einschränkung der Zahl der personengebundenen Pkw, Angleichung der Lebensbedingungen, der Einkommen usw.).

Die Entwicklung des Mechanismus der sozialistischen Machtausübung und Verwaltung stößt auf eine Reihe von Schwierigkeiten und weist bestimmte Widersprüche auf. Die Organisationen, über die die Volksmacht die Verwaltungsprozesse und die Verwaltungskräfte leitet, wirken mit unterschiedlicher Effektivität. In der sowjetischen Presse wird ausführlich Kritik an den Staats- und Wirtschaftsorganen und an Werktätigen geübt, die den ihnen von der Volksmacht übertragenen Aufgaben ungenügend nachkommen. Gleichzeitig wird nach wirksamen Formen für die stärkere Einbeziehung der Volksmassen in die staatliche Verwaltungsarbeit gesucht. Ultralinke Kritiker des entwickelten Sozialismus meinen, die offene schöpferische Diskussion dieser Probleme unter den Kommunisten und allen Mitgliedern der entwickelten sozialistischen Gesellschaft als deren Schwäche hinstellen zu müssen, und gelangen damit zu einer völligen Fehleinschätzung.

„Die Welt des Sozialismus ist voller Dynamik, sie vervollkommnet sich unaufhörlich“, sagte L. I. Breshnew auf dem XXIV. Parteitag der KPdSU. „Ihre Entwicklung verläuft natürlich im Kampf des Neuen mit dem Alten und über die Lösung der inneren Widersprüche. Die Erfahrungen helfen den Bruderparteien, die Widersprüche richtig und rechtzeitig zu lösen und zuversichtlich den Weg zu gehen, der von den großen Lehrern des Proletariats – Marx, Engels und Lenin – gewiesen wurde."[6]

Auch die ultralinke Vorstellung, nach der die Geistesschaffenden im entwickelten Sozialismus eine Schicht sind, die immer mehr Sonderinteressen beanspruchten, hat mit der Wirklichkeit nichts zu tun. Die Struktur der entwickelten sozialistischen Gesellschaft, die Art und die Bedingungen der Beziehungen zwischen ihren Mitgliedern, die Abschaffung der sozialen Unterschiede und die Erhöhung des allgemeinen Bildungsniveaus sind keine Bedingungen für eine Sonderstellung der Geistesschaffenden.

Der wachsende Wohlstand jeder Klasse, jeder Schicht und jedes Mitglieds der Gesellschaft hängt vor allem von der Entwicklung der gesellschaftlichen Produktion ab. Unter sozialistischen Verhältnissen können Gruppeninteressen, die den allgemeinen Volksinteressen zuwiderlaufen, keine Massenbasis finden; sie würden sofort auf die organisierte Gegenwirkung des überwiegenden Teils der Gesellschaft stoßen und sich nicht durchsetzen können.

Eine stärkere Basis hat ein Typ von Gruppen- und lokalen Interessen, die nicht unmittelbar mit dem gesellschaftlichen Interesse identisch sind, ihnen aber auch nicht widersprechen. Die sozialistische Gesellschaft ist ein komplizierter Organismus, der aus vielen relativ selbständigen Einheiten – Produktionseinheiten, territorialen Einheiten usw. – besteht. Jede dieser Einheiten übt gewisse, mehr oder weniger spezialisierte Funktionen aus und verfügt dafür über bestimmte Mittel und operative Selbständigkeit. Aus dieser Struktur der Gesellschaft entstehen verschiedene zweigliche und lokale Interessen, die im Normalzustand des Gesellschaftsorganismus keinen Antagonismus zu den Interessen der ganzen Gesellschaft bilden. Dagegen sind nichtantagonistische Widersprüche zwischen den verschiedenen Interessen durchaus vorhanden, und sie finden in jeder Entwicklungsetappe bestimmte Lösungsformen. Der Sozialismus hebt die Grundthesen der marxistischen Dialektik von der Entwicklung als Kampf der Widersprüche nicht auf. Nur der Inhalt und die Formen der Widersprüche verändern sich; sie sind hier keine sozialen Klassenantagonismen mehr.

Individuelle und Gruppeninteressen gibt es auch unter der sozialistischen Intelligenz. Doch läßt die sozialistische Wirtschaft und ihre Struktur nicht zu, daß sich diese Interessen zu einer homogenen und von den Volksinteressen absondernden „verwaltenden" Schicht konsolidieren. So gibt es zwischen den materiellen Interessen der Leiter, Techniker und Arbeiter eines Betriebes weitaus mehr Gemeinsamkeiten als zwischen den Interessen der Ingenieure verschiedener Betriebskollektive. Mit anderen Worten: Die Interessen der Ingenieure und Techniker tendieren zu den Interessen der Arbeiter und Bauern, mit denen sie die gemeinsame Arbeit und die Erwirtschaftung der Einkommen verbindet.

[6] Rechenschaftsbericht des Zentralkomitees der KPdSU an den XXIV. Parteitag der Kommunistischen Partei der Sowjetunion. Referent: L. I. Breshnew, Moskau/Berlin 1971, S. 20.

Die „Linken" empfinden es auch als einen Mangel, daß die Werktätigen materielle Interessen haben und daß es materielle Stimuli gibt. Ihrer Auffassung nach sollten moralische Stimuli und die uneigennützige Sorge um das gesellschaftliche Wohl das entscheidende Motiv der wirtschaftlichen Verhaltensweisen im Sozialismus sein. Die Anwendung von materiellen Stimuli beschwöre die Restauration des Kapitalismus herauf. Diese Überlegungen werden vom Standpunkt eines abstrakten, vorgefaßten Sozialismusideals geführt, ohne daß beachtet wird, inwieweit sich dieses Ideal mit den realen Gegebenheiten vereinbaren läßt, unter denen sich der jeweilige sozialistische Staat entwickelt. Als allgemeines, von den realen Bedingungen unabhängiges Sozialismusideal erklären Bettelheim und andere „Linke" die Gleichheit, unter der sie allgemeine Gleichmacherei in der Konsumtion, Vereinheitlichung des Geschmacks und der Wünsche verstehen.[7]

Die meisten „linken" Theoretiker sehen sich genötigt einzuräumen, daß im Sozialismus eine gewisse Einkommensdifferenzierung nach Quantität und Qualität der Arbeit angebracht wäre. Allerdings wird dieses Zugeständnis in den ultralinken Konzeptionen mit der unsauberen Methode verbunden, direkte Unterstellungen mit Angriffen gegen das Prinzip der Verteilung nach der Arbeitsleistung in der UdSSR und in anderen Ländern zu verknüpfen, in denen die Wirtschaft auf den Prinzipien des wissenschaftlichen Sozialismus beruht. Dabei wird die ultralinke Verteilungskonzeption unter drei Aspekten mit der Praxis des entwickelten Sozialismus konfrontiert.

Erstens wird die Verteilung nach der Leistung nicht als organisches Element des sozialistischen Wirtschaftssystems betrachtet, sondern als Überbleibsel des Kapitalismus, als zwangsläufiges Übel. Je mehr dieses Prinzip eingeschränkt, je mehr sein Anwendungsbereich reduziert werde, um so besser sei es für die Moral der sozialistischen Gesellschaft. (Wie sich diese Einschränkung auf die Wirtschaft auswirkt, läßt die „linken" Kritiker des entwickelten Sozialismus dabei unberührt.)

Zweitens werden den entwickelten Formen, dem vielgestaltigen System der sozialistischen Verteilungsweise primitive Dogmen entgegengehalten, die sich mit einer modernen Wirtschaft nicht vereinbaren lassen. Wenn man schon von dem Arbeitsbeitrag der einzelnen Mitglieder der Gesellschaft ausgehe, so meinen beispielsweise Charles Bettelheim und Bo Gustafsson, dann sollten Arbeiter gleicher Fachrichtung und Qualifikation in allen Betrieben des betreffenden Landes auch den absolut gleichen Lohn erhalten. In der UdSSR aber „erhalten zwei Arbeiter, die die gleiche Leistung aufbringen und die gleiche Produktmenge erzeugen, doch in verschiedenen Betrieben tätig sind, unterschiedliche Einkommen, wenn sie am Gewinn beteiligt werden"[8]. Versuche, von einem Zentrum aus für alle Arbeiter gleicher Qualifikation in allen Betrieben den Lohn festzulegen, kann es auch nur in den verzerrten bürgerlichen Modellen der „Befehlswirtschaft" geben. In

[7] Socialkapitalismen, hg. von Bo Gustafsson, a. a. O., S. 112.
[8] Ebenda, S. 134.

der sozialistischen Praxis treffen die Betriebe hier selbst eine Entscheidung, wobei sie zwar von zentral vorgegebenen gesellschaftlichen Richtsätzen ausgehen, jedoch einer Vielzahl von konkreten Bedingungen, vor allem aber den Ergebnissen Rechnung tragen, die die verschiedenen Betriebe erwirtschaftet haben. Wenn die Arbeiter in einem gut arbeitenden Kollektiv etwas höher bezahlt werden als in einem zurückgebliebenen Betrieb, dann werden damit die Prinzipien der Verteilung nach der Arbeitsleistung nicht verletzt, sondern gewahrt. Nur die ultralinken Dogmen einer abstrakten, wirklichkeitsfremden Gleichheit befinden sich mit dieser Tatsache im Widerspruch.

Der dritte unversöhnliche Widerspruch zwischen dem Verteilungssystem im entwickelten Sozialismus und den ultralinken Dogmen von einem „wahren Sozialismus“ besteht darin, daß in der Wirtschaftspraxis der UdSSR und der anderen sozialistischen Länder Ware-Geld-Beziehungen bestehen. Die Schriften der „Linken“ sind voll von Verdammungen der Ware- und Geldkategorien, deren Vorhandensein stets mit der Restauration bürgerlicher Verhältnisse, mit einem Abgleiten zum Kapitalismus in Zusammenhang gebracht wird.

Die „linken“ Sozialismustheoretiker begründen ihre Ablehnung der Ware-Geld-Beziehungen mit zwei Hauptargumenten: In wirtschaftlicher Hinsicht führe die Entwicklung der Ware-Geld-Kategorien unweigerlich zum Abbau der sozialistischen Planung und zur Restauration des spontanen Marktmechanismus; in moralischer Hinsicht würden das Geld und der Handel Habsucht und Raffgier fördern und die Menschen zur Ausbeutung fremder Arbeit anregen.

Den Worten nach sind Bo Gustafsson, Charles Bettelheim und Paul M. Sweezy eifrige Verfechter der Planwirtschaft. Doch lassen ihre Äußerungen erkennen, daß sie nur über sehr oberflächliche Kenntnisse von der Theorie und Praxis der sozialistischen Planung verfügen. Sie schlossen sich der von bürgerlichen Theoretikern aufgestellten These an, daß der Plan mit jeglichen Ware-Geld-Beziehungen unvereinbar sei, und vermengten miteinander zwei völlig unterschiedliche Begriffe: die Ausnutzung der Ware-Geld-Beziehungen in einer Planwirtschaft und die steuernde Rolle des Marktes in den „Marktsozialismusmodellen“. Nur der zentrale Plan kann die Interessen der sozialistischen Gesellschaft in konzentrierter Form wiedergeben. Der Markt aber bildet ein – wenngleich sehr effektives – Hilfsinstrument zur besseren Realisierung der gesellschaftlichen und individuellen Interessen, eine Form, in der sich der Plan konkretisiert und realisiert.

In der Darstellung der „Linken“ erscheint die Vervollkommnung des Systems der Plankennziffern und der Einschätzung der entwickelten sozialistischen Produktion als Restauration der Ziele und Triebkräfte des Kapitalismus. Sweezy, Bettelheim und Gustafsson meinen, daß mit den neuen Bedingungen der Wirtschaftsführung in der UdSSR eine „Produktion um des Profits willen“ etabliert worden sei. Merkmale der „Restauration des Kapitalismus“ glauben sie darin erkennen zu können, daß die Anzahl der für die Betriebe verbindlichen Kennziffern erheblich eingeschränkt wurde und neben den Bruttoauflagen die Kennziffern Gewinn und Umsatz verwendet werden. Ganz besonders mißfällt den „Linken", daß die betrieblichen Fonds für die Produktionserweiterung, für die Modernisierung der Technik, für die Befriedigung der sozialen und kulturellen Bedürfnisse des Betriebskollektivs und für die materielle Stimulierung seiner Mitglieder aus Gewinnzuführungen gebildet werden.

Aber während Gustafsson einerseits die Prämiierung der Werktätigen aus dem Gewinn der sozialistischen Betriebe verurteilt, will er andererseits beweisen, daß die Arbeiter nur Lohn, nur das notwendige Produkt erhalten, die Betriebsleiter und das ingenieur-technische Personal hingegen sich einen immer größeren Teil des Mehrprodukts aneignen.[9] Unterschiede in den Prämiierungsformen haben selbstverständlich nichts mit Ausbeutung zu tun. Vielmehr sollen mit einer gewissen Differenzierung die Interessen aller Beschäftigtengruppen, vor allem der Arbeiter, besser gewahrt werden. Die Ingenieure und Techniker tragen mehr Verantwortung für die Kennziffern des gesamten Betriebes, und es wäre ungerecht, dem Arbeiter wegen Mängeln in anderen Produktionsabschnitten die Prämie zu entziehen, wenn diese Mängel das Gesamtergebnis des Betriebes beeinträchtigt haben. Deshalb wird auch ein Teil des Prämienfonds für Arbeiter unabhängig vom betrieblichen Gewinn gebildet.

Was die Höhe der Prämien betrifft, die die Ingenieure und Techniker aus dem Gewinn erhalten, so hätte sich Bo Gustafsson leicht davon überzeugen können, daß bei der Einführung dieser Prämienordnung etwa die gleichen Beträge vom Gehaltsfonds, aus dem diese Beschäftigtengruppe vordem prämiiert worden war, abgesetzt wurden. Bei dem Verfahren, den Lohn nach der Arbeitsleistung zu zahlen, kann man nicht von einer Ausbeutung reden.

Befaßt man sich mit den unseriösen ökonomischen Analysen der Ultralinken gegen die Ware-Geld-Beziehungen etwas näher, die sie moralisierend offerieren, dann drängt sich unwillkürlich der Schluß auf, daß sich hinter diesen Attacken selbst eine Art Warenfetischismus verbirgt. Alles Gerede von der „demoralisierenden Rolle des Geldes", von „Egoismus" und „Verbürgerlichung" beruht auf der vulgären Vorstellung, daß die Ware-Geld-Kategorien im Sozialismus Keimformen kapitalistischer Verhältnisse seien. Nach dieser Vorstellung brauche man diese „Dinge" nur aus der Welt zu schaffen, und Geiz und Eigennutz würden verschwinden; in den Bedürfnissen der Menschen würden die geistigen Interessen die Oberhand gewinnen, und die Beziehungen zwischen den Menschen würden wahrhaft sozialistischen Charakter annehmen. Solche scheinrevolutionären Vorstellungen sind nichts anderes als reaktionäre Utopien. Die Ware-Geld-Kategorien sind eine Erscheinungsform der sozialökonomischen Verhältnisse, und zwar eine Form, deren Inhalt und Wirkungsweise sich wesentlich verändern können. Sonst hätten sie die Gesellschaft auf ihrem ganzen Weg von der Auflösung der Urgemeinschaft bis in das erste Stadium des Kommunismus hinein nicht begleiten können.

Karl Marx schreibt hierzu: „Warenproduktion und Warenzirkulation sind ...

[9] Monthly Review, 8/1966, S. 37.

Phänomene, die den verschiedensten Produktionsweisen angehören, wenn auch in verschiednem Umfang und Tragweite. Man weiß also noch nichts von der differentia specifica dieser Produktionsweisen und kann sie daher nicht beurteilen, wenn man nur die ihnen gemeinschaftlichen, abstrakten Kategorien der Warenzirkulation kennt."[10]

Würde man versuchen, eine dieser Erscheinungsformen, denen objektive Verhältnisse zugrunde liegen, zu beseitigen, zu verdrängen, so würden sie nicht verschwinden, sondern sich in anderen Formen wiederfinden, die den realen Bedingungen weniger adäquat sind. Sie würden dadurch aber keine Probleme lösen, sondern negative Konsequenzen heraufbeschwören. In den schweren Zeiten erbitterten Klassenkampfes, des Krieges und der Beseitigung seiner Folgen hatten alle Staaten, die sich auf dem Weg zum Sozialismus befanden, mehr oder weniger auf naturalwirtschaftliche Beziehungen zurückgreifen müssen. Angesichts der empfindlichen Verknappung von materiellen Gütern war dies als vorübergehende zwangsläufige Maßnahme vertretbar. Hätte der Staat die planmäßigen Ware-Geld-Beziehungen anschließend verspätet wiederhergestellt, dann hätten sie sich unvermeidlich in „illegalen" Formen, als Spekulation und halbnaturaler Austausch ausgebreitet. Wenn der sozialistische Staat auf normale Ware-Geld-Beziehungen verzichtet, verliert er über ökonomische Prozesse die Kontrolle.

Die Beziehungen, die durch Deklarationen und Dekrete nicht aufhebbar sind und die durch die Ware-Geld-Kategorien im entwickelten Sozialismus ihren Ausdruck finden, bilden eine sehr ausgedehnte, vielfältige Totalität von Verhältnissen, die auf erheblichen, mitunter gravierenden Widersprüchen zwischen den traditionellen, in vielen Jahrhunderten entstandenen Bedingungen und Motivationen des Wirtschaftens und den neuen Aufgaben beruhen, die der Sozialismus und der Aufbau der höheren Phase des Kommunismus der Wirtschaft stellen.

Die von Grund auf neuen Bedingungen des Zusammenwirkens der Mitglieder der Gesellschaft in der gesellschaftlichen Arbeit stehen im Kontrast zu gebliebenen sozialen Unterschieden zwischen den verschiedenen Arten der Arbeit als Funktion verschiedener sozialer Klassen und Schichten. Die neuen, kommunistischen Beziehungen zwischen den Menschen bilden sich unter Verhältnissen heraus, unter denen die objektive Notwendigkeit von Beziehungen zwischen Mensch und Gesellschaft und zwischen den Teilen der Gesellschaft – Beziehungen, die auf dem Äquivalenzprinzip beruhen – noch nicht überwunden ist. Die neuen Beziehungen zwischen Produktion und Konsumtion, zwischen den materiellen und geistigen Lebensbedingungen der Menschen sehen sich noch unzureichenden Ausmaßen und unvollkommenen Proportionen der Produktion von materiellen und geistigen Gütern, einem noch zu wenig entwickelten Bewußtseinsniveau der Menschen gegenüber, das sich sowohl in der Produktion wie auch in der Aneignung äußert.

Wie die Erfahrungen der UdSSR und der anderen sozialistischen Länder zei-

[10] Karl Marx, Das Kapital, Erster Band, in: MEW, Bd. 23, Berlin 1974, S. 128.

gen, muß zu diesem Zweck ein Programm zur Überwindung dieser Widersprüche ausgearbeitet und nach und nach in die Praxis umgesetzt werden. Dieses Programm ist komplexer Art. Es enthält unter anderem: die allgemeine Hebung und die allmähliche Angleichung der Geldeinkommen der Bevölkerung durch Erhöhung ihrer Qualifikation, besonders bei den weniger qualifizierten Schichten; die (mit der leistungsbezogenen Vergütung einhergehende) Ausweitung der kostenlosen, von der Qualifikation der Mitglieder der Gesellschaft unabhängigen Konsumtion aus gesellschaftlichen Fonds; die wissenschaftliche Ausarbeitung und sachkundige, taktvolle Propagierung von Konsumtionsnormen und -strukturen, die der allseitigen Entwicklung der Mitglieder der sozialistischen Gesellschaft am besten entsprechen (wobei die Souveränität des Verbrauchers nicht beeinträchtigt werden darf).

Bei der Herstellung der Bedingungen für die Überwindung dieser Widersprüche geht die materielle Interessiertheit der Werktätigen an der Arbeit für das Wohl der Gesellschaft Hand in Hand mit der Freude der Menschen an der Schaffung neuer materieller und geistiger Werte und neuer zwischenmenschlicher Beziehungen. Die ultralinke Geringschätzung von Methoden materieller Stimulierung ist durchaus kein Beweis für eine hohe Wertschätzung des gesellschaftlichen Bewußtseins der Volksmassen, wie es die „linken" Theoretiker mitunter hinstellen, sondern ein Beweis für die völlige Ignorierung der Lebensbedingungen, der Interessen und der gesellschaftlichen Reife der Menschen.

Während die Theoretiker des „linken" Revisionismus die materiellen Stimuli als „bürgerliche Entstellungen des Sozialismus" ablehnen, propagieren sie die Gleichmacherei in jeder Weise als „wahrhaft kommunistische" Methode bei der Verteilung der Konsumgüter. Aber wenn man derartige Auffassungen in der „reinen" Theorie für eine gewisse Zeit noch als Beweis für Uneigennützigkeit und gutgemeinten Übereifer gelten lassen könnte, so würde ihre Anwendung in der Praxis sehr bald herausstellen, daß Gleichmacherei von massivem Zwang als „Stimulus" zur Arbeit nicht zu trennen ist. Die Praxis hat Lenins Worte, daß sich mit Enthusiasmus allein die neue Gesellschaft nicht aufbauen und die gesellschaftliche Produktion nicht entwickeln läßt, hinlänglich bewiesen. Wenn aber dieser Enthusiasmus nicht mit materieller Interessiertheit gekoppelt wird, dann bleibt als Alternative zu letzterer nur der außerökonomische Zwang, die massive Anwendung von kasernenhaften Arbeitsmethoden.

Die Praxis des sozialistischen Aufbaus hat also Lenins Lehren von der Notwendigkeit der allseitigen Anwendung materieller Stimuli beim Aufbau des Kommunismus wie auch der Kategorien der Ware-Geld-Wirtschaft (für das volle Wirksamwerden der materiellen Stimuli) vollauf bewiesen.

Die Kommunisten in den sozialistischen Ländern und besonders in der UdSSR als Land des entwickelten Sozialismus, sehen zweifellos Grenzen für die Anwendung der Ware-Geld-Kategorien bei der Realisierung verschiedener Beziehungen neuen Typus und bei der Herstellung neuer Proportionen im wirtschaftlichen und sozialen Bereich. Aber sie wissen auch, daß sich diese Grenzen mit bloßen Verurteilungen nicht korrigieren lassen. Es ist nicht zu übersehen, daß einige der „linken" Sozialisten den praktischen Aufgaben des komplizierten sozialistischen Wirtschaftsmechanismus fernstehen. Tatsächlich ergeben sich daraus, daß verschiedene wirtschaftliche Größen und Prozesse in der Geldform gemessen werden, bestimmte partielle Widersprüche zwischen den Interessen der Gesellschaft und der einzelnen Wirtschaftseinheiten.

Auf dem Gebiet der Einkommensrealisierung und der Konsumtion können die Ware-Geld-Formen, die Kauf- und Verkaufsbeziehungen, einen bestimmten hemmenden Einfluß auf die Herausbildung des neuen, kommunistischen Systems von gesellschaftlichen Wertungen der materiellen und geistigen Güter und der Qualität des Lebens ausüben. Wenn der Mensch für Geld einkauft, neigt er unwillkürlich dazu, den Nutzen von teuren Waren, von Luxusgegenständen, die vielleicht auch der allseitigen Entfaltung der Persönlichkeit nicht sehr dienlich sind, zu überschätzen. Leute mit höheren Einkommen oder kleinerer Familie sind in der Lage, ihre Bedürfnisse besser zu befriedigen. Es wäre sinnlos, vor diesen und anderen Widersprüchen die Augen zu verschließen, vielmehr gilt es, nach realen Wegen zu suchen, wie diese Widersprüche überwunden werden können. Soweit sie bereits gegeben sind, bedarf es eines Systems von Maßnahmen, mit denen ihr negativer Einfluß auf die Gestaltung der neuen Gesellschaft auf ein Mindestmaß eingeschränkt werden kann.

So wird ständig darauf hingewirkt, daß die Ware-Geld-Formen am zweckmäßigsten mit den Naturalformen kombiniert werden. Der Abzug von Arbeitskräften aus dem Handelsbereich gehörte zu den grundlegenden Wandlungen des Systems der Produktionsverhältnisse beim Übergang vom Kapitalismus zum Sozialismus. Der entwickelte Sozialismus hat die Ware-Geld-Formen in so wesentlichen Lebensbereichen des Menschen und der Gesellschaft wie im Gesundheitswesen, im Bildungswesen, bei der Erziehung der Kinder, in vielen Formen von Urlaub und Erholung usw. teilweise verdrängt oder wesentlich eingeschränkt.

Auch bei der Arbeitsvergütung ist eine bestimmte Kombination von Geld- und Naturalformen nicht ausgeschlossen. In der UdSSR, wo das Geld die Hauptform der Arbeitsvergütung darstellt, werden zugleich verschiedene Formen der Güterverteilung aus gesellschaftlichen Fonds angewandt. Hierzu gehören Formen, die zwar weitgehend von der Arbeitsleistung des Werktätigen abhängig gemacht werden, aber keine Geldform haben. Beispielsweise bieten die zu Vorzugsbedingungen gewährten Kuraufenthalte, Touristenreisen und dgl., die Verbesserung der Wohnverhältnisse, Kindergartenplätze, kostenlose Eintrittskarten (für Sportveranstaltungen, Konzerte, Theatervorstellungen u. a.) zusätzliche Möglichkeiten zur Einwirkung auf die Struktur der Befriedigung der materiellen und geistigen Bedürfnisse.

Seine logische Vollendung findet der Antisowjetismus einiger ultralinker Theoretiker in den Auffassungen von der Entwicklung der wirtschaftlichen Zusammenarbeit zwischen den sozialistischen Ländern und von den Wirtschaftsbeziehungen des sozialistischen Lagers mit anderen Ländern.

Diesen Auffassungen zufolge sind die europäischen sozialistischen Länder „Satelliten" der Sowjetwirtschaft, die von einer „sozialimperialistischen Supermacht" ausgebeutet werden: „Die staatsmonopolistische Oberschicht in der Sowjetunion ist weit mehr als jede andere kapitalistische Klasse in der Lage, die ganze Kraft des Staatsapparates zu organisieren und wirksam zu machen, um ihn ihren Interessen dienstbar zu machen. Ihren Ausbeuterprofit verwendet sie zur Ausdehnung ihrer Interessen auf die ganze Welt, für die Akkumulation innerhalb des Landes und für die Rüstung, mit der sie ihre expansionistische Macht weiter vergrößern will". In dieser Form wird die Stellung der UdSSR in der Weltwirtschaft in einer in Schweden erschienenen linksrevisionistischen Hetzschrift von Kurt Lundgren und Steven Ec wiedergegeben.[11]

Jede objektive Nachprüfung kann belegen, daß diese verleumderische Deklaration in schreiendem Widerspruch zu den Tatsachen steht. Nach wie vor widmet sich der RGW der Ausarbeitung und Entwicklung solcher Formen der Zusammenarbeit, die in den Beziehungen zwischen der hochentwickelten Wirtschaftskraft der UdSSR und den wirtschaftlich weniger starken anderen sozialistischen Ländern Gleichberechtigung und gegenseitigen Vorteil garantieren. Wie untauglich die These von der „Expansion der Interessen auf die ganze Welt" ist, wird deutlich, wenn man die uneigennützige Hilfe der UdSSR für eine Reihe von Entwicklungsländern mit den neokolonialistischen Bestrebungen der imperialistischen Staaten vergleicht. Das Gerede von „Expansionsbestrebungen" ist mit dem konsequenten Kampf der UdSSR gegen das Wettrüsten völlig unvereinbar.

Die Formulierung von der „staatsmonopolistischen Oberschicht" im Zusammenhang mit der entwickelten sozialistischen Gesellschaft, die auch Ideologen des imperialistischen Militär-Industrie-Komplexes und die maoistischen Führer in ihren nationalchauvinistischen Großmachtansprüchen verwenden, weil es ihnen vorteilhaft erscheint, den entwickelten Sozialismus „auf eigene Art und Weise" auszulegen, beweist die Niveaulosigkeit „linker" Theoretiker von heute, deren antisowjetische Haltung unweigerlich dazu führt, sie zum Bündnispartner der reaktionärsten Kräfte zu machen.

[11] Kurt Lundgren/Steven Ec, Sovjet idag. Fortryck och aggression, Socialismens namn, Göteborg 1974, S. 102.

5. ABSCHNITT

11. KAPITEL

Einige Sozialismuskonzeptionen in asiatischen Entwicklungsländern

In den Entwicklungsländern Asiens gibt es mehrere verschiedene Konzeptionen von der nichtkapitalistischen Entwicklung, unter denen der „nationale Sozialismus" eine besondere Stellung einnimmt. Bestimmte Formen des „nationalen Sozialismus" gehören heute zum theoretischen Rüstzeug starker politischer Kräfte, die in Indien, Burma und Bangladesh an der Macht sind oder um die Macht kämpfen. Das Bedürfnis bestimmter gesellschaftlicher Schichten der Entwicklungsländer nach einer Ideologie vom Typ des „nationalen Sozialismus" hängt mit den spezifischen Bedingungen zusammen, vor denen diese Länder bei der Wahl ihres künftigen Entwicklungsweges stehen. In den Prozeß des revolutionären Übergangs vom Kapitalismus zum Sozialismus werden heute Länder mit sehr unterschiedlichem wirtschaftlichem und sozialem Entwicklungsstand einbezogen, wobei dieser Übergang je nach den konkreten Bedingungen sowie nach Ort und Zeit unterschiedlich schnell und in verschiedenen Formen stattfindet. Für die Einbeziehung der Länder der „dritten Welt" in die allgemeine gesellschaftliche Entwicklung in der Welt ist die Ausbreitung von sozialistischen Strömungen in diesen Ländern eine wichtige Frage. Die ihrer Form nach sozialistischen Doktrinen, soweit sie nicht zur Begründung realer Prozesse der nichtkapitalistischen Entwicklung dienen, werden auch von Bewegungen mit überwiegend kapitalistischer Orientierung sowie von zahlreichen Gruppen mit unbestimmten Zielstellungen aufgegriffen. Die Ursache hierfür liegt in der Attraktivität des sozialistischen Ideengutes für die breiten Volksmassen und in den bösen Erinnerungen, die der westliche Kapitalismus in den einstigen Kolonien und Halbkolonien hinterlassen hat.

Die Ausweitung der sozialistischen Strömungen geht in Formen vor sich, die vom wissenschaftlichen Sozialismus oft sehr weit entfernt und ihm mitunter sogar direkt entgegengesetzt sind. Hier koexistieren und kämpfen die Konzeptionen der revolutionären Demokratie mit den Konzeptionen „linker" und rechter Sozialdemokraten und der konservative „Sozialismus" der nichtmonopolistischen nationalen Bourgeoisie mit dem reaktionären „Sozialismus", der von der mit den nationalen und internationalen Monopolen kollaborierenden bürgerlichen Oberschicht vertreten wird.

Die Vielfalt nichtproletarischer sozialistischer Strömungen in den Ländern Asiens hängt eng mit dem Nebeneinanderbestehen unterschiedlicher Wirtschaftsformen und der Mannigfaltigkeit der sozialen Struktur in diesen Ländern zusammen, wo in Keimform bestehende und ausgereifte Formen des Kapitalismus sich mit den Überbleibseln vorkapitalistischer Verhältnisse verflechten.

Aber so weit diese nichtproletarischen sozialistischen Strömungen vom wissenschaftlichen Sozialismus auch entfernt sein mögen, so sind sie doch alle, mehr oder weniger, positiv oder negativ, Ausdruck der Veränderungen im Verhältnis der Klassenkräfte innerhalb dieser Länder und im Weltgeschehen, Ausdruck von Veränderungen zugunsten des Sozialismus und zum Nachteil des Kapitalismus. Unter den heutigen Bedingungen sind die breiten proletarischen Schichten der Werktätigen in zunehmendem Maße bereit, sozialistisches Gedankengut aufzunehmen. Aber auch die nationale Bourgeoisie sieht sich bei ihrem Bemühen, ihre wirtschaftlichen und politischen Positionen zu erhalten und zu festigen, gezwungen, „sozialistische" Losungen auszugeben und sich (meist nur formell) mit gewissen Beschränkungen einiger Formen des Kapitals und des Privateigentums einverstanden zu erklären.

Den progressivsten Teil der nichtproletarischen sozialistischen Auffassungen bilden die Konzeptionen von einer revolutionären Demokratie, die auf der Grundlage des spontanen Strebens der nichtproletarischen und halbproletarischen Werktätigen in Stadt und Land, sich von allen – kapitalistischen und vorkapitalistischen – Ausbeutungsformen zu befreien, zustande kommen soll. Sie sind nach einem Ausspruch von Lenin „subjektiv Sozialisten" im Rahmen und in „Ergänzung zum Demokratismus"[1].

Die sozialistischen Konzeptionen von der revolutionären Demokratie sind im großen und ganzen unwissenschaftlich, dennoch sind ihre Ideologen bestrebt, den wissenschaftlichen Sozialismus in bestimmtem Maße zu erfassen, und sie teilen verschiedene seiner Grundthesen. Bei günstigen inneren und äußeren Bedingungen können sich diese Elemente im Verlauf des Klassenkampfes verstärken. Besonders aktiviert wird dieser Prozeß, wenn das nationale Proletariat wächst und sich konsolidiert. Doch ist der Einfluß der dem wissenschaftlichen Sozialismus fremden Strömungen, die auch chauvinistische und religiöse Tendenzen einschließen, in manchen Ländern noch sehr groß, und zwischen der Übernahme vereinzelter ideologischer Grundsätze und taktischer Losungen und der Anerkennung des Sozialismus als Wissenschaft liegt noch ein sehr weiter Weg.

Die Hauptaufgabe der von der nationalen Bourgeoisie vertretenen und für den rechten Flügel der nichtproletarischen sozialistischen Strömungen typischen Konzeptionen besteht darin, ihre wirtschaftliche und politische Herrschaft mit sozialistischen Losungen zu bemänteln. Um ihre Klassenpositionen zu wahren, geht die Bourgeoisie sogar bis zur „allgemeinen Anerkennung" der „sozialistischen Ideale", um sich zur Ablösung des Kapitalismus durch eine „neue Ordnung" bereit zu erklären.[2]

[1] W. I. Lenin, Demokratie und Volkstümlerideologie in China, in: Werke, Bd. 18, Berlin 1972, S. 155.

[2] W. I. Lenin, Der Zusammenbruch der II. Internationale, in: Werke, Bd. 21, Berlin 1970, S. 216.

Die sozialistischen Konzeptionen der nationalen Bourgeoisie und des Kleinbürgertums in den Entwicklungsländern sind im Prinzip gegen den wissenschaftlichen Sozialismus des Proletariats gerichtet. Sie drücken jedoch die tatsächliche Stellung dieser Schichten in der sozialökonomischen Struktur der „dritten Welt" und in der internationalen Arena sowie das Bestreben aus, ihre Positionen gegen den Druck der ausländischen und im Entstehen begriffenen einheimischen Monopole zu behaupten und die Wirtschaft von vorkapitalistischen Überresten zu säubern; diese Konzeptionen enthalten daher bestimmte gesamtnationale und allgemeindemokratische Elemente. Allerdings ist diese Situation nicht stabil. In dem Maße, in dem die verschiedenen sozialen Kräfte reifer werden und sich konsolidieren, zerfällt die undifferenzierte Ausgangskonzeption des „nationalen Sozialismus" gewöhnlich in Varianten, die den objektiven Interessen dieser sozialen Kräfte entsprechen.

Die offiziellen, d.h. die zur staatlichen Ideologie erhobenen Konzeptionen des „nationalen Sozialismus" (sie entsprechen meist der offiziellen Doktrin der Regierungspartei oder des regierenden Parteienblocks), stellen oft so etwas wie eine Resultante der extremen Konzeptionen des nichtproletarischen Sozialismus dar, wobei sie sich je nach dem konkreten Verhältnis der Klassenkräfte auf eine von diesen Konzeptionen mehr oder weniger ausrichten.

Den Ausgangspunkt für die offiziellen Doktrinen des „nationalen Sozialismus" bildet allgemein der Nationalismus, der die wirtschaftlichen und politischen Interessen der nationalen Bourgeoisie und von Teilen des Kleinbürgertums im antiimperialistischen Kampf ausdrückt. Der Nationalismus war schließlich auch die Plattform, mit der die verschiedenen Klassenkräfte in einem verhältnismäßig stabilen, wenn auch nicht unbedingt organisatorisch verfestigten, antiimperialistischen Block zusammengeschlossen werden konnten.

Aber als theoretische Plattform des kleinen und mittleren nationalen Bürgertums ist der Nationalismus nicht nur die einende Kraft im antiimperialistischen Kampf, sondern er kann auch auf die Trennung der nationalen Befreiungsbewegung von den anderen Kräften des revolutionären Weltprozesses hinwirken.

Unter den heutigen Verhältnissen treten die fortschrittlichen Seiten der nationalistischen Ideologie – das Einwirken auf das nationale Selbstbewußtsein, auf den Patriotismus – oft hinter reaktionären Bestrebungen zu territorialen Eroberungen, nationaler Exklusivität und dgl. zurück. Wenn die nationale Unabhängigkeit gewonnen ist, steht das betreffende Land vor der Aufgabe, seinen Entwicklungsweg zu wählen. Deshalb läßt der „reine" Nationalismus dann, wenn ihm kein fortschrittliches (sei es in der ersten Zeit vielleicht auch noch von Kompromissen behaftetes), sozialistisches Programm zugrunde liegt, heute immer häufiger Merkmale einer Krise erkennen, und er gerät in Widerspruch zu den neuen Bedingungen und Aufgaben der gesellschaftlichen Entwicklung dieser Länder.

Die Grundthesen einer Reihe von offiziellen Doktrinen des „nationalen Sozialismus" haben ihre historischen Wurzeln in egalitären Konzeptionen, die meist moralisch und religiös geprägt sind und die schon in der Kolonialzeit und noch früher entstanden waren. Der indische Soziologe Harsh Dev Malaviya schrieb über die Genesis der Sozialismuskonzeptionen in Indien: „Die sozialistischen Ideen in Indien sind weitgehend durch das Erbgut bedingt und gefestigt worden, das wir aus ferner Vergangenheit übernommen haben. Vieles in unserer Literatur und Philosophie ist von den Wertbegriffen einer an Raffgier orientierten Gesellschaft sehr weit entfernt. Der Besitz von Reichtum war nie das Ideal der alten Schriften."[3] Allerdings sollte man die Rolle, die die ethischen Dogmen der Vergangenheit bei der Abfassung der realen Programme und Grundsätze der sozialistischen Doktrinen spielen, nicht überbewerten. Sie beschränkt sich im wesentlichen auf einführende Deklarationen, während die Programme reale Forderungen der Gegenwart ausdrücken.

In den Berufungen auf den Sozialismus spiegeln sich vor allem der Autoritätsverlust des Kapitalismus, der verlorengegangene Glaube an seine Wandlungsfähigkeit sowie sein Unvermögen wider, einen raschen Aufschwung der nationalen Wirtschaft zu gewährleisten und viele dringende soziale Probleme im Interesse des ganzen Volkes zu lösen. Das ist es auch, was die meisten Führer und Theoretiker der nationalen Befreiungsbewegung zwingt, sich auf den Sozialismus zu berufen. Jawaharlal Nehru hatte schon vor der Erringung der nationalen Unabhängigkeit erklärt: „Ich sehe keinen anderen Weg, das Elend, die Massenarbeitslosigkeit, die Degradierung und Ausbeutung des indischen Volkes aus der Welt zu schaffen, als den, der über den Sozialismus führt. Damit sind tiefgreifende und revolutionäre Wandlungen in unserer politischen und sozialen Struktur gemeint ... Kurz: Es geht um eine neue Zivilisation, die sich von den gegenwärtigen kapitalistischen Ordnungen radikal unterscheidet."[4]

Auf diese Feststellung sind Nehru und andere Persönlichkeiten der indischen Kongreßpartei (Indian National Congress – INC) später wiederholt zurückgekommen. Ähnliche Erklärungen gaben auch führende Persönlichkeiten anderer Entwicklungsländer Asiens ab. So verkündete der aus der Freiheitspartei der Sozialistischen und der Kommunistischen Partei Sri Lankas bestehende Parteienblock in seinem Programm, daß sein Ziel darin bestünde, in Sri Lanka eine sozialistische Demokratie zu errichten.

Eine bedeutende Rolle haben bei der Herausbildung der sozialistischen Doktrinen in verschiedenen asiatischen Ländern die Erfahrungen gespielt, die die Sowjetunion und andere sozialistische Länder mit sozialen Umwandlungen zu verzeichnen hatten. So schrieb Jawaharlal Nehru in einer seiner früheren Arbeiten: „Rußland interessiert uns deshalb, weil es uns helfen kann, die Lösung für die großen Probleme zu finden, vor denen heute die ganze Welt steht ... Wenn Rußland für diese Probleme eine befriedigende Lösung findet, wird es uns leichter fallen, das unsrige in Indien zu tun."[5] Und der Finanzminister der Republik

[3] Harsh Dev Malaviya, Socialist Ideology of Congress, New Delhi 1966, S. 64.

[4] Nehru on Socialism, New Delhi 1964, S. 67.

[5] Zitiert nach Ajoy Ghosh, Oktjabrskaja revolucija i nacional'noe – osvoboditel'noe dviženie v Indii, Moskva 1957, S. 17.

Sri Lanka, I. M. Perera, erklärte: „Die Erfahrungen der Sowjetunion aus dem Aufbau des Sozialismus sind für Entwicklungsländer wie Sri Lanka, die den sozialistischen Weg gehen wollen, von größter Bedeutung." Dennoch trachten die kleinbürgerlichen und bürgerlichen Träger der Ideen des „nationalen Sozialismus" bei aller Anerkennung, die sie diesen Erfahrungen erweisen, danach, sie so auszulegen, wie es ihren Klasseninteressen entspricht. Da man aber damit rechnen muß, daß man die Unterstützung der Massen verliert, wenn man dies offen eingesteht, wird die „Auswahl" unter den Anleihen bei der Praxis des wissenschaftlichen Sozialismus nicht mit Klassenzielen motiviert, sondern meist mit den nationalen Besonderheiten des betreffenden Landes.

Demgemäß umfaßt die Doktrin des „nationalen Sozialismus": die Propagierung der nationalen Exklusivität und das Bemühen, die Entwicklungsperspektive des betreffenden Landes als Alternative sowohl zum Kapitalismus als auch zum proletarischen Sozialismus auszugeben. Als „eigener Weg" wird im Grunde genommen diese oder jene Form der „gemischten Wirtschaft" propagiert. Sie soll den staatlichen und den privaten Sektor bei führender oder kontrollierender Rolle des Staates vereinen, der die Entwicklung der nationalen Wirtschaft steuere und für eine gleichmäßige Verteilung der Einkommen und des Reichtums auf alle Schichten der Gesellschaft sorge. Zur sozialen und politischen Grundlage dieses „Modells" wird diese oder jene Form der Klassenpartnerschaft unter der Ägide des „klassenneutralen Staates" erhoben, der für alle Klassen den Schiedsrichter spielen und die „Einheit der Nation" sichern soll.

„Unser Sozialismus", schrieb Jawaharlal Nehru, „wird weder Kapitalismus noch Kommunismus sein . . . Diese Formeln mögen für die Länder gut sein, wo sie entstanden sind . . . Wir vollziehen eine soziale Revolution, aber auf friedlichem Wege. Man kann den Klassenkampf anerkennen, sollte ihn aber nicht anheizen. Das gleiche trifft auf die beiden Wirtschaftssektoren zu. Sie sollen einander ergänzen und zusammenwirken, einen Konflikt gibt es zwischen ihnen nicht. Allerdings ist unsere Politik darauf gerichtet, den staatlichen Sektor zu erweitern, doch wird dabei der private Sektor seine große Bedeutung behalten."[6]

Auf die Idee vom „dritten Weg" in Gestalt einer Koordinierung von Sozialismus und Kapitalismus sind führende Persönlichkeiten des INC auch später zurückgekommen. So stellte das Organ des INC, die Zeitschrift „Economic Revue", fest: „Die Regierungspolitik läuft darauf hinaus, eine ‚Gesellschaft nach sozialistischem Modell', aber keinen ‚Sozialismus' zu errichten . . . Wir suchen nach einem sozialistischen Modell, das sich charakterisieren ließe als Ideologie einer rationalen Kombination von Sozialismus und Kommunismus."[7] Diese Kombination entspreche den Bedingungen und Aufgaben der gesellschaftlichen Entwicklung Indiens am besten und ermögliche, die „Extreme" zu vermeiden, von denen die beiden gegensätzlichen Formen der gesellschaftlichen Ordnung

[6] Jawaharlal Nehru, Towards a Socialist Order, Delhi 1956, S. 29.

[7] Zitiert nach R. A. Uljanovskij, Socializm i osvobodivšijesja strany, Moskva 1972, S. 394–395.

gekennzeichnet seien. Den programmatischen Zielen des INC für den Zeitraum 1950–1960 zufolge, bestand das Endziel dieser Operation darin, eine „Sozialstruktur" zu schaffen, „die eine Alternative zum gewinnsüchtigen Privatkapitalismus und zur Reglementierung eines totalitären Staates darstellt."[8] Konzeptionen dieser Art finden auch in anderen asiatischen Staaten Unterstützung. So erklärte der Außenminister der Volksrepublik Bangladesh, A. Samada: „Das sozialistische Wirtschaftsmodell eignet sich für uns, und wir haben mit dem Übergang zu ihm bereits begonnen, indem wir den Sozialismus zu einem der Prinzipien unseres Staates erhoben."

Das Beispiel Bangladesh beweist aber auch, wie unzuverlässig die soziale Basis für diese Konzeptionen ist. In ihrem Bemühen, in diesem oder jenem Maße über den Klassen zu stehen, finden die politischen Gruppen, die diese Programme hervorbringen, bei keiner Klasse festen Rückhalt und treten unter oft tragischen Umständen ab.

In Indien entwickelte sich die Situation weniger dramatisch. Aber auch hier büßten die Führer des INC, die den „indischen Sozialismus" zur Grundlage ihres wirtschaftlichen und sozialen Programms erhoben hatten, das Vertrauen der Bevölkerungsmehrheit ein und wurden in die Opposition gedrängt.

Mit der weiteren wirtschaftlichen und politischen Entwicklung, dem ideologischen Reifeprozeß und der Abgrenzung der sozialen Kräfte ändert sich der konkrete Inhalt der offiziellen Doktrinen des „nationalen Sozialismus". Diese Veränderungen wirken sich weniger auf die theoretischen Ausgangsthesen als auf die Politik aus. Sie können fortschrittlicher, aber auch reaktionärer Art sein. Klassische Beispiele für die Entwicklung sozialistischer Doktrinen und eine sich an ihnen orientierte Praxis sind Indien und Burma.

Die sozialistischen Konzeptionen des INC wie auch seine ganze Ideologie sind nie Ausdruck einer homogenen und in sich geschlossenen Theorie gewesen. Sie stellten vielmehr eine eklektische Verbindung verschiedener Auffassungen dar, in denen sich die widersprüchlichen Interessen des Kleinbürgertums und der nationalen Bourgeoisie spiegelten, die die soziale Hauptbasis und den Kern der Parteiführung stellen. Während der politischen Krise von 1967–1971 hatte man unter dem Druck linker und demokratischer Kräfte versucht, den sozialistischen Konzeptionen dieser Partei eine mehr revolutionär-demokratische Orientierung zu verleihen, was von der Differenzierung der Kräfte innerhalb der Partei und dem Austritt des rechten Flügels, der die Interessen des Großbürgertums vertrat, noch gefördert worden war. Allerdings mangelte es diesem Versuch an Entschlossenheit. Während bestimmte Thesen (die vor allem die Bekämpfung feudaler Überreste betrafen) radikaler abgefaßt wurden, blieben die Hauptzielsetzungen bezüglich der Klassenpartnerschaft und der Zweisektorenwirtschaft unverändert. Auch die Tendenz, die Bedeutung der nationalen Besonderheiten überzubewerten, und die utopischen Hoffnungen, die „Extreme des Kapitalismus

[8] R. A. Rao, Short History of the Indian National Congress, New Delhi 1959, S. 20.

und Kommunismus" meiden zu können, lebten weiter. Im Dezember 1972 erklärte Indira Gandhi in Patna: „Für Indien ist weder der Kapitalismus noch der Sozialismus geeignet." Entscheidend aber war, daß es in der praktischen Politik des INC zu keiner hinreichend gründlichen Wandlung kam. Die meisten Versprechungen (wie z. B. Festpreise für Nahrungsgüter und Liquidierung des Wuchers) blieben auf dem Papier. Und die Verhängung des Ausnahmezustandes war eher dazu angetan, die Positionen des INC zu schwächen als sie zu festigen.

Die Ursachen der Wahlniederlage, die der INC 1977 erlitt, ihr Zusammenhang mit der Krise der Doktrin vom „indischen Sozialismus" und der sich an ihr orientierenden kompromißlerischen Praxis können hier nicht im einzelnen analysiert werden. Unbestritten aber ist, daß sich der soziale Differenzierungsprozeß beschleunigt und politische Kräfte, die dem nicht Rechnung tragen, nicht auf Erfolg hoffen können.

Eine andere Situation war in Burma zu verzeichnen. Hier war im Gefolge des Umsturzes durch eine Gruppe patriotisch gesinnter Offiziere im Jahre 1962 die offizielle Doktrin des „burmesischen Sozialismus" völlig verworfen worden. Die alte Doktrin, die sich den Worten nach bemühte, die Interessen der verschiedenen Klassen in Einklang zu bringen, in der Praxis aber die Herrschaft der nationalen Bourgeoisie deckte, wich einer neuen Haltung, die den Interessen der nichtproletarischen Massen der werktätigen Bevölkerung und ihrem Bestreben, Burma auf dem nichtkapitalistischen Weg voranzubringen, weitgehend entgegenkommt.

Die mit der Wahl der Orientierungen und Formen der sozialökonomischen und politischen Entwicklung verbundenen Probleme sind in allen Entwicklungsländern eng mit den Aufgaben verflochten, die der Aufschwung der nationalen Wirtschaft, die Steigerung der volkswirtschaftlichen Effektivität und die Beseitigung des Elends der Volksmassen stellen. Ohne mehr oder weniger intensive Eingriffe des Staates ist es heute völlig undenkbar, in den Ländern der „dritten Welt" die nationale Wirtschaft voranzubringen und die wirtschaftliche Rückständigkeit und Abhängigkeit zu beseitigen. Diese Eingriffe werden aus verschiedenen Gründen unvermeidbar.

Erstens: Da die Wirtschaft dieser Länder aus mehreren sozialökonomischen Sektoren besteht und die Bedingungen und Gesetze der Reproduktion in jedem Sektor anders sind, wird es objektiv notwendig, die Reproduktionsprozesse der einzelnen Wirtschaftssektoren zu koordinieren und zu bilanzieren.

Zweitens: Da die vorkapitalistischen Sektoren nicht die Basis für die Hebung der nationalen Wirtschaft bilden können und die Möglichkeiten der privatkapitalistischen Wirtschaftsformen begrenzt sind (besonders, soweit es um hohe Wachstumsraten der kapitalintensiven Bereiche und Zweige geht), muß der Staat die dringendsten, keinen Aufschub duldenden Aufgaben übernehmen.

Je nachdem, welche Kräfte an der Macht sind, können dabei diese Aktivitäten zur Herausbildung von Elementen des Staatskapitalismus oder aber von Elementen der sozialistischen Wirtschaftsweise führen. Bei einer instabilen, für ein Durchgangsstadium typischen Macht können die Elemente der staatlichen

Wirtschaft für eine gewisse Zeit labil bleiben und je nach dem Kräfteverhältnis den Interessen dieser oder jener Klasse dienen.

Drittens: Da die Wirtschaft dieser Länder in der Weltwirtschaft keine gleichberechtigte Stellung einnimmt, wird es objektiv notwendig, daß der Staat sie gegen die Übermacht der ausländischen Monopole schützt und ihr vorteilhaftere Bedingungen in der internationalen Arbeitsteilung verschafft.

Zu beachten sind auch die sozialen Folgen der unkontrollierten Entwicklung der privaten Sektoren kapitalistischer und vorkapitalistischer Art, weil diese Entwicklung die Ungleichheiten in der Verteilung der Einkommen und des Reichtums vertieft, die sozialen Spannungen nährt und folglich die politische Stabilität unterminiert. Angesichts dieser und anderer Tatsachen baut der Staat seine wirtschaftlichen Funktionen aus, wird der staatliche Wirtschaftssektor erweitert und zu einem bedeutsamen, mitunter auch zum entscheidenden Element der nationalen wirtschaftlichen Entwicklung. Die allmähliche Verstaatlichung der Wirtschaft der Entwicklungsländer ist ein objektiv bedingter Prozeß. So schreibt Shriman Narayan: „Jeder Versuch, die überkommene Doktrin von der Freiheit des Handels in Indien wiederzubeleben, wäre nicht nur unvernünftig und unpopulär, sondern würde auch den wirtschaftlichen Lebensinteressen der Massen schaden.“[9]

Obgleich der Entwicklungsstand des staatlichen Sektors wie auch das Ausmaß der Eingriffe des Staates in die Wirtschaft in den asiatischen Entwicklungsländern unterschiedlich sind, läßt sich doch feststellen, daß sie tendenziell zunehmen, was auch durch den Anteil des staatlichen Sektors an den nationalen Bruttoausgaben in einigen Ländern belegt wird (in %)[10]:

	Indien	Pakistan	Indonesien	Ceylon
Anfang der fünfziger Jahre	9	10	17	16
Mitte oder Ende der sechziger Jahre	28	20,5	12,5	32

Die Struktur der staatlichen Wirtschaft ist in den einzelnen Ländern ebenso unterschiedlich, wie das Ausmaß, in dem der staatliche Sektor auf die anderen Wirtschaftssektoren Einfluß nehmen kann. In den meisten asiatischen Entwicklungsländern wirkt der staatliche Sektor überwiegend über das Finanz- und Kreditsystem auf den Reproduktionsprozeß ein. Aber mit der zunehmenden Entwicklung des staatlichen Sektors übt der Staat auch in wachsendem Maße direkten Einfluß auf die Entwicklung der Wirtschaft aus.

So entfielen in Indien bereits Ende des dritten Planjahrfünfts (1961–1965) 28,5 % des eingezahlten Kapitals der Aktiengesellschaften und 24 % der Nettoproduktion auf den Staat, und die folgenden Fünfjahrpläne sahen vor, die

[9] Shriman Narayan, Socialism in Indian Planning, New Delhi 1964, S. 10.

[10] Vgl. Strany „tret'ego mira“; vnešneekonomičeskie svjazi, finansirovanie razvitija, Moskva 1974, S. 27.

wirtschaftliche Rolle des Staates und den Anteil des staatlichen Sektors an der Wirtschaft des Landes auszuweiten. Dabei wurde die Entwicklung dieses Sektors direkt mit den sozialen Zielen des Programms des INC in Verbindung gebracht: mit dem Aufbau „einer Gesellschaft nach sozialistischem Modell“, der Herstellung von Vollbeschäftigung und der Erhöhung des Lebensniveaus der werktätigen Bevölkerung sowie mit der Abschaffung der Ungleichheiten in der Verteilung der Einkommen und des Reichtums.

Die Führer des Blocks der Kräfte, die sich in der Janata-Party zusammengefunden hatten, erklärten gleich nach dem Sieg über den INC, daß sie an der sozialistischen Orientierung Indiens festhalten und den staatlichen Wirtschaftssektor erweitern wollten. Natürlich nehmen dabei beide programmatische Zielsetzungen einen anderen sozialen Inhalt an. Je nach den sozialen Kräften, die an der Macht sind, kann der staatliche Sektor:

a) Instrument der Stützung und Ausweitung des nationalen Kapitalismus sein;

b) Grundlage für die Herausbildung von Elementen des sozialistischen Sektors sein;

c) versuchen, für eine gewisse Zeit eine Zwischenstellung einzunehmen, um eine Variante der „gemischten Wirtschaft“ zu gestalten, und zwar nicht als Übergangszustand, sondern als beständige, „den nationalen Besonderheiten entsprechende“ Ordnung. Dabei werden Eingriffe des Staates in die Wirtschaft von der offiziellen Ideologie in all diesen Fällen als Element des „Sozialismus“ ausgegeben.

Die Bemühungen revolutionär-demokratischer Regierungen, den staatlichen Wirtschaftssektor zur Grundlage für die allmähliche Ausprägung sozialistischer Verhältnisse (sowohl in diesem Sektor selbst, als auch z. B. in Form der von ihm unterstützten Genossenschaften) zu machen, sind trotz gewisser Inkonsequenzen und Fehler positiv zu bewerten. Schwieriger ist es schon, den staatlichen Sektor in den Fällen einzuschätzen, wo er unabhängig von allen Deklarationen als Staatskapitalismus gestaltet wird.

Friedrich Engels hatte seinerzeit erklärt, daß Verstaatlichungen nur dann einen ökonomischen Fortschritt bedeuten, wenn sie ökonomisch unvermeidbar geworden, also wenn die Produktivkräfte tatsächlich den engen Grenzen der kapitalistischen Verhältnisse entwachsen sind. „Denn nur in dem Falle, daß die Produktions- oder Verkehrsmittel der Leitung durch Aktiengesellschaften *wirklich* entwachsen sind, daß also die Verstaatlichung ökonomisch unabweisbar geworden, nur in diesem Falle bedeutet sie, auch wenn der heutige (bürgerliche – d. Verf.) Staat sie vollzieht, einen ökonomischen Fortschritt.“[11] Diese These ist für die Länder der „dritten Welt“ durchaus aktuell. Hier besteht die Wirtschaft noch zu einem erheblichen Teil aus vorkapitalistischen und niederen kapitalistischen Formen, die für die Nationalisierung noch nicht reif sind, so daß

[11] Friedrich Engels, Die Entwicklung des Sozialismus von der Utopie zur Wissenschaft, in: MEW, Bd. 19, Berlin 1969, S. 221.

übereilte Verstaatlichungen die fortgeschrittenen Wirtschaftsformen nur diskreditieren würden und Elemente des Kasernensozialismus statt des wissenschaftlichen Sozialismus entstünden oder schließlich reaktionäre halbfeudale Regimes und Militärdiktaturen gestärkt würden.

Vom Reifegrad der Wirtschaft und der Vorbereitung der Bedingungen für deren Verstaatlichung sind auch bei einer hinreichend radikalen Macht notwendige Übergangselemente und -formen der Wirtschaft abhängig (genossenschaftliche und „gemischte", also halbstaatliche Formen), die eine effektive Verbindung zwischen dem staatlichen und dem privaten Sektor bewirken, falls nicht bereits die Transformation dieser Sektoren in gesellschaftliche Wirtschaftsformen eine gewisse Kontrolle über ihre Entwicklung herstellt.

W. I. Lenin hatte diesen Übergangsformen in der Transformationsperiode zwischen Kapitalismus und Sozialismus bekanntlich große Bedeutung beigemessen. So schrieb er: „Alle und jede ökonomische Übergangsform darf man benutzen und *muß* man, sofern das erforderlich ist, zu benutzen verstehen."[12] Dieses Erfordernis besteht auch in den Entwicklungsländern. Jawaharlal Nehru schrieb in diesem Zusammenhang: „Die Genossenschaften sind der einzig mögliche Weg für die Entwicklung der indischen Landwirtschaft. Einen anderen Weg gibt es nicht."[13] Nach Ansicht mancher asiatischer Ökonomen soll diese Form auch für die Industrie anwendbar sein, die zu einem bedeutenden Teil von der kleinen Warenproduktion und von kapitalistischen Kleinunternehmen repräsentiert wird. „Die Losung der Nationalisierung allein kann nicht alle wichtigen Probleme lösen", schrieb der indische Ökonom S. N. Agarwal. „Natürlich müssen die Basis- und Schlüsselzweige nationalisiert werden. Aber die Zweige der Leichtindustrie müssen soweit wie möglich in Form von Industriegenossenschaften dezentralisiert werden."[14]

Die objektive Notwendigkeit, das staatliche und private Eigentum bei führender Rolle des Staates und bei Entwicklung verschiedener Zwischenformen der Wirtschaft zu koordinieren, wird in den verschiedenen Varianten der Konzeption von der „gemischten Wirtschaft" mehr oder weniger entstellt wiedergegeben. In den Modellen vom „nationalen Sozialismus" mit ihrer Orientierung auf den „dritten Weg", also auf einen gewissen Kompromiß zwischen Sozialismus und Kapitalismus, spielt diese Konzeption eine ebenso wichtige Rolle, wie in der politischen Konzeption vom „klassenneutralen Staat", die ihr entspricht. Der Marxismus-Leninismus weist jegliche offen demagogische oder sozial unausgereiften Vorstellungen wie die Ansicht, daß die Mehrsektorenwirtschaft eine stabile, beständige Ordnung sei, die die positiven Seiten des Kapitalismus und Sozialismus in sich vereine und von ihren „Mängeln" frei sei, entschieden zurück,

[12] W. I. Lenin, Über die Bedeutung des Goldes jetzt und nach dem vollen Sieg des Sozialismus, in: Werke, Bd. 33, Berlin 1962, S. 96.

[13] Problems in the Third Plan, Delhi 1961, S. 41.

[14] S. N. Agarwal, Towards a Socialist Economy, New Delhi 1955, S. 61.

wertet aber zugleich diese oder jene real gegebenen Fakten der Mehrsektorenwirtschaft unter dem Gesichtspunkt ihrer Stellung im allgemeinen objektiven Prozeß des Voranschreitens der heutigen Welt zum Sozialismus. Wesentlich bei dieser Beurteilung sind die Rollen, die die jeweiligen Sektoren spielen, die Relationen zwischen ihren Entwicklungsraten, die Verteilung der finanziellen und sonstigen Unterstützungen seitens des Staates auf diese Sektoren, die Struktur der Besteuerung usw.

Die programmatischen Dokumente des INC wiesen dem staatlichen Sektor die führende Rolle bei der Hebung der nationalen Wirtschaft zu, wobei er sich schneller entwickeln sollte als der private Sektor. So heißt es in der „Erklärung über die industrielle Politik" von 1956, daß das „nationale Ziel, eine ‚Gesellschaft nach sozialistischem Modell' aufzubauen . . ., verlangt, daß alle Hauptzweige, die ausschlaggebende Bedeutung haben . . ., dem staatlichen Sektor angehören"[15].

Zugleich aber forderte man, daß die Entwicklung des staatlichen Sektors den privaten Sektor nicht behindern dürfe. So lesen wir im Text des dritten Fünfjahrplanes: „Die Gesellschaft sozialistischen Modells . . . unterstellt nicht, daß die ganze wirtschaftliche Initiative in der Hand des Staates liegen soll. Sie geht davon aus, daß das Privatunternehmertum bei der Entwicklung der nationalen Wirtschaft eine bedeutsame Rolle spielen wird."[16]

Den Absichten der Theoretiker des INC zufolge soll der Staat, gestützt auf den staatlichen Wirtschaftssektor, die Voraussetzungen für das Wachstum des Nationaleinkommens und -reichtums wie auch für deren gerechte Verteilung auf alle Schichten der indischen Nation herstellen und dabei monopolistischen Tendenzen entgegenwirken. So hieß es in den Ausführungen zum zweiten Fünfjahrplan, daß ein „gleichzeitiger und bilanzierter Fortschritt in der Erhöhung des Lebensniveaus . . . und hinsichtlich der Verringerung der wirtschaftlichen Schwierigkeiten und Ungerechtigkeiten garantiert werden muß"[17]. Des weiteren sei es „dringend geboten, die heute gegebenen Ungleichheiten in Einkommen und Reichtum zu verändern und die Entwicklung von Privatmonopolen sowie die Konzentration der Macht in den Händen weniger zu unterbinden"[18]. Zugleich aber wurde darauf hingewiesen, bei der Verwirklichung dieses Programms Vorsicht walten zu lassen, „um die Anreize für die Privateigentümer zu Ersparnissen und Investitionen nicht zu beeinträchtigen." Verschiedene Momente dieser Konzeption, die auf das „schöpferische Zusammenwirken" der Sektoren, auf die Bereitschaft der Privatproduktion, sich am Ausgleich der Einkommen zu beteiligen usw. orientiert, hatten schon während der sozialpolitischen Krise zu Beginn der siebziger Jahre, als die progressiven Kräfte auf die massenweise Sabotage des

[15] Zitiert aus: Tulsi Ram Sharma, Razmeščenie promyšlennosti Indii, Moskva 1958 (Beilage)

[16] The Third Five Year Plan, Delhi 1961.

[17] The Second Five Year Plan. The Framework, New Delhi 1955, S. 118.

[18] The Second Five Year Plan, Delhi 1956, S. 45.

privaten Sektors in Stadt und Land trafen, der Praxis nicht standgehalten. Zu einer Umsetzung der allgemeinen Deklarationen in spürbare sozialökonomische Wandlungen kam es nicht.

Das geschwundene Vertrauen der Massen zu den Erklärungen der Kongreßpartei führte schließlich zur Wahlniederlage von 1977. Die Zukunft wird zeigen, ob der INC in der Opposition imstande sein wird, aus der Vergangenheit Lehren zu ziehen und in Theorie und Praxis die Fortschritte zu erzielen vermag, mit denen er die Unterstützung der progressiven Kräfte der indischen Gesellschaft wiedergewinnen kann.

Die Grundthesen der Konzeption von der „gemischten Wirtschaft" finden sich auch in den sozialistischen Doktrinen anderer asiatischer Länder. Diese Konzeption ist in sich widersprüchlich und kann je nach der generellen Tendenz bei der Entwicklung des staatlichen Sektors zwei Betrachtungsweisen enthalten: „Die ‚gemischte Wirtschaft' kann einerseits als Übergangsform auf dem Weg zur völligen Vergesellschaftung betrachtet werden, andererseits kann der staatliche Sektor auch als Instrument für die Entfaltung privater Initiativen benutzt werden. Die erstgenannte Betrachtungsweise trifft auf die revolutionäre Demokratie zu, die zweite auf die liberale Demokratie, die die Interessen der nationalen Bourgeoisie oder des zeitweiligen Blocks der nationalen Bourgeoisie und des Kleinbürgertums vertritt.

Die Konzeptionen von der ‚gemischten Wirtschaft' sind in den Entwicklungsländern eng mit der zwiespaltigen Haltung der kleinen Warenproduzenten, der sich auf sie stützenden Parteien und Gruppen und ihrer widersprüchlichen Stellung in der Mehrsektorenstruktur der Entwicklungsländer verbunden. Der Widerspruch ist die Existenzgrundlage des Kleinbürgers. „Er selbst ist bloß der soziale Widerspruch in Aktion."[19] Als Werktätiger ist er für den Sozialismus, weil der Sozialismus mit der kapitalistischen Ausbeutung Schluß macht. Aber als Eigentümer akzeptiert er nur einen „Sozialismus", der das Privateigentum nicht ausschließt. Hieraus rührt auch sein Bestreben, die Klassenwidersprüche besänftigen zu wollen oder sich über diese Widersprüche zu stellen. Der kleinbürgerliche Politiker, „weil er das Kleinbürgertum vertritt, also eine *Übergangsklasse*, worin die Interessen zweier Klassen sich zugleich abstumpfen, dünkt sich über den Klassengegensatz überhaupt erhaben"[20].

Die gegenwärtige Entwicklung der Lehre vom „dritten Weg" ist von einer deutlicheren Differenzierung der Klassenkräfte und vom Aufgreifen sozialpolitischer Erfahrungen gekennzeichnet, die überzeugend nachweisen, daß das konfliktlose Zusammenleben von Elementen des Kapitalismus und Sozialismus innerhalb einer beständigen „gemischten" Wirtschaft eine Utopie ist. Diese Erfahrungen bringen die mehr oder weniger konsequenten revolutionär-demokratischen Grup-

19 Karl Marx, Brief an Pawel Wassiljewitsch Annenkow vom 28. Dezember 1846, in: MEW, Bd. 27, Berlin 1963, S. 450.

20 Karl Marx, Der achtzehnte Brumaire des Louis Bonaparte, in: MEW, Bd. 8, Berlin 1960, S. 144.

pierungen zu der Einsicht, daß die „gemischte Wirtschaft“ nur ein zeitweiliger Zustand, ein Übergangszustand und kein „Ideal“ im Sinne des „nationalen Sozialismus“ ist. Wo dies nicht der Fall ist, kann die Konzeption vom „dritten Weg“ in bewußten Betrug der Massen und in eine verschleierte Apologie des nationalen Kapitalismus umschlagen, der mit der aktiven Beteiligung des Staates an der Wirtschaft gefördert wird.

Auch bei kapitalistischer Orientierung sind mehrere Varianten für die Entwicklung des staatlichen Sektors möglich. So kann er sich als Haupttriebkraft des nationalen Kapitalismus unter Berücksichtigung der Interessen aller Schichten der nationalen Bourgeoisie entwickeln. Dabei kann allerdings der Druck des Volkes einerseits oder des Großkapitals andererseits zu Verschiebungen nach links oder rechts führen und somit wesentlichen Einfluß auf die Entwicklungswege und -formen des nationalen Kapitalismus ausüben. Die ökonomische Entwicklung des staatlichen Sektors kann sowohl zu einer Radikalisierung des politischen Überbaus, zu revolutionär-demokratischen Positionen als auch zur Übernahme der Macht durch Vertreter des Großkapitals führen, womit der staatliche Sektor zum Element eines Staatskapitalismus monopolistischer Prägung wird, der nicht nur den Interessen des Volkes, sondern auch denen des größten Teils der nationalen Bourgeoisie entgegensteht.

In den asiatischen Entwicklungsländern ist die nationale Bourgeoisie eine sehr inhomogene Klasse. Das Fundament des einheimischen Kapitalismus in diesen Ländern bilden kleine und mittlere Kapitalisten, an seiner Spitze steht eine zahlenmäßig kleine Großbourgeoisie. In den meisten von diesen Ländern gibt es noch keine eigenen Monopole und hat sich der Industriekapitalismus noch nicht fest etabliert. Hier vertritt der staatliche Sektor in der Regel die Interessen der ganzen nationalen Bourgeoisie. Allerdings beginnt die Großbourgeoisie in den Ländern, in denen der Kapitalismus weiter entwickelt ist, Anspruch auf die Rolle des Interessenvertreters der gesamten Klasse und auf die Führung der Nation zu erheben. Unter dem Einfluß der Tendenz zur Verschmelzung des Staatsapparates und der staatlichen Wirtschaft mit dem Großkapital entstehen objektive Voraussetzungen zur Herausbildung eines von der Großbourgeoisie getragenen Staatskapitalismus, der allmählich staatsmonopolistische Züge annimmt. Dieser Entwicklungsweg des staatlichen Sektors ist für die progressiven Kräfte des betreffenden Landes und dessen nationale Wirtschaft der ungünstigste. In diesem Fall kann der als Form des nationalen Kapitalismus entstandene staatliche Sektor leicht zu einer Form werden, die seine Entwicklung hemmt, so daß das betreffende Land eine gefügige und profitträchtige Peripherie des Weltimperialismus bleibt. Unter diesen Verhältnissen müssen die Linkskräfte und die allgemeine demokratische Volksbewegung um die Erhaltung und Entwicklung der dem staatlichen Sektor innewohnenden progressiven Tendenzen kämpfen und gegen die Groß- und Monopolbourgeoisie, die den staatlichen Sektor ihren reaktionären Interessen unterzuordnen trachtet, energisch vorgehen.

Viele Ideologen des „nationalen Sozialismus“ haben die Gefahren einer derartigen Entwicklung erkannt. Wenn die Vertreter der kleinbürgerlichen und kleinkapitalistischen Schichten die Macht übernommen haben, sind sie in der Regel bestrebt, die Entwicklung des Groß- und Monopolkapitals zu verhindern. Dafür war die Haltung von Jawaharlal Nehru bezeichnend, der auf einer Konferenz der Indischen Föderation der Handels- und Industriekammern erklärte: „Mir gefällt die Konzentration von wirtschaftlicher Macht nicht. Mir gefallen monopolistische Tendenzen nicht. Ich bin nicht gegen den privaten Sektor, aber ich bin gegen monopolistische Tendenzen.“[21] Solche antimonopolistischen Haltungen finden sich auch in anderen asiatischen Ländern. Doch trägt dabei die Verurteilung der Monopole und ihrer negativen Rolle bei der Lösung der wirtschaftlichen und sozialen Probleme der Entwicklungsländer häufig nur deklarativen Charakter. Der Versuch, von der Erklärung dieser Prinzipien zur Praxis überzugehen, stößt auf heftigen Widerstand der Großbourgeoisie und ihrer politischen Repräsentanten, der von den Führern des „nationalen Sozialismus“ oft nicht konsequent genug niedergehalten wird.

Auf diese Inkonsequenz war unter anderem die Krise der „sozialistischen“ Ausgangsdoktrin des INC und der sich auf ihr gründenden Wirtschaftspolitik der Regierung zurückzuführen, die nicht in der Lage war, die Interessen der werktätigen Bevölkerungsschichten und eines erheblichen Teils der nationalen Bourgeoisie gegen den Druck der Monopole durchzusetzen.

Die nichtkapitalistische Entwicklung stellt ein besonderes Übergangsstadium für Entwicklungsländer dar, in denen die kapitalistischen Verhältnisse zu sehr diskreditiert sind, um den Schwerpunkt in der Mehrsektorenwirtschaft bilden zu können, und in denen auch ein sozialistischer Sektor kein Schwerpunkt sein kann, weil dazu die materiellen und sonstigen Bedingungen noch nicht gegeben sind. Das Entstehen der Form der nichtkapitalistischen Entwicklung hängt damit zusammen, daß der kapitalistische Weg in einer Reihe von Entwicklungsländern dringende Probleme, wie die Beseitigung des Elends, der wirtschaftlichen Rückständigkeit und Abhängigkeit, nicht lösen und dem betreffenden Land angesichts der sich entfaltenden wissenschaftlich-technischen Revolution keinen Platz in der heutigen Welt sichern kann.

Die politische Grundlage der nichtkapitalistischen Entwicklung bildet die revolutionär-demokratische Diktatur eines Blocks von Klassen und Gruppen der werktätigen Bevölkerung. Diese Diktatur kann von einer Koalition mehrerer Parteien oder von einer Partei ausgeübt werden, die die revolutionär-demokratische Front vertritt. In den Anfangsetappen kann diesem Block auch der Teil der nationalen Bourgeoisie angehören, der objektiv an antifeudalen und antimonopolistischen Wandlungen interessiert ist. Allerdings ist die nationale Bourgeoisie später gewöhnlich nicht bereit, antikapitalistische Umwandlungen zu akzeptieren, und dann zeichnet sich im Verlauf eines mehr oder weniger harten Kampfes die Orientierung des betreffenden Landes auf die sozialistische oder die kapi-

[21] Zitiert aus: Gosudarstvennyj kapitalizm v stranach vostoka, Moskva 1960, S. 63.

talistische Entwicklung genauer ab. Im Laufe dieses Kampfes verändern sich die anfangs noch unausgereiften „nationalen" Sozialismuskonzeptionen. Man nähert sich entweder mehr dem wissenschaftlichen Sozialismus an und lehnt die sozialökonomische Perspektive eines „dritten Weges" als Utopie ab, oder man gelangt von naiven Vorstellungen unter dem Deckmantel eines „nationalen Sozialismus" zur bewußten Apologie des kapitalistischen Entwicklungsweges.

Interessant ist der Entwicklungsgang der sozialistischen Doktrin in Burma. Anfangs hatten die in Burma an die Macht gekommenen revolutionären Demokraten noch versucht, sich auch auf die nationale Bourgeoisie zu stützen. Aber dieser Versuch brachte keinen Erfolg. In der „Philosophie des Burmesischen Sozialistischen Programms" heißt es: „Wir dürfen nur auf die Werktätigen – die Bauern und Industriearbeiter – sowie auf die Intelligenz und die Geistesschaffenden überhaupt setzen."[22]

Das im Jahre 1962 verkündete Programm „Der burmesische Weg zum Sozialismus" verlangte, den Großgrundbesitz zu enteignen, das ausländische und einheimische Großkapital in allen Schlüsselzweigen (Industrie, Energiewirtschaft, Verkehrswesen, Kreditwesen, Außenhandel) zu nationalisieren sowie das kleine Privateigentum kapitalistischer und vorkapitalistischer Art (Landwirtschaft, Handwerk, Binnenhandel) auf genossenschaftliche Basis zu stellen.

In Burma nahm die Mehrsektorenwirtschaft sehr bald einen anderen Charakter an als beispielsweise in Indien. Die Schlüsselpositionen gehören in der burmesischen Wirtschaft dem staatlichen Sektor, auf den 80 % der Erzeugnisse der extraktiven und 60 % der Erzeugnisse der verarbeitenden Industrie entfallen. Das gesamte Kreditwesen, der Außenhandel, die Eisenbahn, der Luftverkehr und ein bedeutender Teil des Schiffsverkehrs sind verstaatlicht. Insgesamt erzeugt der staatliche Sektor etwa 40 % des Bruttosozialprodukts; dieser Prozentsatz drückt einen sehr hohen Verstaatlichungsgrad der Wirtschaft aus.

Der staatliche Sektor ist die Form, über die hauptsächlich die maschinelle Großproduktion und die modernen Formen des Kreditwesens und Handels vergesellschaftet werden. Für die handwerkliche Produktion und den sie vermittelnden Teil der Zirkulationssphäre übt der genossenschaftliche Sektor diese Funktion aus. In Burma liegt ein beträchtlicher Teil der Landwirtschaft und des Binnenhandels in den Händen von Kleineigentümern, und selbst in der Industrie entfällt auf Privatbetriebe fast die Hälfte aller Lohnarbeiter. Hieraus rührt auch das besondere Interesse, das in Burma den verschiedenen Formen der Genossenschaftsbildung zuteil wird. Anfang 1970 gab es hier über 13000 Produktions- und Verbrauchergenossenschaften, und die staatlichen und genossenschaftlichen Handelseinrichtungen vereinigten etwa 60 % des Binnenhandelsumsatzes auf sich.

Als Hauptkettenglied der nichtkapitalistischen Umwandlungen in Burma wird gegenwärtig die Festigung der wirtschaftlichen und politischen Grundlagen

[22] Ne Win, Birma na novom puti, Moskva 1960, S. 42–43.

der sozialistischen Orientierung betrachtet. Unter den Verhältnissen einer revolutionär-demokratischen Diktatur verliert der staatliche Sektor seinen kapitalistischen Inhalt, wird aber noch nicht sozialistisch. Wenn aus dieser Übergangsform eine sozialistische Wirtschaft entstehen soll, müssen im politischen Überbau selbst Veränderungen stattfinden: Er muß von einem Organ der revolutionär-demokratischen Diktatur zum Organ der Diktatur des Proletariats werden. Zu den unabdingbaren Voraussetzungen hierfür gehören die Demokratisierung des öffentlichen Lebens und die ideologische Erziehung der Volksmassen.

In Burma war die revolutionäre Demokratie bekanntlich im Gefolge eines militärischen Umsturzes bei minimaler Beteiligung der Massen zur Macht gekommen. Doch wenn diese Form unter bestimmten Bedingungen für die Eroberung der politischen Macht noch anwendbar ist, dann ist sie für durchgreifende sozialökonomische Wandlungen völlig ungeeignet. Die ungenügende Bindung des politischen Überbaus an seine soziale Basis hat zur Labilität und gar zum Sturz einer Reihe revolutionär-demokratischer Regimes geführt. Der bürokratische Zentralismus mit seinen unzulänglichen und widersprüchlichen Verhältnissen kann keine stabile und effektive Wirtschaft und staatliche Wirtschaftspolitik gewährleisten und birgt die Gefahr von Sektierertum und kapitalistischer Entartung der Organe der revolutionären Demokratie in sich. Deshalb gehören die Demokratisierung des öffentlichen Lebens und die Heranziehung der Werktätigen zur Leitung der Wirtschaft und des Staates in den Entwicklungsländern zu den wichtigsten Voraussetzungen für eine nichtkapitalistische Entwicklung und den Übergang zu sozialistischen Umwandlungen. Dieser Umstand wird auch in Burma anerkannt. Die organisatorisch-politische Basis der sozialistischen Orientierung zu erweitern und zu festigen, insbesondere über die Bildung von Arbeiter- und Bauernräten und die Umwandlung der Burmesischen Sozialistischen Programmpartei in eine Massenpartei, wird hier als besonders vordringliche Aufgabe betrachtet.

Mit dem Machtantritt der revolutionären Demokraten entstehen günstige Voraussetzungen zur Verbreitung des wissenschaftlichen Sozialismus und dessen Verbindung mit der revolutionären Massenbewegung. Allerdings vollzieht sich dieser Prozeß in Burma in sehr spezifischen Formen. Erstens finden die Ideen des Sozialismus überwiegend im nichtproletarischen Milieu Verbreitung. Zweitens werden sie den Volksmassen von revolutionär-demokratischen Ideologen vermittelt, die diese Ideen (bewußt oder unbewußt) vereinfacht und mitunter auch entstellt interpretieren. In den nichtproletarischen Massen werden diese Ideen weitertransformiert, da die kleinen Warenproduzenten – Bauern und Handwerker – mit den für sie typischen Grenzen des sozialen Gesichtskreises die Lehren des wissenschaftlichen Sozialismus in primitivierter Form aufnehmen, das heißt nicht als ein System wissenschaftlicher Auffassungen, sondern als eine Sammlung von Moraldogmen und pragmatischen Empfehlungen. Damit werden die revolutionären Potenzen der demokratischen Massenbewegung wesentlich geschwächt und ihr Übergang auf die Positionen des wissenschaftlichen Kommunismus gehemmt. Eine entscheidende Aufgabe der revolutionär-demokratischen Regimes in den Ländern der „dritten Welt“ besteht darin, im staatlichen Wirtschaftssektor eine moderne Industrie aufzubauen, deren Proletariat die sozialistische Ideologie unverfälscht aufnimmt und das zur führenden Kraft konsequent sozialistischer Umwandlungen wird.

Wie überall verläuft auch in den Ländern der „dritten Welt“ der revolutionäre Prozeß nicht geradlinig. Forcierende Momente wechseln hier mit einer Verlangsamung des revolutionären Prozesses und auch mit Rückschlägen ab. Die günstigen Voraussetzungen für eine nichtkapitalistische Entwicklung, wie sie seinerzeit in Indonesien gegeben waren, sind bekanntlich nicht genutzt worden. Im Gefolge eines militärischen Umsturzes in diesem Land erlitten nicht nur die revolutionär-demokratischen, sondern auch die national-bürgerlichen Sozialismuskonzeptionen eine Niederlage. Rückschläge sind auch in Bangladesh zu verzeichnen.

Für den Marxisten-Leninisten ergibt sich Trotz aller Zickzackbewegungen in der Entwicklung die entscheidende Tendenz: Gerade auf dem asiatischen Kontinent ist das Abrücken der Entwicklungsländer vom kapitalistischen Weg und der Übergang auf den nichtkapitalistischen Weg letztlich eine historische Notwendigkeit.

12. KAPITEL

Kleinbürgerliche ökonomische Theorien des „afrikanischen Sozialismus"

Auf dem afrikanischen Kontinent kamen die Sozialismuskonzeptionen der kleinbürgerlichen Bewegung zu Beginn der sechziger Jahre, also in den Frühstadien des Kampfes um die politische und ökonomische Entkolonisierung, auf. Sie wurden zum Rüstzeug der führenden Kräfte einer Reihe von nationalen Befreiungsbewegungen, die den Aufbau einer neuen nationalen Staatsordnung in Kenia, Kamerun, Senegal, Tunesien und anderen befreiten Ländern in Angriff nahmen. Die führenden Persönlichkeiten dieser Länder, die den Imperialismus und Kolonialismus bekämpften, nannten sich Sozialisten und sprachen sich für einen „afrikanischen Sozialismus" aus, obgleich sie in der Politik versuchten, die Interessen der verschiedenen sozialen Schichten, progressiver und konservativer Prägung, miteinander zu vereinbaren.

Eine Analyse der sozialökonomischen Programme des „afrikanischen Sozialismus" ist recht schwierig, weil diese Programme nirgendwo in systematischer Form niedergelegt sind. Sie sind gewöhnlich deklarativer, eklektischer Art und aus Elementen verschiedener europäischer Systeme des kleinbürgerlichen Sozialismus, des afrikanischen Traditionalismus und religiöser Vorstellungen zusammengefügt, die von den afrikanischen Sozialisten für den Sozialismus in Afrika als nützlich und akzeptabel gehalten werden.

Die Länder, in denen der „afrikanische Sozialismus" zur offiziellen Doktrin erhoben wurde, gehörten zu den wirtschaftlich schwach entwickelten Ländern. In ihren Wirtschaftsstrukturen überwog eine rückständige Landwirtschaft, die im wesentlichen in vorkapitalistischen Formen betrieben wurde. Wegen der gering ausgeprägten Klassendifferenzierung, der Unreife und zahlenmäßigen Schwäche des Proletariats und der Passivität des größten Teils der Bauernschaft, die unter naturalwirtschaftlichen Verhältnissen und patriarchalischen Lebensformen ihr Dasein fristete, hatte der probürgerliche konservative Flügel der nationalen Befreiungsbewegung in diesen Ländern starken Einfluß. Die soziale Stütze dieses Flügels bildeten, neben den Elementen der im Entstehen begriffenen nationalen Bourgeoisie, das städtische Kleinbürgertum, das in der Kleinproduktion, im Handel, im Kreditwesen und im Wucher tätig war, das aus dem Zerfall der gemeindewirtschaftlichen Verhältnisse hervorgegangene ländliche Kleinbürgertum und die an die nationale Bourgeoisie gebundenen Intellektuellen. Der Block dieser so verschiedenartigen Kräfte war zahlenmäßig und ökonomisch sehr schwach und weitgehend vom Auslandskapital abhängig.

Die Inhomogenität dieser Kräfte, die spezifischen Übergangsbedingungen in der Entstehungsetappe des Nationalstaates und starke antiimperialistische Traditionen führten zu einer eigentümlichen Kombination von probürgerlichen und antikapitalistischen Tendenzen und Haltungen in ihrer Ideologie und in den ökonomischen Anschauungen. Diese Kräfte hatten im wesentlichen einen reformistischen Begriff vom Inhalt und von den Methoden der Entkolonialisierung und der Überwindung der wirtschaftlichen Rückständigkeit. Dennoch fanden in die Konzeptionen des „afrikanischen Sozialismus“ unter dem Einfluß der Erfolge des sozialistischen Weltsystems und der nationalen Befreiungsbewegung auch viele fortschrittliche Lehren demokratischen Inhalts Eingang.

Mit dem Reifeprozeß und der Differenzierung der verschiedenen sozialen Kräfte in vielen afrikanischen Ländern begannen sich in den revolutionär-demokratischen Konzeptionen der progressivsten Kräfte revolutionäre Elemente des „afrikanischen Sozialismus“ abzuzeichnen. Aber auch die prokapitalistischen Kräfte gehen verschiedentlich von den anfänglichen „neutralen“ Haltungen ab. So hatten sich in Kamerun die Führer der Regierungspartei im Jahre 1962 für den „afrikanischen Sozialismus“ ausgesprochen, um später diesen Terminus abzulehnen. Dagegen machte die Doktrin des „afrikanischen Sozialismus“ in Tansania eine grundlegende Wandlung durch. Hier wurde sie zu einer revolutionär-demokratischen Theorie, die sich in mehreren wichtigen Lehren dem wissenschaftlichen Sozialismus nähert.

Den Kern der reformistischen Konzeptionen des „afrikanischen Sozialismus“ bilden die Vorstellungen von einem besonderen, nationalen Weg der afrikanischen Völker zum Sozialismus, das heißt Vorstellungen über einen Weg zum Sozialismus ohne soziale Revolutionen und im Grunde auch ohne Proletariat. So glaubte man, den Sozialismus in Afrika über die Erhaltung und Entwicklung der Bindungen und Verhältnisse, die durch die Dorfgemeinde bestehen, und der auf Privateigentum beruhenden Kleinproduktion in der Stadt errichten zu können. Der Kleinproduktion wurde die entscheidende Rolle bei der Hebung der afrikanischen Wirtschaft und bei der Überwindung des Massenelends beigemessen. Als bedeutsamer Teil des Programms wurde die Einwirkung der Nationalstaaten auf die kleinbürgerlichen Wirtschaftssektoren bezeichnet. Ihren wirtschaftsleitenden Organen sollte die Regulierung und Planung der „sozialistischen“ Wirtschaft obliegen, zu der man ohne Bekämpfung des Kapitalismus im eigenen Land und ohne Bruch mit dem kapitalistischen Weltwirtschaftssystem kommen wollte. Die ideologischen und ökonomischen Programme des „afrikanischen Sozialismus“ gehen auf Léopold Sédar Senghor, Tom Mboya, Jomo Kenyatta, Habib Bourgiba, Mamadou Dia und andere Persönlichkeiten afrikanischer Länder zurück, die die Ideen des Sozialismus von den Positionen des kleinbürgerlichen Demokratismus und Nationalismus aus interpretierten und anwandten.

In einer Zeit, die Léopold Sédar Senghor als „Übergangsperiode zwischen Monopolkapitalismus und demokratischem Sozialismus“[1] interpretierte, be-

[1] Léopold Sédar Senghor, in: Afrique Nouvelle vom 6. 3. 1964.

mühte sich der reformistische Flügel der afrikanischen nationalen Befreiungsbewegung, mit Hilfe des Staatsapparates die kleinbürgerlichen Doktrinen als „gesamtnationale sozialistische Lehren“ der wirtschaftlichen und politischen Entwicklung Afrikas zu popularisieren.

Bürgerliche Theoretiker versuchten, die antiimperialistischen Tendenzen des „afrikanischen Sozialismus“ zu verschleiern, zugleich aber die nationalistischen Elemente dieser Konzeption hervorzuheben. Und so glaubte man nachweisen zu können, daß in Afrika eine spezifische Entwicklungsdoktrin entstehe, die sich weniger gegen den Imperialismus und Kolonialismus als gegen den wissenschaftlichen Sozialismus wende. Diese Wertung kennzeichnete viele bürgerliche Schriften zum „afrikanischen Sozialismus“ und traf unter anderem auch auf die Verfasser eines Buches zu, das mit dem Titel „Der afrikanische Sozialismus“ 1964 in den USA erschienen ist.[2] Dieses Buch gehörte zu den ersten Versuchen bürgerlicher Theoretiker, den „afrikanischen Sozialismus“ zu erläutern und zu systematisieren. Die Verfasser dieses Buches waren in jeder Weise bemüht, die Verabsolutierung der spezifischen Gegebenheiten der Entwicklungsländer durch die afrikanischen Sozialisten zu betonen und deren Bestreben hervorzuheben, ihre Doktrinen in nationale Eigenarten und Ausschließlichkeitsansprüche einzubetten.

Die Absicht der Verfasser dieses Buches, dem kleinbürgerlichen Sozialismus in Afrika Antikommunismus zuzuschreiben, zeigte sich auch in ihrer Definition des „afrikanischen Sozialismus“. So bezeichneten sie den „afrikanischen Sozialismus“ als „Sammelbegriff für verschiedene afrikanische Wirtschafts- und Sozialtheorien, die sich alle voneinander unterscheiden, aber alle gleichermaßen danach trachten, die afrikanischen von den klassischen Formen des Sozialismus abzugrenzen“[3]. Derartige Interpretationen verfolgen den Zweck, die unbestreitbare Tatsache zu verschleiern, daß die Konzeptionen des „afrikanischen Sozialismus“ von Anfang an antiimperialistisch waren und trotz kleinbürgerlicher Illusionen als ideologische Waffe gegen den Kolonialismus entstanden. Die Überbetonung der nationalen Momente war in den Anfangsetappen der Entstehung der afrikanischen nationalen Befreiungsbewegung in gewissem Maße gerechtfertigt, weil mit ihr bei verschiedenen Schichten der Gesellschaft die ersten Formen des Selbstbewußtseins geweckt wurden. So hat Léopold Senghor nicht zu Unrecht festgestellt, daß die neue Ideologie einem objektiven Erfordernis des nationalen Befreiungskampfes entsprach. Diese Ausrichtung bestand darin, „unseren antikolonialen Kampf wirkungsvoll zu machen“[4].

Die Entkolonisierung, die Überwindung der wirtschaftlichen und sozialen Rückständigkeit der befreiten afrikanischen Staaten und die Abwehr von Anschlägen auf ihre Freiheit und Unabhängigkeit standen im Mittelpunkt der Aufmerksamkeit von internationalen Beratungen der „afrikanischen Sozialisten“ (Dakar

[2] African socialism. hg. von William H. Friedland und Carl G. Rosberg. Stanford, California, 1965.

[3] Ebenda, S. 11.

[4] Léopold Sédar Senghor, On African Socialism, New York 1964, S. 107.

1962, Nairobi 1964 u. a.) Diese Ziele wurden in den nationalen Konzeptionen des sogenannten senegalesischen, kenianischen und tunesischen Sozialismus sowie in den programmatischen Dokumenten für die sozialökonomische Entwicklung einer Reihe von anderen afrikanischen Ländern verankert.

Als Beispiel für die Anpassung der Prinzipien des „afrikanischen Sozialismus" an die wirtschaftliche Praxis sei das programmatische Dokument der kenianischen Regierung „Der afrikanische Sozialismus und seine Anwendung auf die Planung in Kenia"[5] genannt. Nach dieser Konzeption verlangt der Sozialismus die Beibehaltung der Dorfgemeinde, die staatliche Förderung der patriarchalischen Produktionsweise auf dem Lande und ihre allmähliche Ausdehnung auf alle anderen Bereiche der Wirtschaft und des sozialen Lebens. In diesen Prozessen sollten die bei der Befreiung vom Kolonialismus entstandenen Nationalstaaten die Wirtschaft regulieren. Diese als „sozialistisch" bezeichnete Wirtschaft wird als eine Mehrsektorenwirtschaft beschrieben, in der das Privateigentum und das Privatunternehmertum weiterbestehen und gefördert werden. Die Nationalisierung der führenden Wirtschaftszweige wird als nicht notwendig hingestellt.

Der „afrikanische Sozialismus" ist widersprüchlich: Einerseits glauben seine Verfechter, die sozialistische Entwicklung mit der natürlichen Evolution der sozialökonomischen Struktur in Afrika verbinden zu können, andererseits halten sie die allgemeinen Gesetzmäßigkeiten der Entwicklung für afrikanische Verhältnisse unanwendbar und sehen sie die wirtschaftlichen, sozialen und sonstigen Verhältnisse in Afrika als „originär" und einmalig an. „Wir lehnen den westlichen Kapitalismus ebenso ab, wie den östlichen Kommunismus"[6], schrieb Jomo Kenyatta.

Das Bestreben, die Urwüchsigkeit des „afrikanischen Sozialismus" in jeder Weise hervorzuheben, findet sich auch in den Sozialismusdefinitionen der Autoren „afrosozialistischer" Konzeptionen. Sie sehen die Grundlage des Sozialismus in Afrika in der „Großfamilie", in der geistigen Verwandtschaft aller Afrikaner[7], hier in Afrika sei der Sozialismus eine „neue Gesellschaft von freien, aber sozial verantwortungsbewußten Bürgern"[8]. Den entscheidenden Vorzug der afrikanischen Länder glaubt man darin zu sehen, daß diese abstrakten Grundlagen einer sozialistischen Ordnung von jeher gegeben seien.

Die kleinbürgerlichen afrikanischen Ideologen definieren den Sozialismus unter ökonomischem Aspekt als „radikale Form der wirtschaftlichen Demokratie", die in Afrika nach der Befreiung vom Kolonialismus etabliert werden müsse[9]. Die Wirtschaft des Sozialismus sei durch gleiche Möglichkeiten für alle Bürger

[5] African Socialism and its Application to Planning in Kenya, Nairobi 1965, S. 56.

[6] Ebenda, S. 2.

[7] Vgl. Tom Mboya, Afrika: Freiheit – und nachher?, Wien-Frankfurt a. M.-Zürich 1966, S. 168–169.

[8] Bede Onuoha, The Elements of African Socialism, London 1965, S. 132.

[9] Vgl. ebenda, S. 133.

gekennzeichnet, was sich darin zeige, daß die Gesellschaft allen Mitgliedern das Recht auf Arbeit, gleiche Rechte vor dem Gesetz und eine demokratische Leitung der Wirtschaft garantiere.[10] Die in dieser allgemeinen, undefinierten Form dargebotenen Grundsätze gehen über die Grenzen der formalen bürgerlich-demokratischen Freiheiten, die sich mit kapitalistischer Ausbeutung, feudalen gentilgenossenschaftlichen Überbleibseln durchaus vereinbaren lassen, nicht hinaus.

Eine wichtige Besonderheit des „afrikanischen Sozialismus" sehen seine Verfechter darin, daß er auf friedlichem Weg zu errichten sei, der niemanden schädige. In Afrika werde zwar der „europäische bürgerliche Profit" abgeschafft, doch sei es notwendig, die dem nationalen Kapital gehörenden Privatunternehmen zu erhalten und zu fördern. Diese Form von Unternehmertum sei mit dem Sozialismus vereinbar, und jeder Bürger müsse stolz darauf sein.[11] Und während sich die afrikanischen Sozialisten für die Förderung des kleinen und mittleren Privatunternehmers einsetzen, fordern sie zugleich, die Großunternehmen „aufzuspalten", um auf diese Weise den Antagonismen der bürgerlichen Gesellschaft entgehen zu können. Andererseits gibt es auch offene Äußerungen hinsichtlich der Möglichkeit, mit afrikanischen kapitalistischen Verhältnissen soziale Gerechtigkeit herstellen und die Bürger von sozialen Nöten befreien zu können.[12]

Theorie und Praxis des wissenschaftlichen Sozialismus lassen für die Übergangsperiode vom Kapitalismus zum Sozialismus das Nebeneinanderbestehen mehrerer sozialökonomischer Sektoren zu, wobei der konsequent sozialistische Sektor die führende Rolle spielen muß. Dabei hängt es von den realen wirtschaftlichen und sozialen Bedingungen jedes, den sozialistischen Weg einschlagenden Landes ab, welche Ausmaße und welche innere Struktur die verschiedenen Sektoren haben, in welchen Formen und in welchem Tempo sie sich auf den Sozialismus zubewegen. Ein Marxist sieht sehr wohl die Schwierigkeiten, die soziale und wirtschaftliche Unreife der Bedingungen in vielen afrikanischen Ländern und erkennt auch an, daß sie die Umwandlungen in sozialistischer Richtung hemmen. Nicht einverstanden kann er jedoch mit dem Bemühen sein, diese oder jene Übergangsform mit dem tatsächlichen, dem reifen Sozialismus gleichzusetzen. Dabei spielt es keine Rolle, ob es sich um einen afrikanischen oder irgendeinen anderen Sozialismus handelt. Ohne die führende wirtschaftliche und soziale Stellung des sozialistischen Sektors ist eine Entwicklung zum Sozialismus nicht denkbar. In der „gemischten Wirtschaft", wie sie die Theoretiker des „afrikanischen Sozialismus" begreifen, wird aber dem afrikanischen Dorfgemeinwesen die führende Rolle unter den verschiedenen Sektoren eingeräumt.

Gemeindewirtschaftliche Auffassungen stehen bei den meisten Konzeptionen des „afrikanischen Sozialismus" im Mittelpunkt. Nach diesen Konzeptionen sind die afrikanischen Gemeinwesen schon fast fertige Zellen des Sozialismus. Die

[10] Vgl. African socialism. hg. von William H. Friedland und Carl G. Rosberg. Stanford, a. a. O., S. 252.

[11] Vgl. Bede Onuoha, The Elements of African Socialism, a. a. O., S. 133.

[12] Vgl. Tom Mboya, Afrika: Freiheit – und nachher?, a. a. O., S. 245–247.

Reform der Agrarverhältnisse soll sich auf die Wiederherstellung der in der Kolonialzeit zerrütteten und entstellten Verhältnisse des afrikanischen Gemeinwesens reduzieren. Das ökonomische Ziel des Sozialismus sehen die afrikanischen Sozialisten in der Rückkehr zum „traditionellen afrikanischen sozialökonomischen System“ der Bodennutzung und Bewirtschaftung, d. h. zur Dorfgemeinde.[13] Diese Darstellung der Dorfgemeinde wird von vielen Persönlichkeiten des öffentlichen Lebens und von Staatsmännern in Afrika als die entscheidende Idee des „afrikanischen Sozialismus“ betrachtet.[14] Für die Verfechter dieser Auffassungen von der Dorfgemeinde liegen die Möglichkeiten für die Lösung und Beilegung aller agrarischen, wirtschaftlichen und politischen Widersprüche im befreiten Afrika in dem besonderen Weg, „der den Afrikanern von ihren Vorfahren überliefert worden ist“[15].

Zweifellos verlangen die realen Entwicklungsbedingungen vieler afrikanischer Staaten ein konstruktives Verhältnis zur gemeindewirtschaftlichen Produktionsweise und Methoden, die sie in das allgemeine Programm zur Überwindung der Rückständigkeit und Abhängigkeit des jeweiligen Landes einbeziehen. Eine politische Kraft, die sich negativ zu den weitverbreiteten gemeindewirtschaftlichen Formen verhielte, würde die Unterstützung des größten Teils der Gesellschaft verlieren. Die Agrarprobleme bilden in den meisten jungen afrikanischen Staaten den Kern der gesellschaftlichen Interessen; das Tempo und die Richtungen der sozialökonomischen Umwandlungen werden von dem hohen Anteil der Bauernschaft an der sozialen Struktur und vom Anteil der agrarischen Produktion am Nationalprodukt sowie davon bestimmt, daß viele Landbewohner aktiv an der nationalen Befreiungsbewegung teilgenommen hatten. „Heute ist die zentrale Frage des revolutionären Prozesses in Asien und Afrika die Position der Bauernschaft, die dort die Mehrheit der Bevölkerung bildet“, sagte L. I. Breshnew auf der Internationalen Beratung der kommunistischen und Arbeiterparteien 1969 in Moskau[16]. So sind eine subtile Haltung zu den Gemeinwesen und Maßnahmen für ihre Einbeziehung in die sozialökonomischen Wandlungsprozesse stets auch Bestandteil der konsequenten revolutionär-demokratischen Programme in den afrikanischen Ländern, wo die Kräfte des Fortschritts ausgereift sind und sich konsolidiert haben. Auch das Bestreben der nationalen Bourgeoisie und der kleinbürgerlichen Kräfte, sich auf die Gemeinwesen zu stützen, ist durchaus realistisch.

Andererseits muß sich jede politische Kraft, die den nichtkapitalistischen Entwicklungsweg einigermaßen realistisch sieht, darüber klar sein, daß die Entwicklung des gemeindewirtschaftlichen Sektors die Kontakte der herrschenden einheimischen Bourgeoisie mit der afrikanischen Bauernschaft, vor allem mit

13 Vgl. Bede Onuoha, The Elements of African Socialism, London 1965, S. 133.

14 Vgl. ebenda, S. 19.

15 Ebenda.

16 L. I. Breshnew, Für die Festigung des Zusammenschlusses der Kommunisten — für einen neuen Aufschwung des antiimperialistischen Kampfes, Berlin 1969, S. 27.

ihrer Oberschicht, die an der Erhaltung der Gemeindeverhältnisse interessiert ist, erleichtert. Auf das Vermögen der bürgerlichen und kleinbürgerlichen Kräfte, sich die traditionellen Gesellschaftsgebilde zunutze zu machen, um ihre eigene Herrschaft zu festigen, hatte schon Karl Marx hingewiesen: „Solange das Kapital schwach ist, sucht es selbst noch nach den Krücken vergangener oder mit seinem Erscheinen vergehnder Produktionsweisen."[17]

In den Erklärungen des „afrikanischen Sozialismus" kommt die durchaus gegebene Notwendigkeit, den Gemeindeverhältnissen und der gemeindewirtschaftlichen Produktion Rechnung zu tragen, in sehr entstellter, idealisierter Weise zum Ausdruck. Die traditionellen Familien-, Clan- und Stammesbindungen der afrikanischen Bauernschaft werden hier als die sozialen Kräfte hingestellt, die die führende und schöpferische Rolle bei der sozialistischen Umgestaltung der Gesellschaft spielen. Deshalb betrachten die Ideologen des „afrikanischen Sozialismus" jedes Vorhaben, das Dorfgemeindeeigentum einzuschränken und es teilweise durch fortschrittlichere Verhältnisse zu ersetzen, als einen Versuch, die nationale Freiheit und Eigenständigkeit zu vernichten. So meint Onuoha: „Es unterliegt keinem Zweifel, daß die traditionelle afrikanische Gesellschaft auf einer durchaus sozialistischen Denkweise basierte und sich von den einheimischen sozialistischen Regeln, Bräuchen und Instituten leiten ließ."[18]

Die Ideologen des „afrikanischen Sozialismus" stellen die Dorfgemeinde als ein Produktionskollektiv dar, dessen soziale Natur weder von den außerhalb der Gemeinde existierenden gesellschaftlichen Verhältnissen noch von der Orientierung des Landes abhängig sei. So wird behauptet, die traditionelle Wirtschaftsordnung in Afrika kenne keine Unterschiede zwischen arm und reich, weil hier alle an Armut und Reichtum teilhaben und das Ausschlaggebende die gemeinschaftliche Arbeit sei.[19] Den Mitgliedern der Gemeinwesen seien solche Gebrechen der Ausbeutergesellschaft wie Müßiggang, Individualismus und Entfremdung voneinander unbekannt. Im Gemeinwesen herrschten kollektivistische Haltungen und gegenseitige Hilfe in der Arbeit, die Léopold Senghor auf Eigenschaften zurückführt, die dem Afrikaner von jeher gegeben seien.[20]

Die Idealisierung der Verhältnisse in der Dorfgemeinde als angeblich fertiges und entscheidendes Element der sozialistischen Gesellschaftsordnung ist durchaus nicht neu. Dieser Argumente, die entsprechende Konzeptionen hervorbringen, hatte sich schon die Volkstümlerideologie bedient. Hier finden wir auch die These, daß die Dorfgemeinde einen gesundenden, verändernden Einfluß auf alle anderen Bereiche der Gesellschaft ausübe. Die Idee der afrikanischen kleinbürgerlichen Ideologen, daß die Dorfgemeinde *die* sozialökonomische Organisation sei, die gestatte, „die Ideale des afrikanischen Sozialismus am besten auszudrücken

[17] Karl Marx, Grundrisse der Kritik der Politischen Ökonomie, Berlin 1974, S. 544.
[18] Bede Onuoha, The Elements of African socialism, a. a. O., S. 30.
[19] Vgl. ebenda, S. 32.
[20] Vgl. ebenda, S. 31.

und zu verwirklichen"[21], entspricht in jeder Weise der reaktionär-utopischen Vorstellung der Volkstümler, daß alle von der Dorfgemeinde abtrünnig gewordenen „geläutert" und in ihren Schoß zurückgeführt werden müssen.

Ebenso wie die Volkstümler meinen auch die afrikanischen Theoretiker des „Gemeindesozialismus", die tiefgreifenden Wandlungen nicht wahrnehmen zu müssen, die der Kolonialismus das Beamtenwesen und die Ausnutzung der Dorfgemeinde durch reaktionäre, feudale Stammeskräfte in den Gemeindeverhältnissen bewirkt haben und was insgesamt zu einer wesentlichen sozialen, wirtschaftlichen und ideologischen Differenzierung und Auflösung der Gemeinwesen geführt hat. Schon Ende der fünfziger Jahre hatten Untersuchungen von UNO-Organen nachgewiesen, daß die Dorfgemeinde nicht nur durch Rückständigkeit der Produktivkräfte, sondern auch durch eine Auflösung ihrer Produktionsverhältnisse gekennzeichnet ist. Man hatte daraus den allgemeinen Schluß gezogen, daß die afrikanische Dorfgemeinde in vielen Teilen des Kontinents in die für das kapitalistische System typischen Ware-Geld-Beziehungen und über sie in die instabilen Warenmärkte einbezogen wird.[22]

Das System der gemeindewirtschaftlichen Bodennutzung, die ökonomische Grundlage der Dorfgemeinde, ist in der Auflösung begriffen. In vielen Fällen werden durch Transaktionen der verbürgerlichenden Oberschicht in den Gemeinwesen und der kapitalistischen Unternehmer Gemeindeländereien der gemeindewirtschaftlichen Nutzung entzogen und zum Handels- oder Pachtobjekt, und die einstigen Gemeindemitglieder werden zu Landproletariern, obgleich derartige Handlungen in vielen afrikanischen Ländern formell untersagt sind. Auch die Organisation von Warenproduktionen in den Dorfgemeinden, um Mittel für die Bezahlung der Steuern zu erwirtschaften, ist Ausdruck der Auflösung der gemeindewirtschaftlichen Verhältnisse.

Durch die Idealisierung der Gemeindeverhältnisse wird auch die Tatsache verschleiert, daß die gemeindewirtschaftliche Produktion im allgemeinen nicht über die Grenzen der einfachen Reproduktion der materiellen Lebensbedingungen hinausgeht, und dies bei hohen Aufwendungen an gesellschaftlicher Arbeit. Die in den Konzeptionen des „afrikanischen Sozialismus" vorgeschlagenen Agrarmaßnahmen orientieren nur auf Teilverbesserungen der Produktivkräfte, vor allem der einfachsten Arbeitsinstrumente, derer sich die Mitglieder der afrikanischen Gemeinwesen schon von alters her bedienen. Die Produktionsverhältnisse werden als ewige Kategorien betrachtet; die Gewohnheiten des patriarchalischen Kollektivismus werden verabsolutiert und von den konkreten sozialen Bedingungen gelöst. Die Bemühungen kleinbürgerlicher Ideologen, die Gemeindeverhältnisse zu verabsolutieren, hatte seinerzeit schon Kwame Nkrumah, der die Struktur des afrikanischen Gemeinwesens gut kannte, entschieden abgelehnt. Dieser fort-

[21] Ebenda, S. 74.
[22] Vgl. UNO. Social Study on Economic Conditions in Nonselfgoverning Territories, New York 1958, S. 118.

schrittliche afrikanische Staatsmann wies darauf hin, daß dem afrikanischen Gemeinwesen wohl demokratische Traditionen, aber auch viele rückständige Gewohnheiten und Bräuche innewohnen, und sie „fördern . . . Trägheit und Korruption, wirken sich als Hemmschuh für den Erwerb von Kenntnissen aus und trüben das stärkere persönliche Verantwortungsbewußtsein, das in einer Zeit des aktiven Aufbaus vorhanden sein muß“[23].

Im Gegensatz zu den Verfechtern des kleinbürgerlichen „afrikanischen Sozialismus“ schätzen die revolutionär-demokratischen Ideologen in einer Reihe von afrikanischen Ländern die Zwiespältigkeit des gemeindewirtschaftlichen Sektors realistisch ein. Sie erkennen die sehr begrenzten Möglichkeiten der Naturalwirtschaft und kleinen Warenproduktion, als Stütze im Kampf um wirtschaftlichen und sozialen Fortschritt zu dienen. Die Verfechter von revolutionär-demokratischen Umwandlungen räumen zwar ein, daß die Produktionsverhältnisse in dieser Grundzelle der afrikanischen Gesellschaft für die Gestaltung sozialistischer Verhältnisse teilweise genutzt werden könenn, heben aber zugleich hervor, daß diese Voraussetzung nicht spontan, ohne die Führung der revolutionären und bewußteren Schichten der Gesellschaft, ohne Industrieproduktion, ohne tiefgreifende Wandlungen in den sozialen und technischen Grundlagen der gemeindewirtschaftlichen Produktion zum Sozialismus kommen kann. Zugleich wird darauf hingewiesen, daß die Gemeindeverhältnisse die Möglichkeit der Ausbeutung innerhalb der Gemeinwesen durch die Stammesführer und -ältesten, die Schamanen und andere Personen einschließen, welche durch die Erhaltung überkommener Gewohnheiten und Bräuche ein Parasitenleben führen.

Die Vertreter der revolutionären Demokratie in Afrika räumen auch ein, daß manche demokratische Traditionen des afrikanischen Gemeinwesens im Interesse des Sozialismus ausgebaut werden sollten. Allerdings betrachten die revolutionären Demokraten die afrikanische Dorfgemeinde nicht als fertige Zelle der künftigen sozialistischen Gesellschaft. In den realistischen und konsequent demokratischen Plänen für den wirtschaftlichen und sozialen Aufbau mehrerer afrikanischer Länder, die sich für den nichtkapitalistischen Weg entschieden haben, nehmen neben der Festigung der Dorfgemeinde auch Maßnahmen eine gewichtige Stellung ein, die auf die Überwindung der wirtschaftlichen und sozialen Rückständigkeit der afrikanischen „Großfamilie“, des Clans und des Stammes, auf die Umwandlung der ihnen innewohnenden archaischen Verhältnisse orientieren.

Die Konzeption des „afrikanischen Sozialismus“ idealisiert die afrikanische Dorfgemeinde nicht nur, sondern vertritt auch den Grundsatz, daß unter afrikanischen Verhältnissen die kleine Warenproduktion des kapitalistischen Sektors mit der sozialistischen Wirtschaft vereinbar sei. Und natürlich findet dies bei den Verfechtern des kapitalistischen Weges für Afrika jedwedes Entgegenkommen. So machte sich der amerikanische Afrikaexperte Victor Ferkiss zum Fürsprecher der afrikanischen Sozialismusanhänger, die das Privatunternehmertum nicht

[23] Kwame Nkrumah, Afrika muß eins werden, Leipzig 1965, S. 175.

ablehnen.[24] Ein anderer bürgerlicher Ideologe, Arthur Klinghoffer, appelliert ebenfalls an die westlichen Länder, sich auf die afrikanischen sozialistischen Strömungen einzustellen, die er als „pragmatische Antwort“ auf die „Volksbedürfnisse“ kennzeichnet.[25]

Verschiedene kleinbürgerliche Ideologen in afrikanischen Ländern verbinden mit der Einbeziehung des privatkapitalistischen Unternehmertums, als des „dynamischsten Elements“, in die Verhältnisse des „Gemeindesozialismus“ die Hoffnung, die wirtschaftliche Rückständigkeit und „die Kluft zwischen den fortgeschrittenen und den schwachentwickelten Nationen“[26] schneller zu überwinden. Der „afrikanische Sozialismus“ setzt sich für die Entwicklung des kapitalistischen Unternehmertums in Form des nationalen, teils aber auch des ausländischen Kapitals ein. Dennoch wird in den Schriften afrikanischer Sozialisten der Kapitalismus kritisiert, besonders im Zusammenhang mit dem bei den afrikanischen Völkern so verhaßten Kolonialismus. Manche kleinbürgerliche Ideologen meinen, diesen Widerspruch dadurch beilegen zu können, daß sie das kapitalistische Unternehmertum, die kapitalistische Organisation der Produktion in den europäischen Formen, und zwar vorwiegend in den auf das 19. Jahrhundert zurückgehenden frühen Formen, ablehnen.

Die heutigen Organisationsformen der kapitalistischen Produktion haben sich nach Ansicht der Ideologen des „afrikanischen Sozialismus“ zu ihrem Vorteil entwickelt. Und wenn man die Elemente des überwiegend neuen afrikanischen Kapitalismus mit dem afrikanischen Gemeinwesen kombiniere, dann nähmen die unter seinem Einfluß veredelten kapitalistischen Formen „soziale Verantwortung“ an, die sie als Element des Sozialismus geeignet erscheinen lassen. Besonderes Interesse zeigten Léopold Senghor, Tom Mboya und andere Theoretiker des „afrikanischen Sozialismus“ an der Anwendung bürgerlicher Methoden der Wirtschaftsregulierung und -koordinierung. Unerwähnt bleibt in den Konzeptionen des „afrikanischen Sozialismus“, daß der Profit und damit die Ausbeutung das treibende Motiv der kapitalistischen Produktion sind. Die wenigen Widersprüche des Kapitalismus, die die afrikanischen Sozialisten zugeben, würden mit der staatlichen Regulierung behoben werden.

Unter dem „Druck der Massen“, meint Léopold Senghor, habe der Staat in die inneren Angelegenheiten des Kapitalismus eingegriffen und die Monopole gezwungen, einen wachsenden Teil ihrer Einnahmen für den gesellschaftlichen Wohlstand bereitzustellen.[27] So sei es zu einer Transformation des Kapitalismus gekommen, mit der er zum „sozialisierten Kapitalismus“ geworden sei.[28]

24 Vgl. Victor C. Ferkiss, Africa's Search for Identity, New York 1966.

25 Vgl. Arthur Jay Klinghoffer, Soviet Perspectives on African Socialism, Rutherford-New Jersey 1969, S. 23.

26 Léopold Sédar Senghor, On African Socialism, a. a. O., S. 143.

27 Vgl. Irving Leonard Markovitz, Léopold Sédar Senghor and the Politics of Negritude, New York 1969, S. 140.

28 Vgl. Bede Onuoha, The Elements of African Socialism, a. a. O., S. 83.

Da die afrikanischen Sozialisten den kapitalistischen Sektor als für die sozialistische Wirtschaft „nützlich" betrachten, setzen sie sich auch für die Akkumulation privaten Eigentums ein. Die Notwendigkeit der Akkumulation wird nicht etwa aus den Bedürfnissen der Produktion, sondern aus dem Menschen angeblich innewohnenden Eigenschaften abgeleitet. Ausgesprochen bürgerlichen Charakter tragen die Erklärungen einiger Theoretiker des „afrikanischen Sozialismus", daß die Mitglieder der Gesellschaft ohne Privateigentum nicht leben könnten, weil sie „nicht nur durch die Waren, die sie konsumieren, Befriedigung erhalten, sondern auch durch die Dinge, die sie akkumulieren"[29]. In völliger Übereinstimmung mit dem bürgerlichen Begriffs- und Wertsystem legen die Theoretiker des „afrikanischen Sozialismus" das Recht auf kapitalistische unternehmerische Tätigkeit als Ausdruck der Freiheit des Menschen in der Gesellschaft aus. Derartige Haltungen sind gewollt oder ungewollt dazu angetan, die Bereicherungs- und Korruptionstendenzen bei den Schichten der afrikanischen Gesellschaft, die der Macht nahestehen, zu rechtfertigen. Die am weitesten rechts stehenden Theoretiker des „afrikanischen Sozialismus" erheben den im Entstehen befindlichen Kapitalismus in einigen afrikanischen Ländern ganz offen zum Gegenstand nationalen Stolzes und zu einem weiteren Beweis für die „Vollwertigkeit der schwarzen Rasse" und rechtfertigen so das kapitalistische Profitstreben und die Ausplünderung der afrikanischen Bevölkerung.

Manche Verfechter des „afrikanischen Sozialismus" meinen, die These von der „Ursprünglichkeit" des Hangs zur Akkumulation mit Berufungen auf althergebrachte Bräuche, wie die Tradition der Bewohner vieler afrikanischer Dörfer, bei der Geburt eines Kindes Palmen, Hausvieh, Geflügel und dgl. zu schenken, begründen zu können. Dabei werden diese Werte mit den stofflichen Elementen der kapitalistischen Produktionskräfte gleichgesetzt.[30] Die Idealisierung der Akkumulation von Privateigentum zeigt sich auch in den Auffassungen der Verfechter des „afrikanischen Sozialismus" von der für die afrikanischen Länder so aktuellen Nationalisierung der Privatunternehmen. Die Haltung zu diesem Problem ist von Zwiespältigkeit und Schwankungen gekennzeichnet. Einerseits sehen die Persönlichkeiten des öffentlichen Lebens in Afrika sehr wohl, daß sie sich angesichts der dringenden Probleme des Kampfes gegen wirtschaftliche Rückständigkeit und Not über die Nationalisierung nicht hinwegsetzen können, wenn sie ihre führende Stellung nicht einbüßen wollen. In dieser Hinsicht geht der „afrikanische Sozialismus" einen Schritt weiter als viele kleinbürgerliche ökonomische Konzeptionen von füher. Andererseits werden viele Zweifel und Einschränkungen bezüglich der Rolle des staatlichen Eigentums unter afrikanischen Verhältnissen vorgebracht. „Nationalisierung ist für uns kein Glaubensgrundsatz"[31], schreibt ein so prominenter Vertreter des „afrikanischen Sozialismus" wie Tom Mboya.

[29] African Socialism and its Application to Planning in Kenya, a. a. O., S. 12.
[30] Vgl. Bede Onuoha, The Elements of African Socialism, a. a. O., S. 76–79.
[31] Tom Mboya, Afrika: Freiheit – und nachher?, a. a. O., S. 169.

Auch Onuoha setzt sich für eine „juristische Kontrolle des privaten Business" ein, die „nicht zur Nationalisierung führt"[32].

Die Ideologen des „afrikanischen Sozialismus" konstruieren einen Gegensatz zwischen der Nationalisierung der Produktionsmittel und der sogenannten Sozialisierung der Wirtschaft, unter der sie einerseits eine Verstärkung der staatlichen Kontrolle und Einwirkung auf Privatunternehmen und Aktiengesellschaften und andererseits das Systems der Dorf- und Handwerker-Gemeinwesen verstehen. Eingriffe des Staates sollen insbesondere die Dezentralisierung des Kapitals und die Ausweitung des Netzes der Kleinbetriebe stimulieren, da auf diese Weise das Privateigentum den Interessen der Gesellschaft und ihrer Mitglieder zugute komme.[33]

Den Vorstellungen der afrikanischen kleinbürgerlichen Sozialisten zufolge umfaßt das „optimale Sozialismusmodell" drei Sektoren: den privaten, den gemischten und den sozialisierten Sektor. Nach Léopold Senghor harmonieren die drei Wirtschaftssektoren unter folgenden Bedingungen: Der private Sektor erstreckt sich auf das Bankwesen, den Handel und die Industrie, der gemischte Sektor auf die private und staatliche Produktion in der Verkehrs- und Energiewirtschaft und der sozialisierte Sektor auf die gesamte Landwirtschaft, die auf der gemeinwirtschaftlichen Bodennutzung beruht.[34] Alle drei Wirtschaftssektoren sollen auf der Grundlage einer „gesunden Konkurrenz" zusammenwirken und einander ergänzen.[35]

Bei den Ideologen des „afrikanischen Sozialismus" finden sich zahlreiche Äußerungen dahingehend, daß die staatliche Wirtschaftslenkung eingeschränkt werden müßte, um die negativen Tendenzen des „Etatismus" zu überwinden. Aber sobald es darum geht, von den „Idealmodellen" zur Lösung konkreter, keinen Aufschub duldender Aufgaben zu kommen, sehen sich die afrikanischen Sozialisten zu dem Eingeständnis gezwungen, daß die Gemeindewirtschaft und die kleine Warenproduktion das erforderliche Tempo nicht mithalten können und das Business danach trachtet, sein Vermögen durch Spekulation und die Korruption von Staatsbeamten statt durch die Ausweitung der Produktion zu vergrößern, und das ausländische Kapital nicht nach den Bereichen strebt, deren Entwicklung für die junge nationale Wirtschaft wichtig ist. Auch die begrenzten finanziellen Möglichkeiten und das Erfordernis, die Investitionen und Ressourcen effektiver zu nutzen, drängen die Ideologen des „afrikanischen Sozialismus", die staatliche Wirtschaftstätigkeit zu aktivieren. Diese Wirtschaftstätigkeit soll den Theoretikern des Kleinbürgertums zufolge die Form von begrenzten Eingriffen für die Unterstützung aller Unternehmen und für die Koordinierung der wirtschaft-

32 Bede Onuoha, The Elements of African Socialism, a. a. O., S. 86.

33 Vgl. African Socialism and ist Application to Planning in Kenya, a. a. O., S. 16.

34 Vgl. David Ernest Apter, Ideology and Discontent, New York 1964, S. 179; Léopold Sédar Senghor, On African Socialism, a. a. O., S. 58.

35 Vgl. Esprit, Paris, Januar 1964, S. 78.

lichen Aktivitäten auf der Basis einer „gemischten Wirtschaft“ haben.[36] Zugleich verlangen die Verfechter des afrikanischen Sozialismus nach Maßnahmen, um den Einfluß ausländischer Monopole einzudämmen.

Die Hauptaufgabe der staatlichen Administration und Wirtschaftslenkung sehen die Ideologen des „afrikanischen Sozialismus“ in der „größtmöglichen Dezentralisierung der wirtschaftlichen Macht“[37], das heißt also im Ausbau der Verhältnisse des vormonopolistischen Kapitalismus in einer „afrikanischen Variante“. Dieser Entwicklung des nationalen Kapitalismus soll die Agrarreform, die Lösung des Ernährungsproblems, die Schaffung neuer Besteuerungs- und Kreditierungssysteme usw. untergeordnet werden. Strukturelle Veränderungen zugunsten des bürgerlichen und kleinbürgerlichen Wirtschaftssektors seien Aufgabe des Staates, der in Afrika Organ des „ganzen Volkes“ sei und die Entwicklung „gerechter“ ökonomischer Verhältnisse im gesamtnationalen Interesse fördere.[38]

Der Staat soll vor allem danach trachten, das „Nationaleinkommen und die Produktion zu erhöhen“. Auf dieser Grundlage werde die zweite Aufgabe gelöst: „die Realisierung von mehr Gerechtigkeit bei der Verteilung der Nationaleinkommen und des Produkts“[39]. Diese Aufgabe müsse mit Hilfe der Planung bewältigt werden, deren Zweck es sei, „die Ressourcen richtig zu nutzen“ und „die Güter in gebotener Weise zu verteilen“[40]. Diese sehr allgemeinen Formulierungen lassen die verschiedensten Auslegungen zu, so daß diesen Aufgaben ein sehr weiter Bereich von praktischen Maßnahmen zugerechnet werden kann. In den Ländern, wo Vertreter des „afrikanischen Sozialismus“ die Regierung bilden, sind die konkreten Maßnahmen der Staatsmacht im wesentlichen darauf gerichtet, das Privatunternehmertum zu fördern. Große Bedeutung wird der absoluten Zunahme der einheimischen Bourgeoisie beigemessen, so daß das Streben dieser Klasse, die Profite zu erhöhen und die Kommandohöhen in der Wirtschaft und im Staat einzunehmen, aktiviert wird. Diese mit dem Sozialismus kaum zu vereinbarenden Prozesse meinen die Ideologen des „afrikanischen Sozialismus“ durch eine freiwillige Zusammenarbeit von Kapital und Staat sowie durch ständige Bemühungen um die Verkleinerung der Wirtschaftseinheiten steuern zu können. Auf diese Weise glaubt man, eine harmonische Entwicklung der Wirtschaft, eine allgemeine Steigerung und Angleichung des Lebensniveaus der Bevölkerung und zugleich das Bestreben der nationalen Bourgeoisie im Konkurrenzkampf sichern zu können.

Der Förderung des Kleinbürgertums dienen auch die staatlichen Maßnahmen zur Regulierung der Preise und Löhne, zur Kontrolle über die Erzeugnisse der

36 Vgl. Léopold Sédar Senghor, On African Socialism, a. a. O., S. 58–59.

37 Bede Onuoha, The Elements of African Socialism, a. a. O., S. 73.

38 Vgl. African Socialism and its Application to Planning in Kenya, a. a. O., S. 10.

39 Irving Leonard Markovitz, Léopold Sédar Senghor and the Politics of Negritude, a. a. O., S. 40.

40 African socialism and its Application to Planning in Kenya, a. a. O., S. 10.

Produktion, über die Importzölle, Einkommenssteuern und Subventionen.[41] Diese Kontroll- und Steuerungsmaßnahmen werden als „sozialistisch" ausgegeben, obgleich sie in vielen Ländern zur Praxis der bürgerlichen Regierungen gehören.

Die Maßnahmen zur Förderung der Kleinunternehmen und zur Beschränkung des Großkapitals sind in keiner Weise dazu geeignet, die utopischen Hoffnungen der Ideologen des „afrikanischen Sozialismus" hinsichtlich der Herausbildung sozialistischer Verhältnisse zu verwirklichen. Diese Maßnahmen können auch kein stabiles Wirtschaftswachstum garantieren. Kleinbürgerliche Verhältnisse und solche des vormonopolistischen Kapitalismus führen zu Stagnationserscheinungen in der Wirtschaft, die durch Sabotage seitens des Auslandskapitals noch intensiviert werden. Auch Léopold Senghor und andere afrikanische Persönlichkeiten, die den „afrikanischen Sozialismus" befürworten, geben die Gefahr von wirtschaftlichen Stagnationen und negativen Auswirkungen der Privatinitiative auf Landwirtschaft und Industrie zu.[42]

Bürgerliche Theoretiker kapitalistischer Industrieländer machen zwar auf die zahlreichen Widersprüche der sozialökonomischen Konzeptionen des „afrikanischen Sozialismus" aufmerksam, rechnen aber zugleich mit der staatsmonopolistischen und neokolonialistischen Beeinflussung der Regimes, die sich in Theorie und Praxis an den „afrikanischen Sozialismus" halten. Hierbei hofft man, daß das noch „leere Ideologiegefäß" möglichst einen Inhalt bekommt, der den westlichen Politikern genehm ist.[43] Klasseninstinkt ist den Exponenten dieser Auffassungen nicht abzusprechen. In der Tat sind die kleinbürgerlichen Doktrinen des „afrikanischen Sozialismus" im gegenwärtigen Entwicklungsstadium der ökonomischen Verhältnisse und sozialen Differenzierungsprozesse in den jungen Staaten Afrikas immer weniger in der Lage, eine Zwischenstellung einzunehmen und die Illusion vom Klassenfrieden, von der Ausschließlichkeit der afrikanischen Bedingungen und dgl. aufrechtzuerhalten.

Die Lehren des „afrikanischen Sozialismus" hatten seinerzeit trotz ihrer Begrenztheit und Widersprüchlichkeit geholfen, die Massen für den Kampf gegen Imperialismus und Kolonialismus zu aktivieren. Zu der Zeit, als sich die verschiedenen sozialen Kräfte erst als solche abzuzeichnen und sich ihrer selbst bewußt zu werden begannen, hatten diese Doktrinen eine gewisse positive Rolle gespielt, und ihre Unreife entsprach dem niedrigen Stand der sozialen Bedingungen. Viele Vertreter der revolutionär-demokratischen Richtung hatten aus den Fehlern dieser Doktrinen gelernt. So hatten die Konzeptionen des „afrikanischen Sozialismus" anfangs die progressiven Wandlungsprozesse gefördert.

Aber in dem Maße, wie sich die sozialen Klassenkräfte in den jungen afrikanischen Staaten voneinander abgrenzten, traten in den Konzeptionen des „afrikanischen Sozialismus" immer deutlicher Züge hervor, die der revolutionären Be-

[41] Vgl. ebenda, S. 11.
[42] Marches tropicaux et méditerranéens, 1963, N. 957, S. 2532.
[43] Vgl. African socialism, hg. von William A. Friedland und Carl G. Rosberg. Stanford, a. a. O., S. 34–36.

wegung schaden: kleinbürgerlicher Romantizismus, Utopismus, Deklamiererei und dgl. Angesichts der gewachsenen Reife der sozialen Kräfte in Afrika gerät der „afrikanische Sozialismus“ in seinen undifferenzierten Ausgangsformen heute in einen unlösbaren Widerspruch zu den Interessen des Kampfes der afrikanischen Völker um ihre soziale Befreiung.

L. I. Breshnew hat auf dem XXV. Parteitag der KPdSU die Hauptrichtungen der Wandlungen in vielen befreiten Ländern bei diesem Kampf gekennzeichnet: „Verlagerung des Schwerpunkts der industriellen Entwicklung in den staatlichen Sektor, Abschaffung des feudalen Grundbesitzes, Verstaatlichung ausländischer Unternehmen, die den jungen Staaten zu einer effektiven Souveränität über ihre Naturschätze verhelfen soll, und Ausbildung eigener Kader.“[44] Die konsequent revolutionär-demokratischen Kräfte des heutigen Afrika werten die Konzeptionen des „afrikanischen Sozialismus“, die keine effektive Lösung dieser Aufgaben ermöglichen können, als Versuch, die Völker Afrikas vom Kampf um die revolutionäre sozialökonomische Umgestaltung des gesellschaftlichen Lebens abzulenken.

Der „afrikanische Sozialismus“ mit seinem Vorhaben, rückständige Formen der Produktionsverhältnisse konservieren zu wollen, und seinen gefährlichen Illusionen, daß die Befreiung der Werktätigen auch im Kapitalismus möglich sei, wird von den Verfechtern einer in theoretischer wie praktischer Hinsicht konsequenten revolutionären Demokratie, die unter den spezifischen Bedingungen der gegenwärtigen Etappe zum Vortrupp der nationalen Befreiungsbewegung in Afrika werden, abgelehnt.

[44] XXV. Parteitag der KPdSU. Rechenschaftsbericht des Zentralkomitees der Kommunistischen Partei der Sowjetunion und die nächsten Aufgaben der Partei in der Innen- und Außenpolitik. Berichterstatter: L. I. Breshnew, Berlin 1976, S. 16.

Personenregister

FSC
www.fsc.org
MIX
Papier | Fördert
gute Waldnutzung
FSC® C083411

Kolibri 360 GmbH
Ferdinand-Jühlke-Straße 7
99095 Erfurt, Deutschland
produktsicherheit@kolibri360.de